Sten Nadolny
Selim
oder
Die Gabe der Rede

Sten Nadolny

Selim
oder
Die Gabe der Rede

Roman

Piper
München Zürich

Die Arbeit am letzten Teil des Buches wurde vom Westberliner Senat durch das Stipendium »Berliner Künstler in der Türkei« gefördert.

ISBN 3-492-02978-7
2. Auflage, 31.–50. Tausend 1990
© R. Piper GmbH & Co. KG, München 1990
Gesetzt aus der Sabon-Antiqua
Satz: Hieronymus Mühlberger, Gersthofen
Druck und Bindung: May + Co, Darmstadt
Printed in Germany

Inhalt

Vorspann

1965

Alexander stand auf der Rosenheimer Innbrücke, blinzelte ins Schneetreiben und dachte darüber nach, wie er ein guter Redner werden könnte. Die Hindernisse kannte er nur allzu gut. Zum Beispiel durften einem, der reden wollte, nicht zu viele Gedanken gleichzeitig kommen. Aber war das zu verhindern? Wenn Alexander den Mund auftat, entstand in seinem Kopf eine Wirrheit, ein helles Gefitzel, eine gleißende Landschaft ohne Wegweiser. Oft fehlte zu einem Gegenstand, den er deutlich vor sich sah, der passende Ausdruck. Dann wieder schien der laut gesprochene Text einen inneren zu verfälschen, der den wahren Zusammenhang enthielt. Und nach dem Abitur war es auch nicht besser geworden.

»Du hast ein Panorama vor Augen und willst es auf einen Schlag herausbringen«, hatte der Musiklehrer gesagt. »Das geht nicht, du mußt dich an die Einzelheiten halten – erst die eine, dann die andere!« Aber jedes Wort, mit dem er anfing, schien ihm falsch, jede Ermutigung machte ihn krank. Irgendwie begabt.

Er wollte erforschen, wie man immer die nächstliegenden Worte fand und wie sich die Wahrheit bewegte. Er sah auf den teiggrauen Fluß, aber der gab keine Antwort. Blicke, Fragen und die dicksten Schneeflocken versanken in ihm, als wären sie nie gewesen. Der war einfach da, immer schon, brauchte nichts zu werden, nichts zu können. Ein ungerührt und selbstverständlich dahinziehender Gebirgsfluß mit drei Buchstaben.

Alexander ging in die Stadt. Um drei Uhr fing »Lawrence

7

von Arabien« an. Er suchte nach der Eintrittskarte, fand sie und schlitterte zum Kino.

1972

Wann er Manifeste schreiben, Lexika verkaufen oder gefährlich leben wollte, war seine Sache – einer der wenigen Vorteile des Vertreterberufs. Alexander las durch, was bis jetzt auf dem Papier stand, und änderte kein Wort. Der Text schien ihm bereits jetzt historisch, gültig für eine Epoche oder zwei.

»Es gibt keine Wahrheit für alle Tage. Nicht einmal Sätze über physikalische Vorgänge sind wahr. Wenn geredet wird, dann ÜBER DAS REDEN über die Sache, nicht über die Sache selbst. Zu lange habe ich an die jeweils behauptete Wahrheit geglaubt, dazu an den Zusammenhalt derer, die sie angeblich erkannt hatten.

Verstehen gibt es auch nicht, höchstens Respekt. Was Rede erreichen kann, ist Respekt oder die Illusion einer Anzahl von Menschen, sie hätten verstanden.

Redekurse nützen nichts, weil es in ihnen nur ums Reden geht. Sie lehren, wie man sich wichtig macht, ohne einen Grund dafür zu haben. Ab heute: mehr beobachten, wie gesprochen wird. Die Lust am Wörter-Sprechen und Wörter-Hören wiederfinden – nur sie ist wichtig. Selim studieren, er soll mein indianischer Lehrer sein, ein Indianer für Rhetorik. Nie wieder in eine Redeschule!«

Im selben Moment wußte er: er war dabei, selbst eine zu gründen! Er war durch die Realität ohnehin nicht aufzuhalten, warum also keine Schule gründen? Wie Selim würde er sein, ein Delphin mit Armen und Beinen. Fröhlich schrieb er ins Manifest: »Nur wer weiß, daß es den Konsens nicht gibt, kann ihn herstellen. Wer weiß, daß alles schwimmt, dem wachsen Flossen.«

1979

Die Kurse laufen gut, vielleicht lernen die Leute sogar was. Aber ich selbst? Ich fühle mich am ehesten unverstanden, wenn ich anderen etwas beibringe.

Du fragst, warum ich das Buch schreibe. Ich habe das Erzählen entdeckt, die Substanz aller Rede. Ich brauche es jetzt, es produziert einen bestimmten, lebensnotwendigen Ernst, wie Chlorophyll den Sauerstoff. Mir ist der Ernst in den letzten Jahren abhanden gekommen und mit ihm der Humor.

Die Romanhandlung? Viel Autobiographisches; die Vorgeschichte von »Alexanders Redeschule«; Beobachtungen, wie meine Generation redet; allerlei Menschen, die zu kämpfen haben, darunter die beiden Türken; schöne Frauen, Schiffe. Einige Pistolen, die niemandem Freude machen. Und eine BMW Isetta mit rotem Punkt an der Windschutzscheibe. Ist das nichts?

1982

Ich habe immer reden können, wenn ich über Selim sprach. Beim Schreiben stellt sich heraus: er war ein Phantom. Ich habe ihn mehr erdacht als verstanden.

Das stört mich nicht. Der Irrtum war vielleicht besser als die Wahrheit.

1983

Das also ist der wahre Selim. Ich hätte es ahnen müssen. Freundschaft? Ich würde gern wissen, wie es mit ihm weitergeht.

1988

Wer war dieser Selim, wer ist er, vor allem: wo? Wo treibt er sich herum, statt mir zu erzählen?

Erster Teil

Erstes Kapitel

Tag im Januar 1965

1.

In Istanbul regnete es. Kurz vor vier Uhr waren alle Menschen, Kartons und Koffer untergebracht, die Listen und Papiere geprüft. Allein für die Kieler Werft waren sechsunddreißig Männer bestimmt, darunter sogar ein Neunzehnjähriger, der noch nicht in der Armee gedient hatte.

Man hatte kaum damit gerechnet, daß der Sonderzug die Stadt noch am Nachmittag verlassen würde – jetzt setzte er sich doch in Bewegung, sehr langsam, als wäre er sich nicht sicher. Fast alle Männer lehnten sich so weit wie möglich hinaus und winkten ihren Familien zu. Nur gut, daß ein Zug nicht kentern konnte wie ein Fährboot. Sie blieben eine Weile an den Fenstern stehen und sahen auf das neblige Marmarameer. Als der Zug die Mauern von Yedikule passierte, nahmen sie Platz und begannen sich zu unterhalten.

An der Abteiltür saß Selim, ein nordwesttürkischer Meister im Ringen, Bantamgewicht, griechisch-römischer Stil, ihm gegenüber Mesut aus Ankara, der hundert Meter in zehn Komma zwei Sekunden lief. Mit ihnen fuhr der Friseur Ömer, ebenfalls Ringer. Die Fensterplätze nahmen der kurdische Schäfer Niyazi und der Bauer Mevlut ein, Mevlut aus der Gegend von Konya, der einen Sack Kartoffeln mitgenommen hatte, um in Deutschland keinen Hunger zu leiden. Jeder wunderte sich, wie ein so pessimistischer Mensch überhaupt eine Reise antreten konnte. Noch einige Stunden, und sie waren an der bulgarischen Grenze. Sie tranken aus ihren Wasserflaschen, rauchten und machten sich allmählich miteinander bekannt. Schlafen wollte niemand, dazu war später Zeit. Erst am übernächsten Tag würden sie in

Deutschland eintreffen, und damit waren sie noch lange nicht in Kiel.

»Der Schnee fängt schon an!« bemerkte Mevlut am Fenster. Einige Schneeflecken waren da, nicht größer als Tischplatten im Kaffeehaus. »Das bißchen?« fragte Niyazi. »Deutschland ist im Winter völlig weiß, ich habe Bilder gesehen. Aber Schnee hält auch warm.« Alle sagten Zuversichtliches über Deutschland und die Deutschen, denn Mevlut hatte es übernommen, sämtliche bösen Befürchtungen und Gewißheiten vorzubringen.

»Frieren werden wir!« sagte Mevlut.

Der Sprinter Mesut schob sich eine Zigarette in den Mundwinkel. Die Art, wie er das Streichholz entzündete, zeigte seine ganze Verachtung. Mit einer schwungvollen, treffsicheren Bewegung stieß er den Kopf des Zündholzes gegen die Reibfläche, es war, als wollte er sie bei dieser Gelegenheit ermorden. Die anderen kannten das schon: wenn er die Schachtel verfehlte, machte er die gleiche Bewegung noch einmal, kompromißlos. Ein glattes, kaltes Gesicht ohne Bart, und glatte, sichere Bewegungen. Eines seiner häufigsten Wörter hieß »überflüssig«. Vielleicht ein Mann mit Zukunft.

Außer ihm gab es im Abteil nur einen, der keinen Bart trug – Selim. Sonst hatten die beiden wenig gemeinsam. Selim war freundlich, lachte und erzählte gern. Er hatte es nicht nötig, einen wichtigen Eindruck zu machen. So waren viele Ringer, und er war Meister.

Ömer behauptete, er könne ein wenig Deutsch, jedenfalls das Wichtigste. Alle beschlossen, sich an Ömer zu halten, wenn es um Wichtiges ging. Sie fürchteten sich nicht, nein. Sie hatten Kraft und Zuversicht – sogar Mevlut hinter seinem düsteren und ahnungsvollen Gehabe. Der? Der glaubte insgeheim, er könne in wenigen Monaten mit voller Brieftasche heimkehren und seine Ochsen zurückkaufen. Er tat nur so kläglich, um vom Unglück verschont zu werden. Das war Bauernart.

Aber eines ahnten alle: ab jetzt würden sie für längere Zeit nicht mehr Ringer, Läufer, Friseure oder Bauern sein, sondern stille, auf Hilfe angewiesene Arbeiter von sehr weit her.

Mit diesem Zustand hatte keiner von ihnen Erfahrung.

2.

Gegen halb sieben kam Alexander aus dem Kino und stapfte durch die verschneite Stadt. Daß überzeugende Sätze nötig waren, um irgend etwas in der Welt zu erreichen, hatte ihm auch dieser Film bewiesen. Nie würde jemand anerkennend zu ihm sagen »Deine Mutter hat sich mit einem Skorpion gepaart« wie Anthony Quinn zu Peter O'Toole. Zweifellos war auch er imstande, die Wüste Nefud zu durchqueren. Aber ohne die Gabe der Rede würde er es allein tun müssen.

Vom Schloßberg sah er auf die Stadt hinunter. Durchs Schneetreiben schimmerten einige Lichter zwischen den Fabrikschornsteinen und Kirchtürmen. Wenige, bewährte Worte sagen – das war nicht zu verachten. Sprechen können ohne Angst, Scham oder Wut. Ruhige Art, sichere Hand. Entschiedenheit. Fragen: keine. Plötzlich wußte er: das Spießertum war eine geniale Einrichtung, um allzu komplizierte Gedanken einzudämmen und die Zahl der wirklich Klugen kleinzuhalten. Es mußte genügend Menschen geben, die sich trotz aller Gefahren wohl fühlten und weitermachten, wenn sie nur eine Lebensversicherung abgeschlossen hatten. So gesehen ließ sich sogar Hansi Trieb akzeptieren, der Mitschüler am Gymnasium, der während des gesamten Aufstiegs zur Hochries anderthalb Stunden lang erläutern konnte, warum er zum Skifahren in seinem Rucksack belegte Brote, Skiwachs, Ersatzsocken, Ersatzhemd und eine in Zellophan eingeschlagene Rolle Klopapier mitnahm.

Zehn Jahre früher war diese Stadt für Alexander noch die

Welt gewesen. Erst später schien ihm in der Enttäuschung, als wären Rosenheims größte Schöpfungen das Lüngerl mit Knödel im Schmiedbräukeller und ein blaues Faltboot mit aufblasbarem Rand. In Rosenheim lebten Bierbrauer, Viehzüchter, Seiler, Holzknechte und Holzwissenschaftler, Flüchtlinge und Bürstenbinder. Ihre Frauen konnten so gute Dinge auf den Tisch bringen wie Schweinsbraten und Geschwollene Gans. Es war eine hübsche Stadt, mit erkerverzierten Häusern, deren Fassaden oben waagrecht abschlossen. Ein riesenwüchsiger Marktflecken, für ein ruhiges Leben ohne größere Visionen vielleicht gut geeignet.

Einen Rosenheimer Visionär hatte es gegeben: Thomas Gillitzer, Hotelier, Pflanzer und Fischzüchter, vor allem ein bedeutender Bauherr am Ende des neunzehnten Jahrhunderts. Was von Gillitzer stammte, hätte auch in Rom oder Berlin gute Figur gemacht.

Alexanders immer wiederkehrender Tagtraum aus der Schülerzeit: in Gillitzers »Hotel Deutscher Kaiser« eine Rede halten. Der dortige Rokokosaal, in dem sogar Münchener Schauspieler Theater spielten, war zweifellos der Kern des geistigen Rosenheim und seine Verbindung zur Welt. Wenn überhaupt reden, dann dort. Aber er war ja nicht einmal von hier. Ein Gymnasiast nur, der neun Jahre lang aus Degerndorf am Inn hatte anreisen müssen, ein »Fahrschüler«. Und nur ein halber Bayer, von der Mutter her, wenn Augsburg überhaupt noch Bayern war. Er sprach hochdeutsch und war Protestant – alles keine guten Voraussetzungen, um hier Reden zu halten.

Alexander klopfte sich den Schnee vom Anorak und beschloß, in die Stadt hinunterzugehen. Auf dem Rückweg traf er ausgerechnet auf der Innbrücke seinen ehemaligen Griechischlehrer, genannt das Nebelhorn. Mit dem wollte er nicht reden. Was hatte der hier im Schneetreiben überhaupt zu suchen? Womöglich den Freitod, dachte er, und den habe ich jetzt verhindert. Der Lehrer blieb stehen, musterte seinen Schüler wie einen verlorenen Sohn – so hatte er ihn auch angesehen, als er ihn während des Unterrichts über Realis und Irrealis beim Micky-Maus-Lesen erwischt hatte. Jetzt wollte er bestimmt etwas über das Wetter oder Winston Churchill sagen, beides war möglich.

Um ihm auszuweichen, hätte Alexander durch den Schnee steigen und zum anderen Geländer hinübergehen müssen. Zu spät. Schon legte der Lehrer die Hand an den Pelzkragen, um ihn für das Gespräch zu öffnen. Alexander verlangsamte den Schritt, verzichtete auf einen Gruß und wartete mißtrauisch. Er erinnerte sich an den Satz über sein mißglücktes Platon-Referat: »Wie der Geist, so die Rede!« Aber jetzt hatte er das Abitur hinter sich, die Situation war nicht mehr hoffnungslos.

»Der Alexander in Rosenheim, bei dem Wetter! Na, wie sieht's aus?«

Aussehen? Wie sah was aus? Er mußte es schaffen, »gut« zu sagen, vielleicht war es damit erledigt.

»Gut!«

»Na bitte! So schlimm ist der Wehrdienst doch auch nicht. – Wissen Sie schon, wie es danach weitergeht?«

Das wird er mir sicher gleich selbst sagen, dachte Alexander. Weitergehen, das wäre schön. Im Kopf hatte er das Bild von einem kleinen Mädchen, das die Stiefel eines Uniformierten umklammerte und um sein Leben bettelte. Nichts also, was er auf des Lehrers Frage hätte mitteilen können. Und sonst? Treibeisschollen, Reste von eingeübten, dann wieder vergessenen Sätzen, aggressive Zerklüftung.

Die Hand des Lehrers lag am Pelzkragen, sein Gesicht hatte jetzt so eine überdeutlich teilnehmende Schieflage. Im Licht der Brückenlampe sah Alexander auf dem Handrücken Pigmentveränderungen, sogenannte Altersflecken, sie erschienen ihm wie eine Art Tarnung.

Wie es weiterging. Wie der Geist, so die Rede, Heil Hitler! Bis fünfundvierzig Parteifunktionär und Schuldirektor im Fränkischen; das Schlimmste verhindert. Darüber hätte er mit ihm vielleicht sprechen sollen. Aber wenn, dann mußte

das rasch und selbstverständlich kommen. Zu spät. Er mußte gerade daran denken, wie der Lehrer gesagt hatte: »Nach
allem, was ich erlebt habe, sehe ich die Dinge anders als
Platon.« War das wieder gegen die Besatzungsmächte gegangen?

»Man kann ja nicht alles voraussehen«, meinte der Lehrer.

»Ach so, ja«, sagte Alexander. Warum war die Wahrheit
Platons erst zu haben, nachdem man jahrelang in die Gesichter solcher Lehrer geblickt hatte?

»Kopf hoch!« Der wollte freundlich sein. Alexander hatte
mehrere Bilder vor Augen. »Kopf«: Klaus Störtebeker
tauchte auf, wie er in Hamburg auf dem Grasbrook ohne
Kopf an zwölf Getreuen vorbeilief. Und Hermann Göring,
Rosenheims zeitweise vielgenannter »großer Sohn«, in
Nürnberg mit Kopfhörern vor Gericht.

»Na dann...!« sagte der Lehrer. Alexander erinnerte sich
daran, wie er gesagt hatte: »Es fehlt der Esprit!«

»Jawohl«, antwortete er jetzt, »Ihnen auch!« Er wechselte so eilig auf die andere Brückenseite, als wollte sich dort
wirklich einer vom Geländer stürzen.

Eine Niederlage. Wenn man reden konnte, dann auch im
Schneetreiben mit so einem – was war er denn? »Ein Rindvieh«, sagte Alexander. Bei einzelnen Wörtern war er treffsicher.

Er ging wieder durch die in Schnee gehüllte Stadt und
überlegte, welche Antworten T. E. Lawrence formuliert und
wie Peter O'Toole sie vorgetragen hätte. Er wußte schon,
warum er reden können wollte: einschüchtern wollte er,
verletzen, all diese wohlwollenden Kröten in die Flucht
schlagen samt ihrem gefräßigen Lächeln, joviale Schwätzer
stumm machen.

Er stellte fest, daß er den Zug nach Brannenburg verpaßt
hatte. Nun wollte er per Anhalter fahren, mußte aber sehr
weit gehen, bis ein Auto kam, und das hielt nicht. Er dachte
an Lawrence in der Wüste, ferner an Churchills Abneigung,

sich für besiegt zu erklären. »Ich habe nichts zu bieten als Blut, Schweiß und Tränen«, sagte er zu sich. Mit stoischer Miene sah er die Rücklichter des Wagens verschwinden. Der Klang eines Satzes war wichtig, der Rhythmus. »Ich habe euch nichts zu bieten als –«, das war eine Einladung wie eine Sprungschanze, und danach mußte was Gemeißeltes kommen, kurz-kurz-lang. So ein Satz brachte Menschen in Bewegung, der Sinn war gar nicht wichtig. Er begann zu üben: »... nichts zu bieten als Wut, Haß und – Hyänen. Migränen. Quarantänen...«, als Freiheit, Gleichheit und Brüderlichkeit«. Ein Gerüst mußte her, die Worte kamen von selbst.

Churchill lag im Sterben, die Radionachrichten begannen alle mit den Kommuniqués seines Arztes.

Bis zur Happinger Kreuzung dachte Alexander über Brüderlichkeit nach. Nicht, daß er von ihr viel erwartet hätte! Das war etwas für Anhalter und Leute, die sich Geld leihen wollten – die Realität war unbrüderlich. Aber dann nahm ihn immerhin ein Kufsteiner Mercedes mit, wohlgeheizt und mit amerikanischer Musik aus dem Autosuper. Im Licht der Scheinwerfer sah das Schneegewirbel aus wie eine sich verströmende Chrysantheme. Eines Tages werde ich reden, dachte er, und den anderen in aller Brüderlichkeit die Wahrheit um die Ohren hauen. Vielleicht kommt man so auch zu einem Mercedes.

3.

Mesut gehörte nicht zu denen, die sich von Besorgnissen anderer anstecken ließen. Im Gegenteil, wenn er selbst einmal unsicher war, beruhigte ihn nichts zuverlässiger als die Nervosität der übrigen. Gewiß, er war keine besonders gütige Seele, aber er gedachte als erster durchs Ziel zu gehen. Wenn ihn etwas nervös machte, dann war es ein gemütlicher, behaglich erzählender Selim.

»Beim Boxen«, sagte Selim gerade, »brauchst du schnelle Muskeln und Augen. Beim Ringen auch, aber da mußt du auch noch einen schnellen Kopf haben.« Schon ging das Erzählen wieder los, er schilderte zwanzig Minuten lang einen Kampf, der zwei Minuten gedauert hatte.

Den Kurden Niyazi kannte Mesut schon von der Gesundheitsuntersuchung in Istanbul. Der hatte sich schrecklich aufgeregt: »Sie prüfen unsere Zähne wie bei Pferden auf dem Markt! Sollen wir mit den Zähnen arbeiten?« Niyazi konnte eben nichts sportlich nehmen. Ein Schafhirt nur, aber er lebte und starb für seine Ehre. In Deutschland würde er vor Heimweh sterben oder an der Liebe, er war der Typ dazu.

Mevlut würde nur an seine Ochsen denken. Dabei war Landwirtschaft zur Zeit nur ein anderes Wort für Hungerleiden. Und Ömer? Er zeigte jedem die Photos von seiner runden Frau und seinen zierlichen Kindern und träumte von einem Friseurladen in Bursa. Für diese Ziele würden sie zittern und schuften. Er, Mesut, war anders. Ich weiß, was ich will, dachte er. Bestimmt keine Ochsen oder Frisiersessel. Vor allem wollte er in diesem Leben nie mehr geprügelt werden, sondern selbst austeilen. Er hatte die Prügel fürs ganze Leben schon als Kind bezogen, jetzt waren die anderen an der Reihe. Die mit der glücklichen Kindheit und den sanften, lieben Vätern. Wie dieser Selim, der soeben ausdauernd und strahlend davon erzählte. Ein wunderbarer Vater mußte das gewesen sein!

»Er hat mir zwei Hennen geschenkt, als ich fünf war, und einen Hahn, ein Prachtstück der Minorca-Rasse, mit breiter Brust, gut drei Kilo schwer. Und stolz! Er wußte, wie schön er war. Schwarze Federn hatte er mit einem wunderbar gebogenen Sichelschweif, und einen hohen Kamm und große, weiße Ohrenscheiben. Und wie der böse werden konnte, wenn er einen anderen Hahn sah!«

Bei Selim mußte man aufpassen, er ging von einer Begeisterung ohne Pause zur anderen über – erst der Vater, jetzt der Hahn.

»Eines Tages wurde er krank, aber wie! Krähte nicht mehr, pickte nicht, fraß nicht und ging nicht auf die Hennen – nichts! In der Nähe wohnte ein Rentner, der alles über Hühner wußte. Er hatte selber dreißig, und dazu einen schnellen russischen Hund, um die Katzen fernzuhalten. Der sagte mir: ›Dieser Hahn stirbt. Er hat unverdauliche Blätter gefressen, die seinen Kropf aufblähen. Sofort schlachten!‹ So lautete das Urteil. Ich habe erst mal geheult. Der Hahn konnte nicht richtig atmen und wurde von Stunde zu Stunde schwächer und trauriger. Da sagte ich zu ihm: ›Keine Angst, ich operiere dich!‹ Das tat ich dann auch, leicht war's nicht!«

Dieser Selim war kaum ernst zu nehmen, aber er war immerhin Sportler und fürchtete sich, wie er sagte, nur vor Hunden, weil er mit denen weder ringen noch reden konnte. Einen Moment lang dachte Mesut an Karabaş, einen zwei Wochen alten Jagdhund mit schwarzem Köpfchen, ein tapsiges Hundebaby, das er bei den Verwandten hatte zurücklassen müssen. Zu Menschen hatte Mesut nicht viel Vertrauen. Was er liebte, waren Hunde.

Ewig würde das Abenteuer nicht dauern. Es gab einen Zwölfmonatsvertrag mit der Kieler Werft, der Grundlohn betrug zwei Deutschmark und neunzig Pefnik – so hießen hier die Kuruş.

»Wir sind in Deutschland schon fast hunderttausend«, warf er ins Gespräch. Die anderen sahen ihn an und rätselten, was das wohl heißen sollte. Nein, er sagte nichts weiter, das war seine Taktik. Er merkte, wie Ömer ihn zu bewundern begann, weil er so kurz die wichtigen Dinge sagte und dann darauf verzichtete, sie für irgendwelche Idioten nochmals zu erklären. Wer nicht verstand, was Mesut sagte, war eben zu langsam und zählte nicht. Mevlut zum Beispiel. Der konnte nur meckern, beten und vielleicht noch Fahrrad fahren. All das lernte in der Gegend von Konya jeder. Selim erzählte schon wieder von einem anderen Kampf.

»›Den schlägst du nicht‹, sagten sie mir, ›der ist Weltmeister, und das ist die harte Wahrheit.‹ Ich fragte: bitte wieso? Das ist ein Mann mit Armen und Beinen wie ich! Ich mache die Wahrheit selbst, ich bin Ringer!«

»Und?« fragte Niyazi, Selims bester Zuhörer.

»Gewonnen habe ich! Leider war es nur ein Trainingskampf.«

Mesut ahnte, daß Selim zu der Sorte gehörte, die ihm Schwierigkeiten machen konnte. Wenn Selim Erfolg hatte, dann auf andere Weise als er: mit den anderen, nicht gegen sie. Mesut fühlte sich unfähig zur Bewunderung von Eigenschaften, die er nicht selbst besaß. Mißgünstig betrachtete er Selims Bewegungen. Starke Muskeln hatte er wie alle Ringer, war aber dabei zierlich und beweglich. Noch waren ihm auf der Matte die Ohren nicht breitgerieben worden. Bei erfolgreichen Ringern hatte Mesut bisher immer die traurigsten Tomatenohren festgestellt.

»Gut, ich habe also in der Brücke ausgehalten, bis die Zeit um war. Dem fiel einfach nichts mehr ein, ich war Sieger nach Punkten. Dabei bin ich normalerweise kein Held, sondern ein Techniker.« Es war sofort klar, daß bei Selim Techniker höher rangierten als Helden.

Irgend etwas in Selims Wesen war massiv wie ein Haus. Den brachte keiner so leicht vom Fleck, wenn er es nicht selbst wollte.

Regentropfen liefen waagrecht übers Fenster. Draußen zog das kalte, windige Europa vorüber, drinnen erzählte sich Selim ins helle Licht seiner Punkt- und Schultersiege hinein, und alle durften sich dran wärmen. Daß er wirklich Ringer war, konnte der Kundige sofort an der Halspartie erkennen. Selim fand kaum ein Hemd, bei dem er den obersten Knopf schließen konnte, und wenn er es doch tat, blieb man besser in Deckung.

Vor den Deutschen schien er auch keine Angst zu haben. Seine Istanbuler Großtante war mit einem vom deutschen Konsulat befreundet gewesen, Selim wußte also über dieses

Volk so gut wie alles. Außerdem kannte er die Namen verschiedener deutscher Ringer, vor denen er ebenfalls keine Angst hatte. Und er war mit Ahmed, einem türkischen Ringer, in Hamburg verabredet – er wußte schon, wohin in diesem Land.

»Ich habe als Kind sogar noch Bilge und Doğu trainieren sehen. Und Atlı habe ich mal in der Straßenbahn getroffen – ihr kennt doch Atlı, den, der so geschielt hat! Sein Gegner Tahti hat sich darüber beim Ringrichter beschwert, er sagte: ›Man sieht ja nie, wo der hinguckt!‹ Das war Tahti der Perser – der Revolutionär, den sie später hingerichtet haben. Na gut, Atlı saß also in der Straßenbahn. Ich fuhr schwarz und kletterte bei jedem Halt in einen anderen Wagen – immer dorthin, wo der Schaffner nicht war, fliegen konnte er ja nicht. Atlı merkte das und grinste mir aufmunternd zu. Wirklich, der große Atlı hat mir in die Augen gesehen! Mit dem einen Auge natürlich nur, mit dem anderen sah er sich die Schaufenster an.«

Selim hatte die Gabe, sich durch nichts unterbrechen zu lassen. Er stahl allen anderen die Zeit, aber er belohnte sie durch Geschichten und sein jungenhaftes Strahlen. Wie ein sonniges, kräftiges Baby, dachte Mesut, und das war es eben, was ihn ärgerte. Glückskinder mochte er nicht. Er tröstete sich: im Leben nützte das nichts, da gewann man nur mit Härte und Kälte, mit Disziplin und überlegener Taktik.

Mevlut nahm unbewußt Mesuts Gedanken auf: »Ich habe nichts Lustiges erlebt, aber ich bin weiß Gott ein harter Bursche. Keiner von euch ist so verprügelt worden wie ich! Mein Vater sagte zum Lehrer: ›Das Fleisch sei dein, aber die Knochen gehören mir!‹ Mein Vater war schon brutal, aber der Lehrer, das war ein Experte.«

»Na und?« fragte Mesut.

»In Deutschland gibt es das nicht«, unterbrach Ömer, der an die Deutschen glaubte wie an Märchenhelden. »Und das ist gut. Man soll Kinder lieben und nicht kaputtmachen.«

23

Jetzt kam also eine pädagogische Diskussion, Mesut hörte gelangweilt weg. Überrascht nahm er wahr, daß Selim ohne weiteres das Thema wechselte, indem er von einem deutschen Ringer erzählte. Das war an Selim erstaunlich: er konnte bei jeder Unterhaltung blitzschnell auf das kommen, was er selbst mitzuteilen hatte.

Der Deutsche, von dem er sprach, war wohl wirklich ein Held gewesen; er hatte Adolf Hitler den Gruß verweigert und dafür mit dem Tod gebüßt. Halbschwergewicht, er hieß Veriner Selene Bineder. Allerdings Kommunist. Nie gehört den Namen. Im Deutschen waren vermutlich die Eigennamen das Schwierigste, der Rest lernte sich. Vor allem die wichtigen Schlüsselwörter mußte man lernen, die einen starken Eindruck machten. Jedenfalls bringt mich niemand um, wußte Mesut. Ich bin Stratege, die werden sich wundern.

Als sie die türkisch-bulgarische Grenze passiert hatten, begann Selim von der Zukunft zu reden. Er sagte, daß er nicht lange Arbeiter bleiben würde. Er könne arbeiten, aber was er werden wolle, sei: unabhängig, Unternehmer, Kapitalist! Andächtig hingen alle an Selims Mund und waren ganz seiner Meinung. Das ärgerte Mesut erneut.

»Wenn wir nur an das verdammte Geld denken, sind wir so gut wie verloren!« sagte er großartig. Die Gefolgschaft wandte sich ihm wieder zu: Mesut, der Heilige. Er dachte für sie, er sprach das Wichtige und Rettende aus. Und er vermied es, auch nur eine Silbe mehr zu sagen, sondern trank in Ruhe einen Schluck Wasser. Ein bedeutender Mann.

»Wie wär's?« fragte Selim. »Spielen wir eine Runde Tavla?«

Was war das nun wieder? Die vaterländische Stimmung war dahin, und alle wollten nur noch sehen, wer besser Tavla spielte. Ömer langte schon das Brett aus dem Gepäckständer herunter.

Gut! Irgendwann mußte dieser Kraftmensch seine Lehre bekommen. Beim Tavla gewann man nicht mit Muskeln

oder schönen Geschichten. Mesut fing an und warf sechs-
vier. Er wählte die strategische Eröffnung: ein Renner auf
Punkt elf. Alle sahen mit großen Augen dem Spiel zu, wie
Kinder.

Keiner von ihnen war älter als zweiundzwanzig.

4.

Der 22. Januar 1965, ein Freitag, ging zu Ende.

Viele sprachen miteinander, vor dem laufenden Fernseher
oder in einer ausreichend geheizten Kneipe. Über die voraus-
sichtlichen Verkehrsstockungen am nächsten Tag, aber auch
über glückliche Zufälle, erlittene Frechheiten, Hallentennis,
Minister Buchers Rücktrittsabsichten und die Debatte um
die Verjährung von Naziverbrechen, den zweiten Bildungs-
weg, die Gefahren des Alkohols, die Preise für Fausthand-
schuhe und Grundstücke, Heilungschancen bei unheilbaren
Krankheiten, laufende Prozesse. Man sprach aus Wichtig-
tuerei, Mitleid, Bosheit, Hilfsbereitschaft, zur Beruhigung
oder um aufzustacheln. Man redete, um andere zu gewinnen
oder fernzuhalten. Der Alkohol tat seine Wirkung: die Ver-
besserung der Welt hatte man im Sinn oder wollte ganze
Kontinente schlechtmachen. Man verhandelte, schmeichel-
te, drohte, gestand zu, höhnte, sang gute und böse Lieder.
Vor allem stellte man sich dar: »Ich persönlich bin ein
Mensch, der...«, und man wollte Menschen um sich haben,
die dem zustimmten.

In Degerndorf am Inn, in einem Haus am Hang, setzte ein
junger Mann sich die Kopfhörer auf und hörte mit einem
uralten Detektorempfänger die nächtliche Mittelwelle
durch. Wenn man mit einer Silbernadel auf einem Kristall
nach der für den Empfang besten Stelle tasten mußte, wurde
alles Gehörte zu einer Kostbarkeit, ausgenommen die deutschen Schlager. »Ippi tippi tippso, beim Calypso ist dann

alles wieder gut« – schnell tastete er weiter. Hinter dem erbarmungslosen Maschinenrhythmus eines Störsenders stieß er immerhin auf eine verwehte Klaviersonate. Kaum hatte er sie etwas vom Lärm getrennt, verschwand sie wie ein Schiff in der Ferne.

Ein Rosenheimer Lehrer erzählte seiner Frau, er sei einem ehemaligen Schüler begegnet, einem etwas linkischen, aber nicht unintelligenten Burschen.

»Er wird es nicht leicht haben, er versucht immer, was er nicht kann. Gegen mich hat er was. Klar, das Übliche.«

»Wie hat er denn das Abitur geschafft?« fragte die Frau.

»Im Schriftlichen geht es. Theoretiker mit leichtem Größenwahn. Niemand will ihm zuhören, aber es wundert ihn nicht. Eines Tages tun alle, was er sagt, und es wundert ihn auch nicht.«

In einer Villa in Frechen wurde ein siebzehnjähriges Mädchen von seinem Vater beschimpft. Schöne Frauen galten ihm als Huren, der Himmel wußte warum, und mit Bestürzung hatte er schon vor Jahren feststellen müssen, daß seine Älteste schön wurde. Zum Unglück für alle war er hochgeachtet, Widerspruch nicht gewöhnt und in seinen Irrtümern nicht zu beirren. Heute hatte die Tochter sich nachgiebig und freundlich gegeben – für ihn ein Zeichen von schlechtem Gewissen, seine Wut war groß.

Eine Stunde nach Mitternacht stand sie auf, verließ leise das Haus, stahl Vaters Opel aus der Garage und fuhr nach Köln, um ihn dort gegen einen für sie gefälschten Schweizer Paß einzutauschen. Es geschah Vater recht, warum zwang er alle, ihm nach dem Mund zu reden? Fieser Kerl, dieser Vater. Im Leben viel Mist gebaut und drei Fabriken. Sie aber wollte nach Holland.

Auf dem Glatteis rutschte ihr der Wagen von der Straße und stak hilflos im Schnee. Der Abnehmer sah das Geschäft gescheitert und wollte den Paß behalten. Es gelang ihr aber, auch diesen zu stehlen und damit zu flüchten. Sie bat eine Frau, die mitten in der Nacht ihren Volkswagen startete, sie irgendwohin mitzunehmen, »am besten Richtung Holland«. Die Frau fuhr nach Hamburg. Es war eine verständnisvolle und gescheite Frau. Deshalb fand sie schnell heraus, daß die Ausreißerin sich schwanger fühlte und abtreiben wollte. Sie beschloß, sich um sie zu kümmern.

Ein anderes Mädchen, Schweizerin aus den Bergen über Martigny, verbrachte im Rheinland ihre erste Nacht im Kloster. Bücher über Therese von Avila und Edith Stein hatte sie gelesen, und ihr weiterer Weg schien klar. Sie betete und sang gern, von Liebe war sie erfüllt, zum Gehorsam fühlte sie sich fähig. Sogar dem Schweigegebot glaubte sie folgen zu können. Nur würde sie als Klosterfrau auf den Skisport verzichten müssen, schade. Im Val des Bagnes hatte es im Slalom kaum eine Bessere gegeben als sie. Daß ihr der Paß gestohlen worden war, hatte sie noch nicht bemerkt.

Bei Plovdiv hielt der Zug aus Istanbul eine Stunde lang. Mesut klappte das Tavlabrett zu und machte eine schmallippige Bemerkung über Spielerglück und glückliche Würfe. Selim hatte ununterbrochen gewonnen, mal einfach, mal doppelt.

Mesut sprach von Glück, Selim von Strategie und Taktik. Und er erklärte Mesut ganz freundlich dessen Fehler, das war das Schlimmste. Es roch nach einer Feindschaft fürs Leben. »Taktik? Du spielst mit der Brechstange und hast dabei noch Glück!« sagte Mesut. »So spielt man vielleicht bei euch da unten, bei den Griechen um die Ecke...«

»Mann«, antwortete Selim, »du redest wirklich wie einer aus Ankara!« Niyazi hatte die gute Idee, das Licht auszuschalten, die Gespräche verstummten.

Ich werde mächtig, dachte Mesut.

Ich werde Onassis, dachte Selim.

Eine halbe Stunde später schliefen alle fest.

Sie hatten noch nichts miteinander zu tun und wohnten an verschiedenen Orten: Alexander, ein Soldat mit Abitur aus Degerndorf am Inn, die schöne Gisela aus Frechen bei Köln, die fromme Geneviève aus der Schweiz. Diese war sogar sicher, daß in ihrem Leben Männer keine Rolle mehr spielen würden, ganz zu schweigen von einem nordwesttürkischen Meister im griechisch-römischen Stil. Und der Stratege Mesut aus Ankara wußte, daß er in dieser Welt nicht zu den Betrogenen gehören würde.

Berlin war für alle noch weit, aber einiges hatten sie doch gemeinsam: sie waren zwischen siebzehn und zweiundzwanzig; niemand von ihnen neigte dazu, Kompromisse zu machen; sie bekamen etwa das gleiche Wetter und dieselben Temperaturen zu spüren; sie versuchten sich Tag für Tag in der deutschen Sprache zu vervollkommnen, um nicht durch Stummheit Chancen zu verpassen.

Und alle wollten erst nach großen Erfolgen dorthin zurück, wo sie hergekommen waren. Vorher auf keinen Fall.

5.

Im Traum lag vor Alexanders Augen die größte Arena der Welt, ein Riesenbau, mit zahllosen ineinander verschachtelten Tribünen in die Felsen hineingebaut, mit weiten Flächen voller Menschen wie bei einer Revolution, und immer saßen auch kleinere Gruppen separat über oder neben den anderen in Logen und Nischen. Es waren einfach alle anwesend. Das gab es also: einen einzigen Ort für die ganze Gattung.

Alexander saß in der letzten Reihe unter den Felsen. Das war nicht gerade der beste Platz. Neben ihm waren aus gutem Grunde die Sitze frei geblieben: hoch darüber nisteten in den Felsspalten die Tauben, die Dohlen und Mauersegler. Die ließen unglaublich viel herunterfallen auf die letzten Ränge des Welttheaters, immerzu tickte und pitschte es, die Sitze waren braun und grau gesprenkelt. Er sah hinauf zu den Felsen. Ja, da saßen sie, flogen ab und zu auf, linsten neugierig herunter aus Ritzen und Nestern. Unter ihnen, auf halbem Wege hinauf, hingen andere, klobigere Lebewesen in

28

der Wand. Das waren Kühe. Sie hatten es den Tauben und Seglern gleichtun wollen, und jetzt wußten sie, daß sie weder fliegen noch klettern konnten. Ziemlich grüblerisch hingen sie da in der Wand und fühlten sich unwohl, denn sie konnten weder vor noch zurück. Alexander formte die Hände zu einem Trichter und rief hinauf: »Von wegen ›Esprit‹! Und jetzt?«

Er sah wieder nach vorn. Da schlenderte jemand durch die Reihen und nahm Anmeldungen für die Rednerliste entgegen: Wilhelmine Lübke, die Frau des Bundespräsidenten. Sie schaute liebenswürdig-verschmitzt wie eine in der Sonne spazierengehende Katze. »Wer möchte noch etwas vorbringen, eine Rede halten, wer?« Sie beugte sich mal hierhin, mal dorthin und kam immer näher wie eine Eisverkäuferin. Alexander horchte in sich hinein: wollte er? Wollte er nicht?

In geringer Entfernung sah er einen Mann, der aufmerksam hersah und ihm zunickte. Sein Bruder wohl. Guck an, der war also keineswegs tot. Stumpfsinnig sah er jedenfalls nicht aus, das beruhigte. Mit längst verstorbenen Brüdern konnte man schön hereinfallen. Dieser da, der wollte bestimmt, daß er redete.

Ihm fiel ein: es gab wirklich etwas mitzuteilen. Von einem Augenblick zum anderen war der Zusammenhang da. Er erinnerte sich an einen Film, den er gesehen hatte, den größten der Welt, amerikanisch natürlich, er enthielt alles, was je geschehen war. Noch konnte ihn keiner kennen – er hatte ihn in einem Kino gesehen, von dem nur wenige wußten. Der Film erzählte die lange Geschichte der Völker und ihres Elends, und wie unverwüstlich und verrückt die Menschen waren. Sie hofften, liebten sich, verstanden sich nicht, taten einander weh, bereuten schrecklich, hofften wieder. Das ging nun schon Hunderte von Generationen so, und ständig wurde doch nur gestorben, mehr kam nicht zustande. Der Film hatte einen Titel, und jetzt wußte er ihn wieder: »A Mickey Mouse for little Jesus«.

Darüber mußte er reden! Kraft und Liebe durchströmten

ihn. Er war erleichtert darüber, daß der Alptraum von Stummheit und Verwirrung nun ein Ende hatte. Keine Rede halten – nur liebevoll einen Film erzählen – so einfach war das!

Mit den Tauben in den Felsen wollte er anfangen, und mit dem Unglück verstiegener Rindviecher – das war die Gegenwart, von ihr her war alles beleuchtet. Alexander sah in Wilhelmines Katzenaugen und sagte mit fester Stimme: »Okay!«

Schon war er dran, das ging rasch. Er machte sich auf den Weg nach vorne zur Brüstung, damit alle ihn sehen konnten. Einen Moment lang stand er ruhig da und sah die Menschenmengen auf den Terrassen im Felsgebirge und in dem riesenhaften, dunstigen Stadion, das sich in der Ferne verlor und alles in sich versammelte: Städte und Strände, Strandkörbe, Sandburgen, alles, und auch alle übrigen Arenen der Erde. Jetzt mußte er nur seine Kraft und Wärme weitergeben. Ob sie für so viele reichte?

Er wußte noch nicht genau, wie anfangen. In seiner Nähe legten schon einige den Kopf schief, teilnahmsvoll oder wie Schwerhörige, die nichts verpassen wollten. Sein Bruder war plötzlich viel höher oben auf einem der seitlichen Ränge, er sah mit einem brütenden, mißgelaunten Ausdruck herunter.

»Ich habe mich hier auf einen Platz gestellt!« begann Alexander. Er versuchte, seine Atmung unter Kontrolle zu bringen.

»Na gut. Ich hoffe eben, daß hier alle mich hören werden.« Und wenn nicht?

Jetzt merkte er schon: es drohte Gefahr. Was wollte er denn sagen? Im Hirn nur Gefitzel. Es war etwas mit – über die Welt war es! Okay, okay. Jetzt half nur Frechheit.

»Überhaupt möchte ich gleich mal sagen, daß ich es einen ziemlichen Skandal finde, also, ein Stadion wie hier, das hat ja viele Milliarden gekostet, und dann weiß man nicht einmal, ob einen überhaupt alle hören!«

Ekelhaft spärlicher Beifall von höchstens zehn Leuten

ganz in der Nähe. Er tat ihnen wohl leid. Sein Bruder war damit beschäftigt, Leute zu beobachten. Der alte Trick: ich bin auf deiner Seite, ich beobachte für dich die Leute. Alexander horchte in sich hinein, hörte Gefasel, ließ es gar nicht erst heraus. Die Pause dauerte schon zu lange, die Uhr lief ab. In der Tat: da war sie, die Rokokouhr über der Bühne. Bühne? Ja, die Arena schnurrte jetzt zusammen, sie war kaum noch größer als der Saal in Gillitzers »Hotel Deutscher Kaiser«, und die Felsen trieben Stuckverzierungen heraus, als wollten sie tröstend sagen: »Alles gar nicht so felsig hier.«

Er sprach immer noch nicht. Dabei hatte er eine Erkenntnis, die er sich später aufschreiben wollte: das einzige, was man durch Stummbleiben garantiert nicht vermeiden kann, ist eine Pause.

Das felsige Rokokotheater wurde unruhig, weil nichts kam, keine Kraft, keine Wärme. Alexanders Blick traf in den von Wilhelmine, die ihm ermutigend zunickte. Da war's ganz aus. Im Kopf herrschte Luftmassentrennung: kalt gegen warm, klar gegen bedeckt, ein Wirrklima.

21. Januar 1980
Jetzt schreibe ich schon eine Woche lang.
Gisela ist für zwei Tage in Berlin. Wir frühstücken in ihrem Hotel. Als ich ihr erzähle, daß der Roman auch von Selim handelt, fragt sie sofort, warum. Ich sage: »Die Türken interessieren mich mehr am Rande, wichtig ist mir nur er.«
»Weißt du viel von ihm?«
»Was er mir erzählt hat: fünf Spiralblocks voll. Und dabei kamen wir erst bis 1970. Mesut hat auch ein paar Geschichten geliefert.«
Ich lese ihr die Passage vor, wo sie im gestohlenen Auto von zu Hause flieht. Sie sagt, ihr Vater habe eine einzige Fabrik gegründet, nicht drei. Das sei kein Einwand, sie sei nur

neugierig, warum mir drei lieber wären. Ich bin ertappt: ich weiß es nicht.

Gisela geht noch immer auf jeden los, der den Verdacht erregt, sich etwas vorzumachen. Inzwischen paßt es zu ihrem Beruf. Sie ist Politikerin aus Passion, liest mit Begeisterung dicke Akten, sammelt und formuliert Argumente. Es gibt kaum ein Stück Politik, das sie nicht erbarmungslos kritisiert, aber das geschieht in guter Laune: sie spricht als die, die es früher oder später besser machen will.

Von Selim keine Nachricht. Er wollte letzte Woche aus der Schweiz zurück sein. Ich würde ihn gern fragen, was aus Mevlut, Niyazi und Ömer geworden ist.

25. Januar 1980

Morgens Telephongespräch mit meiner Mutter, die mich in der Livesendung gesehen hat. »Alexander, bei so was müßtest du eine Krawatte anziehen!«

In Bayern schneit es seit Tagen. Ich sage: »Das paßt zum Anfang des Romans.« Sie antwortet: »Du wirst dich überarbeiten!«

Zweites Kapitel

Reise in den Winter

6.

Alexander wachte in seinem durchgeschwitzten Pyjama auf und ließ die Bettdecke los, die wohl seinen Untergang hatte verhindern sollen wie ein Rettungsring. Sein Gehirn erinnerte sich sofort wieder, mit höhnischer Zuverlässigkeit, an »Mickey Mouse for little Jesus«. Sein Puls wurde wieder langsamer.

Wenn er in diesem Stadion so angefangen hätte: »Ich habe euch nichts zu bieten als –«, dann wäre alles gutgegangen. »...als Tauben, Dohlen und Mauersegler. Von den Rindviechern müssen wir auch reden. Dort« – Handbewegung – »hängen sie in der Wand und sind doch alles andere als Dohlen oder Tauben.« Dann noch fünf, sechs Sätze, und die Welt war einleuchtend dargestellt. Oder wenn er gesagt hätte: »Reden ist immer das Reden der Stummen«, »Himmel ist immer der Himmel – über den Landfremden«, genau so, oder »Freiheit ist immer die Freiheit...«, nein, »Heimat ist immer die Heimat der Probleme« – tautologisch anfangen, und dann ein Gag! »Brüderlichkeit ist immer Brüderlichkeit gegenüber Schwestern«, »Gott ist immer der Gott, der uns alleinläßt« – Sätze gab es wie Sand in einer Arena, und mit Wörtern konnte er umgehen.

Er stand auf und ging zum Dachfenster, aus dem er über das im Morgengrauen weiß schimmernde Inntal hinsah. Das Wetter war klar und frostig heute. Er verließ die Dachkammer und schaltete das Licht ein, um nicht in eine der Mausefallen zu treten. Durch die Gaube sah er nach St. Margarethen und zu den runden Schneebuckeln vor dem Wildalpjoch hinauf. Unten im Haus pfiff der Wasserkessel und wurde abgestellt. Jetzt kam die Stimme des Nachrichtensprechers dazu, einen Moment lang brüllend laut, dann rasch leiser gedreht. Schon der Wetterbericht. Metallisches Stochern klang vom Kamin her, ein ungeduldiges Geräusch, Mama war beim Heizen. Er wusch sich fröstelnd und zog sich an. Als erstes hieß es Ausschaufeln bis zur Straße, es hatte die ganze Nacht geschneit.

»Ich habe eine Liste gemacht«, sagte Mama beim Frühstück, »weil du nur so kurz da bist. Erstens das Moped! Kannst du das mal aus der Garage wegtun? Am besten in die Holzlege. Oder soll ich's verkaufen?«

Du lieber Gott, wieviel Geld würde es noch geben für eine alte, verschrammte und defekte »NSU-Quickly«?

»Zweitens die Standuhr, die türkische in der Diele. Die bleibt vollaufgezogen stehen. Da müssen sich wieder die kleinen Stifte verbogen haben, an diesem Rad mit den kleinen Stiften.«

Die türkische Uhr stammte, wie alles Ehrwürdige im Hause, vom Großvater. Er hatte sie von irgendeinem Pascha geschenkt bekommen, als er ihn im alten Konstantinopel besuchte. Fast hundertfünfzig Jahre war sie alt, 1818 in London gebaut, vielleicht sogar für den Sultan. Ferner stammten vom Großvater etwas über dreißig kapitale Jagdtrophäen, ein antiker Sekretär und ein halber Dachboden voll feiner Reisekoffer, in denen jetzt die Mäuse hausten.

»Ich sehe mir die Uhr an. Ich muß allerdings morgen schon wieder weg.«

»Ach, du bist ja kaum da! ›Familienheimfahrt‹ nennen die das? Und gestern abend hast du nur oben herumgebastelt.«

»Ich habe die Antenne befestigt und Detektor gehört.«

»Das würde deinen Vater freuen, daß du mit seinem Spielzeug etwas anfangen kannst.«

»Mußt du morgen auf Tour?« fragte Alexander.

»Und ob! Hoffentlich springt er mir an bei der Kälte. Leider geht der Schaumstoff immer schlechter. Der Raglanschnitt kommt aus der Mode, ich bleibe auf meinen ganzen Schulterpolstern sitzen.«

Sie erzählte von den Ärgerlichkeiten des Vertreterberufs, kam von den Schulterpolstern auf den Sommer, vom Auto auf die Verwandten, von Tanzstundenerinnerungen auf die Mäuseplage. Mamas Welt war Text. Auf einem Luftkissen aus Worten glitt sie dahin, mit hundert Erwähnungen nebenbei, Plädoyers, Anekdoten, Verurteilungen umrundete sie ständig ein ausgedehntes Revier und hielt es zusammen wie ein Schäferhund die Herde. Sie war, wie sie selbst sagte, ihrem Vater ähnlich, dem Geheimrat, der stets aus dem Stand eine Rede hatte halten können, in der alle Anwesenden vorkamen. Die hatten ihm daher auch immer gut zugehört, sogar der Gazi, der Mustafa Kemal hieß, später Atatürk.

»Schaumgummi wird immer gebraucht werden, Mama. Denk an die BH-Einlagen!«

»Warten wir's ab. Eines Tages entdecken sie wieder die flache Brust, dann stehe ich schön da!«

Alexander dachte an die vielen Formschalen in verschiedenen Größen, die im ehemaligen Mädchenzimmer lagerten. Oft hatte er sie aufeinanderstapeln müssen. Für die Brustwarzen gab es glücklicherweise ein genau passendes Loch in der Hohlseite der jeweils nächsten Schale, so entstanden solide kleine Türme.

»Unverkäufliche Bestände kannst du doch zurückgeben. Dann werden sie eingeschmolzen, vielleicht zu Radiergummis.«

»Was hast du denn Schönes gemacht in München?« Er ärgerte sich über »Schönes«. Sie wollte ja nur wissen, warum er nicht auf dem schnellsten Wege nach Hause gefahren war.

»Schulfreunde besucht, einen Lehrer getroffen...«

Er ließ das Kino unerwähnt und auch, daß er eigentlich eine ehemalige Schulfreundin hatte besuchen wollen, die aber verreist war. Er hatte noch nie mit einer Frau geschla-

fen und mit jener auch nur fast. Bis zum Ende der Rekruten-
zeit wollte er das geschafft haben. Daß sie keine Schalenpol-
ster aus Mamas Vorräten brauchte, hatte er schon festgestellt. Vielleicht versuchte er es doch lieber vorher zur Probe
mit einer anderen. Aber er hatte sich das hundertmal vorgestellt, es konnte kein Problem mehr sein.

7.

Inzwischen war Gisela in Hamburg. Die Frau mit dem
Volkswagen gab ihr einen Tee aus Schlangenwurzel und Bei-
fuß zu trinken – wenn der normale Zeitpunkt der Regel
wirklich erst eine Woche her sei, könne das helfen. Außerdem massierte sie eine Stelle in der Nähe der Fußknöchel.
Wie Gisela dabei erfuhr, war sie geschieden, hatte eine zwei-
jährige Tochter, Anna, die aber ihrem Mann zugesprochen
worden war. Sie lebte allein.

Ständig zogen auf der Elbe Schiffe vorbei. Wenn Gisela
das Maschinengeräusch hörte, versuchte sie zu erraten, in
welcher Höhe des Fensterrandes das Schiff erscheinen würde. Oft erschien nach großem Lärm nur ein winziger Last-
kahn, dann wieder, leise wie ein Geist, ein riesiger Dampfer,
der das ganze Fenster ausfüllte.

Hermine hatte auch nach dem Beinahe-Kindesvater gefragt. Was sie für ihn fühle und wie er sich verhalten habe.
Gisela hatte nicht verstanden, was an Klaus so interessant
sein sollte. Ein Mitschüler eben, Brillenträger, und keine
Ahnung von irgendwas.

Hermine arbeitete tagsüber in einer Bibliothek, sie war
Wissenschaftlerin. Überhaupt der klügste Mensch, dem sie
je begegnet war, keiner ihrer Lehrer kam da heran.

Am schönsten fand Gisela, daß sie jetzt »Geneviève« hieß
und einen bildschön gefälschten Schweizer Paß hatte, der sie
sogar um ein Jahr älter machte. Leider sprach sie weder

französisch noch schweizerisch, mußte sich also für Kontrollen noch eine Geschichte ausdenken.

Von einer Zelle aus rief sie ihren Vater an. Der hatte seinen Wagen schon wieder und redete süß und sanft, um ihren Aufenthaltsort herauszufinden. Nein, sie wollte nicht zurück!

Vielleicht sah sie in zehn Jahren wieder einmal nach ihm, wenn sie mit irgendwas berühmt geworden war. Wie die Zukunft auch aussehen mochte, sie hatte immerhin schon eine Freundin in Blankenese.

8.

Beim Bäcker Widuwilt in Kiel kam am Sonnabend mittag Besuch: Dörtes Bruder hatte eine Nachtschicht hinter sich, war übermüdet und aufgedreht und wollte vor dem Schlafengehen ein wenig reden. Natürlich erzählte er ununterbrochen aus der Werft, aber er lebte eben für seine Arbeit. Gelangweilt stand Dörte dabei.

Ein Schiff bauten sie jetzt, einen Frachter für den Gipstransport, der sich an der Pier mit eigenen Förderbändern leerschmeißen konnte. Das ist wie Gebären, dachte Dörte. Sie sah ein Schiff vor sich, aus dessen Bauch ein kleineres Schiff herauskam. Es sah aus wie eine Miniatur des großen.

»Wir werden jetzt auch einen 169 000-Tonner bauen«, sagte der Bruder, »für Shell, fünfzig Millionen Mark. Die Docks sieben und acht werden für den Sektionsbau vergrößert. Es ist ganz schön was im Gange!« Er schien glücklich darüber. Vielleicht heiratete er nicht, weil er die Werft hatte.

Acht Jahre war sie jetzt Bäckersfrau, und kein Kind. Sie hatte sich untersuchen lassen: alles in Ordnung! Und dann hatte sich der Mann so verändert, und im Bett hatte er keine Lust mehr. Es käme von der Hitze in der Backstube, hatte eine Freundin gesagt. Aber das stimmte nicht: es gab jede

Menge Bäcker, die nichts anbrennen ließen. Es gab überhaupt andere Männer. Mit ihm hatte sie nur noch Ärger. Bestenfalls war er ängstlich besorgt, daß irgendwas zu viel Geld kosten könnte, ein Kind zum Beispiel.

Weggehen, dachte Dörte Widuwilt, weit weg. Mit einem Türken nach Anatolien, warum nicht? Die hatten Kinder gern, und sie wollte nun mal eines. Auch mehrere.

Ein dunkles Kind kriegen, dachte sie, ein dunkles Kind. Sie lachte geheimnisvoll, und ihre Augen blitzten die beiden Männer an. Die kamen ohnehin nie dahinter, was sie dachte. Sie fragten gar nicht erst.

9.

In Süddeutschland schneite es nun schon dreißig Stunden. Die Flocken waren so groß, daß die Kinder sie aufzufangen suchten wie etwas Kostbares von ganz oben. Noch war der Schnee relativ feucht. Es ließen sich riesige Schneemänner daraus zusammenpappen. Gegen siebzehn Uhr wurde es dunkel, da mußten die Kinder ins Haus und die Schuhe gut abputzen. Ob sie denn gar keine Schularbeiten zu machen hätten, fragten die Eltern. Es war eben ein Samstag, da fragt jeder, was der andere eigentlich zu tun hat.

Alexander hatte die Uhr repariert, das Moped verstaut, Holz gehackt, erneut Schnee geschaufelt, seine Stiefel mit Zeitungspapier ausgestopft, Béla Bartók gehört, Filmkritiken eingeordnet, gegessen, beim Abspülen geholfen und seiner Mutter zugehört. Das war alles. Er fragte sich, wie ein Tag, an dem so wenig Bedeutendes vollbracht wurde, so rasch vergehen konnte.

In Norddeutschland rieselte nur feiner, weißer Staub vom Himmel, es knackte vor lauter Frost. In Kiel wehte dazu von der See her ein kleiner, tückischer Luftzug, die Kälte fraß sich durch bis zu den Knochen. Im Freien zog man den Schal über den Mund und sprach keine Silbe. Wer ein Feuer nachzulegen hatte, tat es sorgfältig und sparte nicht an Kohlen.

In der Wohnbaracke der Werft wurde es trotzdem nicht richtig warm, man behalf sich mit Schnaps und wollenen Decken. Die Betten, in denen ab Sonntag abend Selim, Mesut, Ömer und die anderen schlafen sollten, standen bereit und waren – das ist im kälteren Teil der Welt das ungeschriebene Gesetz für Neuankömmlinge – am weitesten vom Ofen entfernt.

10.

Zwei Tage dauerte die Fahrt nach Kiel, und bis heute abend waren sie noch unterwegs. Der Zug rollte an weißen, schattigen Bergen vorbei, von denen nur die Gipfel in der Sonne glänzten. Man war schon in Österreich, einem kleinen, aber ziemlich hochgelegenen Land, wo die Luft dünn war – »Wie in Nepal«, sagte Selim und freute sich, als man ihm glaubte, »nach Kiel geht es jetzt steil bergab.«

»Blonde Frauen haben wir schließlich auch«, sagte Ömer zu Niyazi, »ich kenne eine in Ankara, die singt im Ahu-Pavillon – blond am ganzen Körper!«

»Davon hat dir doch höchstens jemand erzählt«, sagte Mesut geringschätzig. Mesut war Unteroffizier, aber von der Sorte, die sich einfachen Soldaten gegenüber aufführte wie ein Vier-Sterne-General. Wenn ich sein Untergebener gewesen wäre, dachte Selim, er wäre seines Lebens nicht froh geworden. Eines möchte ich aber gern wissen: ob er wirklich hundert Meter in zehn Komma zwei läuft.

Ein Läufertyp war dieser Mesut auch im Reden. Er warf schnell die Worte hin und war schon wieder weg. Man konnte ihn kaum einholen und zur Rede stellen. Wenn, dann schwieg er höhnisch oder machte Bemerkungen darüber, warum man ihn das wohl fragte. Er selbst wollte es sein, der die Fragen stellte.

Ich bin anders, entschied Selim, vor allem laufe ich nicht. Dableiben, den Gegner zwingen, Stärke zeigen, das war, was ein Ringer tat. Wer die Matte verließ, hatte verloren. Laufen sollten die, die es nötig hatten. Er konnte alles, bei dem man nicht laufen mußte: Schwungkippe, Salto, die schwierigsten Übungen am Barren und Pferd. Aber er hatte keine Lust, sich vor Ehrgeiz und Disziplin verrückt zu machen und dann eine Zehntelsekunde schneller zu sein.

Aber bei Mesut hieß es jedenfalls achtgeben. Der schaute so lauernd drein mit seinem Wolfsgesicht, er betrachtete alles als Beute. Gelegentlich versuchte er sich zur Tarnung als Idealist, dann fragte er noch mehr, blickte ungeheuer ernst und sprach auf künstliche Weise ruhig, wie ein Tierbändiger. Aber wenn der Löwe doch mal die Tatze hob, rannte er hundert Meter in zehn Komma null. So ähnlich spielte er auch Tavla. Mesut konnte nicht gewinnen, weil er unter keinen Umständen verlieren wollte. Das war aber falsch, Wollen half nie. Glauben mußte man, dann kam der Sieg von selbst.

11.

Beim Frühstück am Sonntag morgen mußte Alexander niesen. Er war so in Gedanken, daß er den Reiz nicht unterdrückte und ein lautes »Hatschi!« herausschrie, statt wie üblich nur ein kurzes »Ick!« hören zu lassen.

»Denk an dein Nasenbluten!« rief Mama. »Ich sehe dich schon wieder im Bad sitzen und stundenlang tropfen!«

Weil die feinen Äderchen in seiner Nase so leicht platzten, hatte man sie ihm als Kind im Krankenhaus verätzt. Danach bluteten sie seltener, aber wenn, dann heftig. Immer wieder fand man ihn stumm über Badewannen und Schüsseln gebeugt, einen kleinen See interessant gerinnenden Blutes unter sich und unbeweglich wie eine Statue, damit sich die Nase beruhigte. Diesmal passierte nichts.

»Du hättest sie dir innen eincremen müssen bei dem Wetterumschwung! Wenn du das jetzt wieder kriegst, bist du zum Zapfenstreich nicht in der Kaserne.«

»Das wäre auch kein Beinbruch. Die können mich ja deswegen nicht...« Er stockte, weil ihm klar wurde, worauf er hatte anspielen wollen – und weil Mama es bereits gemerkt hatte und sich nervös darauf gefaßt machte: Vaters angebliche oder wirkliche Urlaubsüberschreitung 1944. Wahrscheinlich hatte er irgend etwas gegen die Nazis gesagt. Degradierung, Strafbataillon, mit dreiundzwanzig Jahren tot. Alexander hatte sich darüber früh eine Meinung gebildet. Aus der zweiten Volksschulklasse gab es noch ein Löschblatt, auf dem stand: MAN MUS MUTICH SEIN UND GLEICHZEITICH GESCHEIT.

Um die Buchstaben der Worte »MUTICH« und »GESCHEIT« hatte er deren Konturen in lauter Parallellinien weitergemalt, als schaukle jeder Buchstabe in einem Wasser und schlüge Wellen bis zum Rand des Blatts. Die Buchstaben überzogen sich gegenseitig mit ihren Echos, das Wort »GESCHEIT« verschwamm beinahe wieder.

Als Alexander den Weg zum Bahnhof antrat, studierte er liebevoll die Linien der Berge: Kranzhorn, Spitzstein, Heuberg. Hinter einem Gesteinsriegel halb verborgen lag Flintsbach, wo sein Bruder 1948 vor dem Unglück mit der Fundmunition zuletzt gesehen worden war, und noch weiter rechts der Madron mit dem Steinbruch, in dem man den Eidechsen zusehen konnte. Er mochte Eidechsen. Sie waren Verwandte der Dinosaurier, konnten aber senkrechte Wände hinaufklettern und sich durch die engsten Risse schmiegen.

Unterhalb der Astenhöfe lag der Steilhang, auf dem er 1959 bei einem vielbeachteten Sturz seine Ski zerbrochen hatte, alle beide. Die Zeit der Tapferkeitsproben: Schußfahrten mit zusammengebissenen Zähnen, Sprünge vom Dach, alles Gewaltsame, alles, was weh tat, anstrengte oder durch seine Unvernunft eine grundvernünftige Angst auslöste.

Bis zur Abfahrt war noch Zeit. Er ging auf den Steg, der über die Gleise führte. Von hier aus konnte man den aus Richtung Kufstein fast geräuschlos heranschwebenden Zügen entgegensehen, auf deren Wagenschildern italienische Namen standen: Verona, Milano, Roma Termini. Da kam die große Welt daher, und mit ihr zusammen fuhr man weiter.

12.

Bahnhof Salzburg. Der Zug stand eine Weile auf Gleis sechs. Dicht daneben hoben Arbeiter mit erstaunlicher Langsamkeit einen Kabelgraben aus. Sicherlich war es die Kälte, die sie behinderte.

Dann rollte man über ein Flußbett aus Schnee und vereisten Steinen, in dessen Mitte ein dünnes Rinnsal dahinsickerte. Die Stadt bestand aus dichtgedrängten, schmalen Häusern. Einige Kamine rauchten. Gleich darauf wieder ein Bahnhof, »Freilassing«, aber der Zug hielt nicht. Junge Leute mit Anorak, Stiefeln und langen Skiern auf dem Bahnsteig, dann ein Sekundenblick auf eine Kreuzung. Ein Mann stand an der Ampel und wartete auf grünes Licht. Dabei war er allein, kein Auto weit und breit. Die Deutschen waren korrekt. Er trug Ohrenschützer und darüber eine Schirmmütze. Ob das nun ein Bauer war oder ein Polizist, Zigarrenhändler oder Kellner, wer sollte das wissen? Selim wollte aber gleich möglichst viel über Deutschland herausfinden. Wieder ein kleiner Bahnhof ohne Halt. An jedem Lichtmast zwei Lautsprecher – es war wirklich ein reiches Land. Große Fensterscheiben überall, neue Schneeräumfahrzeuge mit gelben Blinkleuchten. Hohe, gerade Fernsehantennen.

42

Die Deutschen, das wußte Selim längst, stellten von allem viel zuviel her. Deshalb mußten sie ständig exportieren, und dafür brauchten sie Transportunternehmer mit guten Verbindungen. In dieser Richtung ließen sich Pläne machen.

Ich werde dieses Land erobern, dachte Selim. Ich kann schuften, aber vor allem kann ich etwas Eigenes gründen, ein Geschäft. Daran denken die anderen weniger, die wollen nur gehorsam arbeiten. Außer Mesut vielleicht, aber der wird Politiker.

Er sah wieder hinaus. Der Blick zuckte von Punkt zu Punkt durch die Schneelandschaft. Dicht neben der Bahn waren Büsche, gebeugt durch die Schneelast, seltsam, daß sie nicht zusammenbrachen. Und Spuren von hungrigen Tieren gab es, die nach Abfällen gegraben hatten – Niyazi hatte das gleich gesehen – Spuren von Menschen auch, die vielleicht schon erfroren hinter der nächsten Waldecke lagen. Ein hartes Land. Und die Menschen?

Vor Männern hatte er keine Angst, wenn sie ihm direkt gegenüberstanden, und vor Frauen erst recht nicht. Zupakken und ausweichen im richtigen Moment, darin war er zu Hause. Mit dem Geld war es noch einfacher, da entfiel das Ausweichen.

Selim wollte genug Geld haben, um auch noch andere reich zu machen. Er wollte das große Los sein für seine Freunde. Beim Tee wollte er sitzen und spannende Geschichten hören, unbehelligt von den guten Geschäften, die er gegründet hatte. Die sollten ohne ihn laufen, sich von selbst vermehren. Das war auch die Geschichte, die er erzählen wollte: wie einer allein durch Kraft und gute Ideen reich werden konnte. Das wollte er erst erzählen, dann vollbringen, dann wieder erzählen.

In der Ferne begleitete den Zug eine lange Kette von kahlköpfigen Bergen. Nach einer hohen Flußbrücke kam ein etwas größerer Bahnhof, aber auch durch ihn hindurch rauschte der Zug ohne Halt. Vor dem Stationsgebäude stand eine Frau im kurzen Rock, mit blauen Strümpfen ohne Nähte! Und das war ein Blau! Mesut hatte es gesehen, Ömer war aufgesprungen und klebte seine Wange an die Scheibe, um noch etwas davon leuchten zu sehen. Dann wieder Bauernhöfe mit zahllosen Fenstern, deren oberste, dicht unterm Dach, wie verschlafene Kinderaugen aussahen. Weiter ignorierte der Zug alle Stationen, fuhr durch ein endloses Moor mit windschiefen Holzhütten, wurde aber schließlich doch langsamer und hielt bei einer Stadt namens »Rosenheim«. Es standen einige Menschen auf dem Bahnsteig und wollten einsteigen, aber aus dem Lautsprecher tönte eine knarrende Stimme. Da zuckten alle wieder zurück – er hatte es wohl verboten. Nur einer, ein langer Bursche in Jeans und Anorak, griff trotzdem nach seinem Gepäck, öffnete die Tür und kletterte in den Zug. Nochmals tönte der Lautsprecher, aber der junge Mann stieg nicht wieder aus. Gleich darauf stand er im Gang vor ihrem Abteil, stellte einen Fuß auf den Koffer und sah hinaus, während der Zug wieder anfuhr. Ömer winkte ihm zu, um ihm den Platz zu zeigen, der im Abteil noch frei war. Aber der Deutsche lächelte nur geistesabwesend und wandte den Kopf wieder weg.

»Komische Leute«, sagte Meveut, »warum steht er, wenn er sitzen kann?« Ömer ging zu ihm hinaus und tippte ihn an. »Bitte«, sagte er auf deutsch und wies auf den freien Platz. Da kam er dann. Er sagte »Guten Tag«, was alle so schön wie möglich nachahmten. Er lächelte verlegen in das Schweigen hinein, zog dann aus dem Kofferriemen eine Zeitung und begann zu lesen. Sie sahen ihn immer wieder an, was er zu merken schien, denn er blickte oft auf, und dann genau in die Augen des zudringlichsten Betrachters. Danach runzelte er regelmäßig beim Lesen die Stirn, als wäre im Geschriebenen etwas unklar. Wahrscheinlich war er Soldat: unterhalb des Haaransatzes hatte ein Mützenschirm oder Helmrand die Stirn weiß gelassen. Da Selim den Deutschen nicht länger taktlos anstarren wollte, sah er wieder aus dem Fenster.

In einiger Entfernung leuchteten meterlange Eiszapfen an

mehreren Dachrinnen. Feste Straßenschilder gab es, mit dikken Ausrufungszeichen, und blitzend weiße Kirchtürme mit Haubendächern und darauf noch einmal eine Haube aus Schnee. Wer es hier ein Leben lang aushielt, mußte widerstandsfähig und irgendwie gläubig sein. Die Deutschen, das wußte jeder, waren die meiste Zeit mit Arbeiten, Heizen und Schneeschaufeln beschäftigt. Keine Leute, die viel redeten, und alle riesig und blond wie die Teufel. Wenn sie doch einmal Zeit hatten, dann lasen sie.

Der junge Mann war offensichtlich ein »Rechts-Linkshänder«. Selim hatte es schon bemerkt, als er noch im Gang gestanden hatte. Der wußte nie automatisch, mit welcher Hand er zufassen sollte. Selim kannte das von einigen Trainingsgegnern: linkshändig geboren, dann zur Rechtshändigkeit gezwungen. Gute Theoretiker, aber fürs Ringen zu langsam. Sein Trainer war so einer gewesen. Ein lieber Kerl, er hatte nur zu oft auf die Uhr gesehen.

»KIEL?« fragte Mesut. Der Deutsche lächelte und zuckte mit den Achseln, schüttelte den Kopf. Er sagte auch nicht, wo er statt dessen hinfuhr. Offenbar hielt er »Kiel« für ein türkisches Wort. Schweigen. Der wollte wirklich die ganze Zeitung sofort auslesen.

Niyazi fragte Selim: »Wie ging das denn nun, als du deinen Hahn operiert hast?« Erleichtert wandten sich alle Selim zu und wollten es hören.

»Gut, also da gab es neben der Moschee einen Krämer. Sein Bruder war Arzt in Muğla, daher fragte ich ihn, wie eine Operation geht. Kurz gesagt, es ist ziemlich einfach. Als ich zu Hause war, band ich den Hahn auf einem Brett fest, rupfte ihm an der Brust, da, wo er sich so hart anfühlte, die Federn aus. Ich klaute Vaters Rasiermesser und machte es über einer Flamme glühend. Dann fing ich an zu operieren.«

Alle waren jetzt gespannt und hörten zu. Selim nahm eine Zigarette und ließ sich Feuer geben.

»Hinter der äußeren Haut kam noch eine, und dann der Kropf, und in dem waren lauter dunkelgrüne, harte Blätter, die holte ich heraus. Dann nähte ich den Kropf und die Häute mit Nadel und Faden wieder zu. Ich sagte zu dem Hahn: ›Um neue Federn mußt du dich selbst kümmern!‹«

»Und dann starb er?«

»Unsinn! Kaum war er losgebunden, fing er an zu fressen und krähte, wie es sich gehörte. Es war nämlich Morgen. Er interessierte sich auch sofort wieder für Hennen und Raufereien.«

»Und alles ging weiter glatt?«

»Mit dem Hahn ja. Mein Vater war sauer wegen des Rasiermessers.«

Der Deutsche las, sah aber so aus, als ob er zuhörte, lächelte sogar ein wenig, wenn alle lachten. Vielleicht konnte er doch etwas Türkisch? Die Deutschen lernten ja ständig alles mögliche.

5. Februar 1980
Selim ist verhaftet worden!
Sein Wohnungsnachbar rief mich an und erzählte von Kriminalbeamten, die seine Sachen durchsucht hätten. An der Schweizer Grenze habe man ihn gefaßt und nach Hamburg gebracht. Ich werde ihn dort im Gefängnis besuchen.
Wäre er untergetaucht geblieben, sie hätten ihn nicht gekriegt. Ob er Geneviève gefunden hat?

6. Februar 1980
Für die nächsten Kurse hundertdreißig Anmeldungen, darunter drei Bundestagsabgeordnete auf Giselas Empfehlung. Was man von mir erwartet: Kniffe, Regeln und Checklisten. Sie wollen reden lernen, ohne ihr Leben zu ändern. Und die, die sich ändern wollen, kommen nie darauf, beim Reden anzufangen.

7. Februar 1980
Für nächste Woche alle Termine abgesagt – ich muß zu Se-
lim nach Hamburg. Die Sekretärin fragt entgeistert: »In
welchem Verhältnis stehen Sie denn zu dem?«
Gute Frage. Ich sage »Freund«.
Selim ist eine Geschichte, die ich erzählen will.
Selim ist einer, dem ich verpflichtet bin.
In der Türkei Anarchismus und Terror, viele Tote.

13.

Diese Türken fuhren zum ersten Mal in die Bundesrepublik,
das war sicher. Was das wohl hieß: »Ki El«?

Alexander hatte das Gefühl, daß etwas Freundliches gesagt werden mußte. Dabei blieb es, denn er konnte nicht
glauben, daß in einem eng begrenzten Wortschatz etwas
Passendes zu finden sei – es war ihm deshalb immer schwer-
gefallen, mit Kindern zu sprechen. Verlegenes Schweigen.

Der Lautsprecher hatte gerufen: »In den Sonderzug bitte
nicht einsteigen.« Aber den regulären Zug hatte er verpaßt,
wie sollte er anders zum Anschluß nach München kommen?
Und warum hatte der Zug denn dann gehalten? Vielleicht
ein eingefrorenes Signal.

Er sah aus dem Fenster. Der letzte Infanterieunterricht fiel
ihm ein. »Tarnen von Feldbefestigungen im Schnee«:
»Schützenstände bilden starke Lochschatten, daher durch
Einsatz von weißen Laken Kontraste verschwimmen lassen.
Überprüfung von der Feindseite her, sofern Feind abwesend.
Spuren verwischen, sofern vom Feinde einsehbar.«

Zurück zur Wochenendzeitung. Die Türken sahen ihm
neugierig zu. Er fahndete nach wichtigen Neuigkeiten. Der
Bundeskanzler wollte ein Volkskanzler sein. Der Innenmini-
ster plante Notstandsgesetze. Prinz Charles machte sein Abitur. War Churchill nun tot oder nicht? Dann eine halbe Seite

über den Auschwitz-Prozeß. Die riß er heraus, faltete sie zusammen und steckte sie in die Tasche seines Anoraks.

Die Türken sahen einander verblüffend ähnlich. Erst ab Bahnhof Grafing erkannte er überhaupt Unterschiede, etwa daß zwei von ihnen keine Schnurrbärte trugen. Arbeitertypen. Es kamen wohl nicht die Besten und Klügsten, um hier zu arbeiten – die Tüchtigsten wurden sicher von Ankara zurückbehalten.

Jetzt redeten sie wieder untereinander, und ihn interessierte, wie. Einer von den Glattgesichtigen beantwortete Fragen und erzählte etwas. Er gab sich dabei offenbar wenig Mühe, brummte mit gerunzelter Stirn, räusperte sich, unterbrach, um eine Zigarette anzuzünden – er wirkte fast unkonzentriert. Oft fiel ihm aber plötzlich etwas ein, und er lachte im voraus, während die anderen auf die Pointe warten mußten. Auffällig war, daß er bei jedem Wort ihre Aufmerksamkeit hatte. Vielleicht erzählte er Märchen, so waren ja die Orientalen.

Dann widersprach einer und sprang dabei auf, scheinbar um das Fenster ganz zu schließen, in Wirklichkeit aber, um im Stehen reden zu können. Auch ihm wurde widersprochen, offenbar mit einem erdrückenden Argument, denn er setzte sich wortlos wieder hin und nahm eine Zigarette. Jetzt redete der andere Bartlose, ein Langnasiger, Schmalschultriger, Spitzfindiger, der im Rhythmus seiner Sprache ununterbrochen energisch mit dem Kopf nickte. Er sprach einmal langsam, dann wieder mit rasender Geschwindigkeit, und seine Sätze fingen meistens mit »Bu« an.

Was bewirkte in einem Gespräch, daß ein Satz geglaubt wurde, daß die Zuhörer bestätigend nickten und keine Fragen hatten? Auf die Wirkung der reinen Wahrheit war ja nicht immer Verlaß.

Als er zur Toilette ging, sah er im Waschraum den einen der beiden Bartlosen stehen und ihm freundlich zulächeln, den mit dem breiten Hals. Alexander nickte zurück, dann ging er weiter. Durch die Kloröhre blickte er auf die rasende Schiene hinab und hoffte auf eine große Zukunft.

14.

Ein dicker Mann mit Pudelmütze und einem Klemmbrett kam ins Abteil und sprach auf sie ein. »Er will die Namen wissen«, sagte Ömer und nannte den seinigen. Er hatte richtig getippt, der Mann malte ein Häkchen auf seiner Liste. Als er alle Namen gefunden hatte, sagte er mit wichtiger Miene: »Ich – Edmund. Eddy – okay?« Alle nickten, weil sie das Wort »Okay« schon gehört hatten.

»Ihr nach Kiel!« sagte Eddy Okay.

»Er ist so eine Art Führer«, meinte Ömer. Dann war die Pudelmütze wieder verschwunden.

In München verabschiedete sich der lange junge Mann; er hob die Hand etwas zaghaft in Schulterhöhe, ließ sie sofort wieder fallen, lächelte und sagte »Auf Wiedersehen«, was alle erwiderten.

Eddy lief am Zug entlang und fuchtelte mit den Armen. Sie sollten aussteigen und essen. Ein türkisches Wort kannte er offenbar: yemek, essen. Sie mußten dazu erst in einen anderen Zug. Nach den Strapazen einer zweitägigen Reise wogen ihre Koffer schwer wie Blei. Wieder hieß es »yemek« – ein Suppenwagen stand auf dem Bahnsteig, und der jetzt wohlwollend lächelnde Eddy schenkte mit einigen Helfern Gulaschsuppe in Papptellern aus. »Es ist kein Schweinefleisch drin«, rief eine Frau sehr schrill auf türkisch durch den Lautsprecher. Sie stand zu nah am Mikrophon. Es gab auch Freßpakete mit gummiartigem Brot, Glibberwurst und einem bräunlichen, ebenfalls gummihaften Käse, zu dem niemand Vertrauen faßte. Damit man sich in Zukunft vor ihm hüten konnte, trug er ein Namensschild: HARZER ROLLER. Es gab etwas zu trinken, was LIMO hieß. Selim machte

49

sich auf die Suche und fand einen Wasserhahn im Klo hinter einem Dienstraum. Die Beamten hatten Einwände gegen einen größeren Ansturm, deshalb holte er die leeren Flaschen, füllte sie und transportierte sie allein. Selim war stolz: es war das erste in Deutschland, für das er selbst sorgte. Während sie aßen, hörten sie mit Bewunderung durchs Zugfenster, wie Deutsche miteinander sprachen. Das ging so geschwind und klang so überlegt und gescheit. Für Niyazi und Mevlut war es das erste Mal, daß sie Menschen in einer anderen Sprache länger miteinander sprechen hörten. Mevlut gab sogar für einen Augenblick seine negative Haltung auf: »Es ist ein Wunder Gottes«, raunte er, denn es schien ihm plötzlich unbegreiflich, daß jemand so spielerisch und ohne jede Anstrengung in einer ganz und gar unverständlichen Sprache reden konnte.

Dann wurde Eddy hektisch, drängte alle in den Zug und sagte dabei mindestens fünfzigmal okay. Der Zug fuhr ab.

Sie waren so müde, daß sie von jetzt an die meiste Zeit schliefen. Als Selim am Nachmittag einmal erwachte, stand der Zug auf freier Strecke still, und gerade unter ihrem Waggon floß ein dampfender Murmelbach zwischen Schneepolstern, sie waren mitten im Wald. Sie fuhren jetzt mit einem regulären Zug, er hielt auf den meisten Bahnhöfen, und überall stiegen Landsleute aus, weil dort ihre künftigen Firmen waren. In einer Stadt, die so ähnlich wie Gottinen hieß, sah Selim plötzlich den langen Rechts-Linkshänder wieder. Er hatte in einem anderen Abteil gesessen. Ohne sich umzusehen, verschwand er durch die Sperre. Es wurde schon dunkel, hinter dem Bahnhof funkelten die Lichter der Stadt.

Niyazi bekannte, daß er nicht lesen und schreiben könne. Aber er verteidigte das: »Warum muß man denn schreiben, wenn man sprechen kann? Ein geschriebenes Testament, gut, das sehe ich ein. Nach meinem Tod müssen die anderen meinen Willen erfahren. Aber vorher?!«

Mesut ließ sich zu einer Erklärung herab: durch Schreiben und Lesen könne man viel Zeit sparen, die man sonst mit Herumlaufen und Reden vergeude. Aber Niyazi war eigentümlich aufsässig. Vielleicht merkte er, wie müde alle waren und daß er eine Chance hatte, das letzte Wort zu behalten.

»Am Geschriebenen siehst du ja nicht einmal, wer spricht, Mann oder Frau!« Da hatte er recht, das war ein Argument.

15.

Die »Familienheimfahrt« des Rekruten Alexander war bis zum Zapfenstreich befristet. Bis dahin war noch eine Stunde Zeit. Trotz der Kälte wollte er Göttingen nicht vor halb zehn verlassen und erst wenige Minuten vor zehn das Dransfelder Kasernentor passieren. Deshalb schloß er seinen Koffer ein und ging Richtung Marktplatz.

Im Fenster eines Hotels sah er ein Schild: »Zukunfts- und Charakterdeutung 20.– DM«. Das Geld lieh er sich vom Kameraden Kant, der gerade müde und bezecht zum Bahnhof strebte. »Haben Sie etwas Geschriebenes dabei?« fragte der Charakterdeuter. Er sprach ganz korrekt. Alexander hatte gebrochenes Deutsch erwartet, warum, wußte er nicht.

»Schreiben Sie, schreiben Sie!« Alexander bedeckte das Papier mit den ersten Sätzen der Gefallenenrede des Perikles auf deutsch, während der Astrologe rechnete. Was die Sterne sagten, behielt er zunächst für sich. Er studierte nun die Schrift und nickte ab und zu lächelnd, woraus hervorging, daß seine Ergebnisse einander bestätigten. Alexander versuchte zu erraten, was der Seher sah. Dann sprach dieser fünf Minuten lang äußerst schnell und eindringlich.

Kurz darauf stand Alexander wieder im beißenden Frost der Weender Straße und stellte fest, daß er sich an seine eigenen Erwartungen besser erinnern konnte als an die Aussagen des Astrologen. Einige wichtige Wörter bekam er zusammen: »Organisch gesund«, »bäuerliches Blut« – wenn man fünf Generationen zurückging, mochte es stimmen. »Der ideale ›zweite Mann‹, zum Beispiel in einem Konzern« – das gefiel Alexander nur halb. »Bis zu Ihrem dreißigsten Lebensjahr werden Sie jedes Examen bestehen.« Das war ja wohl Ironie – bis fünfundzwanzig wollte Alexander alles erreicht haben.

»Wie ist es mit dem Reden?« hatte er gefragt.

»Die höchste Stufe werden Sie nicht erreichen«, hatte der Experte geantwortet.

Und am Monatsanfang wollte Kant die zwanzig Mark schon wieder zurückhaben. Alexander begann zu frieren und sich in die wohlgeheizte Kaserne zu wünschen.

Er glaubte nur um so fester, daß er die »höchste Stufe des Redens« erreichen würde. Er wußte schließlich, wie sie aussah. Eines Tages würde er so präzise sprechen wie Fritz Erler, so gebildet wie Carlo Schmid und so schnell wie Franz Josef Strauß oder, wenn nicht möglich, wenigstens weise wie Theodor Heuss. Er stand wieder am Bahnhof und wartete auf den Pendelbus zur Kaserne. Trotz der kalten Füße hüpfte und wippte er nicht – er wollte aussehen wie ein Stoiker, heiter, diszipliniert, mit den Kräften der Natur im Bunde.

Die höchste Art des Redens war, zum richtigen Zeitpunkt über die richtige Sache zu den richtigen Leuten zu sprechen, und zwar kein Wort zuviel. Ein Redner, das war ein Mensch von großer Sicherheit, er brauchte sich nicht Gehör zu verschaffen oder irgend jemanden zu übertönen. Und niemand mußte ihm erst das Wort erteilen, denn wenn er den Mund aufmachte, hörten ihm alle zu: auf ihn hatten sie jahrelang gewartet.

Alexander wußte das genau. Das Reden war so oder so sein Gebiet. Vor der Rosenheimer Schulklasse hatte er mit fünfzehn einen Vortrag über das Reden gehalten. Er hatte hin und wieder ein Wort verwechselt oder vergeblich gesucht, aber niemandem war es auch nur aufgefallen. Dies eine Mal war der Geist über ihn gekommen, er kannte das

Gefühl. O doch, es gab Momente, da war er Churchill und Kennedy zugleich und konnte in den Pausen mit Blicken sprechen wie Lino Ventura.

Inzwischen standen rund zwanzig Soldaten um ihn herum, schwatzend, lachend, einander immerfort anrempelnd, und warteten auf den letzten Bus zur Kaserne.

16.

Geneviève war froh. Daß ihr Vater als Hotelkoch mit sechs Kindern keine nennenswerte Mitgift zahlen konnte, wurde nicht als Hindernis betrachtet. Sie wurde im Kloster als Postulantin angenommen.

»Weißt du ein Lied?« fragte eine der Schwestern. Geneviève schämte sich, weil ihr im Moment kein anderes einfiel als »Marlbrough s'en va-t'en guerre, ne sait quand reviendra«. Die Schwestern hörten es mit Respekt. Als erstes deutsches Lied lernte sie »Meerstern ich dich grüße, o Maria hilf«.

Sie fühlte sich glücklich, weil sie es sein wollte. Das hier war alles zusammen: Abenteuer, Glück, Geschichte, Leben und Tod. Alles andere versank, war nur noch hübsches, lehrreiches Beiwerk. Wie in einem Film, den Gott drehte, und sie selbst kam darin vor.

17.

Gisela hatte sich nützlich gemacht und ein paar Seiten von Hermines Manuskript über Bildungsprobleme von Arbeiterkindern ins reine geschrieben. Es war ziemlich schwierig, sie unterschätzte jedesmal die Länge der Fußnoten. Hermine kam gegen Abend von einer Tagung zurück, umarmte Gisela und lud sie ein, mindestens noch zwei, drei Wochen zu bleiben und die ganze Reinschrift zu übernehmen, für eine normale Bezahlung plus Wohnen und Essen. Hermine war selbst ein Arbeiterkind und wollte, daß ökonomische Dinge klarlagen. Ob Gisela Freude am Kochen hätte?

Nein, Kochen konnte sie nicht. Das war noch der Protest gegen Papis Vorstellungen von einer heiratsfähigen Tochter. Nur stricken hatte sie gelernt – weil er es haßte. Stricken erschien ihm als der Inbegriff weiblicher Verschwörung gegen das Familienoberhaupt, ein subversives Geklapper gegen die feste männliche Rede, noch dazu sinnlos, weil man Pullover kaufen konnte. Kochen dagegen war eine Art Tribut, außerdem sparte es Personal.

Gisela beschloß dazubleiben, bis sie genau wußte, ob sie schwanger war oder nicht. Sie konnte ja in Kochbücher hineinsehen. Und dann? Sie dachte an ihren Onkel in Berlin, der so herrlich schimpfen konnte und mit Papi seit dem Streit über die Nazizeit nicht mehr sprach. Junggeselle und Anarchist. Der konnte ihr doch vielleicht Geld borgen?

18.

Selim überlegte, wie er in Hamburg die Zeit des Aufenthalts nützen könnte. Erst würde er wieder Wasser ausfindig machen, das war seine Stärke. Dann würde er nach einem Türken suchen, der schon länger da war – vielleicht einem Bahnarbeiter –, und ihn nach dem Ringer Ahmed fragen. Wo ein so berühmter Mann wohnte – Olympiasieger sogar –, das mußte schließlich jeder in Hamburg wissen. Aber als sie in Hamburg angekommen waren, drehte Eddy vor lauter Eile völlig durch. Er scheuchte alle aus dem Zug und warf eigenhändig Koffer vom Fenster hinunter. Der Anschlußzug nach Kiel wartete bereits längere Zeit. Sie mußten über eine Rolltreppe hinauf und über eine andere wieder hinunter auf den anderen Bahnsteig. Niemand hatte jemals eine Rolltreppe gesehen. Selim faßte sich ein Herz und betrat sie als erster, fiel aber sofort um. Da sank den anderen der Mut: wenn schon ein Meister im griechisch-römischen Stil sich nicht aufrecht halten konnte, rechneten sie mit dem Schlimmsten. Von hinten schob Eddy und schimpfte. Sie bekamen rote Ohren, purzelten ohne Ausnahme hin, kamen aber ohne Schaden nach oben und schließlich in den richtigen Zug.

Als sie Kiel erreicht hatten, waren alle sehr still, denn ihnen war nun doch bange. Mevlut sagte ab und zu: »Na gut, lange bleibe ich sowieso nicht.«

Sie lernten gleich die ersten wichtigen Wörter: VILKOMEN, GASTARBAYTER und VONHAYIM. Kiel war bitter kalt und voller Eis. Aber schließlich war man jetzt auch näher am Nordpol.

Als Selim im Wohnheim die Schuhe auszog und sie unter das Feldbett schob, fiel ihm sein Trainer Ali ein. Der hatte mit ihm zwei Wochen lang nicht gesprochen, weil sein Schützling nach Deutschland fahren wollte und nicht zum Länderkampf in den Libanon, wo er dringend gebraucht wurde. Aber einen Tag vor der Abreise hatte er die Distanz aufgegeben und gesagt: »Selim, wenn du in Deutschland keine Schuhe mehr hast, um nach Hause zurückzukommen, dann schicke ich dir welche.«

Selim betrachtete seine Schuhe unter dem Bettrand. Sie sahen jetzt schon so aus, als ob sie in Kiel nicht lange durchhalten würden.

Ali hatte Tränen in den Augen gehabt, und Selim auch. Das ist das Blöde an mir, dachte er. Wenn andere heulen, heule ich auch gleich.

6. März 1980

Nach mehreren vergeblichen Anläufen Selim in seinem Hamburger Untersuchungsgefängnis besucht.

Die Anklage lautet auf Mord. Das erschreckt mich. Es riecht nach Ausländerzuschlag. Hoffentlich rückt der Staatsanwalt davon ab. Oder jedenfalls der Richter.

Selim sieht von seiner Zelle aus ein Bierlokal. Wenn er wieder draußen ist, will er von dort biertrinkend auf das Gefängnis herübersehen. Glaubt er an Freispruch? Ich denke, man wird ihn abschieben.

Die Zigaretten muß ich behalten: bei Untersuchungsgefangenen sind die Vorschriften streng. Als wir sprechen, sitzt ein Beamter dabei. Selim sagt: »Ich breche sowieso bald aus« und zwinkert mir kaum wahrnehmbar zu. Ich antworte: »Das letzte Kapitel des Romans wird jedenfalls nicht heißen ›Selim sitzt‹!« Der Beamte notiert alles sehr ordentlich.

Als ich in Berlin die Haustür aufschließe, klingelt das Telephon: Gisela ist da, sie leitet einen Arbeitskreis ihrer Partei im Reichstag. Wir gehen essen und diskutieren über Liebe. Ob es eine gebe, die nicht besitzen wolle. Gisela behauptet es. Sie wolle einen Mann nicht absperren wie eine Wohnung. »Wichtig ist doch, daß er aufgeschlossen ist.« Stimmt. Wenn Gisela in Berlin ist, schlafe ich häufiger mit Anne Rose.

Vor kurzem ist Giselas Vater gestorben, unversöhnt. Erst war sie die Hure, dann Lesbierin, dann Kommunistin. Er hat sie sogar enterbt, was gar nicht so einfach ist. Unglücklicher, blinder Tyrann!

8. März 1980

Abgeordnete in die Hintergründe des Redens einzuweisen ist hartes Brot, weil sie, auf verkehrte Art, schon so weit gekommen sind. Was sie können: ihre eigene Mühle gegen alle Störungen von außen anrattern lassen. In jeder Lage Vokale und Konsonanten produzieren. Dann ihre zwei bis drei Standardposen. Meist spielen sie den lachend Überle-

genen, wechseln nur manchmal hinüber ins Bierernst-Ver-
antwortungsvolle, vor allem wenn sie etwas versiebt haben.
Am häufigsten: die Rolle des Allwissenden. Kaum einer von
ihnen hat den Neugierigen im Repertoire, den Zuhörer oder
gar den noch nicht Entschiedenen. Folge: kein Mensch fühlt
sich ermutigt, einem Politiker ernstlich etwas mitzuteilen.
Man hilft ihm ehrerbietig beim Schwätzen.

9. März 1980
Politik hat mich immer fasziniert, begriffen habe ich sie nie.

Drittes Kapitel

Neue fremde Wörter

19.

Es schneite nur noch wenig. Die Eisblumen am Schaufenster waren seit dem Morgen weggetaut. Aus der Bäckerei konnte ·man auf die Wohnbaracken der Türken hinübersehen. Ab und zu kamen welche und kauften ein, aber es war mühsam mit ihnen. Sie kannten das Geld noch nicht, und die Wörter auch nicht.

Gerade kam wieder einer. Dörte wischte ein Stückchen der Scheibe ab, um ihn besser sehen zu können. Dann betrat er scheu den Laden. Mit Schnee im Haar, er war also neu; frisch angekommene Türken hatten noch keine Mützen.

Es war ein hübscher Mann mit großen Augen und einem mächtigen, sehnigen Hals. Wie ein stolzes Pferd, solche Hälse mochte sie. Er deutete mit beiden Händen auf die Weißbrote. »Burot«, sagte er.

»Zwei- oder Dreipfünder?« fragte Dörte. Er nickte, weil er nicht verstand. Sie zeigte, er nickte wieder. Die fünfzig Pfennige hatte er schon bereit. Ein dunkles Kind, dachte sie. Sie lächelte ihn an und sah ihr dunkles Kind.

Vom Ofen kam der Bäcker herein. Blaß und muffig sah er aus, einen dünnen Faltenhals hatte er und Bartstoppelschatten.

»Könntest du mal kommen?« fragte er vorsichtig.

»Ich bediene – siehst du doch!«

Als der Türke sich wieder zur Tür wandte, verirrte sich sein Blick ein wenig auf Dörtes Figur. Sie hätte ihm am liebsten ein »Ja« zugenickt.

Es war der Nachmittag des 28. Januar. Selim kaufte zum ersten Mal ein. Im Brotladen war es gutgegangen, jetzt bereitete er sich mit dem Wörterbuch auf die Metzgerei vor. Das Wort »Fleisch« übte er auf dem Weg fleißig ein. Dann stand er im Laden. In der Türkei hätte er sich vielleicht mit etwas Schlauheit nach vorn gewimmelt. Hier herrschte Ordnung, also wartete er. Die deutschen Hausfrauen unterschieden sich aber von den türkischen überhaupt nicht, er kam keinen Schritt vorwärts. Nach einiger Zeit fiel das einer Verkäuferin auf, sie blickte ihn fragend an. Unter Aufbietung aller Konzentration sagte er laut »Fleisch«, und der ganze Laden begann zu lachen. Selim beschloß zweierlei: erstens, so bald nicht wieder Fleisch einzukaufen, denn es war gegen seinen Stolz, wenn ein Dutzend Hausfrauen über ihn lachte. Zweitens: die Geschichte allen zu erzählen, die gern lachten. Was er erlebte, mußte die Runde machen, ob es für ihn nachteilig war oder nicht. Wenn eine Geschichte gut war, durfte man sie nicht lebendig begraben.

Alexander stand mit Kamerad Nagel unausgeschlafen am Fenster und starrte auf den dunklen, leicht nebligen Kasernenvorplatz. Sie warteten auf das Kommando »Raustreten zum Frühstück«. Drüben trat die vierte Kompanie an, in den Händen Tassen und Bestecke. In den ersten Tagen hatte ihn der morgendliche Anblick marschierender Kompanien erschreckt: rechteckige Menschenhaufen, die Figuren der Größe nach geordnet, hinten die mit den kürzeren Beinen, die immer den Schritt wechseln mußten, um auf den richtigen Fuß zu kommen. Ein groteskes Bild von Unterordnung, und durch Dunkelheit und Nebel wirkte es zeitlos, ein Extrakt aus der Geschichte von Krieg und Sklaverei.

»Raustreten zum Frühstück!«

Man rannte durch Gänge und Treppen hinunter. »Beeilung!« blafften die Ausbilder. Die Rekruten machten gehetzte Gesichter, liefen aber keinen Meter schneller. Ein wenig hatten sie doch schon gelernt. In der Kantine nur Hagebuttentee, ein schlechter Tagesbeginn! Danach immerhin Unterricht im Warmen. Zuvor noch der Appell vor dem Kompaniegebäude. Dienstkleidung: olivgrüner Arbeitsanzug, Schnürstiefel und Gamaschen, Hemdkragen über Jackenkragen.

»Darf ich Sie anfassen?« fragte einer der Unteroffiziere. Ein Vorgesetzter durfte nur durch den Inhalt seiner Befehle Gewalt anwenden – für direkte Berührungen brauchte er eine Erlaubnis. Es hing mit den Menschenrechten zusammen. Der Ausbilder riß, sobald er durfte, dem Funker Jessen einen losen Knopf von der Jacke.

»Auf Stube wegtreten, annähen! Bei Unterrichtsbeginn Vollzugsmeldung!«

Jetzt saßen die vierzig Rekruten des dritten Zugs im Kompanielehrsaal. Der Gefreite Sieglreitmayer, Unteroffiziersanwärter, versuchte unter Aufsicht des Leutnants einen Unterricht über »ABC-Kriegführung«. Was er dann später wirklich lieferte, war eine Lektion über den Ernstfall des Redens und Schweigens.

Obwohl kein Schnee mehr fiel, blies der Wind vom Dach herunter eine weiße Wächte ans Fenster, die immer höher wuchs. Alexander betrachtete sie und merkte, daß auch andere es taten. Es machte jederzeit Freude, etwas zu beobachten, das nicht auf dem Dienstplan stand.

Erst gestern waren sie von einer Woche Aufenthalt auf dem Truppenübungsplatz zurückgekommen, »Aktion Winterkampf«. Besser im ABC-Unterricht mit dem Schlaf kämpfen als draußen am Stahlhelm festfrieren. Für den späteren Vormittag war »Waffendrill« angesetzt: schnelles Auseinandernehmen und Zusammensetzen des Maschinengewehrs 42 und der Maschinenpistole UZI. Alexander war in seiner Gruppe der Ungeschickteste. »Herrschaftseitn!« hatte Sieglreitmayer ausgerufen. »Den Deckel mit der Linken zumachen – probiern'S doch net a jedsmal alle zwei Händ' aus!« Am liebsten hätte Alexander wirklich alles mit nur einer Hand getan, aber das ging noch langsamer. An sich mochte er die UZI, er fand sie ausgesprochen hübsch. Israelisches Fabrikat.

Der Gefreite war Ausbilder und Gruppenführer, er besaß Macht. Wenn er wollte, konnte er seinen Leuten »Stoff geben«, das hieß, sie schinden. Aber er war ein ruhiger Mensch bäuerlicher Herkunft. Bei ihm klangen die martialischen Sprüche der Gefechtsausbildung eher verlegen: »Tiefflieger von hinten! Jessas, Jessas – Hacken runter, ihr müder Haufen!« Umsonst versuchte er sich in Zackigkeit, er war ein bedächtiger Geselle. Die einen konnten ihn deswegen leiden, andere verspotteten ihn als Unsoldaten. Leicht hatte er es schon deshalb nicht, weil er bayrisch sprach. Und sein langer Name war ein Hindernis für jede knappe Befehlsgebung.

Dies hier war sein erster Unterricht vor dem ganzen Zug, und bisher machte er es nicht schlecht. Alexander hatte sich einiges aufgeschrieben, etwa den Wortlaut des Kompaniebefehls: »Mit dem Einsatz feindlicher Atomsprengkörper ist zu rechnen.« Der Zugbefehl lautete kürzer: »Mit A-Detonation rechnen!« Alexander überlegte, warum sich die Kurzform nicht schon für den Kompaniebefehl eignete. Warum mußte höheren Orts dieselbe Sache gespreizter ausgedrückt werden? Nicht, daß er es kritisierte – es war ihm nur geheimnisvoll und reizte seine Neugier.

Der Atomkriegsunterricht war langweilig. Kein Wunder, die Sache war irreal. Solche Waffen waren dazu da, um nie eingesetzt zu werden, sie sollten lediglich den Frieden erhalten. Auch der Unterricht darüber diente also im weitesten Sinn der Abschreckung. Alexander wandte sich seinem eigenen Thema zu.

Er hatte einen Ordner mit dem Titel »Innere Führung«

anlegen müssen, er stand im Spind neben »Infanterie-Gefechtsdienst« und »Waffenkunde«. In ihn waren saubere Aufzeichnungen aus den staatsbürgerlichen Unterrichten abzuheften, aber Alexander hatte, weil ihm das militärische Staatsbürgertum nicht ausreichte, zusätzliche Listen und Tabellen eröffnet, die mit den Grundlagen des erfolgreichen Redens zu tun hatten. Er hatte alle nur erdenklichen Gründe für das Sprechen im allgemeinen notiert, und die begrenzte Welt des Militärs schien ihm für diese Studien besonders geeignet. Man konnte reden, um einen Menschen zu würdigen und ihm eine Ehre zu erweisen: »...zum Beispiel: toten Menschen, Vorgesetzten, lebendigen Menschen, teilweise auch Gott«, ferner das Gegenteil: man redete, um jemanden zu verletzen, herabzusetzen, einzuschüchtern – »zum Beispiel Übeltäter, Untergebene, Kommunisten etc. – alles selbstverständlich unzulässig«. Oder man redete, um eine Distanz zu überbrücken und sich anzunähern – »Sympathie, Liebe, Geschäft«, andererseits, um jemanden zu entfernen – »Geh zum Teufel«, »Wegtreten marsch marsch!«

Bei der Zielansprache im Gelände ging es um das Weitergeben von Informationen, und dabei mußte jeder vom anderen wissen, ob er alles mitbekommen hatte. »Diese Richtung vierzig Meter Kugelbaum, dahinter feindlicher Schütze.« Antwort: »Ziel erkannt, Daumensprung rechts davon Telegraphenmast.« Es gab aber auch die Weitergabe von Gefühlen: »Ich bin traurig«, oder schöpferische Vorschläge: »Wir könnten alle nach Hause gehen.« Durch Reden konnte man sich anpassen: »Jawohl, Herr Feldwebel!« oder Widerstand leisten: »Nun gut, Herr Feldwebel!«

Tag für Tag hatte Alexander sich und andere beim Reden beobachtet. Militärisches Reden verlangte Kürze und Schnelligkeit. Der Wortschatz war klein und formelhaft, damit man sich in ihm nicht verirren konnte – das kam den Forschungen entgegen.

Lange Vokale mußten kurz gesprochen werden, weiche Konsonanten hart – damit sie bei dieser Kürze noch zu hören waren. »Acken kratte ––– ass!« hieß »Augen geradeaus« – er hatte es zunächst für eine Fremdsprache gehalten. Dann gab es das Problem mit den Meldungen, die wirklich einen Inhalt zu übermitteln hatten, etwa über die Feindlage. Eine allzu schnelle Meldung machte den Hörenden hilflos. Befehlshaber waren ohnehin stets in der Gefahr, allen möglichen Unsinn zu treiben.

Der Fall mit dem Leutnant fiel ihm ein: der Zug war auf der Landstraße in die Kaserne zurückmarschiert, die Unteroffiziere vorneweg, der Leutnant links nebendran. Die Rekruten sangen »Schwer mit den Schätzen des Orients beladen, ziehet ein Schifflein am Horizont dahin«. Da kam ihnen ein breiter LKW entgegen. Der Zug war, wenn der Zugführer außen marschierte, ebenfalls ziemlich breit.

Der Leutnant dachte, der Lastwagen müsse ihm ausweichen. Der Fahrer sah das aus irgendeinem Grund nicht ein, er hielt geradewegs auf ihn zu. Jeder lehnte es ab, den anderen auch nur zur Kenntnis zu nehmen. Kurz vor dem fast sicheren Unglück langte eine Hand aus der singenden Truppe, packte den Leutnant am rechten Schulterstück und zog ihn hinein vor eine Dreierrotte. Es war die Hand des Funkers Jessen aus Husum. Jessen war überhaupt, auch beim Spind- und Bettenbau, für sein gutes Augenmaß bekannt. Der Leutnant stolperte, als die Gefahr vorüber war, verwirrt und erleichtert wieder hinaus. Später ignorierte er den Vorfall völlig, der undankbare Mensch!

Trotzdem, Vorgesetzten mußte geholfen werden. Sie liefen leicht ins Verderben, ohne daß irgend jemand etwas davon hatte. »Mitdenkender Gehorsam« war fast zu wenig, um das Schlimmste zu verhindern. Nur vorauseilender Gehorsam konnte noch retten.

Alexanders Listen waren schon länger als etwa die der »Bodenarten und Bodenformen« oder der »künstlichen und natürlichen Bodenbedeckungen« im Infanterie-Ordner. Besonders unterstrichen hatte er, in welchen Fällen unbedingt geredet werden mußte: »Warnung vor Gefahr«, hatte er notiert, »Begrüßung«, »wenn Lügen begegnet werden muß«, »Fehler eingestehen, aber nur wenn sie...« Da galt es noch zu ergänzen, wann. Er beschloß ferner hinzuzufügen: »Dank sagen, wenn angebracht.«

Ehrlicherweise hatte er auch jene Voraussetzungen bedacht, die nicht geübt werden konnten. Es gab Menschen, denen von selbst alle zuhörten. Alexander notierte: »Anerkannte Gescheitheit, hoher Dienstgrad, humorvolles Wesen – Liste noch unvollständig.«

Der Gefreite Sieglreitmayer war unterdessen bei der Aufzählung der Dinge angelangt, die bei A-Warnung zu beachten waren: Verschließen offener Wunden; Abdichtung der Uniform durch Halstuch, Handschuhe und Kapuze; empfindliche Geräte in Deckung; bei Transportfahrzeugen Fenster herunterkurbeln, bei gepanzerten Fahrzeugen dagegen sofort die Luken dicht...

Da stockte der Ausbilder plötzlich.

Er blickte stumm drein, mal auf den Boden, mal über die Rekruten hinweg. Was war mit ihm, Wortfindungsschwierigkeiten? Alexander spürte, daß mehr dahintersteckte. Der Zugführer griff nicht ein. Der Gefreite stand da und schwieg immer weiter, er sah aus wie eine ratlose Eule.

Alexander, der sich in den Dienstvorschriften schon auskannte, hätte das Stichwort geben können: Radioaktivität. Durfte man einem Vorgesetzten vorsagen? Er entschied: ja. Pflicht zur Hilfe! Vorgesetzte waren einsam.

»Strahlung!« flüsterte er, weil der S-Laut am sichersten das Ohr des Gefreiten erreichte, aber Sieglreitmayer reagierte nicht. Alle anderen hatten es verstanden. Nagel hatte die gute Idee, die Hand zu heben. Der Ausbilder erwachte wie aus tiefem Schlaf. »Funker Nagel?«

Der Rekrut tat, als habe der Vorgesetzte zum Fragen aufgefordert. »Also, wenn niemand sonst –? Eine Frage hätte ich: Würden Sie sagen, daß man gleich etwas gegen die Radioaktivität tun müßte? Zum Beispiel die Gasmaske aufsetzen? Oder erst später?«

Völlig unmöglich! Drei Konjunktive hintereinander! »Würde« und »hätte« waren verpönt. Es hieß auch nicht »Gas-«, sondern »ABC-Schutzmaske«. Aber ebendarum konnte Sieglreitmayer sich wieder fangen. Er korrigierte streng die in der Frage liegenden Fehler und setzte den Unterricht ohne weitere Unfälle fort.

Alexander war immer noch alarmiert. Warum war bei dem so unerschütterlich wirkenden Gefreiten die Stummheit ausgebrochen? Er kam nach einiger Zeit zu einer brauchbaren Theorie: der hatte plötzlich den Ernstfall allzu deutlich vor sich gesehen und darüber die Worte verloren.

»Ach was, ganz normale Psychologie!« verkündete später der alleswissende Robitsch. »Er hat zum ersten Mal den ganzen Zug unterrichtet und war befangen. Ich kenne einen in Bad Nauheim, der kann nicht mal Suppe essen. Sobald ihm mehr als drei Leute zusehen, ruckt er so komisch mit dem Arm und verschüttet alles. Sonst wirkt er normal. Allerdings Kommunist. Mit Vornamen heißt er Liutprant!« Wer über das Reden nicht nachgedacht hatte, wußte auch nichts vom Verstummen.

Was in die Liste schleunigst noch hinein mußte, war »Fragen stellen«. Wie hatte er das vergessen können? Es schien ihm jetzt die wichtigste Art des Sprechens, wichtiger als jedes Antworten.

22.

Diesen Tag hätte er nachträglich am liebsten gestrichen: er hatte morgens nach dem Waschen zusammen mit Stubenkamerad Nagel Revierdienst im Waschraum. Unausgeschlafen und schlechter Laune rieb er die Zahnpastaspritzer von den Wasserhähnen. Da kam noch ein Nachzügler und begann sich die Zähne zu putzen, natürlich über einem der längst gesäuberten Becken. Das konnte Alexander und Nagel ums

Frühstück bringen, denn wenn sie zum Antreten nicht fertig waren, hatten sie dazubleiben. Nagel versuchte dem Eindringling zu erklären, daß er fehl am Platze sei. Keine Reaktion. Dann versuchte er ihn sanft wegzudrängen – der andere spuckte aber treffsicher mit Wasser und Zahnpasta und grinste widerlich. Nagel war ein Gentleman-Typ, kam von einer berühmten Internatsschule und war Idealist. Also hilflos. Alexander war das, wie er glaubte, nicht.

»Raus!« sagte er heiser. Der andere kümmerte sich nicht darum. In Alexanders Nacken schwoll eine unaufhaltsame, alles vernichtende Wut. Reden konnte er jetzt nicht mehr, nur noch zuschlagen. Ein Fausthieb landete im Gesicht des zahnpflegenden Widerlings.

Sofort bereute er es und schämte sich. Zu spät.

Der Mann ging zu Boden, etwas Blut floß aus seinem Mund, und einer der oberen Schneidezähne wackelte. Das Frühstück fiel nun für alle drei aus. Plötzlich fühlte sich Alexander ängstlich wie ein kleiner Junge, der etwas angestellt hatte.

»Der wächst wieder fest«, erklärte Nagel. »Bei mir war es auch so.« Er zeigte zum Beweis seine beeindruckend festen Schneidezähne.

»Ich melde das!« lispelte der Getroffene. »Und Strafanzeige kommt auch noch!«

»Tu's doch!« antwortete Alexander trotzig und kalt, aber er dachte dabei nur: hoffentlich wächst der verdammte Zahn wieder an.

»Du hast es aber provoziert!« erklärte Nagel in seinem frischen, sportlich-naiven Internatston dem Verletzten. Der nahm stumm den Waschbeutel und verschwand.

Alexander war bedrückt. Der Jähzorn hatte, wie immer, binnen Sekunden einen anderen aus ihm gemacht, der er nicht sein wollte. Wenn Wutanfälle ihn überkamen, sah er statt eines Gesichts eine Fratze.

Der Pfarrer einer benachbarten Gemeinde fiel ihm ein, den ein Lastwagen auf der Landstraße nicht hatte überholen lassen, vielleicht, weil er die defekte Hupe des Kleinmobils nicht gehört hatte. Der Pfarrer nahm eine Abkürzung, zwang den Lastwagen zum Halten, riß dessen Tür auf und schrie hinein: »Noch einmal schafft ihr's nicht! Nicht in Deutschland, ihr Dreckhammeln!« Danach trug er tagelang einen Finger dick eingebunden – er hatte ihn sich geklemmt, als er, immer noch hektisch, wieder abfahren wollte und seine Einstiegskanzel schloß. Ein Messerschmitt-Kabinenroller war das gewesen, in den man nur von oben hineinkam. Er hatte vier Rückwärtsgänge. Oder auch keinen, man schaltete ja nur die Zündung um...

»Die Aktion war zweifelhaft«, sagte Alexander selbstkritisch. Der freundliche Nagel antwortete: »Jedenfalls riskant. Gegen das Schienbein treten wäre klüger gewesen!«

Meldung und Anzeige blieben aus. Später dachte Alexander oft daran zurück und wußte sehr klar, daß mit einer »Vorstrafe« sein Leben anders verlaufen wäre.

In den Ordner »Innere Führung« heftete er einen Notizzettel ein: »Vorsicht! Wut fühlt sich wie Fliegen an, bis man merkt, daß sie ein Sturz ist.«

Zwei Tage danach entschuldigte er sich während des Frühstücks bei dem Verletzten und dankte ihm. Der biß gerade sehr vorsichtig in ein Marmeladebrot ohne Rinde und nickte nur ernst.

23.

Ende der ersten Woche, Sonnabend.

Ömer und Mesut saßen im Wohnheim am Tisch und schrieben Briefe.

»Es geht mir gut«, schrieb Ömer seiner Frau in Bursa. Er wollte ihr möglichst etwas Positives schreiben. Das verlangte sehr angestrengtes Nachdenken.

Am Montag hatten sie noch nicht gearbeitet, nur ihre

Kluft und die Sicherheitsschuhe und Arbeitshelme in Empfang genommen. Verstauen in die zugewiesenen Spinde, dann Verteilung der Neuen auf die Kolonnen. Er und Mevlut kamen nach draußen auf einen halbfertigen Schiffsrumpf voll Eis und Schnee. »Wir bauen einen ganz modernen Zerstörer«, schrieb er. Freilich, unten herum sahen die Schiffe alle ziemlich ähnlich aus. Selim und Mesut waren zu ihrem Glück in eine der Hallen gekommen und hatten es wärmer. Draußen mußte man alle Stellen, die zu schweißen waren, erst abtauen, und über den Stahlkuppen der Stiefel bildeten sich Eisbrocken, man stolperte oft. Nur einmal, und das schrieb er auch in seinen Brief hinein, war er auf seinem Außenplatz im Vorteil gewesen: als ein dreimastiges Segelschiff vorbeikam. Er schweißte gerade mit einem Deutschen Keile an.

»Die ›Deutschland‹!« sagte der Kollege feierlich. Sonst brachte er kaum die Zähne auseinander. Er hatte bisher nur sechs Wörter gesagt: »Sauerstoff«, »Azetylen«, »Preßluft« und »Mach hin, Junge«.

Mit den Kolonnenführern oder »Schiebern« war schlecht Kontakt zu bekommen, und die Kalfaktoren, die morgens Material ausgaben und die Listen führten, reagierten nicht auf Lächeln und Höflichkeit. Die Deutschen hatten wenig Bedarf an Lächeln und Sprechen, auch untereinander verständigten sie sich mehr durch Arbeit. Ömer bewunderte das. Sie waren hart. Wer sich bei starkem Schneegestöber einen Augenblick lang unterzustellen versuchte, bekam sofort Ärger mit dem Schieber. Und morgens hieß es früh dasein, damit man trotz Gedränge und Schlangestehen rechtzeitig an die Stempeluhr kam. Sie war ohne Gnade und stempelte rot, wenn man nur drei Minuten über die Zeit war.

Ömer hatte daheim gehört, die Deutschen wären das einzige Volk auf der Welt, das den Türken gliche. Das stimmte nicht: auf das Essen achteten sie kaum, sie gaben sich mit einem großen Klatsch aus zerkochten Kartoffeln und mürbem Fleisch zufrieden, von dem man wenig herunterbrachte. Aber den Kaffee in der Zehnuhrpause benutzten auch sie nur zum Händewärmen.

Diszipliniert, pünktlich und vorschriftsmäßig waren sie, wenn es um Akkord und Geld ging. Es gab aber Arbeiter, die stahlen von anderen Kolonnen Arbeitsgerät – hier eine Zange, dort eine Druckpumpe. Und die meisten soffen reichlich.

Mesut hatte recht: man mußte ihre Sprache sprechen, dann war man beweglicher.

»Als erstes habe ich die Zahlen gelernt«, schrieb Ömer, »die wichtigsten jedenfalls.« Es hatte keinen Zweck, dem Kalfaktor eine gewünschte Stückzahl mit der Hand begreiflich zu machen, er hörte nur auf das richtige Wort, und das mußte richtig ausgesprochen sein. Als Türke fügte man gern unbetonte kleine Vokale zwischen die Konsonanten ein, für die Deutschen klangen dann die »Knacken« wie »Kanaken«, worüber sie immer wieder herzlich lachten. Mesut hatte Ausdauer, der lernte jeden Tag fünfzehn neue Wörter und wollte das noch steigern. Er hatte den anderen erklärt, daß es »siebzig« hieß und nicht »sibbenezigge«, »Werner« und nicht »Veriner«, »Stefan« und nicht »Se Tefan«.

Die Deutschen sagten zu den Helgen »Helligen« – vielleicht paßten sie sich auch schon manchmal den Türken an.

Alle außer Selim und Mesut hatten immerzu Furcht davor, sich zu verlaufen. Einem, der schon lange da war und gut Deutsch konnte, Zeki hieß er, liefen sie sogar nach, wenn er sich nur rasieren ging. Zeki war Dreher und gehörte zur Bedienung einer der großen Karusselldrehbänke. Das war keine schlechte Arbeit, obwohl er selbst sagte, er stünde lieber an einem Döner und schnitte geröstete Fleischstreifen herunter. Ab und zu mußte er auf eine Leiter steigen, verschiedenes ausmessen und einstellen, sonst aber nur aufpassen, während die Zylinder sich drehten. Die waren sehr laut, aber Zeki hörte ohnehin schlecht.

Ein anderer, Ismet, war vorher Baumwollpflücker in der

Çukurova gewesen. Er war stolz auf seine Arbeit und sagte »wir«, wenn er die Werft meinte: »Für Onassis und Niarchos haben wir auch schon gebaut« oder »Wir schweißen hier die größten Tanker in vier Monaten zusammen«. Ismet fehlten die oberen Schneidezähne, und seine Eckzähne waren groß wie bei einem Raubtier. Daher hieß er in der Werft »Vampirismet«. Er wollte sich eine Brücke einsetzen lassen, bevor er in die Türkei zurückkehrte, um zu heiraten. Einen alten Volkswagen besaß er schon. Die meisten wollten bald heiraten, nur Mevlut und Ömer nicht, die schon Frauen hatten.

Selim und Mesut waren die besonderen Leute hier, weil sie sich etwas zutrauten. Mesut merkte sich alles Wichtige, ihn konnte man fragen, wenn man nicht mehr weiterwußte. Aber die Antworten kamen meist sehr von oben herab. Bei Selim war es so: er erzählte immer etwas anderes als das, wonach man gefragt hatte, aber nicht aus Überheblichkeit; er war so begeistert von dem, was ihm einfiel. Dabei wußte er sogar ziemlich viel, weil jeder ihm gern etwas mitteilte. Mesut beneidete ihn darum. Auch er war neugierig, aber mehr auf eine lauernde Art.

Sogar die Deutschen mochten Selim, bei ihnen war allerdings nicht sicher, warum. Zwar hatte er Werkzeugschlosser gelernt und war technisch geschickt. Aber wenn Pünktlichkeit von ihm verlangt war, wurde er eigensinnig. Und bisher lernte er auch kein Deutsch, er hatte keine Lust dazu. »Ringen« gehörte zu den wenigen Wörtern, die ihm geläufig waren, abgesehen von »Wohnheim«, »keine Geld« und »Fälär«, was Fehler heißen sollte. Aus den deutschen Zeitungen ließ er sich Artikel übersetzen. Da hatten zwei Ringer mit türkischen Namen Kämpfe in Groß-Ostheim gewonnen, so etwas wußte er sofort.

Selim erzählte bis tief in die Nacht hinein, zum Beispiel den Inhalt von Filmen. Wenn man selbst hin und wieder ins Kino gegangen war, merkte man, daß er manche Handlungen neu erfand. Die Meuterei auf der »Bounty« endete zufriedenstellend mit Niederlage und Untergang des bösen Kapitän Bligh, und die Brücke am Kwai stand heute noch, weil sie so gut gebaut war. Selim erzählte ungern Geschichten, die schlecht ausgingen.

Aber so sonnig, wie er glauben machte, war ihm nicht immer zumute. Er schlief nicht gut ein, und wenn, dann träumte er Böses. Schon zweimal hatte er gegen Morgen laut aufgeschrien und danach zur Begründung einen Alptraum erzählt. Einen lustigen, versteht sich.

24.

Ein Geschäftsmann wird Selim nicht, dachte Mesut.

Der war ein Träumer, ihm fehlte die Konsequenz. Bei der Armee hatte er Dienstbefreiung bekommen, um zum Training zu gehen – und was hatte er getan? Filme angeschaut! Wie so einer einen Meistertitel errang, war ein Rätsel! Überhaupt bestand er aus Fehlern. Er war vertrauensselig, erzählte jedem alles, was er wußte, und machte gern Geschenke. Wer etwas werden wollte, mußte darauf verzichten, sich beliebt zu machen. Wenn hier einer Millionär werden konnte, dann er, Mesut. Er wollte aber gar nicht. Härte, Disziplin, Konsequenz, das waren seine Stärken. Eine Autorität würde er sein, und die anderen würden ihn irgendwann bitten, die Führung zu übernehmen. Menschlich und politisch.

Draußen regnete und taute es, überall lief und klopfte das Wasser seit dem frühen Morgen, ein elendes Wetter. Dunkler Himmel und feuchte Kleider, das war hier das Normale. Mesut wußte, daß noch vieles andere herunterzuschlucken war in den nächsten Monaten, jene Beleidigungen etwa, die man nur an den Gesichtern erkannte, nicht an den schnell gesprochenen Worten. Dann mußte man so tun, als hätte man nichts bemerkt, um sein bißchen Würde zu wahren. Wenn aber der Schieber betont langsam sprach, war es ebenfalls unangenehm – man spürte, daß er es aus schlechter Laune tat. Wer nichts verstand, war noch gut dran. Wer verstand, aber noch nicht sprechen konnte, war ein armer Teufel; niemand glaubte auch nur für einen Moment, daß er Augen, Ohren und einen Verstand besaß. Ständig wurde ihnen erklärt, daß irgend etwas »nicht ging«. Genaugenommen ging gar nichts. Wenn man etwas haben wollte – und sei es nur ein anderer Spind als der, der genau in der Ecke stand und sich nicht ganz öffnen ließ – »Geht nicht!« war die Antwort, auch wenn andere Spinde leerstanden. Oder wenn man im Wohnheim das knarrende, viel zu stark federnde Drahtbett beiseite stellen und die Matratze direkt auf den Boden legen wollte: »Wenn einer kommt, kommen alle!« Vielleicht lag es nur an dem Dolmetscher, der den deutschen Stellen mehr dienen wollte als seinen Landsleuten. Mesut hatte gehört, daß man sich vor Dolmetschern besser in acht nahm.

Vor ihm lag der angefangene Brief an den Vater. Er haßte den Brief. Und den Vater. Wenn er überhaupt zurückkehrte, dann wegen der Hunde. Er sah sie vor sich, wie sie in der Sonne lagen und bei seinem Näherkommen aufstanden und sich streckten. Er sah Karabaş, das Hundebaby, wie es sich vergnügt im Sand rollte.

Er versuchte den verdammten Brief fertigzuschreiben. Er zählte alle Stundenlöhne, Preise und Mieten auf, damit die Seite voll wurde. Auch die Preise für Tanker und Zerstörer. So etwas machte Eindruck, und das war der Sinn des Briefs. Aber schließlich gab er das Schreiben auf. Vielleicht lag es am Wetter: er war melancholisch und suchte irgend etwas Tröstendes. Jeder suchte es hier auf seine eigene Weise. Die einen träumten von einer goldenen Zukunft, wie Selim, andere von schönen Frauen – das tat Selim übrigens ebenfalls. Einige wollten an die Frau des Bäckers heran, die den Türken Blicke zuwarf, und was für welche! Sie war selber schuld, wenn das halbe Wohnheim sich auszumalen begann, wie es mit ihr im Bett sein könnte. Blond war sie auch noch.

In der Türkei wäre er jetzt zum Lauftraining gegangen. Hier wußte er nicht, wo das möglich war. Schließlich fand er doch etwas, das ihn ablenkte: er begann einen Streit mit Ömer über die Deutschen.

25.

Sonnabend. Gisela saß im Zug von Berlin nach Köln. Um 15.52 sollte er ankommen. Sie würde aber nicht aussteigen, sondern nach Paris weiterfahren. Ihr gegenüber saß ein junger Mann, der unentwegt in einem maschinengeschriebenen Drehbuch las und dabei die Lippen bewegte. Ab und zu strich er mit wichtiger Miene etwas an oder schüttelte den Kopf. In seinem dichten schwarzen Haar war oberhalb der linken Schläfe eine graue Locke zu sehen.

Die hinter ihr liegende Woche hatte noch nicht das erbracht, was sie sich von der Freiheit erhoffte. Hermine hatte sich in sie verliebt. Davor war sie, bei allem Respekt, geflüchtet. Dann kam die Pleite mit dem Onkel in Berlin, der strikt zu ihrem Vater hielt, obwohl er doch früher Anarchist gewesen war. Jetzt war er Librettist und trank: zwischen Gasherd und Kühlschrank wuchs ein grüner Jungwald aus gut vierzig leeren Flaschen. Dazu redete er ständig über Vernunft. Aber dreihundert Mark hatte er ihr zugesteckt. Das bedeutete: Paris. Schöne Kleider ansehen, vielleicht sogar selber Modeschöpferin werden – »Geneviève« hieß sie ja schon, das war ein guter Name für das Geschäft.

Sie fühlte, wie in ihr ein Schulschwänzerglück hochstieg. Sie freute sich auch darüber, daß sie eine neue Frisur, Wimperntusche und Lippenstift trug und daß sie, vielleicht sogar wirklich wegen des Schlangenwurzeltees, bestimmt kein Kind bekam.

Jetzt wollte sie sich mit dem Manuskriptfresser unterhalten. Der sollte nicht glauben, daß er mit ausdauerndem

Lesen davonkam. Sie war daran gewöhnt, daß die Menschen gern mit ihr redeten und ihr Neues mitteilten. Während sie überlegte, wie sie ihn ansprechen sollte, hob er den Kopf und sah ihr in die Augen.

»Was würden Sie sagen, wenn einer Sie so ansprache: ›Wie ist Ihr Vorname?‹«

»Geneviève«, sagte Gisela hoheitsvoll. »Was sagt er denn?«

»Das war es schon, danke! Ich heiße Olaf. Ich beschäftige mich mit Dialogen.«

Er strich etwas durch und schrieb mit Bleistift darüber. Noch vor Hannover wußte sie, daß er extrem kurze Kurzfilme drehte, aber von längeren träumte. Bisher hatte er sich mehr mit der Kamera beschäftigt, jetzt nahm er sich Drehbücher vor. Wenn er nachdachte, sah er aus dem Fenster. Sie studierte wieder die graue Locke. Etwas in seinem Gehirn mußte besonders sein – so mir nichts, dir nichts hatte kein Mensch über der Schläfe eine graue Stelle. Was saß dort – die Frechheit?

Bis Bad Oeynhausen hatte sie ihm anvertraut, warum ihr Biologielehrer sie nicht mochte: sie hatte gefehlt und ihm den Entschuldigungsbrief, als er mit Material beladen im Korridor stand, kurzerhand zwischen die Lippen gesteckt. Sie fand das praktisch, er ungehörig. »Warum«, kommentierte sie, »er hätte den Brief doch nicht zu nehmen brauchen. Aber ihn erst festhalten und sich dann beschweren... bei dem stimmt irgendwas nicht!« Olaf nickte und schrieb sich das für einen Kurzfilm auf.

Zwischen Bielefeld und Hamm kamen sie auf die Musik. Gisela erzählte von der Trompete ihres Vaters, und daß sie als kleines Mädchen stolz gewesen sei, sein Instrument aus dem St.-Johann-Nepomuk-Bläserchor heraushören zu können. Jetzt könne sie keine Trompete mehr aushalten. Am schlimmsten fände sie Papis Lieblingsstück, das Solo des Soldaten Prewitt aus »Verdammt in alle Ewigkeit«.

Olaf notierte sich das für einen etwas längeren Kurzfilm.

Ab Wuppertal-Oberbarmen versuchte er Gisela-Geneviève zur Mitarbeit in seinem nächsten Film zu überreden.

»Wo drehst du überhaupt?«

»In Aachen. Du kannst damit Geld verdienen!«

Aachen schien ihr aber von Frechen nicht weit genug entfernt. Sie sagte, sie müsse nach Paris.

»Danach geht's gleich nach Speyer und Bamberg.«

»Was wird das für ein Film?«

»Ein Kulturfilm, ›Gegenwärtiges Mittelalter‹, besonders wertvoll!«

»Was kann ich da spielen?«

»Dich selbst und dein Verhältnis zum Mittelalter.«

»Habe ich nicht.«

»Gut, das wird dann eben mitdokumentiert.«

Das Geld, sagte er, käme vom Bayerischen Rundfunk. Irgend etwas war ihr noch verdächtig.

»Ehrenwort: du sollst keineswegs nur Schwenkfutter sein!«

Das beruhigte sie. Sie kannte zwar den Ausdruck nicht, konnte sich aber denken, was gemeint war.

Dann sprach Olaf über eine dramaturgische Frage, die ihn sehr bewegte: ob sich eine Geschichte daraus ergab, wenn man von ganz verschiedenen Leuten erzählte, die sich nie begegneten und nicht einmal voneinander wußten. Im Grunde entstanden dann nur viele Geschichten von jeweils einem, nicht aber eine Geschichte von mehreren. Anders war es, wenn alle Personen etwas Bestimmtes gemeinsam hatten, aber dann waren sie leicht nur noch Beispiele. Bis zum Aussteigen in Aachen sprachen sie von nichts anderem. Gisela bezweifelte hartnäckig, daß das Publikum so einen Film wolle – sie sah sich bereits als eine künftige Produzentin. Aber Olaf plante das wirklich: einen Film, der zwanzig Stunden lang war, weil er bereits vor dem Beginn der eigentlichen Geschichte zu erzählen anfing. Er war sozusagen nach vorne verlängert.

»Wenn das so lange geht«, meinte Gisela, »müßte ich das

Ende schon vorher wissen. Nur dann könnte ich zwanzig Stunden lang sitzenbleiben, sonst nicht. Zum Beispiel, daß schließlich alle in Paris wohnen werden. Oder daß die deutsche Wiedervereinigung unmittelbar bevorsteht.«

»Gut«, antwortete Olaf, »wir machen zur Sicherheit beides.«

26.

Selim wollte keine Briefe schreiben. Wozu auch? Es kamen nur zwei Adressaten in Frage: sein Bruder, der bloß hören wollte, daß es ihm in Deutschland schlechtging, und der Trainer Ali, dem er erst schreiben wollte, wenn er den Ringer Ahmed getroffen hatte.

»Ich gehe spazieren«, sagte er.

Der Regen hatte aufgehört. Der Schnee taute zu grauen, matschigen Häufchen zusammen, und in die Abflußgitter rannen gurgelnde Ströme. Die Luft war so frisch, wie Selim es noch nie erlebt hatte, und Wasser liebte er in jeder Form, sogar als Regen.

Auf einem Schild stand »Werftstraße«. Das wollte er sich merken, damit er zurückfand. Jetzt kam es darauf an, den Bahnhof zu finden. Er wollte ein Micky-Maus-Heft kaufen und daraus schneller Deutsch lernen als Mesut mit seinem ganzen Lehrbuch. Wenn er dann nächstens wieder fragte: »Sprichst du jetzt wenigstens ein paar Worte Deutsch?«, dann würde Selim ihm fließend eine deutsche Rede halten, etwas Auswendiggelerntes, nicht unter drei Minuten, es konnte der letzte Unsinn sein. Mesut würde sich ärgern.

Außerdem wollte er, um das Rolltreppenfahren zu üben, den Hauptbahnhof finden.

Er merkte sich das Wort »hopbanof« und fragte eine spazierengehende Familie, aber er hatte wohl die falsche Aussprache. Dann fragte er einen Türken, und der zeigte statt einer Antwort nur auf ein Pfeilschild mit der Aufschrift »Bahnhof«, zackzack, wie ein Deutscher, ohne ein Wort zuviel. Bestimmt einer aus Ankara.

Ich werde diese Stadt erobern, dachte Selim. Er mußte nur die richtigen Leute kennenlernen und ihnen sagen, wie sie zugleich ihm und sich selber helfen konnten. Wenn sie abwinkten, schadete es nichts, wenn nicht, entstand eine Firma. Er war Meister im Bantamgewicht, obwohl er kaum trainiert, sondern Bier getrunken und bei den Frauen genächtigt hatte. Ihm würde alles andere auch gelingen.

Er folgte dem Pfeil, kam aber erst nach Stunden am Bahnhof an. Er hatte nicht immer den direkten Weg gefunden, dafür aber alles Wichtige in Kiel gesehen: das Straßenbahndepot, den Güterbahnhof, ferner eine riesige Betonpfanne aus lauter verwickelten Straßenschlangen, in der die Autos im Kreis fuhren, das mußte Spaß machen. Einen Friedhof hatte er besichtigt und herausgefunden, daß alle neuen Grabsteine asymmetrisch waren, genauer: ihre Oberseite war wie eine Welle geformt, die von rechts nach links rollte. Vielleicht waren diese Marmorwellen ein Hinweis auf das Meer: es waren Seemannsgräber! Auch Frauen hatten solche Steine, vermutlich waren sie nach jahrelangem Warten auf ihre untergegangenen Männer einsam gestorben.

Drei oder vier große Teiche hatte er gesehen, und friedliche, gut angezogene Spaziergänger an deren Ufern. Oft meinte er türkische Wortfetzen zu hören und drehte sich um – »anne« hörte er, »karin«, »bok« und »bir«, aber es war Deutsch. »Bier« kannte er schon und trank eines an der Bude. Die fünfunddreißig Pfennige legte er gleich hin, damit keine Fragen kamen. Ein Imbißstand schien ihm kein schlechtes Geschäft zu sein. Vielleicht war das der richtige Anfang?

Vor einer Kirche in der Altstadt stand das Denkmal eines armen kleinen, sehr häßlichen Hundes mit lauter Zacken und Schuppen am Bauch und um die Ohren. Auf seinem Rücken stand ein riesiger Mann mit Flügeln. Warum stellte er sich mit seinem ganzen Gewicht auf das Tier, wenn er doch fliegen konnte? Der arme Hund konnte sich nicht wehren, weil der Mann ihm auch noch mit einem langen Schwert drohte. Selim rätselte, was das zu bedeuten hatte.

Innerhalb der Kirche war etwas ähnlich Geheimnisvolles zu sehen. Vier vor Schmerzen schreiende kleine Löwen mußten auf ihren Köpfen ein kolossales Gefäß tragen, diesmal war alles aus Metall.

Im Schaufenster einer Konditorei sah er gebackene Teigröllchen, die fast so aussahen wie Sigara Böreği, gefüllt mit Schafskäse. Es war aber nur süßes Zeug für ältere Damen.

Dann war er ans Meer gegangen. Dort stand er neben einer riesigen Baustelle direkt gegenüber der Werft. Der »Oslokai« wurde ausgebaut. Ein großes Schiff lag da, »Kronprins Harald«, mit einer Kreuzfahne. Er malte sich aus, wie es war, wenn man so ein Schiff besaß, erst eines, und dann immer mehr davon.

27.

Freunde in der Türkei, hört die Geschichte von Selim! Ja, dem, der heute die größte Passagierflotte der Welt besitzt. Sein Großvater war noch Postreiter in Datça. Neulich hat Selim dessen schönes Haus zurückgekauft und noch ausgebaut, er lebt dort wie im Paradies. Daß er so reich wurde, ist kein Wunder für jeden, der ihn jemals hat ringen oder Tavla spielen sehen.

Mit sieben Monaten konnte er schon laufen! Sein Bruder war erst mit dreizehn Monaten soweit – der wurde dann auch nur ein Unteroffizier der Armee. Selim dagegen war schon immer der geborene Unternehmer: als Kleiner hatte er zum Beispiel nie Angst vor dem Hinfallen; wenn es geschah, stand er lachend wieder auf. Mit zwei Jahren wurde er todkrank: Keuchhusten und Masern gleichzeitig, das hatte es in

Datça noch nicht gegeben. »Wenn er das übersteht, wird er was Besonderes«, sagte sein Großvater. Er wurde nicht nur gesund, sondern begann sofort zu sprechen – er sagte zum Großvater »dede«, zum Vater »baba« und zur Mutter »anne« – und das waren ganz die richtigen Wörter. Die Mutter stellte daher fest: er wird etwas Großes, er redet wie ein Buch. Mit sieben konnte er auch schon lügen – sehr wichtig fürs Geschäftsleben! Vor allem seinen bösen Onkel belog er, aber das ist eine andere Geschichte.

Er kam nach Istanbul und ging in eine Realschule. Kein Mensch glaubte ihm, als er von seinem ersten großen Sieg erzählte: die drei besten Ringer der Schule nacheinander auf die Matte gelegt?! So war es aber, und mit achtzehn war er Meister. Der Trainer sah auf die Uhr und sagte: »Wenn er nur käme, ich würde ihn zum Weltmeister machen!« Da war er aber schon auf dem Weg nach Deutschland, um ein reicher Mann zu werden. Und das wurde er auch: nach wenigen Wochen schon traf er einen Verrückten, einen Millionenerben, nein, einen ehemaligen Glasfresser. Oder Feuerschlucker, ja, das war er und hatte gerade in der Lotterie gewonnen. Der war verrückt genug, um zu erkennen, welches Genie in Selim steckte: er vertraute ihm sein gesamtes Vermögen an. Und das hatte er nicht zu bereuen, denn schon ein Jahr später...

28.

Er wischte den großen Traum weg und spann einen etwas kleineren fort, »Selims Fährbetrieb«: Reisen in alle Welt, gutes Essen, bei Nebel auch Radar. Drei Rettungsboote auf jeder Seite für alle Fälle. Und immer mindestens drei Dutzend Freunde an Bord.

Als auch dieser Traum nicht mehr recht wärmte, ging er Richtung Bahnhof. Noch ein Denkmal sah er, ein ganz zartes oben auf einer Säule. Ein Mann saß da auf dem Heck eines elegant geschwungenen Bootes, das einen kurzen Mast ohne Segel trug. Er bewegte die Arme in der Luft – offenbar ein Geschichtenerzähler, der von einer abenteuerlichen Segelfahrt um die Welt erzählte, und alles war erfunden. Dieses Denkmal, fand Selim, wirkte sympathisch. Am Kiosk sah er, was er suchte. Das Wort »Micky Maus« war der Zeitungsfrau auch bei schlechterer Aussprache geläufig. Er hatte ihr gleich die fünfundsiebzig Pfennige hingelegt.

Eine Rolltreppe gab es nur im Warenhaus. Auf ihr war er bald so geübt, daß er während des Auf- und Abspringens Donald Ducks Abenteuer weiterverfolgen konnte. Als eine junge Frau ihn kopfschüttelnd betrachtete, ließ er es bleiben.

Eine der Bildergeschichten ging ihm nahe: Donald konnte nachts nicht einschlafen. Eisenbahnzüge, Feuerwehrautos und kämpfende Kater machten zu viel Lärm. Er zog also mit seinen Neffen in ein besonders ruhig gelegenes Haus, aber dort war es ihm nun zum Einschlafen zu leise, er machte daher selber Lärm. Zur Strafe wurde er von einem Opa aus dem oberen Stockwerk mit einem Alphorn angeblasen, und am Schluß lag er mit einem Hörgerät im Krankenhaus. Deutsch war wirklich nicht schwer. Selim wunderte sich nur, warum er sich auf kein Wort außer »Alphorn« besinnen konnte.

Er machte sich auf den Heimweg. Die Straße, die er sich vorhin gemerkt hatte, kannte niemand. Aber irgendwann sah er wieder die hohen Portalkräne der Werft und ging so lange über Stock und Stein am Wasser entlang, bis er da war. Das Vonhayım fand er dann leicht.

Er hatte Hunger und aß zwei von Mevluts letzten mitgebrachten Kartoffeln. Dazu gab es etwas, das wie Ayran aussah, aber schlechter schmeckte. »Buttermilch« stand auf der Flasche.

»Du hast recht«, sagte Mevlut, »es macht auch Durchfall.«

Zum FERNSEYN hatte er keine Lust, er ging in den Schlafraum und hörte Radio. Ihn interessierten vor allem die Störsender, mit denen der Osten den Westen übertönen wollte oder umgekehrt, die Grenze war nicht weit weg. Die Störgeräusche waren äußerst einfallsreich: Blubbern, Schnarren, Peitschenschläge hörte man, auch Motorsägen, Bagger und Drehbänke.

Mesut lag still auf seinem Bett und lernte mit dem Buch. Kiel und die Verrücktheiten der Kieler konnte man aber so nicht kennenlernen!

Am nächsten Vormittag wollte Selim zum ersten Mal wieder ringen, mit Ömer und Vampirismet, der etwas lernen wollte. Ömer sagte: »Vielleicht will er dich nur beißen!« Sie mußten noch die Matratzen zusammenkriegen – nicht jeder mochte seine dafür herleihen.

Abends trank Ismet Rakı mit Milch. »Für die Kraft«, sagte er, hob von der Hüftgegend her die geballte Faust und meinte keineswegs das Ringen.

Der hatte mit einem Volkswagen leicht reden.

Morgen nachmittag wollte Selim allein mit einem Bus zum Bahnhof fahren und mit einem Mädchen bekannt werden. Das Wort »Ja«, das er von ihr hören wollte, wußte er bereits. Nur die dazugehörige Frage fehlte noch.

7. Mai 1980
Der Gerichtstermin. Als Zeugen sind geladen: Hermine, der Türwächter des Sexclubs, eine Prostituierte, der Zuhälter. Vor der Verhandlung sehe ich Selim auf dem Gang, wir können ein paar Worte wechseln. Er in Handschellen, ein etwas verlegener Justizbeamter immer dicht bei ihm. Natürlich darf kein Wort über die Straftat fallen. Wir sprechen über den Roman, aber der Wachtmeister wird unruhig: Verdunkelungsgefahr, sagt er und unterbindet. Ich verkneife mir eine gesalzene Bemerkung.
Der Richter ist ein klarer, vernünftiger Mann, der Verteidi-

ger kein großes Talent, aber er nennt die Dinge beim Namen. Der Staatsanwalt weiß offenbar selbst, daß er in seinem Inneren ein Chaot ist, und, daß seine Anklage wegen Mordes wackelt. Also ist er vorsichtig und fährt Antennen aus. Nur Selim selbst ist eine Gefahr. Er schweigt zu allem mürrisch, lehnt es ab, Reue zu zeigen, und ignoriert Fragen, die ihm mißfallen. Er läßt sich alles übersetzen, sagt dann aber patzig auf deutsch: »Herr Richter, Sie waren nicht in meiner Situation, und in der des Mädchens auch nicht!« Danach Gelächter im Saal, weil der geistesabwesende Dolmetscher das ins Türkische übersetzen will. Trotzdem kommt Selim glimpflich davon. Der Gutachter spricht von seinen auf das junge Mädchen übertragenen Vatergefühlen und Beschützerinstinkten, bescheinigt ihm einen Hang zur »pseudologia phantastica« und starke Erregtheit. Hermine schildert die verzweifelte Situation ihrer Tochter, ich den Zweck unserer Fahrt nach Hamburg und die Vorgänge im Club, soweit ich sie vor dem Knüppelhieb noch bewußt erlebt habe.

Eine Notwehrsituation sieht das Gericht nicht, es erkennt auf Totschlag: fünf Jahre Gefängnis, schlimm genug. Das bedeutet voraussichtlich: Abschiebung nach zweieinhalb Jahren.

Selims Schlußwort in fehlerlosem Deutsch: »Ich verstehe etwas vom Kämpfen, ich weiß, was geht und was nicht. Der Gutachter meint es gut, aber ich war nicht in Panik, es ging um die Ehre. Ich wußte nicht, ob man das in Deutschland berücksichtigt, sonst hätte ich mich gleich gestellt.«

8. Mai 1980

Glücklicherweise nimmt die Presse kaum Notiz. Sie ist mit einigen frischen Straftaten ausgelastet. Hermine und ich kommen ohne Namensnennung davon. Giselas Name ist in dem Prozeß nicht gefallen, sonst wäre es sicher anders.

29

Da Alexander zum »Alarmdrittel« eingeteilt war, durfte er am Sonntag die Kaserne nicht verlassen. Er saß in der Kantine und versuchte ein Buch über den Widerstand zu lesen: »Geist der Freiheit«. Sehr weit kam er nicht. Während der Alarmbereitschaft war man zum gemeinsamen Herumsitzen verurteilt, jeder störte jeden.

»Stimmt es, daß du gar nicht hättest einrücken müssen?« fragte ihn Robitsch. Da es stimmte – Alexander war der einzige verbliebene Sohn einer Soldatenwitwe und hatte außerdem einen leichten Herzfehler –, entspann sich eine längere Fragerei. Er sei ja damit praktisch ein Freiwilliger. Robitsch fand das »Klasse«, aber Alexander war vom ersten Tage an mißtrauisch geworden, wenn Robitsch irgend etwas lobte. Die Bundeswehr bestand aus zwei Sorten von Soldaten, und Robitsch gehörte eindeutig zur anderen.

Natürlich griff er sich Alexanders Buch und gab sogleich einen Kommentar dazu ab, in dem die Wörter »Hochverrat« und »Soldatenehre« vorkamen, und danach »Schlußstrich« und »Schuldkomplex«. Robitsch blieb bei Diskussionen sehr ruhig, vielleicht weil er in Bad Nauheim geboxt hatte – in vierundzwanzig Amateurkämpfen nur dreimal geschlagen.

Auch Alexander war ruhig – zu einem großen Redner paßte keine Nervosität. Aber prompt sah er das Bild des Mädchens, das die Stiefel umklammerte, und es fielen ihm zu viele Begriffe gleichzeitig ein – er konnte sich zwischen ihnen nicht entscheiden und wurde immer wütender, je länger Robitsch redete.

Einen Moment lang überlegte er, ob er das Bild beschreiben und erklären sollte: ein kleines Mädchen im Warschauer Ghetto, das von einem der Bewacher beim Schmuggeln einiger Kartoffeln erwischt worden war. Er sagte zu ihr: »Ich werde dich am Leben lassen, aber du wirst auch nie wieder schmuggeln« und schoß ihr durch die Füße. Alexander hatte davon in einem Rundfunkvortrag gehört.

Inzwischen war dies »seine« wichtige Geschichte, und gerade deshalb wollte er sie nicht in einer Diskussion mit Robitsch herumgestoßen sehen. Er hielt es für richtig, über sie zu schweigen. Um wenigstens äußerlich ein würdiges Ende des Gesprächs zu retten, nickte er entschlossen, erhob sich und ging. Er verließ den Dunst der Kantine und spazierte auf der Ringstraße zwischen Kompaniegebäuden, Kraftfahrzeughallen und Munitionsbunkern hin und her, um sich zu beruhigen.

Wie schön wäre es, dachte er, für begrenzte Zeit keine Sprache zu verstehen, auch nicht die eigene. Er dachte an die türkischen Unterhaltungen im Zug.

Er meinte sich wieder an die Zeit zu erinnern, als er noch zu klein war, um Sprache zu verstehen. Das Zuhören hatte er dennoch genossen: ein Wort paßte ins andere, die Pausen in die Bewegungen, und es ging immer weiter. Mal sprach der eine, mal der andere, alles hing zusammen, und alle hatten Freude dran. Hoch hinauf, tief hinunter kletterten die Stimmen, Figuren entstanden aus Klängen und interessanten Geräuschen. Dazu rührten sie die Hände und Köpfe, rückten auf den Stühlen, zeigten immer neue sonderbare Falten um die Augen und den Mund. Am schönsten war, wenn alle über ein Wort lachten und ihre Zähne sehen ließen, dann fuhr ein Licht in die Gesichter. Sein Bruder hatte das oft geschafft. Er sagte nur ein paar Worte – sofort wandten sich alle zu ihm hin, Mama, Großvater, der Onkel aus München mit dem in einer Bombennacht angesengten Koffer, die Nachbarin mit dem Kopftuch, die ihm manchmal eine helle, gekochte Kartoffel schenkte. Auch die Arbeiter am Bachufer freuten sich, obwohl er im Weg stand. Einer von ihnen hatte statt einer Hand eine blitzende Metallklaue, sie war am linken Arm mit einem langen Lederschaft befestigt. Vielleicht auch am rechten.

Damals hatte er zum ersten Mal einen geborenen Redner bewundert: seinen Bruder. Später hätten sie sich bestimmt gut ergänzt, denn Alexander wurde, er wußte nicht warum, ein beliebter Zuhörer. Die wenigsten merkten, daß er oft nicht am Inhalt, sondern an der Art des Sprechens interessiert war.

Ein Jahr später hatte der Bruder in der Bucht des Flusses, nahe bei Flintsbach, im flachen Wasser einen länglichen Metallzylinder gefunden und nachsehen wollen, was er enthielt. Es war eine Stelle, wo deutsche Soldaten beim Heranrücken der Amerikaner die Waffen weggeworfen hatten.

1949 war ein langer, heißer Sommer gewesen. Der Fluß war so weit zurückgegangen wie noch nie, man kam fast trockenen Fußes bis zu den Granaten. Vor dem Unglück hatte in den Dörfern niemand mehr gewußt, daß sie dort lagen.

Alexander fror, er ging ins Unterkunftsgebäude und las in der Stube weiter.

Morgen war die Zeit des Alarmdrittels vorbei, dann konnte er wieder fort in die Stadt, vielleicht sogar ein Mädchen kennenlernen. Überhaupt war die Bundeswehr am besten auszuhalten, wenn man seinen Blick auf ferne Ziele heftete.

30.

Es war nur ein Zeitvertreib für den Sonntagnachmittag. Auch wenn sie die Matratzen mit Stricken und Klebebändern zusammenzuhalten versuchten, wußten sie, daß im Wohnheim kein regelrechtes Ringen möglich war. Aber gerade das hatte seine Vorteile, es half dem Verlierer über seine Niederlage hinweg. Und daß Selim siegte, wunderte ohnehin niemanden. Seine Medaillen hatten alle schon gesehen, er verwahrte sie in einer alten, blechernen Zigarettendose mit Atatürks Porträt und zeigte sie gern. Aber erst nach dem Ringen wußten sie, daß er zu Recht Meister war. Ömer war weit schwerer als er und, wie er selbst sagte, »bestimmt der stärkste Friseur der ganzen Türkei«. Sicheres Fassen und Runterreißen war sonst seine Spezialität. Doch was immer er versuchte, Selim schlüpfte durch und warf ihn. Ömers Schulterblätter waren so oft an den Boden gepreßt, daß das Aufstehen kaum lohnte. Selims Stärke war sein Repertoire an Finten. Er bereitete den einen Griff vor, um dann jedesmal einen ganz anderen anzuwenden. Gegen seine Hüft- und Kopfschwünge gab es kein Gegenmittel, falsche Freundlichkeit übte er auch nicht.

»Wenn ich ringe, kenne ich keinen Gott!«

Er merkte, daß dieser Satz Ismet unangenehm war – der stammte aus einer religiösen Familie. Selim setzte hinzu: »Das darf Gott ruhig hören, er ist kein Spielverderber.«

Als sie sich ausruhten, meinte Ömer: »Ebensogut könnte ich mit einem Delphin ringen, der dazu noch Arme und Beine hat.« Damit hatte er großen Erfolg, Selim war von dem Vergleich begeistert. Er begann zu rauchen und schilderte den Freunden das Leben in der Tiefe des Meeres, wo es viel zu sehen gab.

»Ein Delphin zu sein, das liegt mir. Irgendwie lebe ich so. Gut, es ist ein Traum, aber einer, an dem was dran ist!«

Er hatte noch viele andere. Selim war an Träumen reicher als Onassis an Schiffen.

Viertes Kapitel
Anderer Leute Werkzeug

31.

Mitte Februar lernte Selim, zwischen »ich« und »wir« zu unterscheiden. Bei der Betriebsversammlung achtete er darauf, wie oft und wann diese Wörter in der Rede eines Direktors vorkamen, der über Stapelläufe, Erfolge und Arbeitsplätze sprach. »Ich« sagte er am Anfang und am Ende, sonst immer nur »wir«. Selim war neugierig, was der Redner über sich selbst gesagt hatte.

Vampirismet wußte es: »Daß er keine lange Rede halten möchte.«

»Und am Schluß?« fragte Selim.

»Daß er zum Schluß kommen möchte.«

Das war der Tag, an dem es abends zu der Keilerei im Lokal »Seeteufel« kam. Es ging darum, wer die besseren Seeleute wären. Zuletzt beteiligten sich zehn Mann, und einer erlitt mittlere Verletzungen. Siegreich blieben die Werftarbeiter, von denen keiner je zur See gefahren war. Die Türken hatten sich aus der Sache herausgehalten. Ömer hatte die Parole ausgegeben: »Keine Schlägerei, solange wir noch nicht wissen, was die Wörter genau heißen.« Vielleicht war er der eigentliche Politiker hier, zumindest der beste Politiker unter den Friseuren.

Die Arbeit war hart, es war schwer, sich an sie zu gewöhnen. Vor allem ein Wort lernte Selim hassen: »fürü«. Es bedeutete die Zeit, zu der man aufstehen mußte. Tagsüber störte ihn dann, daß es keinen offenen Himmel gab, ohne Wolkenlast und bedrohliche Metallkonstruktionen. Ständig fühlte er sich geduckt von den droben dahersummenden Magnetkränen, die fast mit Fahrradgeschwindigkeit auf ihren Schienen entlangglitten. Jedesmal, wenn er aufblickte, ragte über seinem Kopf irgendeine Maschine. »Wie Maus und Katze!« sagte er. Was er an den Kränen aber wieder bewunderte, waren die Exzenterklauen, mit denen die schweren Panzerplatten durch ihr eigenes Gewicht die Haltevorrichtung zuzogen. Wer das erfunden hatte, war bestimmt auf einen Schlag reich geworden.

32.

Im April, als es wärmer wurde, entdeckten Niyazi und Selim die ersten Miniröcke. Die sahen gerade bei solchen Frauen schön aus, die runde Knie hatten. Dünne Girl-Typen wirkten darin wie Schulkinder, aber volle, sanfte Frauenknie, die lockten wirklich.

Einige Tage später sprach Selim ein Mädchen an, deren Bewegungen und Knie ihm besonders aufgefallen waren. Zusammen mit Zeki hatte er die Reihenfolge der Wörter festgelegt:

»Guten Tag! Darf ich mich Ihnen vorstellen?« – Die Stimme oben lassen wie bei einer Frage, aber die Antwort nicht abwarten! – »Mein Name ist Selim. Ich möchte Sie gern näher kennenlernen, möchten Sie mich auch? Antworten Sie mit Ja oder Nein, ich verstehe nur wenig!«

Sie blickte sehr verdutzt, und er fürchtete, daß er die einzelnen Bestandteile seiner Werbung vertauscht hatte. Wie durch ein Wunder gefiel er ihr trotzdem. Sie hieß Birgit und sagte noch am selben Abend: »Ich mag dich.« Das Wort »mag« suchte er im Lexikon vergebens; dabei wußte er, daß es, wenn es zwischen »ich« und »dich« stand, ziemlich wichtig sein mußte.

Zekis Texte waren offenbar nicht eindeutig genug. Jedenfalls ging Birgit in den nächsten Tagen stets nur spazieren, und das ausschließlich in der Innenstadt. Einsame Uferstellen oder Gehölze mied sie wie das Feuer. Aber Selim hatte Geduld. Warten gehörte zur Liebe.

Selim und Ömer begannen auch andere Hindernisse zu überwinden. Selim hatte Mut, Ömer Sprachkenntnisse. Daher sprach meist Selim. Ömer stand dabei, lächelte verlegen und korrigierte hinterher die Fehler. Am Spätnachmittag oder am Sonnabend fuhren sie oft in die Stadt und besuchten den »Laden mit dem Pferd«. Das war ein Warenhaus, vor dessen Eingang ein Wackelpferdchen für Kinder stand – zwei Minuten kosteten zehn Pfennig. Für die Türken war es ein gutes Erkennungszeichen, ebenso wie der »Brunnen mit Fröschen« in Neumühlen, der »Hafen für Fische« in Wellingdorf oder die »Kneipe mit Anker« in Gaarden.

33.

Selim benutzte die Rechte nur zum Festhalten, er schweißte mit der Linken. Er nahm sogar solche Werkzeuge in die Linke, die für die rechte Hand gearbeitet waren. Er war geschickt, aber wie er die Dinge anfaßte, war für Kollegen und Kolonnenschieber ungewohnt. »Irgend etwas macht er falsch!« sagten sie.

Er kannte das und lachte darüber. Schon in der Schule war er bei allen Raufereien Sieger geblieben, weil keiner mit seiner starken Linken rechnete. Auch beim Ringen hatten die Trainer das Gefühl gehabt, er bewege sich verkehrt. Und beim Militär hatte er die Waffe an der linken Schulter angesetzt, die ausgeworfenen Patronenhülsen waren ihm gegen den rechten Unterarm geflogen. Aber er war auf seine Linkshändigkeit stolz. Rechtshänder konnte jeder sein.

»Al Capone war auch Linkshänder! Ich habe sowieso Ähnlichkeit mit ihm. Mann, Mann, ich kann so böse und brutal sein, daß ich mich selber wundere!« Und dann erzählte er sofort eine Geschichte darüber, wie er einmal – in

Muğla an einem Wintertag – so richtig wütend geworden war.

34.

Inzwischen war Alexander schon eine ganze Weile Soldat. Alle fühlten sich bereits als etwas Besseres, obwohl sie noch immer den untersten Dienstgrad trugen.

»Wie gelernte Polizeihunde«, meinte Nagel, »wir haben Geld gekostet, jetzt sind wir etwas wert.« Für Nagel war das ein ungewöhnlicher Satz.

Es waren neue Rekruten eingetroffen, sie schlichen mangelhaft informiert und demütig herum und waren dem Terror jedes frischgebackenen Gefreiten ausgesetzt.

Wie schön war es doch, daß immer irgendwelche »Neuen« nachrückten, von denen man sich durch Routine und verwegene Lässigkeit abheben konnte. Das gehörte zu den ungeschriebenen Gesetzen hier: Jeder fühlte sich innerlich sicher, sobald er auf irgend jemanden herabsehen konnte, der dies oder jenes »noch nicht durchgemacht« hatte. Für das Selbstgefühl der Rekruten gab es immerhin die Zivilisten draußen: von denen konnte stets angenommen werden, daß sie überhaupt noch nichts durchgemacht hatten.

Alexander hatte jetzt viel Unterricht über das Fernmeldewesen. Er lernte sogar nach Dienstschluß weiter. Abends saß er im »Unterhaltungsraum« der Kompanie, der »von den Soldaten selbst gestaltet«, das hieß: mit den gutgemeinten Fleißarbeiten ehemaliger Kompaniestreber behaftet war. Immer wieder blickte Alexander zu dem aus Sperrholz mühsam ausgesägten »dreigeteilten Deutschland« hinauf. Darunter stand, ebenfalls in gesägten Buchstaben »NIEMALS!!« Ursprünglich hatte es drei Ausrufungszeichen gegeben, für jeden Teil Deutschlands eines. Aber das letzte hatte nicht gut genug geklebt.

Er lernte fleißig, denn er wollte mit ganzer Kraft der Abschreckung dienen und es dabei zu etwas bringen. Vor allem aber lernte er, um nicht vor Langeweile zu sterben. Wenn man nicht selbst die Initiative ergriff, verfiel man hier dem blanken Stumpfsinn. Der Wehrdienst bestand zum großen Teil aus Gammeln, Blödeln und dem Vortäuschen einer Reinigungs- und Pflegetätigkeit, wenn Vorgesetzte auftauchten – vor ihnen mußte man auf der Hut sein, denn sie langweilten sich ebenfalls. Man stellte der NATO eineinhalb Jahre seine Zeit zur Verfügung und erhöhte damit ihre Präsenzstärke um eins – das allein war Wehrdienst. Für mehr Sinn mußte man schon selbst sorgen.

Solche und andere Zweifel am Soldatentum konnte Alexander nur bekämpfen, indem er es zu seiner persönlichen Sache machte. Daß er daher bald als »dienstgeil« verschrien war, nahm er in Kauf. Er paukte Abkürzungen, taktische Zeichen, Geheimhaltungsstufen des Fernmeldeverkehrs, hunderterlei Kriegsentscheidendes. Er mußte sich auch Eselsbrücken und Merkhilfen einprägen, um all das zu behalten, sonst blieben nur einzelne Versatzstücke in Erinnerung wie: »Vier Geheimnisse sind immer zu verschleiern«, »Ein Feldkabeltrupp fährt Borgward und verlegt dreizehn Kabellängen«, »Anhäufung von Sprüchen verzögert die Abwicklung« oder »Unsachgemäße Flickstellen verzögern die Aufwicklung« – Flickstellen im Kabel mußten mindestens um die Länge des Seitenschneiders auseinander liegen, sonst glitt das Kabel beim Auftrommeln nicht schnell genug durchs Schiffchen, das beeinträchtigte den Rückzug.

Den »Feldfernsprecher OB/ZB«, den »Ringübertrager«, die »Vermittlung zu zehn Anschlüssen« kannte er alle gut, und sein besonderer Liebling war das »Feldmeßkästchen«, allein schon der Name klang nach behaglicher Forschungsarbeit in freier Natur. Durch seinen Schlaf geisterten die standardisierten Formeln des Sprechverkehrs, etwa die für Bautrupps und Störungssucher: »Ruf kommt an, wir bauen weiter« oder »Ich suche weiter. Ende«.

Alexander las Dienstvorschriften, Schaltskizzen, Geräte-beschreibungen, Truppengliederungen. Er genoß das wohl-organisierte Zusammenspiel; es war ursprünglich, zum Teil jedenfalls, von intelligenten Leuten durchdacht worden, und Intelligenz erzeugte überall, auch hier, eine gewisse Wärme und Anziehungskraft. Schon beim anspruchslosen Feldka-belbau konnte er, wenn man nicht für störende und brem-sende Offiziere »einen Türken bauen« mußte, in die wohlige Raserei des praktischen Verstandes geraten wie vor Jahren beim schnellen Zusammensetzen seines Faltboots am Inn-ufer.

Daß Alexander daneben ein Buch über Rhetorik las, war den anderen, und vor allem Robitsch, nicht entgangen.

»Ich habe mal ein Buch gesehen«, sagte Robitsch, »das hieß: ›Der Faustkampf, leicht faßlich dargestellt zum Selber-lernen‹ – Himmel, habe ich gelacht!« Was er meinte, war unschwer zu verstehen.

Alexander ließ sich nicht beirren. Reden und Boxen wa-ren zweierlei.

In dem Buch standen berühmte Beispiele: Texte von Cice-ro, Marc Anton, Mirabeau – die meisten kannte er. Neu war ihm eine »Abrüstungs«-Rede Hitlers vor dem Reichstag am 16. Mai 1933, auch »Friedensrede« genannt. Man hatte sie wohl nicht genau genug gelesen, weder damals noch bei der Herausgabe des Buchs. Sie war, wie alles, was Hitler an Reden hervorgebracht hatte, gefährlicher Schrott in flachem Wasser.

Einmal, es war nach dem Zapfenstreich und Robitsch hatte dem Unteroffizier vom Dienst die Stube gerade »voll-zählig, gereinigt und gelüftet« gemeldet, unterhielt man sich noch von Bett zu Bett über die Frage, ob der Westen eine Ideologie brauche. Ohne Ideologie sei er nicht stark genug. »Haben wir doch schon«, warf der Stubenälteste ein, »Mei-nungsfreiheit, Innere Führung und so weiter – das reicht doch!«

Klar, der war vor der mittleren Reife abgegangen. Die Diskussion wurde erst nach einer taktvollen Pause fortgesetzt. »Ideologie ist in jedem Fall was Schlechtes, so was haben wir nicht«, meinte Jessen, »oder kaum. Aber eine Überzeugung muß da sein, nicht dieses Herumzweifeln. Dafür halte ich meine Haut nicht hin.«

»Ohne den Zweifel kommt man nicht zur Wahrheit«, sagte Alexander.

»Gut, dann aber keinen Zweifel an der Meinungsfreiheit!«

»Aber zum Beispiel Hitler . . .« warf Nagel ein. »Moment!« sagte Jessen. »Das ist was anderes!« Jetzt kam Protest aus allen Betten – der gesunde Schlaf vor Mitternacht war in Gefahr. Man beschloß, es genug sein zu lassen. Nagel raunte noch zu Alexander hinüber: »Nach Hitler noch Redner werden zu wollen, so etwas kann ich mir nicht vorstellen.«

Robitsch hatte es gehört. »Ganz meiner Meinung«, bekräftigte er und knipste das Licht aus, »darin wird er immer der Größte bleiben.«

35.

Die Dreharbeiten zur »Gegenwart des Mittelalters« waren fast abgeschlossen. Gisela hatte meist nachdenklich und sehr lange auf Altäre und Chorgestühl blicken müssen. Zu diesen Bildern sprach jetzt eine Schauspielerin aus den Kammerspielen nachdenkliche Sätze, einer handelte vom Untergang der Mitte und deren Wiederkehr. Von der Idee, Gisela selbst den Text sprechen zu lassen, war Olaf abgekommen. Der rheinische Dialekt passe nicht, das Mittelalter sei doch etwas Hochdeutsches.

Aber er verliebte sich, nicht nur durch das Auge der Kamera hindurch, in ihre höchst unzeitgemäße Anmut. »Ein Cranach-Typ«, sagte er einmal, »irgendwie wahnsinnig züchtig, und gerade darum – tja!« Jedenfalls träumte er davon, mit der Kamera ihre natürliche Schönheit zu beobachten. Eine Szene zum Thema »Jungbrunnen« hatte er schon erdacht, in der eine Frau mittleren Alters ins Wasser stieg und als die Gisela von 1965 wieder zum Vorschein kam. Zudem eine perfekte Überleitung in die andere Erzählebene. Aber in einer öffentlich-rechtlichen Anstalt war allein das bereits verdächtig. Auch die Sequenz »Minnedienst« wurde abgelehnt, die vielleicht etwas deutlich geraten war. Olaf schimpfte gern, und am meisten über die Provinz. Damit meinte er München. An den bigotten Protesten gegen Ingmar Bergmans »Schweigen« sähe man, daß hier die Pfaffen das Sagen hätten.

Gisela führte den Künstlernamen »Geneviève«, und einmal fuhr sie mit dem falschen Paß sogar nach Salzburg. Es ging glatt. Triumphierend trank sie auf dem Dachgarten des Hotels Stein eine Tasse Schokolade und träumte davon, ihre kriminelle Energie noch ganz anderen Unternehmungen zu widmen. Vielleicht war sie wirklich die geborene Filmproduzentin.

36.

Mit einigen deutschen Werftarbeitern konnte man abends sitzen und Bier trinken. Ömer tat es immer öfter und sagte zur Erklärung, so lerne man am besten Deutsch. Er schnappte wichtige, in keinem Sprachführer verzeichnete Redewendungen auf, mit denen man sofort eine positive Reaktion auslösen konnte, zum Beispiel: »Ich gebe aus« und »Hoch die Tassen«.

Die Deutschen redeten abends schneller als morgens und strahlten dann sogar Wohlwollen aus. Sie machten Späße, über die sie sehr lachten. Gut, vielleicht lachten sie auch manchmal über den Türken. Aber sie stießen oft mit ihm an und tranken immer »noch mal dasselbe«. Ob sie ihn am nächsten Morgen noch kannten, war eine andere Frage.

Niyazi dagegen hatte es im Wohnheim nicht mehr ausgehalten und sich in der Stadt ein Zimmer genommen. Er war es gewöhnt, mit Schafen und Gedanken allein zu sein. Die

Abende im Stimmengewirr und Rauch waren ihm schrecklich. Jetzt zahlte er hundertfünfundzwanzig Mark für sieben Quadratmeter, aber das schien ihm besser als das Verrücktwerden.

37.

Selim fand weitere deutsche Wörter, die im Deutschen ähnlich klangen wie im Türkischen, aber etwas anderes bedeuteten: armut war nicht »Armut«, sondern »Birne«; »Armut« dagegen hieß auf türkisch yoksulluk, »Teller« tabak und »Tabak« tütün. Auf so etwas achtete Mesut nicht, der lernte aus seinem Buch Sätze wie »Gerhardt, ich bin gespannt, wie lange wir brauchen, bis wir ein Zimmer finden. Das soll hier nicht leicht sein.«

Der 17. Juni war Nationalfeiertag für eine deutsche Revolution, die im Ausland stattgefunden hatte. Selim und Ömer fuhren auf geliehenen Fahrrädern ins flache Land hinein. Dabei sahen sie zum ersten Mal Hausschweine in einem Stall. Wildschweine hatte Selim daheim in den Bergen beobachtet, aber diese hier waren anders: nackt und scheußlich, außerdem traurig und schreckhaft wie die Menschen, und sie rochen völlig anders als Wildschweine.

Abends traf er sich mit Birgit. Sie war gerade böse auf ihre Eltern und wollte Selim heftig lieben, sofort, hier, mitten in der Stadt. Selim prüfte sorgfältig verschiedene Toreinfahrten und Treppenhäuser, bis er im vierten Stock eines Mietshauses auf der Treppe zum leider doch verschlossenen Dachboden einen ungestörten Platz fand. Gut, daß er einen neuen Pariser gekauft hatte – der alte war in der Hemdtasche durch die Wäsche gegangen und sichtlich gealtert zurückgekehrt. Sehr staubig war es auf der Treppe, das merkten sie hinterher. Birgit sagte strahlend: »Wie die Katzen!« und ahmte eine nach, um zu zeigen, was sie meinte. Ein Mieter

95

öffnete im vierten Stock die Tür und starrte böse zu ihnen herauf.

Drei Tage frei – der 17. Juni fiel auf einen Freitag. Selim fuhr mit Birgit und Mesut an den Strand nach Laböe. Birgit unterhielt sich mehr mit Mesut, weil der Deutsch sprach. Er konnte es nicht lassen, sie mit hungrigen Augen zu betrachten und seine feinsten und neuesten »wichtigen Wörter« für sie hervorzuholen, zum Beispiel »intellektuell«, »gebildet« oder »unerheblich«. Wo Mesut war, da stand immer ein dreistufiges Treppchen wie bei Siegerehrungen, und er verwies jeden anderen auf den zweiten oder dritten Platz. Auch »höhere Stufe« war einer seiner Schlüsselbegriffe. Aber diesmal hatte er einen Fehler gemacht: er besaß keine Badehose.

Birgit paddelte auf ihrer Luftmatratze weit hinaus, von Selim umschwommen. Als sie zurückblickten, sahen sie Mesut am Ufer auf- und abwandern und nach ihnen ausspähen.

»Ich Delphin – Mesut Schäferhund«, sagte Selim.

»Ich faul«, lächelte Birgit, schloß die Augen und hielt ihr Gesicht in die Sonne.

38.

Der Höhepunkt der Spezialausbildung war die Fernmeldeübung »Gewissenruh«, benannt nach einem kleinen Ort bei Lippoldsberg auf dem hohen Weserufer, wo ein fiktiver Bataillonsgefechtsstand eingerichtet wurde. Alexander verlegte als Erster Drahtgabler eines Bautrupps ein Feldkabel und half eine Fernmeldestelle unweit der »Deutschen Märchenstraße« einzurichten. Wohlgetarnt lagen sie dort in ihrer Stellung und setzten Sprüche ab: »Echo für Tango!« »Tango kommen!« »Wie ist die Verständigung?«

Über ihnen flog ein Flugzeug langsam durch die Sonne. Alexander stellte mit Erstaunen fest, daß das vermutlich für ihn das heimatlichste aller Geräusche war: der dünne, gemächlich auf- und abschwellende Brummton einsamer Propellerflugzeuge, die hoch über dem Inntal entlangzogen und gewiß von weit her kamen, mindestens aus München. Er bekam Heimweh nach den Bergen – nein, kein Heimweh: er erinnerte sich daran, daß es sie gab. Das bedeutete Sehnsucht und Kraft.

Die Vögel zwitscherten, die Käfer wühlten, es roch nach Sommer und warmem Gummi – das war das »Tarnnetz oliv«. Er wußte auch plötzlich, warum viele Soldaten ihr Land liebten: weil sie ständig zu Fuß darin unterwegs waren und sahen, wie alles in langer Zeit gewachsen war. Daß man das schöne Land während dieser Erfahrung mit Feldspaten, Unimogs und Panzern zu zerfurchen und mit Triebwerkslärm in Angst und Schrecken zu versetzen hatte, war eher unpassend.

Die Lage änderte sich, ROT – das war der Feind – wurde bis zum Harz zurückgeworfen, und der neue Gefechtsstand kam nach Großlengden bei Göttingen, wo man auch biwakierte. Am Abend holten Alexander und der Truppführer unauffällig einen Kasten Bier aus dem Gasthaus. Im Saal hielt ein blaßlippiger junger Mann vor zehn Landfrauen und vier Jugendlichen einen Vortrag über höhere Schulen und die Vorzüge der Bildung. Er war hier nicht zu Hause, und er wollte eigentlich ein anderes Publikum. Einer, der das Reden üben wollte. Alexander sah das sofort und auch, daß es nötig war: während der Student sprach, hatte er Eisschollen im Kopf, die keinen Stand boten. Die rechte Hand wackelte hin und her, um die Balance zu halten, die linke suchte Halt an einem Manuskript. Alexander verließ den Saal voll Mitgefühl. Der Truppführer wartete bereits mit dem Bier.

Einige Tage später war es soweit: Alexander bekam einen Schrägstreifen oben an den Jackenärmel und war damit Gefreiter. Dazu gab es für die Schulterklappen zwei silbrige Gummischlaufen, sie bedeuteten »ROA« – Reserveoffiziersanwärter. Wer kein Abitur hatte, blieb ohne diese Schlaufen. Die Gespräche zwischen ROAs und Nicht-ROAs wurden seltsam karg, selbst wenn man vorher ein halbes Jahr lang zusammen »viel durchgemacht« hatte.

Was nun bevorstand, war der Unteroffizierslehrgang. Er war als besonders strapaziös gefürchtet, viele erlebten ihn schon vorweg in ihren Alpträumen. Alexander nicht. Er rechnete nicht mit Last und Erniedrigung, sondern mit Fortschritt und Triumph. Er hätte nicht begründen können, warum, es war eine Ahnung aus Kraftgefühl, vielleicht auch eine Idiotie aus übermäßiger Gesundheit.

12. Juli 1980

Ich besuche Selim in Hamburg. Zum ersten Mal können wir ohne Aufsicht reden, allerdings nur eine kümmerliche halbe Stunde. Ich erkenne ihn im ersten Moment kaum, weil er sich eine Glatze hat schneiden lassen. Jetzt weiß ich, daß er stets Yul Brynner ähnlich gesehen hat – nur wegen der Haare kam ich nie darauf.

Nein, er hat Geneviève nicht gefunden. Die Eltern sind tot, und im Meldeamt gab es keine Auskünfte, nur barsche Fragen. Ich versuche von ihm mehr über seine erste Berliner Zeit zu hören, die Zeit als »Sklave«, Leiharbeiter.

Damit er leichter besucht werden kann, hat er seine Verlegung nach Berlin beantragt. Es wird dauern. Traurig abgefahren. In Niedersachsen praller Kindersommer.

14. Juli 1980

Ich frage die Teilnehmer des neuen Kurses, warum sie besser reden lernen wollen. Es kommen, wie jedesmal, nur Allgemeinheiten: die Nützlichkeit der Verständigung, die nötige Informationsübermittlung, auch von Interessen ist die Rede. Einer möchte doch tatsächlich »den Willen anderer lenken« – ein junger Mann aus dem Bankfach. Ich will schon meinen

gewohnten Einleitungssatz bringen: »*Und deswegen wollen Sie hier zwei Wochen sitzen?*«
In diesem Moment meldet sich eine Frau: »*Manchmal muß ja etwas gesagt werden, nicht?*« *Belustigung. Wie sie denn das meine.*
»*Na ja, manchmal halte ich das nicht aus, daß wieder keiner was sagt, und gerade dann fallen mir die Worte selber schwer.*« *Das nenne ich einen Grund. Mein Einleitungssatz unterbleibt.*

39.

Niyazi war mit Mesuts Verhalten nicht einverstanden. Dieser Mesut fühlte sich als der Führer und Boß aus Ankara. An den Wochenenden war es am schlimmsten. Seit er sein Lauftraining wieder aufgenommen hatte, machte Mesut aus den einfachsten Gesprächen große Diskussionen und war in ihnen nicht einmal von Selim zu besiegen, weil er fremde Argumente nicht anerkannte. Gut, das war seine Sache. Aber daß er Geheimnisse verriet, ging zu weit. Er hatte Niyazi unter dem Versprechen absoluter Verschwiegenheit dazu überredet, ihm sein Untermietzimmer für eine ungestörte Unterhaltung mit der Frau des Bäckers zu überlassen. Kaum hatte er aber mit ihr geschlafen, ließ er es jedermann wissen – sein Geltungsbedürfnis verlangte das. Als die anderen es bezweifelten, sollte Niyazi sogar als Zeuge herhalten. Das war zu viel: sein Zimmer stand ab jetzt nicht mehr zur Verfügung!

Er sprach mit Selim darüber. Der stimmte ihm nachdrücklich zu und fragte, ob vielleicht er das Zimmer einmal benutzen dürfe. Ganz ausnahmsweise.

40

Im Café »Windsbraut« hatte Dörte mit ihrem Mann gesessen, einige Tische weiter die Türken. Ab und zu hatte Mesut nach der hoheitsvoll thronenden Dörte hinübergesehen, und sie hatte unverwandt zurückgestarrt. Auf der Tanzfläche wackelten einige Paare im Twist-Rhythmus – zum Totlachen! Da war plötzlich der Bäcker aufgetaucht, Mesut war schon in Sorge, es könnte Ärger geben. Weit gefehlt. »Wollen Sie mal mit meiner Frau tanzen?« hatte der Mann gebeten. »Mit mir will sie nicht – ich soll Sie fragen, sagt sie.«

»Wir haben getanzt wie die älteren Leute, damit ich sie richtig anfassen konnte. Und dann haben wir uns verabredet«, erzählte Mesut später, »am nächsten Abend hatte ich sie im Bett.«

»Darum hat dich der Bäcker aber nicht gebeten, oder?« fragte Selim ganz ernst. Die anderen lachten, und Mesut war verstimmt.

»Wenn er das getan hätte, wäre es ihm schlecht bekommen!«

Ein Zweifel blieb trotzdem, und Mesut ärgerte sich darüber. Er hatte überhaupt die Gabe, sich jederzeit und dauerhaft verletzt zu fühlen.

41.

Der Unteroffizierslehrgang war körperlich so strapaziös, daß die Vorgesetzten ohne Schikanen auskamen. Anderswo, etwa in Rekrutenkompanien, sahen Ausbilder ihre Aufgabe oft darin, das Leben der Soldaten nach besten Kräften zu erschweren: die Verteidigung der westlichen Freiheit durfte alles mögliche sein, auf keinen Fall aber leicht. Hier nun sorgte der Dienstplan selbst dafür, daß man die Zähne zusammenbeißen mußte und an Flucht dachte.

Alexander ging es noch am besten, vielleicht wegen der Bergtouren in der Schulzeit. Außerdem hatte er mit seinen Stiefeln Glück gehabt. Er konnte ganze Nächte marschieren, ohne sich eine Blase zu laufen. Ihm drohten andere Gefahren: er war verträumt. Einmal erschien er zum Appell ohne Krawatte. Der Leutnant war erstaunt, der Feldwebel außer sich. So jemand wollte Vorgesetzter werden? Ein Offizier konnte viele Fehler machen, aber nicht ohne Krawatte. Fast wäre Alexander in seine Stammkompanie zurückgeschickt worden und Gefreiter geblieben.

Aber dann hatte er vor den strengen Augen des Bataillonskommandeurs seinen Lehrgangskameraden eine Instruktionsstunde zu geben: »Auseinandernehmen und Zusammensetzen des Maschinengewehrs«.

Ausgerechnet er, der bei solchen Tätigkeiten die Hände verwechselte! Aber das war eben der Grund, weshalb die Vorführung gelang: um sich nicht zu blamieren, faßte er die Waffe keine Sekunde lang selbst an. Er beschränkte sich auf Erklärungen und Anordnungen, wobei er die Worte »links« und »rechts« erfolgreich vermied — wenn die Rede darauf kam, formulierte er das als Frage, die von den »Schülern« richtig beantwortet wurde.

Wer etwas nicht konnte, war oft der weitaus Geeignetste, um andere darin anzuleiten. Jedenfalls wurde der Kommandeur mit dem Loben nicht fertig: »Alle Ziele erreicht, frisch, klar, sinnvolle Hilfen, gutes Zeitgefühl...«

Der Feldwebel lieferte vor der Mittagspause eine Ergänzung: »Also schön: wenn Sie noch mal ohne Krawatte antreten, fliegen Sie jetzt doppelt raus!«

Alexander nahm sich die Freiheit, das nicht zu glauben, vielmehr hoffte er auf etwas anderes: vielleicht konnte gerade er den Soldaten das Reden und Diskutieren beibringen! Es schien ihm mindestens ebenso wichtig wie die Bewaffnung. Er wollte derjenige Offizier werden, der in der Bundeswehr für das Gespräch zuständig war. So einen mußte es schließlich geben, man war nur in Bonn noch nicht darauf gekommen. Das Redenkönnen war soviel wert wie eine ganze Division! Also konnte er General werden.

42.

In der Küche des Wohnheims redeten Mesut und Selim mißgelaunt über die Wahrheit. Es hatte so begonnen: Selim hatte von einem starken Mann in Heybeli erzählt. Der habe Steine so weit aufs Meer hinaus werfen können, daß niemand sie mehr ins Wasser fallen sah. »Das ist doch unmöglich«, meinte Mesut und begann mit überflüssigen Vorhaltungen: »Du siehst nichts, wie es wirklich ist.« Selim schwieg verblüfft.

»Die Wahrheit ist grausam«, fuhr Mesut fort, »und man muß sein wie sie. Deshalb werde ich es schaffen. Und du nicht!«

Er redete wie ein älterer Bruder. Selim erinnerte sich daran, daß Mesut zwei Monate jünger war als er. Sein Verhalten war schon von daher unpassend, aber daß er um eine harmlose Geschichte so viel Wind machte, ging zu weit.

»Du belügst dich ständig«, fuhr Mesut mit einiger Strenge fort, »du sagst, du bist ein Delphin oder ein Unternehmer oder was weiß ich – du träumst doch nur.« Er stellte Selims erst lauwarmen Nudeltopf beiseite und seine eigene Pfanne auf den Kocher. »Dein Essen wird bestimmt auch ohne Flamme warm, du wirst sehen.«

»Machst du Spaß?« fragte Selim.

»Nein«, sagte Mesut und rührte in seinen Kartoffeln mit Rindfleisch. Dann wandte er sich Selim wieder zu, streckte das Gesicht vor und blickte ihn fest an, um zu zeigen, daß er sich nicht fürchtete. Er fürchtete sich aber doch – wie alle, die das Kinn vorstreckten. Wenn er einen Hausfrauenstreit will, dachte Selim, den kann er haben! Er nahm Mesuts Pfanne und warf sie schwungvoll an die Wand. Das Essen blieb einen Moment haften und strebte dann etappenweise dem Boden zu. Mesut holte sofort zu einem Schlag aus, zweifellos vor Schreck. Er traf aber nicht. Gleich darauf lag er am Boden, von Selim mühelos festgehalten. Ohne Erfolg versuchte er, ihn wenigstens in den Finger zu beißen. Der und Selim schlagen? Wer war denn hier der Träumer?

Daß Selim Sieger geblieben war, konnte Mesut nicht verkraften. Kaum losgelassen, schlug er ihm ein Auge blau, während dieser ihm von seinen Nudeln anbieten wollte. Das Verhältnis zwischen den beiden litt empfindlich. Vor allem brachte Mesut in den nächsten Stunden das Kunststück fertig, sich als Verletzter und Opfer darzustellen. Das ärgerte Selim.

Er war ohnehin traurig, weil Birgit sich nicht mehr mit ihm treffen wollte – ihre Eltern waren dagegen und drohten ihr. Da kam ihm Mesut gerade recht. Schon am nächsten Tag ging Selim hinüber und lächelte Dörte an, traf eine Verabredung und schlief mit ihr in Niyazis Zimmer. Er wollte, daß Niyazi es Mesut weitersagte, aber das unterblieb. Als Selim es selber in Hörweite Mesuts verkündete, kümmerte der sich gar nicht drum.

Wiederholen wollte Selim das Unternehmen nicht, Dörte gefiel ihm zu wenig. Obwohl er sie nicht recht verstand, hielt er sie für hochmütig und obendrein gemein zu ihrem Mann. Auch hatte sie ihm klargemacht, Sicherheitsvorkehrungen seien nicht nötig, sie erwarte bereits ein Kind. Nach Lage der Dinge konnte es wohl nur von Mesut sein. Das war sogar für Selim, der verrückte Geschichten liebte, ein zu großes Durcheinander. Er zog sich rasch zurück.

43

September. »Warum arbeitest du eigentlich so viel?« fragte ein deutscher Kollege in der Pause Vampirismet. »Ist es wahr, daß du dir die Zähne reparieren lassen willst? Das kostet doch nicht die Welt – weniger als Steuern und Versicherung für deinen Käfer!« Vampirismet ließ sich mit der Antwort Zeit und benutzte ein Stück Schlacke von der Elektro-Flachnaht als Nagelfeile.

»Nein«, sagte er, »ich will mir eine Frau kaufen.«

»Aha, eine besonders schöne also!«

»Ja, stimmt. Und bei uns geht es nach Kilo. Rund ist teuer!«

Ein anderer – ein Mann aus Ankara – korrigierte das sofort: Kollege Ismet mache natürlich Spaß. Aber der Deutsche glaubte Ismet. Sobald man ein wenig sprechen konnte, hatte man ein gutes Mittel in der Hand: man konnte sie auf den Arm nehmen. Sie glaubten alles. Ihre skeptischen Mienen dienten nur dem Selbstgefühl, denn sie wollten alle ungeheuer klug sein. Deshalb war es hier auch eine große Beleidigung, an die Stirn zu tippen. Am festesten glaubten die Deutschen an ihre eigenen Märchen über die Türkei. Als Selim mit Vampirismet und einem einheimischen Fräser zusammensaß, fing der von den Frauen in der Türkei an. »Er meint«, übersetzte Ismet, »daß bei uns die Ehefrauen niemals neben ihrem Mann gehen. Er sagt, das sei keine gute Partnerschaft.« Selim genoß es, daß beide auf seine Antwort warten mußten, er runzelte die Stirn und tat so, als müsse er angestrengt nachdenken. Schließlich sagte er: »Wegen der Bürgersteige! Bei uns sind sie nur vierzig Zentimeter breit, sag ihm das! Eine alte osmanische Vorschrift.« Ismet übersetzte. Der Deutsche fragte wieder etwas.

»Jetzt will er wissen, welchen Zweck diese Vorschrift hat.«

»Die Straße muß breit genug bleiben für die Esel!«

Das taten Selim und Vampirismet abends am liebsten:

sitzen, Bier trinken und andere Leute aufziehen. Vampirismet war fromm und log deshalb nur mit einem überdeut-
lichen Augenzwinkern. Selim ging weiter: er wollte herausfinden, ob ihm geglaubt wurde.

»Das Lügen hat mich gerettet«, sagte er eines Abends
beim Heimgehen. Nach dem Tod seines Vaters sei er in die
Obhut eines fanatisch frommen, fürchterlich strengen Onkels nach Muğla gekommen: »Er trug eine Schirmmütze,
aber mit dem Schirm nach hinten, weil er ständig beten und
die Stirn auf den Boden drücken mußte. Für den gab es
immer nur die reine Wahrheit, er bestand daraus, sie floß in
seinen Adern. So einen kann man doch nur anlügen.«

44.

Mesut machte einen ganz gebrochenen Eindruck. Die anderen fragten ihn nach dem Grund, und die Geschichte machte
schnell die Runde. Endlich konnte er sicher sein, daß alle auf
seiner Seite waren – da war keiner, der nicht wenigstens
Mitleid mit ihm aufbrachte. Dörte hatte Mesut wissen lassen, sie erwarte ein Kind. Für ihn war klar, daß er der Vater
war, aber sie stritt das einfach ab. Er brauche sich um nichts
zu kümmern, sagte sie. Und: sie werde ihren Mann nicht
verlassen.

Mesut sprach von Betrug und Kindesraub, und die anderen sahen es auch so. Einer bot sogar an, beim Raub des
Sohnes zu helfen, wenn er einmal da war. Sohn? Selim lachte
nur: »Alle wollen Söhne, ich nicht! Töchter sind lieb, Söhne
dagegen entweder so wie ich oder wie mein Bruder, der
Polizist. Man hat nur Ärger mit ihnen. Ich möchte Töchter
haben!«

Viel tun konnte Mesut nicht. Er schrie Dörte nur einmal
auf offener Straße so lange an, bis überall Leute an den
Fenstern waren.

Für das ganze Wohnheim war er der vom Schicksal hart Geschlagene, dem sein Kind vorenthalten werden sollte. Nur Niyazi hegte die Vermutung, daß die Sache anders lag, aber er sagte nichts darüber. Ein Schäfer redete nicht viel, ließ sich Zeit und sah genau hin. Er wollte abwarten, ob da überhaupt ein Kind kam und wie es aussah.

45.

Eines Herbstmorgens überlegte Selim verblüfft, wo sein Geld blieb. Micky-Maus-Hefte, Straßenbahn, Wäscherei? Oder war es die Körperpflege? Ein Stück Seife kostete fünfzig Pfennige, Zahnpasta sechzig, das konnte es nicht sein. Fürs Haareschneiden verlangte Ömer einen Freundschaftspreis von fünfzig, das machte keine acht Mark im Jahr, und es waren erst neun Monate herum. Selim kam dahinter, daß er die Einladungen anderer zu hoch und seine eigenen Lokalrunden bei weitem zu niedrig veranschlagt hatte – er lud seine Freunde zu oft ein. Bei Mevlut hatte er Schulden von über zweihundert Mark. Nur gut, daß dieser Pessimist war und nicht damit rechnete, sein Geld je zurückzubekommen.

Jetzt mußte Selim zur Arbeit. Wenigstens heute kein Regen! Ein Wetter mit hohen Wolkentürmen, und der Wind zerrte an den vor dem Fenster aufgehängten Socken und Hemden. Wenn man nur einmal wieder am richtigen Meer sein könnte – dem von zu Hause!

Sie arbeiteten zur Zeit an einem alten Bäderdampfer, dessen Maschine ausgetauscht werden mußte. Teil für Teil wurde sie auseinandergenommen und mühevoll an die Oberfläche transportiert. Mit der neuen Maschine ging es genauso, nur in umgekehrter Richtung.

Als sie an der Uhr warteten, packte Selim Zeki am Arm. »Ich weiß, was man machen könnte: den ganzen Schornstein abnehmen, einen Schacht in das Schiff hineinbrennen von oben, und dann den Schrott mit dem Kran heraufholen – sag ihnen das!« Einiges mußte er wiederholen. Als Zeki alles verstanden hatte, lächelte er milde.

»Die haben sich das bestimmt überlegt.«

»Und wenn es ihnen noch nicht eingefallen ist? Um Millionär zu werden, muß man Sachen denken können, die ganz einfach und ganz unwahrscheinlich sind!«

Zeki schüttelte nur den Kopf.

46.

Am achtzehnten September fuhr Alexander in den Wochenendurlaub. Bis er im Zug saß, drückten ihm vier Parteiwerber ihre Blätter zur Bundestagswahl in die Hand. Aber da er ohnehin noch nicht wählen durfte, außerdem alle Wahlkampfparolen kindisch fand, warf er die Zettel in den nächsten Abfallkorb. Besser paßte zu seiner Situation das private Flugblatt einer wunderlichen alten Dame mit Haarknoten, die eines Nachts das »WUNDER DES ZIVIL« erlebt haben wollte. Es bestand aus einem längeren Satz über Liebe, Vergebung und die Abschaffung aller Gesetze, der ihr im Schlaf eingegeben worden war. Sie hatte ihn zuständigkeitshalber an Adenauer, De Gaulle, Chruschtschow und Mao Tse Tung weitergeleitet. Daraufhin sei es, so vermerkte sie im Flugblatt, umgehend zu einem Atombomben-Teststopp gekommen.

Während er zusah, wie sich neben der Strecke die Morgennebel lichteten, stellte Alexander sich seine eigenen Wunder des Zivil vor: etwa, in einer Wiese auf dem Bauch zu liegen, ohne die Hacken an den Boden zu pressen. In einer sonnigen Wiese liegen und ein Buch lesen. Nur so als Traum.

Er hatte nichts gegen die Bundeswehr, sie konnte ein Sprungbrett sein. Es schien ihm nicht unmöglich, daß er eines Tages Verteidigungsminister und etwas später NATO-

Generalsekretär werden würde. Obwohl er zum Zaudern und Herumprobieren neigte. Aber vielleicht war das eines Tages die größte Stärke: wer daran gewöhnt war, verwirrt zu sein, der konnte ganz besonders wirre Situationen aushalten, ohne die Nerven zu verlieren. Doch, er war klug, er wußte es. Sagen durfte er das natürlich niemandem. »Ich bin intelligent« – der Satz klang dumm. Aber wichtig war, ob er stimmte. War ein Kluger klug, wenn er diese Eigenschaft leugnete? Es gehörte schließlich zur Klugheit, daß sie mit sich selbst rechnete. Erst dann konnte sie sich auswirken und in Mut umschlagen und, wo nötig, Beschränktere in Schranken halten.

Alexander war von sich und der Welt berauscht, nichts konnte ihn aufhalten – wie immer beim Zugfahren.

Erst gegen Mitternacht war er zu Hause. Mama schlief schon, der Schlüssel lag im Holzschuh am Kellerfenster.

47.

Beim Schweißen beging Ömer einen Anfängerfehler: er riß die an der Naht festklebende Elektrode ab, ohne sich den Schutzspiegel vorzuhalten. Der im Augenblick des Abreißens entstehende Lichtbogen verblitzte ihm die Augen. Trotz Augentropfen und Borsalbe wurden nachts die Schmerzen immer quälender, es war wie kratzender Sand unter den Lidern. Schlafen konnte er nicht, er hatte sogar Fieber. Und plötzlich hatte er Todesangst, obwohl alle ihm sagten, verblitzte Augen seien keine Gefahr. Es war mehr eine seelische Sache. »Ich kann doch hier nicht sterben, so weit weg!« sagte er und weinte, wodurch die Augenschmerzen nicht besser wurden.

Selim saß an seinem Bett und erzählte ihm seine Idee für die Entschrottung des Bäderdampfers durch den Schornstein. Ömer hörte auf zu weinen, weil es ihn technisch interessierte. »Schnapsidee!« sagte er und fing an, sich zu beruhigen.

Auch Vampirismet ging es schlecht. Er hustete seit Wochen, und wenn man genau zurückdachte, seit Monaten. Er grinste vampirisch und machte noch mehr Witze als vorher. Aber eines Tages fiel er in der Montagehalle um und war bewußtlos. Als er wieder zu sich kam, schaute er belustigt und verständnislos auf die große, runde Ventilatoröffnung fünfzehn Meter über ihm und hielt sie für den Abfluß einer Dusche. Er dachte also, er blicke nach unten statt nach oben. Als er das erzählte, beschlossen alle, darüber herzlich mitzulachen. Auf Selims Frage gab er zu, daß er sogar das Wasser hatte rauschen hören. »Das kenne ich!« sagte Selim. »Ich war auch schon mal bewußtlos.« Er erzählte, wie er auf dem Schulhof in Muğla zum ersten Mal einen Doppelnelson ansetzte und sein Gegner, weil er sich aufbäumte, ihn mit dem Hinterkopf gegen die Hofmauer... O ja, da fiel auch allen anderen ein, wie sie einmal ohnmächtig geworden seien. Alles ganz normal. Besonders bei der schlechten Luft hier. Manchmal reine Kreislaufsache! Insgeheim machten sie sich Sorgen.

»Ob das vom Asbest kommt? Er war lange beim Innenausbau.«

»Unsinn, das wirkt erst nach Jahrzehnten. Damit sind heute die dran, die damals die Schiffe für den Krieg gebaut haben.«

Einer der Deutschen sagte: »Der war kräftiger, als er hierherkam, jetzt ist er mager wie ein Klepper. Der sollte schleunigst mal zum Arzt!« Er verfocht diesen Rat so hartnäckig, daß er befolgt wurde.

Ismet war seit 1961 da. Aber in vier Jahren wurde man doch nicht krank?

Der Deutsche hieß Herbert und hatte offenbar Augen im Kopf. Er war später außer den Türken und Gewerkschaftsvertretern der einzige, der Ismet im Krankenhaus besuchte.

48

Wenn Mesut ein Schäferhund war, dann wurde er jetzt tük-
kisch und bissig. Niemand konnte ihn mehr leiden. Selim sah
es ohne Schadenfreude. Nicht, daß er ihn plötzlich liebte,
aber diesen Zustand mochte er nicht bei Leuten, mit denen er
täglich zu tun hatte.

Er überredet Mesut zu einem gemeinsamen Besuch bei
Vampirismet. Der lag im Hospital mit mehreren alten Männern im Zimmer, zu denen er »Opa« und »Onkel« sagen
durfte – nur zu einem nicht. Der hatte sich gleich darüber
beschwert, das Waschbecken mit einem »Orientalen« teilen
zu müssen. Seitdem war es nicht mehr langweilig, denn die
anderen waren eher auf Ismets Seite. Einer der guten Onkel
hatte gesagt: »Wenn er sich wäscht, ist es falsch, und wenn
nicht, auch. Was soll er eigentlich tun?« Der Böse empfahl nun
ein separates Zimmer für Ausländer, worauf die anderen mit
ihm böse waren. Der Opa, der am Tropf hing, ein ehemaliger
Gewerkschaftler, verlangte ein Separatzimmer für Nazis.

Vampirismet amüsierte sich nur darüber. Es ging ihm
offenbar besser, er nahm die Sache als Erholungspause. »Sie
werden gar nicht operieren«, sagte er. »Und wenn schon!«
sagte Selim und erzählte eine Geschichte, die gut ausging: wie
sein von ihm operierter und wieder gesunder Minorca-Hahn
im Männercafé einen berühmten professionellen Kampfhahn
herausgefordert und besiegt habe. »Mich untersuchen sie
nur«, sagte Ismet, »die Deutschen müssen immer ganz gründlich sein, sonst kommen sie durcheinander.«

Dann kriegten sie seinen Autoschlüssel, und Mesut fuhr
durch den Sonntagsverkehr nach Holtenau. Er raste wie ein
Rallyefahrer und sprach dabei zornig über seine Situation
oder das, was er dafür hielt. Es war ein Wunder, daß nichts
passierte.

An der Schleuse setzten sie sich auf zwei gußeiserne Fest-
macher, »Molenväter«, wie man sie in der Türkei nennt,
und blickten auf den Kanal hinaus.

Mesut sagte: »Sie wollte ein dunkles Kind. Hat sie selbst gesagt. Ich bin eine Art Zuchtbulle für sie gewesen.« Sie schwiegen eine Weile und rauchten. Selim bemerkte wieder Mesuts Art, mit Zündhölzern umzugehen. Dreimal ermordete er die Zündholzschachtel, bevor eine Flamme entstand.

»Die Frauen hier haben nichts im Sinn, als Männer hereinzulegen«, sagte Mesut, »das ist das einzige, wofür sie uns brauchen!« Selim ahnte, daß Mesut die Sache mit Dörte im Grunde nicht weh tat. Es mußte mehr eine allgemeine Enttäuschung sein. Vorsichtig begann er, auf alles mögliche andere zu schimpfen. Es war ein Versuch, ins Gespräch zu kommen. Als er merkte, daß Mesut gern zuhörte, stand er auf und hob die Stimme.

»Die ewige Pünktlichkeit! Du darfst ungeschickt und faul sein, klauen, dumm sein wie die Nacht oder stinken wie ein Ochse, wenn du nur alles pünktlich tust. Und die ewig langen Schweißnähte habe ich auch satt, das blaue Geflacker und Geblitze den ganzen Tag, dafür hat mich meine Mutter nicht geboren. In der Lehre habe ich etwas Besseres gelernt als diese sture Arbeit!«

Selim hielt inne und wartete, damit Mesut mit einstimmen konnte.

»Du mußt erstmal verstehen, was sie reden«, sagte Mesut halblaut und sah aufs Meer hinaus.

»Weiß ich doch, Beleidigungen. ›Unter uns sind die Gastarbeiter‹ hat der Direktor gesagt. Stell dir vor, unter ihnen sollen wir sein! Oder wenn sie sagen: ›Er ist schließlich ein Mensch‹ – soviel Deutsch kann ich auch schon! ›Schließlich‹ heißt am Ende. Wir sind die Letzten für sie!«

Selim wußte, daß seine Übersetzungen nicht ganz richtig waren. Es sollte mehr eine Probe sein, ob Mesut zustimmte oder nicht. Mesut nickte nur düster. Vielleicht war es Höflichkeit, und er wollte ihn ausnahmsweise nicht belehren. Oder aber, was wahrscheinlicher war: er brauchte jetzt eine Gemeinsamkeit, gleichgültig, wie sie entstand. Er fing nun auch an und erwähnte die triste Möblierung des Wohnheims, die widerwärtigen Toiletten, die ungerechten Urlaubsregelungen, den ewigen Papierkram. Es dauerte eine Weile, bis sie alles aufgezählt hatten. Drei oder vier Fischdampfer zogen während dieser Zeit auf dem Kanal vorbei. Sie sprachen über den von Kränen verbarrikadierten Himmel, über das zerkochte Essen, über das bevorstehende »neue System«. An die Stelle des bisherigen Akkords sollten Zeit-, Güte- und Nutzungsprämien treten.

»Wo ich mir gerade gemerkt habe ›Akkord ist Mord‹«, sagte Selim, »aber vielleicht ist das Neue gerechter.«

»Du bist naiv«, antwortete Mesut, und seine Laune wurde besser, »das machen sie nur, um uns noch besser bescheißen zu können.«

Dann fuhren sie um die Förde herum und scharrten am Strand von Laböe den Sand mit den Füßen.

»Wir sind aber auch keine normalen Türken«, meinte Selim.

»Normale gibt es gar nicht. Du meinst ›Durchschnitt‹.«

»Keine zum Vorzeigen, keine Bilderbuchtürken!«

»Jedenfalls haben wir höhere Ansprüche!«

Mesut hatte die ihm gebotene Bruderhand jetzt fest ergriffen. »Anpassung!« fuhr er fort. »Wir sollen uns anpassen! Davon war vorher nicht die Rede. Wenn man mich in Istanbul gefragt hätte, ob ich mich den Deutschen anpassen wolle, ich wäre nicht gekommen. Aber man hat uns ja nur in den Hintern und ins Gebiß gesehen, mehr wollten sie nicht wissen!« Mesuts Augen blitzten auf.

Über die anderen Türken waren sie sich einig: »Die lassen sich viel zuviel gefallen, besonders die aus Konya, Mersin und Adana!« Mesut fand eher, die aus Istanbul, Bursa und Izmir. Sie stimmten aber darin überein, daß die Leute aus Diyarbakır, Kayseri und Erzurum sich ebenfalls ziemlich viel bieten ließen. Am Ende blieben nur die Kollegen aus Muğla und Ankara ungeschoren, das war das gebotene Minimum gegenseitiger Höflichkeit.

Mesut sagte unvermittelt: »Du hattest wenigstens Glück

mit deinem Vater!« Er sah auf das Ehrenmal der deutschen Kriegsmarine hinüber, welches asymmetrisch war und sich vorsorglich schon gegen Stürme stemmte, die vom Meer her kommen konnten. Ehrenmäler durften schließlich nicht umfallen.

»Als ich sieben war«, sagte Selim, »ist die Fähre mit meinen Eltern gekentert. Mein Vater ertrank, meine Mutter wurde verrückt, wirklich verrückt. Sie starb zwölf Jahre später in einer geschlossenen Anstalt. Manchmal durfte ich sie noch besuchen.«

»Verrückt werde ich jedenfalls nicht«, meinte Mesut.

»Ich gehe auch nicht kaputt«, sagte Selim, »es ist eine Sache von Kraft und Schwung.«

»Nein, von Kaltblütigkeit und Härte«, sagte Mesut und blickte hart aufs Meer hinaus.

»Ich will mehr von der Welt sehen«, fuhr Selim fort, »ich werde Seemann und gehe auf einen Fischdampfer! Mit Seeleuten kommt man klar, die sind zwar hart, aber dafür international. Machst du mit?«

Selim redete sich in Eifer. Nach kurzer Zeit wurde bei ihm aus einem einfachen Matrosen ein Kenner der Weltmeere und des Handels, eine Vorstufe zu Onassis. Mesut dachte nach. Dann nickte er knapp und entschlossen wie ein General, der dem Drängen seiner Offiziere nachgab und den Angriff befahl.

»Abgemacht!«

Zurück zum Wohnheim fuhr er so, als sollte das Auto noch kränker werden als sein Besitzer. Diesmal tat er es nicht aus Wut, sondern weil er wieder unbesiegbar und voll neuer Hoffnung war. Daß Mesut einmal aus irgendeinem Grund das Rasen bleibenlassen würde, war nicht zu erwarten. Selim hielt sich mit beiden Händen fest und dachte sich sein Teil über gekränkte Schäferhunde und verrückte Leichtathleten aus Ankara. Vielleicht waren es die Anfänge einer gefährlichen Krankheit, er hatte tiefes Mitleid.

49

November. In der Bäckerei Widuwilt gab es wieder ein Gespräch, an dem sich alle beteiligten. »Und auf einmal wird es Winter!«

»Zeitig diesmal!«

»Die letzten Tomaten kann ich wegwerfen!«

»Mit dem Wetter ist etwas nicht in Ordnung. Das hat es früher nicht gegeben.«

»Die Atomtests machen das Klima kaputt. Immerhin passiert es jetzt nur noch heimlich.«

Die Kunden, die auf die frischen Käsestangen warteten, begannen sich ein wenig zu streiten. Es ging um die Mondphotographien der Amerikaner und die Weltraumspaziergänge der Russen, und ob das alles die Mühe lohnte. Der Kunde im Gummimantel meinte ja. Dann kam schon das Gebäck.

Dörte dachte an das Kind, das im Kommen war, das »dunkle«. Sie freute sich darauf. Weg wollte sie immer noch, aber es fehlte ihr, wie so oft, an Mut. Ihre Träume waren immer nur halb, deshalb konnten sie nicht wahr werden. Dafür konnte sie kaltschnäuzig sein. Ihrem Mann sagte sie, das Kind sei von ihm. Als er es nicht glaubte und dafür seine Gründe hatte, sagte sie ihm fast höhnisch die Wahrheit. Kein Mensch würde etwas daran finden, außer man stoße ihn mit der Nase darauf. Der Bäcker klagte, soff und schimpfte, um schließlich zu akzeptieren. Was er dazu meinte, war ihr egal. Das Kind mußte als seines gelten. Abtreiben wollte sie auf keinen Fall, und Scheidung kam wieder ihm nicht in den Sinn, denn er brauchte sie dringend im Laden. Eines verlangte er von ihr unter Drohungen: daß sie sich nie mehr mit den »Kanakern« einlassen sollte. Sie lachte ihn aus.

Aber diesem Mesut wollte sie wirklich aus dem Wege gehen, er versuchte ihr Angst zu machen. Er hatte ihr gedroht und Wörter wie »Vaterrecht«, »Öffentliches Interesse« und »Scheißweib« gesagt – nur das letzte war ihr geläufig. Bei dem mußte man aufpassen, der hatte womöglich studiert.

Sonst, fand man im Bäckerladen, waren die Türken erträglich. Sie brachten ja auch Leben ins Geschäft, selbst wenn sich mal ein Kunde beschwerte. Der Umsatz war deutlich gestiegen.

»Es sind schließlich auch Menschen«, sagte Dörte zu Elfriede, als sie die Kasse abrechnete, »ich verstehe bloß nicht, warum sie immer nur Weißbrot kaufen.«

50.

Dezember. Man fing an, die Bilanz dieses Jahres zu ziehen. Das häufigste Ergebnis war: lauter wichtige Schritte, aber nichts Entscheidendes erreicht.

Mesut und Selim hatten sich gehaßt und wieder vertragen. Sie glaubten einander jetzt gut zu kennen und machten gemeinsame Pläne, von denen sie sich mehr Selbständigkeit erhofften. Insgesamt ging es jedem der Türken weniger glänzend, als er sich vor der Reise nach Deutschland hatte träumen lassen.

Gisela, das Mädchen aus Frechen, lebte mit dem Jungfilmer Olaf in München. Nachdem der Kulturfilm über die Gegenwart des Mittelalters ein Prädikat bekommen hatte, wollte er einen »sozialkritischen, aber dabei unheimlich erotischen« Film drehen, in welchem sie nackt aus einem Chinchilla-Mantel steigen sollte. Er fuhr jetzt ein sehr weißes Auto mit dem Namen »Die Linie der Vernunft« und zog dazu Lederhandschuhe an. Der Zwanzigstundenfilm sollte innerhalb von mindestens zwanzig Jahren gedreht werden, damit, wie er sagte, »die Schauspieler auf natürliche Weise altern« könnten. Von dieser Idee war er immer mehr gefangen; er wollte nicht Filme drehen, sondern »das Leben, vor allem, daß es so lang ist«. Das hierfür nötige Geld fehlte aber noch. Die Linie der Vernunft gebot Kurzfilme.

Daß Gisela eine vielbeschäftigte Schauspielerin werden würde, war unwahrscheinlich, schon weil sie zu oft fragte: »Was für eine Geschichte willst du eigentlich erzählen?« Wichtiger war ihr, in München das Abitur zu machen. Bis in den Sommer des nächsten Jahres sollte sie damit beschäftigt sein.

Geneviève, die Skiläuferin aus dem Val des Bagnes über Martigny, hatte im Kloster nun doch Probleme mit Gehorsamspflicht und Großem Stillschweigen. Das Fatale war, daß ihr zu jeder Situation, zu jedem gelesenen oder gedachten Satz etwas Mitteilenswertes einfiel. Im Leben außerhalb des Klosters hätte man das getrost als eine Gnade Gottes ansehen können. Jetzt betete sie um die Gnade, diesen Anfechtungen zu widerstehen.

Nur einer war mit sich zufrieden: Alexander, der ab Januar auf die Heeresoffiziersschule gehen sollte. Im Unteroffizierslehrgang waren ihm noch weitere Lehrproben gelungen. Er hatte mit einem Referat über den Auftrag der NATO Beachtung gefunden, ein ermutigendes Erlebnis, denn er hatte Unsinn geredet. Einen schneidigen Schlußsatz hatte er vorbereitet: »Nur westliche Rüstung schafft Verhandlungsbereitschaft des Ostens, nur unsere Verteidigungsbereitschaft kann bei den Sowjets ein Umdenken herbeiführen.« Prompt hatte er diese beiden »Bereitschaften« miteinander vertauscht, aber niemand hatte es bemerkt. Nur er selbst, der es nicht lassen konnte, seinen Worten hinterherzuhorchen, hielt den Satz plötzlich für ebenso denkbar wie den gelernten. Statt nun wie üblich steckenzubleiben, lächelte er, wiederholte seinen Versprecher und fragte das Auditorium, ob etwas daran auszusetzen sei. Der Hauptmann fand das gewagt, der Oberst brillant.

Inzwischen war er eine Art Aushängeschild: ein gesuchter Referent und Diskussionspartner, ein Vorzeigebürger in Uniform. Sein Gehirn produzierte sehr viel mehr Mitteilbares, seit er wußte, daß auch mit Irrtümern Staat gemacht werden konnte. Er hatte keine Angst mehr, und seine Zukunft als Soldat mit zivilem Kopf war klar vorgezeichnet. Nagel sagte: »Du hast deine Ansprüche verkleinert, weg von Platon – gleich geht es besser!«

Ein wichtiges Jahr für viele, schon wegen der Wahlen. In der Türkei siegte die Gerechtigkeitspartei am zehnten Oktober. Für die deutschen Wahlkämpfe rüstete sich die rechtsradikale NPD, sie bekam in der Bundestagswahl zwei Prozent, und das erschreckte – so las man es in den Zeitungen – die übrigen achtundneunzig. Sonst hatte sich nicht viel geändert: der SPD gelang es wider Erwarten nicht, die Regierung Erhard abzulösen. Das lag nach Meinung ganz junger und ganz alter SPD-Mitglieder daran, daß man ihre Wahlkampfparolen von denen der CDU nicht hatte unterscheiden können.

In der Bundesrepublik wohnten und arbeiteten jetzt etwa hundertfünfzigtausend Türken. Sie interessierten sich für die deutschen Wahlen fast ebensowenig wie die Deutschen für die türkischen. Man lebte noch in zwei verschiedenen Erdteilen, Europa und Asien. Man wollte das beibehalten. Es wirkte irgendwie beruhigend.

13. September 1980

Selim wird nach Berlin verlegt. Wann, erfährt er am Tag der Abfahrt.

Ich habe mich als »Vollzugshelfer« beworben, damit ich ihn oft besuchen kann. Dafür muß offenbar überall, wo ich jemals gemeldet war, meine Unbescholtenheit geprüft werden. Das kann dauern.

In einem Lokal am Kurfürstendamm sehe ich im Hinterzimmer Mesut sitzen. Erst will er mich nicht erkennen, später kommt er an meinen Tisch, bleibt aber stehen. Schämt er sich? In der Türkei, sagt er, habe das Militär die Regierung

*übernommen, Ausnahmezustand. Er sagt nichts dazu. Auch
zum Thema Selim steuert er nur Kopfschütteln und Nicken
bei. Es ist unklar, ob ihm der Fall nahegeht. Verlegenes,
vorsichtiges Höflichkeitsgespräch.*

14. September 1980
*Wo habe ich gelesen: »Erzählen dient dem Vergessen«? Das
Gegenteil klingt wahrscheinlicher. Aber wenn ich an alte
Soldaten und andere denke, die ich habe erzählen hören, bin
ich nicht mehr sicher. Es gibt ein Erzählen, das ist Verrat an
der Jugend, den Leiden, dem Anspruch, mit dem einer begann. Bittere Anfänge werden putzige Vergangenheit, Erniedrigungen werden Anekdoten.*

17. September 1980
*Auf der Post hängen die Fahndungsphotos der Terroristen.
Das von Doris, der Mutter von Selims Sohn Haluk, ist im-
mer noch da, aber schon seit einem Jahr durchgestrichen. –
Auf dem Nachhauseweg lese ich, daß sie gerade zusammen
mit anderen Häftlingen in einen Hungerstreik getreten ist.*

Fünftes Kapitel

Fischdampfer

51.

Es war nicht einfach, sich aus dem Vertrag mit der Werft vorzeitig herauszuwinden. Selim fiel es leichter: er war oft genug unpünktlich gewesen. Mesut befolgte schleunigst ein ähnliches Rezept, er arbeitete so schlecht wie möglich. Einige Zeit später löschte die Firma auch seinen Vertrag »im beiderseitigen Einvernehmen«. Sie sollten nun Bahnbilletts nach Istanbul bekommen, aber da waren sie vorsichtig: wer eine Fahrkarte annahm, mußte wirklich das Land verlassen. Das jedenfalls hatten sie gehört. »Wir wollen keine Fahrkarte«, sagten sie dem Dolmetscher, »nur Urlaub machen«, und das Geld hätten sie gespart.

Abends saßen sie in den Kneipen der Hochseefischer und versuchten, für Bier und Schnaps guten Rat einzukaufen. Rat und Schulterklopfen gab es sofort. Hilfe bot erst spät einer an, ein Blonder namens Udo. Aber dem mißtraute Mesut: er habe ein falsches Lächeln und saufe von allen am meisten. Was stimmte. Der wirkliche Grund der Skepsis war, daß nicht er, sondern Selim den Mann kennengelernt hatte – Udo war Ringer gewesen. Daß die Dickhälse in der ganzen Welt zusammenhielten, ging Mesut auf die Nerven, auch wenn es ihm einmal selbst zugute kam.

Mesut hatte noch nie ein fertiggebautes Schiff betreten, und Selims längste Seereise war eine einstündige Fahrt von Istanbul nach Büyük Ada gewesen. Sonst kannte er nur, was auf kleinen Fischerbooten an der türkischen Südküste vor sich ging. »Keine Sorge«, sagte er zu Mesut, »über Seefahrt weiß ich fast alles, sie ist einfach! Du hast es ja nur mit dem Schiff selbst zu tun. Über das Meer braucht man als Matrose nichts zu wissen. Aber wenn du mich etwas fragst, erkläre ich es dir gern.« Um zehn Uhr vormittags sollten sie sich im Fischereihafen in einer Kneipe einfinden und Udo treffen, der sich für sie im Büro der Fischfangfirma einsetzen wollte. Um zwanzig nach elf saßen sie immer noch dort. Aus der Musikbox krähte Heintje, und Mesut zerbröselte langsam einen Bierdeckel.

Dann kam Udo doch, viel blonder anzusehen als in der Nacht. Im Grad der Betrunkenheit war der Unterschied geringer. Er half aber tatsächlich. Im Büro trat er großspurig auf: »Meine Freunde hier wollen wieder zur See fahren!« Das Wort »wieder« sollte eine längere Lügengeschichte über diese im Salzwind des östlichen Mittelmeeres ergrauten Fahrensleute einleiten, doch der Geschäftsführer fiel ihm ins Wort: »Das trifft sich ausgezeichnet! Für die ›Lübeck‹ haben wir erst neununddreißig, und fünfundvierzig brauchen wir.« Er telefonierte sofort mit verschiedenen Stellen, brüllte mit jemandem im Gesundheitsamt, umwarb mit sanfter Stimme einen in der Seefahrtsbehörde. Zwei immer wiederkehrende, beschwörende Wendungen waren »wir laufen aus« und »beim besten Willen!«. Dann brachte Udo die beiden zum Gesundheits- und schließlich zum Seemannsamt, das eigentlich schon geschlossen hatte – sie klopften in einem telefonisch vereinbarten Rhythmus an eine Bürotür.

»Maschine oder Deck?« fragte der Beamte.

Mesut verließ sich auf Selims seemännische Kenntnisse. Der aber kannte von den drei Wörtern nur »Maschine«. Eines wußte er: wer mit der Maschine zu tun hatte, wurde nur in den seltensten Fällen Kapitän. Also sagte er »Deck«. Auf dem Wege zum größten Reeder der Welt war das eine mögliche Zwischenstation.

Noch einmal drei Mark fünfzig Gebühren – das Gesundheitszeugnis hatte schon fünfzehn Mark verschlungen, ohne daß ihre Gesundheit ernstlich angezweifelt oder gar überprüft worden wäre. Objektiv erwiesen war nur eines: sie waren endgültig pleite. Aber in den Händen hatten sie nagelneue Seefahrtsbücher, in denen das schöne Wort »Matrose« leuchtete, unterschrieben von einem gewissen Schappy oder Schatting, einem Menschen mit Weitblick und Courage, so viel war sicher, und das ohne Schmiergeld.

Was sie jetzt noch brauchten, waren Stiefel, Ölzeug und Decken, die bekamen sie von der Firma auf Vorschuß. Der Mann im Büro lieh ihnen sogar ohne weiteres fünfzig Mark. Wer hatte behauptet, die Deutschen wären nicht in Ordnung? »Morgen früh um sechs«, sagte er und beschrieb ihnen den Liegeplatz. »Wenn ihr zurückkommt, bringt ihr vierhundert Tonnen Kabeljau mit! Klar?«

»Klar!« riefen die Türken.

Dann verabschiedeten sie sich von den Freunden im Wohnheim. Mevlut nannte sie »Abenteurer«. Ömer dagegen wollte am liebsten mitgehen. Zeki sagte: »Ihr kommt wieder!« Er zeigte ihnen ein Foto von seiner kleinen Tochter Ayşe in Mersin. Zu ihrem siebten Geburtstag hatte er ihr ein Kleidchen, Schuhe und Buntstifte geschickt. Alle fanden die Kleine unglaublich hübsch. Die Lobesworte mußten wiederholt werden, weil Zeki wirklich nicht gut hörte – bei dieser Gelegenheit merkte man es wieder sehr. Verdammte Drehbank. Aber warum trug er auch niemals Ohrenschützer? Vielleicht bekam Ayşe eine wunderschöne Stimme und sang wie ein Vogel. Und dann würde er nur traurig sein. Armer Zeki.

52.

Das waren die Bücher, die er brauchte; sie gaben Hoffnung und Argumente. Alexander las, wann immer er konnte, in Fritz Baades »Welternährungswirtschaft«. Das Taschenbuch war sogar beim Nachtmarsch dabei und wurde etwas durchgeknetet.

Wieder ein Grund, reden zu lernen: damit man andere

davon überzeugen konnte, daß sie sich keine Sorgen machen sollten.

Für alle war genug Nahrung da, man mußte bloß in der richtigen Weise pflanzen, düngen und wirtschaften – und die Politiker davon abhalten, einen bei der Arbeit zu stören. Es gab überhaupt von allem genug auf der Erde, die Menschheit wuchs langsamer als ihre Versorgung. Wenn keine Fehler gemacht wurden, konnten mehr Menschen ernährt werden, als jemals lebendig vorhanden sein würden. Kriege um Nahrung und Rohstoffe waren also unnötig. Demnächst würde man sogar die Atomenergie haben, dann gab es niemand mehr, der arm sein mußte. Alles eine Sache der Verteilung.

Und das konnte der freie Markt viel besser als die Planwirtschaft. Im stillen sahen das sogar die Kommunisten längst ein, man brauchte sie also gar nicht zu verfolgen, sondern nur zu warten, bis sie ihren Irrtum zugaben.

Berauschend einfach war das. Wer es für schwieriger hielt, war Politikern auf den Leim gegangen, die von dem Motto »Die Lage war noch nie so ernst« lebten. Alexander beschloß darüber in der nächsten »aktuellen Informationsstunde« ein Referat zu halten: »Was wir verteidigen: Frieden, Demokratie und –?«

Die Antwort konnte zum Beispiel »Wohlstand für alle« heißen. Oder irgendwas mit »Zukunft«.

Alexander wollte daraus ein Musterreferat machen. Gerade von anderer Leute Thesen aus ließ sich so selbstsicher sprechen. Wo ein Fritz Baade bereits entschieden hatte, worüber zu reden sei, fiel alles leichter.

Zufrieden war er mit dem Ergebnis nicht: seine Arbeit handelte dann im Grunde nur davon, wie man über dieses Thema diskutieren solle. Das Reden über eine Sache war aber nicht die Sache selbst, da war er sicher. Also strich er alle Sätze, die nur vom Reden handelten. Aber der Vortrag widerstand, durch eine eigentümliche Solidarität seiner Sätze, jedem Versuch des Umschreibens.

Alexander stopfte mit dem Musterreferat seine Stiefel aus.

53.

Einige Matrosen mußten mit Nachdruck an Bord geschoben werden, so betrunken und widerwillig waren sie. Udo wurde von einer Frau mit verklebten Haaren begleitet, die wie seine Tochter aussah, nur etwas zu verhärmt. Für sie hatte er nicht einmal sein falsches Lächeln übrig. Er lallte einen Fluch und einen Abschied und reichte ihr ein paar zerknitterte Geldscheine lose aus der Jackentasche.

An Bord gab es lauter Zweibettkammern, nur eine einzige mit vier Betten, die vor dem Maschinenraum im Bug lag. Dorthin kamen Selim und Mesut zusammen mit einem aus Niederbayern, der von zu Hause weggerannt war, Josef. Einen Türken gab es auch: Sabahattin, einen hilfsbereiten, aber etwas nervösen kleinen Mann aus Adana, der seit vier Jahren auf Fischdampfern fuhr. Das Schiff lief verspätet aus und fuhr, nach einem winzigen Stück Meer, ganz langsam durch den »Kanal von Kaiser Wilhelm«. Stunden um Stunden ging das. Wenn man sich aufs offene Meer eingestellt hatte, mochte man keine Wiesen, Kühe und Bauernhöfe mehr sehen, es wirkte wie ein Hohn.

In einem Hafen namens Rendsburg ging etwas an der Maschine kaputt und mußte sofort repariert werden. Alle waren sehr froh, daß es hier passierte und nicht vor Grönland. Wer keine Wache hatte, saß an Land in der Kneipe. Die Musikbox dröhnte Seemannslieder, Mädchen standen herum und kicherten miteinander, das Bier kam kastenweise. Einer saß dabei, der gar nichts sagte, sondern nur mit mißtrauischer Miene vor sich hinsah, immer mit halbgeöffneten Lippen. In seinen Mundwinkeln glitzerte Speichel. Sie nannten ihn »Stalin« und hieben ihm ab und zu auf die Schulter, damit er ihnen zustimmte oder überhaupt etwas sagte, aber das ließ er bleiben. Seine Schulter mußte längst blau sein, oder sie war aus Eisenholz.

Noch nie in seinem Leben hatte Selim so viel Bier getrunken, von Mesut ganz zu schweigen. Sie wachten durch laute Geräusche wieder auf: das Schiff war unterwegs und sie in ihren Kojen. Dort lag man wie im Sarg, es gab rundherum Holzbretter, damit man nicht hinausfiel.

Als der Kanal zu Ende war, stoppte das Schiff ein letztes Mal. Ein verspäteter Seemann hatte sie zu Lande mit dem Taxi eingeholt und kam nun an Bord, ein massiger Mann mit zerrissenem Hemd und einer blutenden Wunde über dem linken Auge. Er war schwer betrunken und offenbar nicht recht fröhlich: ohne jegliche Vorrede schlug er den zweiten Steuermann so gut wie krankenhausreif. Selim betrachtete es mit Interesse vom Standpunkt des Profis: es war unglaublich, wie ein so betrunkener Mann auf einem schlingernden Schiff – inzwischen waren sie auf der Nordsee – so hart und geschickt schlagen konnte.

»Eckart geht es nicht gut heute«, sagte Alfred teilnehmend und meinte damit den Angreifer. Später erfuhren die Türken mehr: Eckart hatte innerhalb von zwei Tagen dreitausend Mark ausgegeben, wie, wußte keiner. Und der Steuermann hatte dummerweise abgelegt, ohne auf ihn zu warten.

In der Messe wurde pausenlos Musik gehört, meist abwechselnd Freddy und Heintje. Zu tun gab es noch nichts, sie mußten jetzt nur die achttägige Fahrt gegen den Sturm Richtung Grönland aushalten. Als es Selim zum ersten Mal schlecht wurde – es war in seinem Leben überhaupt das erste Mal –, da machte er zunächst die Musik dafür verantwortlich.

54

Nach vierundzwanzig Stunden Fahrt in schwerer See waren an Bord zwei Mägen ernstlich krank: der eine gehörte Selim, der andere dem Hund, einem terrierähnlichen Lebewesen. Beide behielten nichts bei sich, aber Charly war besser dran: er brauchte anschließend nicht sauberzumachen. Schlafen konnte Selim noch weniger als sonst. Er war es nicht gewohnt, von der Gewalt der See im Bett hin- und hergeschoben zu werden. Er versuchte sich am Aschenbecher an der Wand festzuhalten, aber zum Schlafen kam er so erst recht nicht. Die Mannschaft ließ ihn in Ruhe. Mesut entwickelte Mitleid und Hilfsbereitschaft, allerdings nur für den Hund. Selim gegenüber hatte er einen ironischen Unterton: er sah dessen Krankheit als Beweis dafür, daß es mit seiner Seemannschaft nicht weit her war.

»Moment!« ächzte der Kranke. »Onassis war sein ganzes Leben lang seekrank. Der brauchte ein Schiff nur von weitem zu sehen...«

Josef, den bisher niemand an Bord ernst nahm, sah eine Chance, mit guten Ratschlägen Eindruck zu machen. Er empfahl, jede Menge Schwarzbrot zu essen. »Das stopft«, sagte er, »und dadurch geht's dann auch nicht mehr oben hinaus.« Selim tat es. Der Brechreiz nahm nicht ab, das Ergebnis war nur schleimiger. Mesut lächelte dünn. Man merkte, wie stolz er auf seinen gesunden Magen war.

»Mich schafft keiner!« flüsterte Selim. Er machte Mesut klar, daß er mit zwei Jahren Keuchhusten und Masern gleichzeitig bekommen hätte, vielleicht auch Masern und Scharlach – »jedenfalls zusammen absolut tödlich! Und ich war nicht tot, sondern konnte sprechen!«

Redend und erzählend suchte er sich durch diesen Weltuntergang hindurchzuretten, mit Recht, denn noch nie hatte ihm zwischen Anfang und Ende einer Geschichte irgend etwas wehgetan. Zwischen: »Ich kannte mal einen...« und »weiß gar nicht, was aus dem geworden ist« hielt sogar sein

Magen still. Aber wenn niemand in der Nähe war, fühlte er sich elend und dem Tode nahe.

Mit unverhohlener Belustigung wurde Selim vom bösen Eckart betrachtet. »Wieviel muß man als Türke eigentlich zahlen für ein falsches Seefahrtsbuch?« Eckart fuhr seit siebzehn Jahren fast pausenlos auf Fischdampfern, und wahrscheinlich mit einem gefälschten Buch.

Selim aß nichts. Erschreckend schnell magerte er ab. Sie näherten sich Grönland, und er war so schwach wie eine Maus, mit der die Katze gespielt hat. Der Brechreiz hielt immer noch an. Eckart wurde ärgerlich. »Aufhören!« rief er. »So geht das nicht. Bald fängt die Arbeit an, und wir sind sowieso zuwenig!«

»Was soll er machen?« fragte Mesut.

»Fressen, fressen und noch mal fressen, egal wieviel er kotzen muß! Fett, Fleisch, Gemüse, Kartoffeln, soviel wie möglich von allem, aber nicht das Scheiß-Schwarzbrot!« Er boxte Selim gegen die Brust, daß er fast umfiel. »Entweder du wirst ein Fresser und kannst arbeiten, oder du gehst ein. Dann schmeißen wir dich über Bord!« Er zeigte mit dem Daumen ins Meer. Der Sinn von »über Bord« war damit klar.

Eine böse Erinnerung überkam Selim, als hätte sie sich angeschlichen. Kalt und feucht wie ein Fisch war sein Vater gewesen, das Gesicht fahlgelb wie Bienenwachs. Der Vater ertrunken, der Sohn wird Matrose – er mußte den Verstand verloren haben! Sein Leben lang hatte er Angst vor einem Schiffsunglück gehabt. Warum war er denn so leichtsinnig gewesen, auf einen Fischdampfer zu gehen? Vor Eckart fürchtete er sich nicht, aber ein Zusammenstoß, eine Explosion, ein Kentern im Sturm? Warum ging er, der nachts von Katastrophen träumte, ihnen nicht energischer aus dem Wege? Warum war er überhaupt nach Deutschland gegangen, und dann auch noch aufs Meer?

»Es gibt in der Welt zweierlei Menschen«, fuhr Eckart indessen fort, »Fresser und Tote! Mesut, erkläre ihm das!

Wieviel er kotzt, interessiert niemanden, aber fressen muß er!« Der ganze Vortrag war darauf angelegt, daß das wichtigste Wort auf ewig im Gedächtnis blieb.

Als Selim in die Messe schlich, war der Koch anderer Meinung.

»Fleisch? Gemüse? Wozu? Nachher ist alles voll, weil er's nicht bis oben schafft. Mehr als Brot kriegt der nicht!«

Eckart hörte auf zu kauen und lauschte, als habe er nicht recht verstanden. Halblaut sagte er nur: »Ach, gib doch dem Decksmann hier was zu essen, ja?« Der Koch kam wieder an den Tisch: »Eckart, der Mann ist krank. Jeder Arzt wird dir sagen...« Ein Fausthieb machte dem Satz ein Ende. »Der Arzt bin ich!«

Der Koch taumelte hinaus und kam mit einer reichlichen Portion des fettesten Essens zurück, stellte es vor Selim hin und versuchte dabei richtig nett zu sein. Selim blieb nun nichts übrig, er mußte nehmen, was Eckart für ihn erkämpft hatte. Aus purem Respekt aß er den Teller leer. Dann bezog er einen günstigen Posten an der Reling und spie ärger als je zuvor. »Gut!« brüllte Eckart gegen den Sturm an. »Und so machst du jetzt weiter!«

Die Deutschen sind Barbaren, dachte Selim. Sie wollen mich umbringen, jeder auf eine andere Art. Aber sie irren sich! Gegen Männer kann ich kämpfen, und gewonnen habe ich auch schon. Sogar gegen Bessere! Er nahm einen Gedanken zu Hilfe, der ihm gegen die schwersten Gegner geholfen hatte: »Ich darf«, sagte er sich, »den kleinen Selim nicht enttäuschen.« Der Junge, der er einmal gewesen war, mochte keine Geschichten, die schlecht ausgingen.

Er wischte sich das Gesicht und ging wieder in die Messe.

55

Vor Grönland fanden sie zwei Schwesterschiffe, die zur gleichen Firma gehörten, Hecktrawler wie die ›Lübeck‹. Die Schichten wurden eingeteilt, und den Neulingen erklärte man die wichtigsten Arbeitsvorgänge. Selim aß jetzt Unmengen und war wieder gesünder.

Er hielt Eckart nun doch für seinen Retter. Der sah es auch so und fühlte sich dafür verantwortlich, daß Selim sich weiter gut entwickelte. Zum Erstaunen der Mannschaft machte er ihm sogar eine Zeichnung des Schleppnetzes. Alfred sagte: »Ich bin ja nun schon zehn Jahre dabei, aber das hat es noch nicht gegeben, daß Eckart jemandem was erklärt.« Da brauchten sich auch andere nicht mehr zurückzuhalten: die Greenhorns aus der Bugkammer hatten ganztägig Schule. Die wichtigsten Begriffe waren offenbar englisch: »square«, »belly«, »tunnel« und »steert« zum Beispiel. Entweder hatten die Engländer die Schleppfischerei erfunden oder, wahrscheinlicher, ihre Wörter wurden wegen der Kürze bevorzugt. Deutsche Fachausdrücke waren schon in der Werft eine Plage gewesen, hier war es nicht besser. Man zerbrach sich die Zunge an den »oberen und unteren Maulleinen«, »Auftriebskugeln«, »Netzsondenkabeln«, »Schleppgewichten« und »Kurrleinen«. Das Netz mußte sich hinter dem Trawler spannen wie ein aufgerissenes Maul, vierzig Meter weit, und nach hinten verengte es sich zu einem Schlauch und mündete in einen großen Lederbeutel. Dafür, daß das Maul immer breit genug war für die vielen Fische, sorgten zwei nach außen gewinkelte Scherbretter. Die Sache war gut ausgedacht.

Nach Fischen suchten sie bei Grönland vergebens. Die Stimmung war gedrückt. Wenn sie nicht bald Kabeljau oder Goldbarsche fanden, verdienten sie weniger Geld: innerhalb von höchstens sechzig Tagen mußten sie vierhundert Tonnen gefangen haben; nur dann gab es eine Prämie von siebenhundert Mark pro Mann.

Einmal sahen sie einen Wal. »Wo Wale sind, gibt's Heringe«, sagte Alfred.

»Wir wollen aber Kabeljau fangen.«

»Wo Heringe sind, gibt's auch Kabeljau!«

Die Regel wurde durch die Ausnahme bestätigt: keine Rückenflosse weit und breit!

»Wale!« brummte Eckart verachtungsvoll. »Auf Vögel mußt du achten! Die Wale haben uns noch immer in den April geschickt!«

Zwischen den Schwesterschiffen wurde über Funk zwei Tage lang hin- und herdiskutiert, dann fuhr man weiter bis vor die Küste von Labrador.

56.

Immer noch kein Fisch, man saß herum.

Von den drei Türken konnte nur Selim kein Deutsch. Wenn er erzählen wollte, war er auf Übersetzung angewiesen. Warum Mesut mit den Deutschen reden konnte, war nicht zu ergründen. Sabahattin sagte: »Dabei sprechen sie gar nicht Deutsch, sondern Platt. Nicht mal ich verstehe es. Er muß begabt sein!« Mesut konnte sich auch zur Wehr setzen, während Selim wenig Widerspruch gelang, nicht einmal gegen die Befehle des Schiffsjungen Klaus.

Wer von jeder Anweisung die Hälfte nicht verstand, war immer damit beschäftigt, wenigstens die andere, verstandene zu befolgen. Zwar zweifelte Selim oft am Sinn einer Anordnung, aber der konnte ja in jener anderen Hälfte stecken. Erst nachträglich sah er dann klarer. Sogar Josef fing schon an, ihn zu piesacken, es mußte was geschehen.

Was Selim besser studiert hatte als die Sprache, das waren die Bewegungen des Schiffs in den Wellen – schließlich war es in den ersten Tagen wie ein Gegner gewesen.

Eines Tages war Klaus mittschiffs beim Saubermachen

und wies Selim an, Schrubber und Lappen zu schwingen. Selim hatte aber Freiwache, daher sagte er: »Deine Sache!« Klaus bedeutete ihm zornig, er habe woanders Wichtigeres zu tun. Selim tippte an die Stirn und lachte. Klaus war wie in Panik, weil sich ihm der einzige verweigerte, den er bisher hatte kommandieren können. Er schrie Selim an, nahm den Eimer mit kochendheißem Seifenwasser und wollte ihn damit begießen. Er traf daneben, aber Selim reichte es nun. Er schüttelte tadelnd den Kopf, griff zu und warf Klaus gegen die Wand der Kajüte, aus der sogleich vier Männer kamen, darunter der Koch und der dritte Steuermann. Zunächst versuchten sie Selim festzuhalten, aber sie rutschten in der Seifenlauge aus und verstanden sich auf den Seegang seltsamerweise schlechter als er. Wer die Auf- und Abwärtsbewegungen des Schiffs bewußt einplante und die Seife nicht vergaß, konnte mit Leichtigkeit vier Männer gleichzeitig umhauen. Selim tat es. Dazu wies er gutgelaunt mit dem Daumen ins Meer und sagte: »Über Bord – klar?!«

Jetzt sah er ein dickes, schiefes Gesicht in der Tür des Schlachtraums erscheinen: Eckart. Der war keinen Moment erstaunt, sondern kam heran, griff Selim und hielt ihn umklammert, was nur deshalb gelang, weil Selim es zuließ: seine Überlegenheit war zu groß, es fiel ihm nichts Neues mehr ein.

»Endlich bist du ein Seemann geworden«, sagte Eckart. »So, ab jetzt ist Ruhe! Haut ab, bevor ich ihn wieder loslasse!«

57.

Gewöhnlich übersetzte der hilfsbereite Sabahattin, wenn Selim den Deutschen etwas sagen wollte. Neuerdings konnte das anstrengend werden. Wer vier Männer gleichzeitig wegpackte, dem wurde zugehört, man wollte mehr über ihn erfahren. Schließlich hatte er damit gleich mitbewiesen, daß er es wieder tun konnte.

Selim erzählte über einen Ringkampf während der Militärzeit, bei dem er einem Gegner unfair die Luft weggedrückt hatte, weil der Kommandant zusah – ein Sonderurlaub stand auf dem Spiel. Und daß er sich danach geschämt habe wie im Leben noch nicht. Vom Familiensinn der Wildschweine in den Bergen über Palamutbükü erzählte er, von amerikanischen Filmen, türkischen Märchen, Taten der Zukunft. Nur wer erzählte, lernte die Menschen kennen. Er saß am Messetisch, überließ sich seinen Einfällen und beobachtete seine Zuhörer. Sie wollten sogar wissen, wie das gewesen war, als er zum ersten Mal einen Hahn geschlachtet hatte.

»Ich war sechs Jahre alt. Der Hahn war sehr kräftig, ein Prachtstück der Minorca-Rasse. Eigentlich sollte ich einen Mann aus dem Männercafé holen, aber dort waren nur zwei Uralte. Ich mußte es also selbst versuchen.«

Selim entzündete eine selbstgedrehte Zigarette und sorgte dafür, daß sie richtig brannte. Draußen tobte der Sturm. Wäre das Schiff ein Eisenbahnwaggon, dachte er, es würde aus den Schienen kippen. Wollen die wirklich hören, wie man einen Hahn schlachtet? »Gut, ich nahm also ein spitzes Messer und schärfte es am Stein. Wie die Sache ging, hatte ich schon gesehen: jeder Fuß muß auf einen der Flügel treten, damit der Hahn sich nicht losreißen kann. Aber ich war noch zu leicht. Kaum hatte ich zugestochen, riß das Biest sich los und rannte blutspritzend ausgerechnet ins Haus hinein und in die Küche. Es dauerte lang, bis ich ihn wieder hatte. Als der Hahn gegessen war, haben wir zwei Tage lang die Küche gestrichen!«

Während Sabahattin übersetzte, runzelte Mesut die Stirn.

»War das nicht dein Lieblingshahn, den du vorher gerettet hattest?«

»Gewesen, gewesen«, antwortete Selim. »Moment, ich muß aufpassen!«

Selim hörte gern seine eigenen Geschichten in dem fremden Deutsch: so wurden sie ihm wieder geheimnisvoll und fast interessanter als auf türkisch. Vor allem wollte er die Gesichter der Zuhörer sehen. Mancher wurde ihm jetzt erst lieb, weil er zuhörte.

Oft erzählten ihm nun auch andere, wieder auf dem Umweg über Sabahattin, der ins Schwitzen geriet, ihre eigenen Erlebnisse. Einer von ihnen war Horst. Er versuchte immer zunächst, ein ernstes Gesicht zu machen, mußte aber bereits losprusten, wenn er mit der Geschichte begann, und längst vor dem Ende übermannte ihn hilfloses Gelächter. In dieser Art berichtete er von seiner eigenen Hochzeit, von der an alles schiefgegangen war, die Ehe eingeschlossen. Über die spätere Scheidung konnte er vor Lachen nichts mehr aussagen.

Auch Sabahattin erzählte. Der hatte es nun mit dem Ernstbleiben weniger schwer, da es bei ihm stets um Schandtaten und Katastrophen ging. Weil er nicht alle in seiner Heimatstadt Adana ansiedeln wollte, schien er bald ein weitgereister Mann zu sein, der im gesamten Vorderen Orient das Schlimmste erlebt hatte. Die Leute aus Adana schätzte Selim im allgemeinen nicht, er fand, daß sie sich zu oft auf die Brust schlugen, um ihre Glaubwürdigkeit zu beteuern. Das tat Sabahattin etwa alle drei Minuten und wurde sehr wütend, wenn man ihm irgend etwas nicht glaubte. Er war damit gut zu provozieren – Mesut trieb schon bald seine Spielchen mit ihm. Selim fand das nicht richtig: der Mann kam zwar aus Adana, aber er war kein schlechter Kerl.

»Wenn man den fragt, ob er wirklich zehn Zehen hat, zieht er die Schuhe aus«, sagte Mesut. »Ein Idiot, seien wir ehrlich!«

Leider neigte Mesut dazu, jeden einen Idioten zu nennen, der außer Hörweite war. Bald hatten das alle gemerkt.

58.

Eines begann Alexander immer mehr zu stören, je mehr er darüber nachdachte: das Mimen, das So-tun-als-ob. Es war das heimliche Grundgesetz des Militärs. Üben hieß mimen. Der Gefreite übte den Unterführer-Unterricht mit Kameraden. Er mimte den Vorgesetzten, sie die Untergebenen. Selbstverständlich stimmte nichts, denn sie waren keine Rekruten, sondern ebenfalls der Beobachtung und Beurteilung unterliegende Lehrgangsteilnehmer! Im Manöver und auf dem Truppenübungsplatz: man erlebte den Krieg nur mit den eigenen Kameraden als Gegner – nichts stimmte also.

Man mimte ständig »Ernstfall« und gewöhnte sich sacht daran, daß der Ernstfall ein Teil der Ausbildung war. Wirklicher Krieg war dann nur noch eine besonders realistische Ausbildung, für die man fast dankbar sein mußte, weil in ihr endlich alles »stimmte« und weil sich die eigene Intelligenz, und die Dummheit der Vorgesetzten, nur so wirklich beweisen ließen.

Das Mimen beinhaltete, daß man nicht sagen durfte: »Wir mimen« oder »Sie mimen«. Das durfte höchstens ein Ausbilder, wenn der Rekrut schlappmachte – aber dann war auch das wieder das Gegenteil der Wahrheit, wie bei dem armen Stahn, der dann mit Kreislaufkollaps ins Revier kam.

59.

Obwohl Geneviève das Deutsche schon recht gut verstand, fehlten ihr hin und wieder wichtige Vokabeln. »Demut« gehörte dazu, auch »Eitelkeit« kannte sie nicht. Dazu mußte ihr manches Lateinische übersetzt werden: »Sileat a facie eius omnis terra« hieß: »Vor seinem Angesicht soll die ganze Welt still sein.«

Das hoffte sie durchzuhalten, an Bereitschaft fehlte es nicht. Aber es schien, als fordere sie, auch wenn sie schwieg, durch ihr Wesen andere zur Mitteilung heraus. Es gab kaum eine Mitschwester, die ihr nicht gern etwas erzählte.

Das Kloster war eine schweigsame Welt, und während des »Großen Stillschweigens« waren Tricks nötig, um sich überhaupt zu verständigen. Geneviève war beeindruckt, aber nicht beirrt. Sie war überzeugt, Liebe mit Gehorsam verbinden zu können.

60.

Sie lagen in Sichtweite vor der Küste von Labrador. Da stand der Kabeljau. Es war entsetzlich kalt, aber die See schien sich zu beruhigen.

Als man das volle Netz zum ersten Mal einhievte, staunten die Neuen über die Lawine von Fischen, die Kopf an Kopf aus dem Netz quollen, anzusehen wie ein dichter Schwarm in rasender Flucht. Udo zeigte mit der Hand: »Das ist Größe eins, das auch, das ist drei, vier. – Das hier ist ein Hering.«

Jetzt liefen auf dem Heck und in den Fabrikräumen die Bänder. Vier Mann standen mitten im Strom der Fische und schaufelten sie mit Forken aufs Band. Josef aus Niederbayern sah ängstlich zu und traute sich nicht hinunter: ihn ekelte davor, auf Fische zu treten. Tagelang konnte er sich nicht abgewöhnen, sie mit dem Fuß beiseite zu schieben und sehr langsam zu waten. Das war Unsinn, denn wo man hintrat, glitschten sie von allein beiseite. Erst als mehrere andere ihn anbrüllten und ihm Prügeln androhten, lernte er es.

Nachts schlief Selim besser, obwohl der Wind wieder stärker wurde und unterhalb seiner Koje ständig Treibeisstücke gegen den Bug knallten. Aber jetzt war er müde genug. Einmal schreckte er schwitzend hoch und versuchte aus dem Kojensarg zu fliehen. Er hatte geträumt, wie das Riesenmaul des Schleppnetzes immer größere Fische einzog und schließlich den Trawler selbst, mit Mann und Hund.

Auch Charly ging es besser. Er verbellte einen separat herumspringenden Hering und verzehrte ihn dann mit Appetit.

61.

Es gab so viel Arbeit, daß man darüber allen vergangenen Lebensärger vergessen konnte. Das tat auch Mesut, aber sein Mundwerk schuf jeden Tag neuen. Unbeliebt machte er sich etwa durch seine Art des Fragens, der man anmerkte, daß er alle Antworten zu wissen glaubte. Jedem redete er in den Job hinein, überall spürte er Fehler auf und gab bissige Kommentare dazu ab. Am Band arbeitete er zur Zufriedenheit, aber in der Messe machte er Fehler.

»Er kann die Schnauze so wenig halten wie ich«, sagte Selim zu Sabahattin, »aber leider kann er Deutsch.«

Mesuts Hauptfehler war, daß er versuchte, sich die schwere Arbeit durch eine Art von privater Agitation erträglicher zu machen. Er redete wissend über den Gewinn der Fischfirma und unmenschliche Belastungen, die nur der Einsparung von Personal und damit dem Profit dienten. Selim blieb unbeeindruckt, er sagte: »So sind die Firmen, sie machen den Profit. Ich mache die Arbeit, und die ist schwer. Also bin ich wichtiger, das genügt mir. Kaputt gehe ich sowieso nicht!«

Bei anderen hatte Mesut für eine Weile Wirkung erzielt: »Da ist was dran, wir könnten stärker sein«, hatte Udo nachdenklich gesagt, und Alfred hatte davon angefangen, wie es früher einmal auf Fischdampfern gewesen sei: »Damals waren wir noch Seeleute, keine Uhrwerke!« – es folgte eine Geschichte aus der Zeit kurz nach dem Kriege. Aber irgendwann hatten alle gemerkt, daß Mesut für das, was sie selbst beisteuern wollten, wenig Interesse aufbrachte. Er wollte anderen sagen, wie die Situation war, nicht umgekehrt, und das störte. Schon jetzt hatte er geschafft, wozu er in der Werft Monate gebraucht hatte: man mochte ihn nicht mehr. Er tat so, als habe er genau das beabsichtigt, machte ein höhnisches Gesicht und nickte: »Eine gute Erfahrung!«

Aber er wurde nervöser. Selim merkte es daran, daß er das Essen noch schneller verzehrte als sonst, hastig wie auf der Flucht. Wohin sollte er aber fliehen – der Jagdhund saß in einer Falle aus Blech und Wasser. Dennoch verdarb er es weiter mit jedem, sogar mit dem bebrillten Kapitän, der sich aus allem so gut heraushielt, daß fast niemand ihn kannte.

Als Mesut es mit Belehrungen und Sticheleien so weit gebracht hatte, daß Horst ernst wurde, aufstand und ihm eine kleben wollte, wich er hoheitsvoll zurück und sprach: »Ein Mann wie ich geht kein Risiko ein.« Für einen Moment imponierte das. Dann begann Horst zu prusten wie über eine seiner eigenen Geschichten, konnte sich vor Lachen nicht fassen und steckte alle anderen an. Damit war Mesut auf einmal ganz unten – er mußte sich sogar vor Klaus und Josef fürchten. Eine Woche lang sprach er fast nur noch mit Selim, denn Sabahattin war in einer anderen Schicht.

Er erklärte, der wahre Grund seiner Einsamkeit sei, daß er die Dinge durchschaue und höhere Ansprüche stelle als andere. »Ich brauche keine Freunde«, erklärte er Selim, dem Freund. »Und schon gar nicht versuche ich durch Schlägereien welche zu gewinnen. Ich wahre konsequent mein Niveau!«

Selim überlegte, ob das ihm galt. »Für mich kommt Schlagen ebenfalls nicht in Frage. Ich bin Ringer.«

»Ich weiß auch, wer ich bin!« schrie Mesut gegen den Sturm an. Sie standen in hohen Stiefeln am Heck und warteten darauf, das nächste Netz zu übernehmen. »Ich weiß, was zu tun ist und was nicht. Nach mir werden sie sich eines Tages richten!«

Selim blickte nur höflich seine Nase entlang.

»Bei dir ist das ja was anderes«, herrschte Mesut ihn an.

Selim war verblüfft.

»Wie meinst du das?«

»Du willst, daß sie dich lieben. Mir ist das aber egal!«

»Mir ist das auch egal«, antwortete Selim, »nach dem Mund rede ich niemand.«

»Die Wahrheit interessiert dich aber auch nicht.«

»Nur wenn ich sie machen kann«, lachte Selim.

Jetzt kam das Netz, sie packten ihre Forken und schaufelten.

62.

»Jemandem einen Anschiß verpassen« hieß, mit einem Untergebenen, der kaum einen Meter entfernt stand, so deutlich zu reden, daß in der gesamten Kaserne jedes Wort zu verstehen war.

Selbst wenn Alexander mit allem einverstanden gewesen wäre, diese Art Ansprachen lernte er weder zu halten noch angemessen entgegenzunehmen. Er beantwortete gebrüllte Fragen, auch wenn sie kaum auf Antwort abzielten. Er nickte verständig mit dem Kopf, obwohl es der strengen Definition des »Stillgestanden« zuwiderlief. Um es künftig besser zu machen, dachte er über die Funktion des Anschisses nach und kam zu dem Schluß, daß er gerade unter den Vorzeichen einer demokratischen »Inneren Führung« sehr nötig war. Man mußte den Soldaten signalisieren können, wenn Mitdenken oder gar logische Einwände vorübergehend nicht von ihnen verlangt wurden.

Ein Major des Bataillonsstabs wollte sich das Leben nehmen – warum, blieb unverständlich, zumal er ein ausgesprochener Mustersoldat war, die Nummer eins aller Lehrgänge und Sportarten. Er hielt mit seinem Privatauto am Kasernentor, stieg aus und ließ den Wachhabenden Meldung machen. Dann verlangte er dessen Pistole zur Überprüfung, sie wurde ihm mit dem Ruf »Geladen und gesichert« überreicht. Der Major entsicherte, schob sich den Lauf in den Mund und drückte ab. Der Hahn schnappte, der Schuß blieb aus. Nach dem Durchladen dasselbe. Wie man später erfuhr, war der Schlagbolzen defekt. »Unglaublich!« schrie der Major. »Das ist also die einsatzbereite Waffe eines wachhabenden Unteroffiziers!« Er verpaßte dem fassungslosen Mann einen höchst eindrucksvollen Anschiß und verabschiedete sich mit: »Das wird Folgen haben!« Dann stieg er in seinen Wagen, fuhr mit quietschenden Reifen davon und ward nie wieder gesehen.

63.

Einige Tage später schlug Mesut sich doch noch, aber ausgerechnet mit Eckart, von dem er Prügel bezog. Der Versuch schadete mehr, als er nützte.

Er kam zum ersten Mal auf den Gedanken, in die Türkei zurückzukehren. »Ich vergeude hier nur meine Kräfte, dabei braucht mich mein Land!« Er wollte sogar Selim überreden, mit ihm heimzukehren, der schüttelte nur den Kopf, versuchte ihn aber auf andere Gedanken zu bringen.

»Man müßte etwas anderes machen – der Fischdampfer bringt nur so viel Geld, daß es zum Saufen reicht. Wir brauchen etwas Eigenes, wo wir die Preise selbst bestimmen können. Wir sind doch immer die Angeschmierten, wenn wir nicht selber anschmieren!«

»Und du allein willst jetzt alle anderen anschmieren?«

»Vielleicht sogar das.«

»Und in welcher Branche sollte das sein?«

»Habe ich mir auch schon überlegt«, antwortete Selim, wurde eifrig und begann zu rauchen. »Man könnte Pelztiere züchten, Nerze zum Beispiel. Sie sind liebe Tiere und vermehren sich von selbst. Du guckst ihnen zu, streichelst sie ein bißchen und gibst ihnen ein paar Mäuse zu fressen. Nerzmäntel bringen Geld, mein Lieber!«

Mesut lächelte etwas öde, schien aber zu überlegen.

»Oder einen Wohnwagenverleih! Denk nur an all die Türken: die wohnen doch lieber im Caravan als in einer Baracke. Und wenn sie die Arbeit wechseln, sparen sie sich Wohnungssuche und Umzug!«

»Dazu braucht man Kapital«, sagte Mesut unwirsch.

»Mit Import-Export kann man auch viel verdienen«, meinte Selim, »mit einem alten kleinen Lastwagen fangen wir an, transportieren billige Sachen aus der Türkei hierher und kaufen dafür lauter Industriesachen!«

»Was sollten die hier von uns haben wollen?«

»Nüsse, Nerzfelle. Mandeln und Honig. Schwämme. Oder Wildschweinfleisch – bei uns ißt das doch kein Mensch!«

Josef war aufgewacht und beschwerte sich über ihre Lautstärke. Sie ließen sich aber nicht stören. Selim war dabei, weitere Möglichkeiten zu entwickeln.

»Natürlich kann man in der Türkei auch etwas herstellen, Kleider zum Beispiel. Die Näherei ist dort billiger. Vielleicht können wir sogar Nerzmäntel schneidern. Eine Handvoll erstklassiger Kürschner, schon läuft der Laden. Die müßten allerdings gut bezahlt werden, aber da wäre ich nicht kleinlich.«

»Wo nimmst du das Geld her?«

»Moment, erst noch das Wichtige! Was klar sein muß, ist das Ziel: am Ende des Weges muß eine private Hochseeflotte stehen! Die Kieler Werftbesitzer werden uns die Füße küssen, damit wir bei ihnen mal eine Schraube geradebiegen lassen.«

Mesut lachte so laut, daß Josef wieder unruhig wurde.

Dann schüttelte er den Kopf und schlug Selim auf die Schulter.

»Nur eines noch: Wo findet man eigentlich Nerze?«

»Überall. Die klettern auf den Bäumen herum, fressen junge Vögel, ach, so gut wie alles. Sie sind leicht zu fangen...« Selim prustete jetzt ebenfalls, weil Mesut mit dem Lachen nicht aufhören konnte. Er brachte noch heraus: »Die Falle muß engmaschig und aus starkem Draht sein.«

Als sie zu Ende gelacht hatten, versuchte Selim den Spaß noch weiterzutreiben.

»Nein, wahrscheinlich wird man in Afrika am schnellsten reich.«

»Willst du eine Söldnertruppe gründen?«

»Quatsch. Oder Moment, überlegen kostet nichts! Wir brauchen auf jeden Fall ein Flugzeug.«

»Wozu?«

»Zeki hat mir erzählt, daß man mit einem Flugzeug nach Gold suchen kann. Dazu gibt es ein bestimmtes Sichtgerät, wie ein Fernrohr, bloß mit elektronischen Wellen. Gerade erst erfunden! Du schaust von oben auf die Landschaft und siehst, wo Gold ist. Um so etwas zu kriegen, müßten wir es klauen oder einen Kredit aufnehmen. Oder wir stürzen vorher gegen Geld eine Regierung, möglichst eine, die's verdient... – also gut, du hast recht, schlafen wir lieber!«

64.

Dreißig Tage später fuhren die drei Trawler nach St. Johns in Neufundland, um, wie es hieß, Weihnachten zu feiern. Ferner mußte an der »Lübeck« und einem anderen Schiff etwas repariert werden. Mesut überlegte insgeheim, ob er ins Innere Kanadas gehen und sich einen Job bei der Uran- oder Ölförderung suchen sollte. Die anderen Türken redeten es ihm nicht aus.

Selim beobachtete die Kollegen, während sie im Schneetreiben auf die »Paris-Bar« zustrebten. Wie gingen die denn bloß? Wie losgerissene Schränke im Seegang. Dann merkte er, daß es bei ihm nicht anders war. Der feste Boden brachte jeden aus dem Gleichgewicht. Sonst war St. Johns gut auf Seeleute eingerichtet. In der Kneipe »El Tico« gab es sogar Şişkebab.

Weihnachten war ein religiöses Fest, und Selim war neugierig darauf, wie die Deutschen es feierten. Alle in der Bar waren fein angezogen, einige sogar mit Krawatte, und man schöpfte Punsch mit der Kelle. Sonst geschah nichts.

Mesut gab unerwartet großspurig eine Lage aus: »Was ihr eben so trinkt!« Es klang verächtlich, vielleicht wollte er sie nur provozieren, damit sie dankend ablehnten. Aber da hatte er sich geirrt: sie bestellten vom teuersten Whisky, und jeder sagte artig »Prost«. Dann vergaßen sie ihn sofort wieder. Eine neue Lage wäre nötig gewesen, damit sie sich seiner für einen weiteren Moment erinnerten. Er hatte bei allen gründlich verschissen.

Am späteren Abend versuchte Mesut noch einmal, Selim zur gemeinsamen Flucht und zu einer neuen Existenz in Kanada zu überreden. Aber Selim wollte Eckart und die anderen nicht im Stich lassen, weil er nichts gegen sie hatte.

Gegen Mitternacht gingen sie frische Luft schnappen, es hatte aufgeklart. Sabahattin hob die Flasche und breitete die Arme aus: »Aidede!« rief er. »Großvater Mond, was machst du über Neufundland? Ich trinke auf dein Wohl!«

Mesut bekam plötzlich einen Anfall von Aggressivität und schlug mit einer Stange das Eis von sämtlichen erreichbaren Festmacherleinen, bis er außer Atem war.

»Eines möchte ich wissen«, fragte er Selim inquisitorisch, »warum hast du damals den Hahn geschlachtet, den du vorher gerettet hattest?«

»Er mußte in die Suppe, er hat mich blamiert.«

Sie schwankten wieder hinein, weil Selim das noch in Ruhe erzählen wollte.

»Wenn mein Hahn einen anderen sah, wurde er sehr böse und tat, als wäre er der stärkste der Welt. Das glaubte ich ihm. Der Schuhmacher hatte nun einen berühmten Meisterhahn, ein langes, dünnes, zähes Biest, »Madraskämpfer« genannt, er bestand aus lauter Muskeln. Eine Kampfmaschine. Ich bettelte solange, bis mein Hahn im Männercafé gegen diesen Profi kämpfen durfte. Der stand auf dem Strohteppich des Cafés, stocksteif, mit kaltem Blick wie ein Raubvogel, rührte sich nicht. Er schien gar nicht kämpfen zu wollen. Mein Hahn dagegen rannte hin und her, wurde immer wütender und griff schließlich an. Der Kampfhahn blieb unbeeindruckt, stand weiter und starrte nur. Vielleicht hatte er Angst? Aber plötzlich stieß er zu, eine kurze Bewegung, und mein Hahn flog im hohen Bogen durchs Café, flatterte und torkelte, verlor die Orientierung und rannte klagend hinaus, er war kaum wieder einzufangen. Die Männer lachten furchtbar. Seit damals weiß ich: es gibt im Leben keine Sicherheit.«

»Vampirismet hast du es andersherum erzählt. Da hat dein Hahn gewonnen.«

»Du bist ein Detektiv«, sagte Selim. Sie begannen zu streiten, und der Alkohol tat das Seine. Mesut warf Selim vor, er sei in der Welt nur an seinem eigenen Vergnügen interessiert, er kümmere sich nicht um andere.

»Tue ich auch nicht. Mann, ich bin Egoist aus Überzeugung! Wer nicht mein Freund ist, kriegt von mir nichts, gut. Aber du? Wenn du einen zufriedenen Menschen siehst, dann wirst du ganz grün.«

Sie waren wieder soweit: jeder hielt den anderen für einen schlechten Charakter. Es war so schlimm, daß Mesut nun nicht mehr auf der »Lübeck« bleiben wollte.

Im Hotel schliefen sie miserabel. Der Boden hatte den Nachteil, nicht zu schwanken. Selim befürchtete sogar, wieder seekrank zu werden.

Mesut ging am nächsten Tag zum Kapitän und sagte, er wolle in dieser Mannschaft nicht weiterarbeiten. Er schlug vor, daß er gegen einen Matrosen vom Schwesterschiff ausgetauscht würde. Der Kapitän willigte ein, vielleicht nur, weil er noch verkatert war. Morgens verabschiedete sich Mesut knapp und ging auf die »Husum«. Selim überlegte, ob er traurig sein oder sich freuen sollte. Es war schwer zu entscheiden.

Statt Mesut kam ein Portugiese, Bartolomeo aus Figueira da Foz. Seine Begrüßung ging in Aufregung unter, weil der Schiffsjunge Klaus sich von einem schwedischen Trawler hatte abwerben lassen. Bevor der ablegte, konnte man ihn wieder greifen. Mit Klaus redete bis Kiel kaum noch einer ein Wort.

Bartolomeo stellte weniger Fragen als Mesut und konnte außerdem noch Gitarre spielen. In der Bugkammer wurde es schwierig, weil Selim weder deutsch noch portugiesisch und Josef kein Türkisch sprach. Langeweile kam aber nicht auf, Bartolomeo hatte Einfälle. Schon am zweiten Tag spielte er für sie in seiner Koje einen lebendig Begrabenen, der im Sarg unter der Erde langsam erwachte und die Situation alles andere als lustig fand. Selim verlor vor Lachen das Gleichgewicht und zog sich eine Prellung zu.

65.

Geneviève war sicher, daß fromme Hingabe in klösterlicher Stille das Schönste war, was ein Mensch tun konnte. Nur: sie hatte nun Zweifel, ob ausgerechnet sie es konnte. Sprache und Erzählen waren zwar Gaben Gottes, doch plagte sie oft ein schlechtes Gewissen: hier war Reden noch weniger als Silber. Es war meist nicht am Platz, Schweigen dagegen immer.

Gewiß, als Nonne konnte sie vielleicht einmal unterrichten. Aber sie begann zu ahnen, daß zur Abtötung der Sinne auch die des Erzählbedürfnisses, ja überhaupt der Geschichten gehörte. Es gab keine nennenswerte Geschichte neben der des Heils. Eine Nonne zu sein, das hieß, keine eigene Geschichte zu haben. Das Leben wurde ein Teil des lebendigen Gottes. Dieser war immerhin keine Einzelperson, sondern dreifaltig und, als Heiliger Geist, bei zahlreichen Geschichten anwesend und spürbar. Trotzdem: wenn feststand, daß das an ihnen das Wichtigste sein sollte, wurden sie irgendwie ärmer.

Sie sprach mit anderen Novizinnen darüber, mit der Magistra, schließlich mit der Mutter Oberin. Im Glauben nicht wankend, aber doch als eine Art Versagerin ging sie kurz vor dem Ablegen der ewigen Gelübde aus dem Kloster fort.

Wen sie jetzt auf keinen Fall sehen wollte, waren Eltern und Geschwister. Sie wollte sich allein durchschlagen, arbeiten und einen Mann finden, der ihre religiösen Bedürfnisse teilte. Was ihr ferner fehlte, war ein Reisepaß. Sie hatte zwar ein Ersatzpapier von der Schweizer Botschaft erhalten, aber das war befristet gewesen und inzwischen abgelaufen. Sobald sie in Bonn war, wollte sie das in Ordnung bringen.

Sie fuhr per Anhalter. Der erste Wagen, der hielt, hatte seltsame Heckflossen, und am Steuer saß ein amerikanischer Offizier. Der fuhr nicht nach Bonn, sondern nach Frankfurt. Und er brauchte für seine Frau dringend eine Haushaltshilfe.

Sie erzählte, daß sie aus dem Kloster komme. Er gestand ihr, er habe immer davon geträumt, eine Frau zu sein. Darüber wollte sie mehr wissen, und über Vietnam.

Geneviève wurde Kindermädchen in Frankfurt. Ihre eigene Geschichte war wieder da, unsicher zwar und von Irrtümern begleitet, aber sie ging weiter.

66.

Die Hamburger Offiziersschule bestand aus sehr alten Kasernengebäuden, man roch den Fußschweiß der Wehrmacht, ja der Reichswehr. Während die Lehrgangsteilnehmer sich freuten, weil es hier keine harten körperlichen Anforderungen und noch dazu Urlaub bis zum Wecken gab, fühlte sich Alexander von der Summe der Gewalt bedrückt, die in den Wänden zu nisten schien.

Der oberstufenähnliche Unterrichtsbetrieb interessierte ihn wenig, vor allem wenn er bis morgens in der Stadt geblieben war, um wichtige persönliche Erfahrungen zu sammeln. Die Fernmeldetechnik verfolgte er noch, aber für die unzähligen Vorschriften und Einsatzgrundsätze hatte er nichts übrig. Er glaubte nicht recht an einen »Einsatz«, und wenn er doch kam, war vermutlich schon alles egal.

Es gab da einen Tageslichtprojektor, genannt »Proki-Schreiber«. Der Hauptmann stand immer auf derselben Seite des Geräts, um seine Graphik-Folien aufzulegen, und behielt eine bestimmte Blickrichtung bei. Wenn man morgens im Hörsaal die richtige Platzwahl traf, ließ sich viel Schlaf nachholen.

Alexander nahm das Militär nicht mehr ernst. Es war zu weit von der Wahrheit entfernt. Hilfreich war es nur in seiner Ideologie: in ihr konnte man sich nicht verlaufen. Ein zentraler, gut abgesicherter Gedanke genügte, und von ihm aus folgte ein Satz dem anderen.

67.

Die Mannschaft bildete drei Gruppen, von denen immer zwei bei der Arbeit waren. Jede hatte zwölf Stunden Schicht und sechs Stunden Schlafpause. Selim schlief montags von sechs bis zwölf, dienstags von Mitternacht bis sechs und von achtzehn Uhr bis Mitternacht, mittwochs von zwölf bis achtzehn. Wenn der Körper nicht ohnehin ständig zum Umfallen müde gewesen wäre, hätte er bei diesem mörderischen Rhythmus keinen Schlaf gefunden. Selim verstand jetzt, warum die Fischleute während der Fangzeit tatsächlich den Alkohol wegließen – sie hätten sonst nicht durchgehalten.

Länger als vierundsiebzig Tage durfte ein Fischdampfer nicht draußen bleiben, und diese Vorschrift war gut, sonst wäre es ein Schiff von Gespenstern geworden. Zuerst wurden zweihundert Tonnen Fischfilet ins Eis gebracht, dann kam noch einmal dieselbe Menge Frischfisch hinzu. Im Januar und Februar war Hauptsaison, die Männer hatten fürs Erzählen oder für Prügeleien keine Kraft mehr. Die Jahreswende 1965/66 erlebte Selim mit der Fischforke in der Hand, in Goldbarschen watend und vor Müdigkeit schwankend.

Nur Stalin, der sich in St. Johns eine deutsche Zeitung gekauft hatte, wollte beharrlich wissen, was darin stand. Da er nicht lesen konnte und nur Selim Mitleid und Nerven für ihn übrig hatte, taten sie sich zusammen: Selim versuchte, aus den ihm rätselhaft bleibenden Texten vorzulesen, Stalin schien sie zu verstehen. Kommentarlos saß er da, Speichel in den Mundwinkeln, und lachte ab und zu vor sich hin. Einmal hieb er mit der Faust auf den Tisch.

Das Wetter war so schlecht wie seit Jahren nicht, es gab sechzig Tage nur Sturm, Schnee und Eisbrocken, dazu eine Panne nach der anderen. Der Lederbeutel des Netzes platzte auf der Reise neunmal und die Filettiermaschine war dreimal defekt, beim dritten Mal endgültig. Selim lernte von Eckart, wie man Fische schlachtete: das Messer, dessen Klinge fast bis zur Spitze mit Leder und Klebeband umwickelt war, schlitzte dem Fisch mit einem einzigen Schnitt den Bauch auf, dann griff man mit zwei Fingern die Innereien und drehte mit ihnen zusammen die Halsröhre ab. Den Fisch warf man je nach Größe in einen von drei Gitterkörben. Eckart wurde zornig, weil er überzeugt war, daß Selim es anders machte als ihm beigebracht worden war. Erst Minuten später begriff er, daß er nur den Fisch mit der Rechten hielt und das Messer mit der Linken. Selim lachte.

Als er so schnell werden wollte wie Eckart, stach er sich am Ende der Schicht durch den Handschuh in den rechten Handrücken, der sofort anschwoll – die Hand ließ sich nicht mehr schließen. Eines gab es an Bord nicht: Krankfeiern. Alfred schmierte ihm eine stinkende schwarze Salbe auf die Hand und zog einen neuen Handschuh darüber. Der Schmerz verschwand wieder, und nach zwei Tagen spürte Selim keine Behinderung mehr. Sabahattin sagte anerkennend: »Du hast gutes Heilfleisch!« Dann aber, als er durchnäßt und durchgefroren ein fünfzig Kilo schweres Faß mit Schmieröl hob, fuhr ihm der Teufel ins Kreuz. Er ging wie ein kranker Affe und wollte das zunächst vor den anderen verbergen, denn es ging ihm gegen die Ringerehre. Aber sein Gang und das verzerrte Gesicht verrieten ihn. Es wurde erst nach vier Tagen besser.

Als sie ihr Soll erfüllt hatten, waren die Gefühle gemischt. Sechzig Tage waren sie draußen. Sie hatten für die vierhundert Tonnen zu lange gebraucht – sie mußten ja noch die Rückreise dazurechnen. Die Prämie war futsch. Mehr als sechzehnhundert Mark hatte Selim nicht zu erwarten. Reedereien fragen nicht nach Sturm oder Pech.

68.

Auf der Heimreise fing Selim an, Deutsch zu lernen. Mesut war nicht mehr da und konnte kein spöttisches Mündchen ziehen. Pro Tag wollte er zwanzig Wörter lernen, vielleicht sogar mehr. Nach vier Tagen verlor er die Lust, sich ständig Wörter aufzuschreiben, er merkte sie sich gleich im Kopf. Viele vergaß er wieder, aber zu seinem Erstaunen wußte er plötzlich andere, die er sich nie gemerkt hatte. Ganze Sätze stammten aus seinen eigenen Geschichten, wie Sabahattin sie übersetzt hatte. Und den gesamten Vortrag Eckarts über das Fressen hätte er sofort jemand anderem halten können. Sabahattin staunte und bewunderte ihn.

»Du lernst Deutsch wie deutsche Kinder – ohne Buch.«

»Mesut ist weg«, antwortete Selim, »und einer muß immer das Genie sein!«

Er lernte die Sprache fast so schnell wie ein Delphin das Schwimmen, wenn er einmal damit angefangen hatte.

Stundenlang sprach er mit den Deutschen – natürlich über Projekte: Horst erzählte, daß in alten Wracks auf dem Meeresgrund riesige Mengen von Fischen wohnten. Nachts, so sagte er, verließen sie dieses Zuhause und konnten mühelos in einem Netz gefangen werden, wenn man es um das Wrack herum aufstellte. »Wrackfischen« nannte er seine Erfindung. Fünftausend Mark hatte er gespart und suchte offenbar Teilhaber. Aber Selim hatte von der See genug, auch wollte er wieder ringen.

Dann fuhren sie abermals durch den Kaiser-Wilhelm-Kanal. Selim hörte, daß er jetzt anders hieß – der Kaiser sei in Holland gestorben. War das etwa die Nachricht gewesen, bei der Stalin auf den Tisch gehauen hatte?

Die Stimmung war merkwürdig. Vielleicht lag es an der ungewohnten Enge zwischen den Wiesenufern. Jedenfalls dachten alle an Katastrophen. Bei Eckart merkte man es daran, daß er wieder zu trinken begann, und da er ein großes Vorbild war, soffen bald alle um die Wette. Vielleicht war der Pessimismus auch nur ein Vorwand, um eine Flasche in die Hand zu nehmen.

In diesen letzten Stunden erfuhr Selim viel, auch weil er jetzt mehr verstand. Udo war Kommunist und Alfred, der ständig von seiner Frau gesprochen hatte, seit vier Jahren Witwer. Der Hund Charly, Stolz der Mannschaft, war in Gaarden-Süd gestohlen. Josef hatte Heimweh, der Kapitän ein Magengeschwür, und Stalin stammte aus Siebenbürgen, das in der Nähe der Mongolei lag. Man teilte sich jetzt wirklich alles mit.

Dann machte die »Lübeck« an der Pier fest. Das Ausladen besorgten andere, es hieß nur noch die Heuer einstecken und Abschied nehmen.

»Vielen Dank für alles! Ich wünsche dir, daß du dich gut erholst. Alles Gute auch für deine Frau!« sagte Selim in wohlgesetzten Worten zu Eckart – er konnte sich auf sein Deutsch schon etwas einbilden.

»Wieso, ich bin schwul«, antwortete Eckart, und Selims Wortschatz war wieder am Ende.

Dann fuhren sie mit den Taxis davon, die schon auf sie gelauert hatten – vom Hafen bis zu einer Kneipe in der Innenstadt, denn dort wollten sie sich wieder treffen. Nur Stalin blieb wütend zurück, weil er zu langsam war, um in einem der Autos mitzukommen. Erst in der Kneipe fiel auf, daß er fehlte. Dann kam er doch: er hatte am Hafen einen leeren Reisebus stehen sehen und vom Fleck weg für sich allein gemietet, das Geld war ihm egal. Armer, dummer Stalin! Für seine Freunde schlug er sich bis zum Umfallen, und seine Schultern waren wirklich aus Eisen. Aber ihn selbst konnte jeder beleidigen, es war ihm ebenso egal wie das Geld. Noch nie hatte er mit einer Frau geschlafen, keine wollte ihn, auch die allerletzte nicht. Wenn er sich wenigstens angewöhnt hätte, die Spucke aus den Mundwinkeln zu wischen! Er war außer Eckart der einzige, der im Puff nur an die Bar ging.

Mit schwerer Zunge, aber immer noch auf deutsch, erzählte Selim seiner Nutte von Stalin. Aber die wollte ihn auch nicht. »Mensch, er ist doch eine arme Sau!« rief er zornig, aber sie wollte trotzdem nicht. Inzwischen war Stalin gegangen.

Die »Husum« war einige Stunden früher angekommen. Selim sah Mesut erst am nächsten Tag wieder. Der hatte offenbar aus Fehlern gelernt und seine Zunge auf dem anderen Schiff im Zaum gehalten. Aber er hegte schon wieder eine neue Wut: abends war er im Lokal »Seeteufel« zufällig Dörte begegnet, deren Bauch sich schon wölbte. Sie wollte ihm erneut weismachen, das Kind sei gar nicht von ihm – dies fand er beleidigend.

Mesut fühlte sich einsam und wollte nun doch mit Selim

zusammen »irgend etwas machen«. Aber Selim hatte die Zeit ohne Mesut sehr genossen. Und er wollte ringen.

Zunächst wollte er unbedingt Zeki, Ismet, Mevlut, Ömer und Niyazi wiedersehen. Er war voller Neugier: was hatten sie erreicht? Für ihn war es immer wieder wichtig, eine Umgebung zu verlassen, denn anders konnte er seiner Geschichte keine Wendung geben. Aber ebenso dringend wollte er wissen, wie es bei den anderen weiterging – schon weil er ihr Schicksal fast geteilt hätte. Auf diese Weise wurden sie für ihn interessanter, als wenn er geblieben wäre.

Mevlut und Zeki waren noch da. Und Herbert. Mevlut staunte und glaubte an ein Wunder, als Selim ihm seine zweihundert Mark zurückgab. Herbert arbeitete jetzt in einer anderen Halle, er war »Warmverformer«. Wenn er beschrieb, was er zu tun hatte, machte er knetende Bewegungen, als wären es seine Hände, die einem 30 000-Tonner zu seinem wulstigen Bug verhalfen.

Alle sprachen von Vampirismet, dem wegen zu langer Krankheit gekündigt und auf irgendeine Weise auch die Aufenthaltsgenehmigung entzogen worden war. Er hatte bereits aus Izmir geschrieben: es ging ihm schlecht. Niyazi war gerade im Urlaub, er wollte ihn besuchen.

Ömer war nun auch aus dem Wohnheim ausgezogen, denn er hatte Frau und Kinder nachkommen lassen. »Schließlich bin ich kein Soldat«, hatte er gesagt, »und wir sind auch nicht im Krieg.«

69.

München gefiel Gisela. Langweilig wurde ihr nie, denn wer in Olafs Nähe war, hatte zu tun. Wenn sie nicht Drehbücher ins reine schrieb, die Klappe schlug oder den Boden des Starnberger Segelbootes mit Sandpapier bearbeitete, kam sie hin und wieder zum Lesen oder Lernen. Sie las Frauenzeitschriften und Peter Benders »Offensive Entspannung« – zunächst hatte sie darin alles andere als Politik erwartet, las sich aber dann fest. In den frühen Morgenstunden lernte sie. Daß sie, wenn sie »Geneviève« hieß, irgendwann das Französische beherrschen mußte, war nur logisch.

Auf eines freute sie sich jede Woche: auf den Besuch der samstäglichen Eddie-Constantine-Vorstellung im Arri. Das war ein studentisches Kinofest von krähend guter Laune, bestehend aus Film und witzigen Kommentaren. Es begann schon bei der Wochenschau: als Papst Paul der Sechste segnend auf der Leinwand erschien, ertönte vielstimmig der Ruf: »Eddie, nimm die Maske ab!«

In München wollte sie bleiben, da konnte man lachen, schlimmstenfalls sogar alt werden.

70.

Schwächen hatte Alexander vor allem in der Taktik. Militärische Planspiele und »Lagen« waren nur dann ein unbeschwerter Zeitvertreib, wenn man es schaffte, bei diesem Monopoly der Zerstörung die Realität zu verdrängen. Das gelang ihm schlecht. Immer mehr interessierte ihn die Politik, sie war in seinen Augen mit der Wahrheit näher verwandt als das Militär, dabei aber ebenfalls patriotisch.

In seinen Tagträumen trat Alexander als Abgesandter der SPD in Karl-Marx-Stadt auf – SPD und SED verhandelten gerade über einen Redneraustausch – und schilderte den Soldaten der Nationalen Volksarmee das moderne Kriegsbild in grellen Farben. Er fühlte sich stark genug, dort weiterzureden, wo der Gefreite Sieglreitmayer seinerzeit verstummt war. Schlicht gegen Atomwaffen zu sein, fand er nicht überzeugend. Für sein Land einzutreten – und deshalb auch gegen Atomwaffen, das allein schien ihm ein Standpunkt.

Nach dem Wehrdienst wollte er sich für »Nationalökonomie« einschreiben – das klang von allen Studiengängen am vaterlandsliebendsten – und dazu für Soziologie, weil sie irgendwie die Chance zu bieten schien, moralische und wissenschaftliche Argumente unschlagbar zu verknüpfen.

Bereits während der restlichen Militärzeit wollte er an der Göttinger Universität Vorlesungen belegen. Außerdem trat er der SPD bei.

71.

Mesut wollte so schnell wie möglich weg von Kiel. Er haßte dieses Land. Wenn es nur möglich gewesen wäre, in die Türkei zurückzukehren, ohne Spott zu ernten! Sabahattin riet ihm, nach Bremerhaven zur Reederei Titania zu gehen. Dort gebe es Frachtschiffe nach Izmir und Istanbul.

»Dann kommst du nur mal so zu Besuch, lernst eine Frau kennen und bleibst. Keiner kann dann sagen, du hättest es in Deutschland nicht geschafft.«

Bereits am nächsten Tag war Mesut in Bremerhaven. Er schickte die Hälfte seines Geldes an seine Schwester – auch das sollte eine ehrenvolle Rückkehr vorbereiten. Viel Geld brauchte er sowieso nicht: mit einem Seemannsbuch in der Hand konnte man in jedem Hafen etwas zu essen finden. Im Türkischen Verein am Berliner Platz zahlte er sein Bett für zehn Tage im voraus und ging jeden Morgen zur paritätischen Heuerstelle, um ein Schiff nach Izmir zu bekommen. Nur ein einziger Frachter der Reederei Titania fuhr dorthin, und eines Tages war er da: ein stabiles altes Ungeheuer namens »Rendsburg«. Statt der Schweißnähte wies es Hunderttausende von Nieten auf wie ein Kreuzer aus dem Weltkrieg. Mesut glaubte schon, es geschafft zu haben, da begannen sie in der Reederei zu argwöhnen, der Türke könnte Heimweh haben und in Izmir über die Berge gehen. Mesut verneinte viele Male und beteuerte, er fühle sich nur in Deutschland wohl – es half nicht. Als die zehn Tage um waren, mußte er die »Argo« nehmen, einen Stückgutfrachter im Englandverkehr. Wütend schrie er dem Büroangestellten ins Gesicht: »Damit du es weißt: jawohl! Ich habe Heimweh!«

Die »Argo« war winzig, sie hatte nur siebenhundert Bruttoregistertonnen, noch weniger als der Fischdampfer – ein Wunder, daß so etwas noch »Schiff« heißen durfte. Sie sollte Papierrollen und Bremer Bier nach London bringen und mit Whisky zurückkehren.

An Bord wurde Mesut von einem alten, krank aussehenden Mann gefragt, wo er herkomme. Es war der Kapitän. Jahrelang hatte er einen 28 000-Tonner zwischen Bremerhaven und Istanbul hin- und herbewegt. Warum er jetzt nach London fuhr?

»Ich darf nicht mehr zu weit von den Krankenhäusern wegbleiben«, antwortete der Alte und klopfte auf sein Herz. Sie schwiegen eine Weile. Der Kapitän war enttäuscht darüber, daß Mesut nicht von der Schwarzmeerküste kam. »Kannst du steuern?« fragte er.

»Nein.«

»Kannst du Fahrrad fahren?«

»Ja.«

»Dann kannst du auch steuern. Wenn du Wache hast, wecke mich! Ich mache mit und zeige es dir.«

»Wer ist sonst noch an Bord?«

Insgesamt waren es zehn Männer, Kapitän und Schiffsjunge eingeschlossen. Vier waren Türken – drei aus Rize und einer aus Of.

»Seeleute vom Schwarzen Meer«, sagte der Kapitän, »habe ich immer blind hereingenommen. Sie sind für ein Schiff eine Lebensversicherung. Mit drei Jahren fangen sie an, Taue zu schmeißen, und mit fünfundzwanzig sind sie besser als bei uns die Kapitäne.«

Die Schwarzmeerleute hatten allesamt runde Gesichter,

blonde Haare und Stirnglatzen – daran erkannte man die Matrosen vom Pontos. Sie plauderten freundlich mit Mesut über Schiffe und Schiffsunglücke. Schwimmen konnte keiner. »Wozu?« fragte Kemal, der älteste. »Wenn das Schiff sinkt, lebst du zehn Minuten länger. Was willst du in dieser Zeit groß anfangen?«

Keiner von ihnen konnte mehr als fünf Worte Deutsch, sie lebten fast nur auf Schiffen und hielten es mit dem Englischen.

Die Fahrt nach London dauerte sechsunddreißig Stunden. Da es nur zwei Wachen gab, hatte jeder zwölf Stunden zu arbeiten. Der alte Kapitän erklärte Mesut alles, und dieser wunderte sich, denn er war nicht mehr daran gewöhnt, daß jemand ihm half. Er fühlte sich schon am zweiten Tag als passabler Rudergänger. Da es auf diesem Schiff keine automatische Anlage gab, war das bei kabbeliger See eine Knochenarbeit. »Warte ab, bis wir mal achterliche Dünung haben«, sagte Kemal, »dann weißt du, warum du Geld dafür kriegst!«

Der Kapitän konnte Mesut leiden und hörte alles, was dieser sagte, mit amüsierter Weisheit an. Noch ein paar Monate so, und Mesut hätte sich vielleicht selbst leiden können.

Vor der Themsemündung sollte Mesut die Flaggen hissen. Alles lachte, weil ihm bei der deutschen das Gelb nach oben geriet. Er wehrte sich wütend wie immer, wenn er Kritik bemerkte.

»Warum ist die deutsche Flagge auch so idiotisch – mit der türkischen kann man nichts verkehrt machen!«

Aber das waren Kleinigkeiten. – Er fühlte sich auf diesem Schiff wohl, weil er hier einen zwar unerklärlichen, aber dafür sicheren Freund hatte.

72

Piccadilly war vom London Dock fünfundzwanzig Kilometer entfernt, eine lange Busfahrt, und man wollte dann noch einkaufen. Die pontischen Glatzköpfe kauften Lederjacken, Pullover und dosenweise Aspirin, denn all das war hier angeblich billiger als in Deutschland. Mesut wollte London sehen, ging allein fort und verirrte sich. Er wandte sich nacheinander an zwölf Passanten: »Sprechen Sie deutsch?« Aber alle liefen mit kalten Gesichtern vorbei, ohne auch nur aufzublicken. Hinter dem zwölften fluchte er laut auf türkisch her. Da drehte dieser sich um und erteilte sofort Auskunft – auf türkisch.

Am nächsten Tag ging Mesut mit dem Schiffsjungen weg. Der war an ihm hängengeblieben, weil von den anderen keiner ihn mitnehmen wollte. Er hieß Walter, war erst siebzehn und hatte noch nie in seinem Leben Whisky getrunken. Mesut hatte es schon drei oder vier Mal getan, daher fühlte er sich als der Erfahrene, der für den armen, ahnungslosen Bengel die Verantwortung trug. Das machte mehr Arbeit als erwartet, denn unter dem Einfluß des Alkohols begann Walter sich zu verändern und bekam etwas geheimnisvoll Magnetisches: ständig mußte Mesut ihn vor englischen Männern schützen, die von ihm unaufhaltsam angezogen wurden und dann nicht gehen wollten. Es war nicht einmal sicher, ob Walter so energisch geschützt werden wollte. Gut, daß in London die Kneipen früh dichtmachten. Die letzte Bestellung fiel mehr als reichlich aus – so war es hier üblich. Danach fanden sie kaum noch die Bushaltestelle. Der Schiffsjunge war wacklig auf den Beinen, er mußte mehr getragen als geführt werden.

»Schwächling! Ich habe auch lernen müssen, auf mich selbst aufzupassen!« brummte Mesut mit schwerer Zunge. Irgendwann kam ihm die Idee, Walter eine Lehre fürs Leben zu erteilen und ihm zu zeigen, wovor er ihn die ganze Zeit beschützt hatte. Sosehr der Gedanke dem Alkohol entsprang

– daß die letzte Bestellung so reichlich ausgefallen war, erwies sich hier als Hindernis: der Schiffsjunge lernte an diesem Abend nichts mehr.

73.

Selim versuchte Birgit wiederzufinden – ohne Erfolg, denn sie war nicht mehr in Kiel, und die Eltern wollten ihm nicht sagen, wo sie sich aufhielt. Er lebte in den Tag hinein, bis ihm das Geld ausging, dann suchte er, ebenfalls ohne Erfolg, Arbeit als Schlosser. Nun wollte er auch endlich nach Hamburg fahren.

Aber gerade an diesem Nachmittag machte sich ein Ringerfreund namens Ibrahim mit einem neugekauften alten Opel nach Süddeutschland auf. Er sagte: »Komm mit! Dort ist für schlaue Leute viel zu machen, und gerungen wird auch. In Deutschland kommen alle guten Ringer nur aus Bayern oder Schwaben!« Selim stieg schließlich ein, das Abenteuer reizte ihn.

Zum ersten Mal sah er die Autobahn, auf die die Deutschen so stolz waren. Sie fuhren die windigkalte Märznacht hindurch, bis sie über den Main waren. Selim erzählte Geschichten, damit Ibrahim nicht einschlief. Wenn er ihn beim Fahren ablöste, erzählte er weiter, um selbst wach zu bleiben. Dabei kam alles dran, sogar der Hahnenkampf. Diesmal siegte aber wieder der eigene, der Lieblingshahn. – Auch von Donald Ducks Lärmkrieg gegen das zu leise Wohnhaus erzählte er, und von dem Alphorn aus dem oberen Stock.

Was ihn beschäftigte, waren die riesigen weißen Kugeln, die hoch über der Autobahn hingen, immer wenn diese zwischen zwei Bergen hindurchführte.

»Die Kugeln? Die sind gegen die Flugzeuge«, sagte Ibrahim schläfrig.

Als sich die Nebel hoben, beschien die Morgensonne eine Landschaft voll sanfter Hügel, die ganz anders aussahen als die harten, steilen Buckel daheim über dem Meer. Sie waren von winkeligen Äckern, Wiesen und Wäldern bedeckt, durch die sich Wege schlängelten. Direkt neben der Autobahn standen Rehe im feuchten Gras und frühstückten. Selim war müde, aber zuversichtlich. Als sie auf der Landstraße fuhren und ein Bauer auf dem Traktor grüßend die Hand hob, wurde er fast euphorisch: »Die Menschen sind hier wie zu Hause!«

74.

London, Bremen, London, Hamburg, London. Als die »Argo« eines Tages wieder in Bremerhaven festmachte, kam ein Zollbeamter an Bord und fand fünf Schnapsflaschen, die nicht zur deklarierten Fracht gehörten, in der Kabine des Steuermanns. Mit einem Mal waren es zehn Zollbeamte, für jede Flasche zwei. Die fanden noch mehr, bei sechs Besatzungsmitgliedern, darunter dem Schiffsjungen, und sogar bei Kemal, der ein frommer Mann war, keinen Alkohol trank und oft betete. Schmuggeln tat er aber doch: »Schließlich bin ich Seemann!«

Pro Flasche fünfzig Mark Strafe – sie waren alle bankrott. Nur Mesut der Große, Mesut der Eiskalte grinste unaufhörlich vor sich hin. Er hatte einen ganzen Karton auf das Malerschiffchen gestellt und außenbords einen Meter unter die Reling gefiert, wo er unbemerkt blieb. Es war sein erster wirklicher Erfolg seit dem Laufsieg in Ankara. Mesut der Schmuggler! Um ihn zu kriegen, mußten sie früher aufstehen!

»Der billigste Trick überhaupt!« sagte der Steuermann böse. »Daß die darauf reingefallen sind, ist ein Armutszeugnis.«

»Du sei ganz ruhig«, zürnte der Maschinist, »alles liegt an deinem Leichtsinn!« Die anderen stimmten zu. Der Steuermann hatte seine Flaschen frei herumstehen lassen und damit die älteste Schmugglerregel mißachtet, die es überhaupt gab. Sie lautete: »Du sollst dich nicht an die Gefahr gewöhnen.«

Der Kapitän nahm die Vorgänge kaum mehr wahr, er fühlte sich sehr elend, wollte aber die nächste Reise noch machen. In London brachten sie ihn in eine Klinik. Jeder wußte: er ging zum Sterben an Land und kam nicht wieder. Er selbst wußte es auch. Alle waren still und trauerten, mal um ihr Geld, mal um den Kapitän.

In respektloser Eile schickte die Reederei einen neuen. Er hatte blonde Haare, eine randlose Brille und ein riesiges, langes Kinn, weshalb er schon bald den Spitznamen »Gestapo« bekam. Er war aber kein schlechter Kerl und auch kein Ausländerhasser. Trotzdem: ohne den alten Kapitän war das Schiff unwirtlich geworden.

Als sie im Kanal einen großen Frachter der türkischen Staatsreederei sahen – zwei gekreuzte rote Anker auf gelbweißem Schornstein –, da wurde Mesut wieder krank vor Heimweh. Nach seiner Wache lag er in der Koje, Tränen in den Augen, und sah die Berge Anatoliens vor sich, die Holzhäuser, den weiten Himmel und sich selbst, wie er nach dem Lauftraining im Schatten auf dem Rücken lag und den Flug der Vögel verfolgte, während die Hunde kamen und mit ihm spielen wollten. Seine Großmutter sah er aus dem Haus kommen, den Menschen, der ihn nicht geschlagen hatte wie sein Vater und nicht verraten wie seine Mutter. Großmutter war tot. Nie wieder konnte in der Welt etwas wirklich gut werden.

Nur zwei Menschen hatte er gefunden, die eine Weile zu ihm gehalten hatten: einen jungen Türken und einen alten Deutschen. Selim hatte ihn des blöden Ringens wegen verlassen, und der Kapitän lag im Sterben oder war schon tot.

In Hamburg lag ein Schiff mit Panamaflagge, das, nach

einer halben Weltreise, auch die Türkei anlaufen sollte. Kemal warnte ihn: »Wahrscheinlich ist das gelogen.«

»Sie zahlen auch mehr!«

»Das tun sie, weil sie immer Leute brauchen. Es hauen ihnen zu viele ab, mit Recht! Da fahren nicht nur Schmuggler, sondern auch Mörder.« Mesut musterte trotzdem ab und ging auf die »Nathalie P.«. Erst noch ein Stück von der Welt sehen, gutes Geld verdienen – dann in die Türkei zurückkehren!

»Schließ deine Kammer immer zu!« sagte Kemal. »Sei mit niemandem zu sehr Freund oder Feind! Lege dir ein Messer griffbereit ans Bett!«

Einen langen Abschied gab es nicht. »Man muß nach vorn sehen«, sagte Mesut, der Läufer, der Stratege und Schmuggler.

75.

Ende März 1966 nahm Geneviève ihre Arbeit in Frankfurt auf.

Mesut musterte unter der Flagge Panamas an.

Selim und Ibrahim suchten Arbeit in Stuttgart.

Alexander bestand die Reserveoffiziersprüfung – jetzt war er zwanzig Jahre alt, noch immer nicht mündig, aber wenigstens Fähnrich.

Gisela war schon ein ganzes Jahr in München und lebte mit Olaf in der Schwabinger Wohnung. Zeitweise hatte sie nur zwei Ziele vor sich gesehen: eine Münchnerin zu werden und das Abitur zu schaffen. Allmählich wollte sie wieder mehr, und vor allem wollte sie fort.

Der Jungfilmer war es, der sie erneut Fluchtpläne hegen ließ. Anfangs war er verliebt und aufmerksam gewesen, dann aber hatte er durch gewissenhafte Selbstbeobachtung herausgefunden, daß er ein bedeutender Mann war. Das machte Gespräche mit ihm neuerdings entweder zu lang oder zu kurz.

Menschen, die alles Gesagte hartnäckig in Frage stellten, begannen Olaf zu stören, und also störte ihn Gisela. In ihr war die Opposition gegen Menschen, die unbedingt das letzte Wort haben wollten, von Hause aus angelegt. Olaf liebte es, langsam und tiefsinnig zu sprechen, Gisela dagegen war schnell und treffsicher, sie fand in jedem Tiefsinn sofort die flachste Stelle. Wenn sie aber schwieg und nur strickte, war es auch wieder falsch – gerade das konnte er am allerwenigsten vertragen. Allmählich wurde er ihrem Vater ähnlich, sie hatte es längst befürchtet.

Manchmal telephonierte sie mit Hermine in Hamburg. Gisela wußte ganz gut, in welcher Richtung sie ermutigt werden wollte, und also auch, von wem.

14. Dezember 1980

Nichts darf man mit hineinnehmen, nicht einmal Papier und Bleistift, von Geschriebenem oder Gedrucktem ganz zu schweigen. Die Pforte: Gitter und automatisch schwingende Panzerglastüren. Nach Geld stinkende Sicherheit. Pünktlich zur eingetragenen Zeit muß ich kommen, sonst lassen sie mich nicht mehr hinein. Dann die kümmerliche halbe Stunde.

»Jetzt machen schon seit acht Monaten fremde Leute meine Tür zu«, sagt Selim. »Als ich vier war, hat mich mein Bruder in einen Koffer gesteckt, damals dachte ich, ich sterbe. Platzangst. Wieso kann ich das Gefängnis aushalten? Ist das gut, was meinst du?«

Es lohnt kaum, mit dem Erzählen anzufangen. Wir sitzen in einem Raum mit vielen Tischen, Häftlingen und Besuchern, dazwischen stehen wachsame Beamte. Wir reden wohl eher, um diese zu beruhigen. Über Niyazi zum Beispiel, der nicht an der Liebe gestorben ist, sondern mit seiner Familie in

Kiel lebt, Mevlut, der sehr dick, oft krank und fast nur noch arbeitslos ist – er lebt ganz allein in Nürnberg. Ömer, der tatsächlich einen Friseurladen in Bursa aufgemacht hat: »Das sind die Ringer!« sagt Selim. »Sie geben nie auf.«

Ich höre beiläufig, daß Selims Familie keineswegs aus Datça stammt. Sein Vater war nur, bis zu seinem frühen Tod, Lehrer an der dortigen Schule.

Selim hat nie dazu geneigt, über sein Innenleben zu sprechen. Ich respektiere das, und zwar aus Überzeugung. Ihn interessiert, wie die Dinge in der äußeren Welt zustande kommen und wie es mit ihnen weitergeht. Mich auch, ich verliere es nur viel zu oft aus den Augen.

Die Zulassung als Vollzugshelfer ist noch nicht in Sicht.

15. Dezember 1980

Gisela hat ein Büro, aus dem sie anrufen kann, wen sie will. Sie erzählt vergnügt, daß sie vor kurzem eine Art Trainingsstunde genommen hat, in der sie atmen, schreien oder ihre Wiedergeburt erleben sollte, ganz habe ich es nicht verstanden. Ein sehr junger »Therapeut«, von einer Freundin empfohlen, der sie sofort duzte, aber im übrigen weihevoll tat, versuchte sich als großer Zauberer und gab Befehle.

»Ich kriegte vor lauter Atmen einen Krampf oder Koller und sagte: ›So geht's nicht, mein Freund!‹ Er meinte, ich wäre mental noch nicht soweit, ich müsse meine inneren Widerstände überwinden. Ich lachte schallend, worauf er anmaßend und giftig wurde – ich schmiß ihn raus. Allzu häufig scheint das Jüngelchen das nicht zu erleben.«

Gisela ist, wie sie selbst sagt, eine Ziege: immer skeptisch, immer meckernd, nie ergeben lauschend. Für jeden Guru die absolute Nervensäge, und dadurch geschützt vor dem Zugriff des immer größer werdenden Unzufriedenheits-, Selbsthaß- und Schuldgefühl-Marktes.

Die ausgeglichensten Leute wollen plötzlich durch irgend eine Fron tadellos, perfekt oder »tiefer« werden. An der

Nachfrage ist weniger auszusetzen als am Angebot: Konzentration auf einen bestimmten Punkt, verminderte Aufmerksamkeit für den Rest.

Olaf hat in meine ersten Kapitel hineingesehen. Sagte aber nur »aha«.

16. Dezember 1980

Morgens, statt am Roman weiterzuschreiben, Fragen gestellt, zum Beispiel: »Wer soll das lesen?« Ich persönlich bin nicht sicherer geworden, aber der Roman. Während ich mir Gedanken mache und Distanz zu gewinnen suche, schreibt er sich selbst weiter, auto-biographisch, Nacht für Nacht. Er braucht mich nur aus zwei Gründen: Ich bin eine seiner Figuren, und – ich kann Maschine schreiben.

Wer das lesen soll? Selim! Selim soll es lesen!

Sechstes Kapitel

Selim in Süddeutschland

76.

Der Stuttgarter Bahnbeamte verstand »Horb«. Selim kaufte eine Karte für rund zwanzig Mark, das schien ihm teuer. Als er in Horb ausgestiegen war, war dort keine Bauschlosserei Haidle – die gab es nur in Korb mit »K«, sehr nah bei Stuttgart. Selim fragte sich, warum dieser Beamte »Horb« aus »Korb« machte. Vielleicht Geschäftssinn. Oder wurde bei ihm auch Kahn zu Hahn, Korn zu Horn? Auf der langen Rückfahrt hatte Selim Zeit, sämtliche ihm bekannten deutschen Wörter mit »K« auszuprobieren. Als er ankam, war bei Haidle gerade Feierabend, alle zwölf Männer kamen von den Baustellen zurück und grüßten mit Handschlag. Ibrahim, der zusammen mit Selim dort hatte anfangen sollen, war ganz unglücklich.

»Warum kommst du jetzt erst, ich hatte Riesenprobleme! Sie haben mich gefragt, ob ich schweißen kann. Ich sagte natürlich ja. Ich sollte aus vier Röhren ein Quadrat zusammenschweißen. Ich war froh, daß die anderen draußen auf den Baustellen waren!«

»Was hast du denn gemacht?«

»Nur lauter Löcher. Und daran habe ich fünf Stunden lang gearbeitet wie ein Bildhauer.«

»Aha, zu viele Ampère.«

»Hat der Boß auch gesagt. Er nimmt uns trotzdem, aber nur wenn du schweißen kannst und es mir beibringst. Kannst du schweißen?«

Selim lachte vergnügt. »Weißt du, wieviel Kilometer Naht ein einziges Schiff hat? Fünfhundert und mehr, und fast ein Drittel davon wird über Kopf geschweißt!«

Nach dieser Einführung hatte Selim die Autorität, die ein Lehrer braucht, um die Fülle seines Wissens weiterzugeben. Nach fünf Tagen konnte Ibrahim alles schweißen, was verlangt war. Es waren in der Regel hohe Gittertore und Eisenzäune – die Schwaben schienen sich vor wilden Tieren zu fürchten.

Die beiden Türken wurden eingestellt und nahmen ein gemeinsames Zimmer in Korb. Bei einem Sportverein konnten sie endlich ringen. Selim fühlte sich wie erlöst, sobald er wieder Schweiß roch und eine Matte sah. Er warf gleich vier Mann, darunter Yusuf, einen ehemaligen Ölringer aus Kayseri, der in der Druckerei Klett arbeitete. Er war über dreißig und hatte ein Gesicht wie eine Landkarte, das kam von den Schraubbewegungen auf der Matte. Auch er war schon berühmten Männern begegnet, mit dem Schiefen Hüseyin hatte er gerungen und mit Mehmed dem Schäfer.

»Wie ging es?«

»Mehmeds Bauch hat die Sterne gesehen, aber gegen Hüseyin Akbaş hatte ich keine Chance. Es war 1958, bald darauf war er Weltmeister. Und zwar, weil alle zu ihm gesagt hatten: ›ein Krüppel kann nicht Weltmeister werden‹. Später wurde er dann wieder schlechter.«

Einzig einen gewissen Bruno konnte Selim noch nicht besiegen. Der war Pferdemetzger und konnte kaum einen Griff, aber er war zu stark. Bei ihm versuchte Selim einen Hüftschwung, aber Bruno schaffte es, ihn hochzuheben. Ein Fußgriff konnte Selim noch einmal retten, aber er kriegte den Metzger nicht aus der Bankstellung.

Der Verein war nicht schlecht, aber in letzter Zeit abgestiegen, und darum waren sie froh, Selim als Bantamgewicht für einen Kampf in Plieningen aufstellen zu können. Nach der harten Arbeit auf dem Fischdampfer war er stärker als je zuvor und besser als einst in der Türkei, aber er mußte zum Gewichtmachen in die Sauna. Die Deutschen trainierten sehr hart, vielleicht zu hart. Man konnte einen Ringer auch kaputt trainieren – davon hatten sie noch nichts gehört. Und nicht einmal beim Training wollte einer verlieren.

Ibrahim hatte mit seinem Halbschwergewicht keine Sorgen, er aß, was ihm schmeckte. Für das Schwergewicht hatten sie Hans, der eine Menge konnte. Aber wenn der Erfolg von ihm allein abhing, bekam er Nerven und verlor, ein geborener zweiter Sieger. Dafür war er der einzige, der über Werner Seelenbinder Auskunft geben konnte: Deutscher Meister vor dem Krieg, bei den Europameisterschaften 1937 in Paris Dritter. Da bekam er aber einen Pokal als fairster Kämpfer des ganzen Turniers. »Im Krieg ist er dann irgendwie umgekommen.«

Hans war ein Sammlertyp. Er wußte viel, weil er bewußt alles gepaukt hatte, was mit dem Ringen zusammenhing. Lückenlos konnte er die deutschen Meister hersagen, und natürlich alle Weltmeister. Wenn er sich bei den türkischen Namen noch für die richtige Aussprache interessiert hätte, wäre er perfekt gewesen.

In Plieningen hing der Sieg endlich einmal nicht von Hans allein ab. Er hatte einen unbesiegbaren Pferdemetzger und zwei türkische Löwen neben sich, dadurch war er zuversichtlich. Auch alle anderen trauten sich was, und Korb gewann mit einem Vorsprung von vierzehn Punkten.

Die beiden Neuen bekamen Geld angeboten, aber sie sagten lieber nein, um nicht jederzeit verfügbar sein zu müssen. Gleich am Tage nach dem Kampf kamen sogar Abgesandte eines Bundesligavereins und wollten Selim gewinnen. Er sagte: »Wenn ich als Türke Deutscher Meister werden kann, ja!« Aber es wäre nur gegangen, wenn er die deutsche Staatsangehörigkeit angenommen hätte. Er lehnte ab.

Außerdem fand er, Ringen dürfe keine Arbeit werden; zum Training kamen immer wieder hübsche Frauen, und er sagte zu Ibrahim: »Wenn Frauen beim Training zugucken, dann wollen sie was. Ein bißchen Zeit müssen wir übrig behalten!«

77

Von der Schlosserei waren es nur fünf Minuten bis zum Haus des Vereins. Nach Feierabend gingen sie hinüber.

»Hier sind wir immer noch mehr willkommen als bei den Norddeutschen«, sagte Ibrahim. »Die sind aber dafür korrekter. Hier bescheißen sie dich zwar, aber sie meinen es nicht böse.«

»Dann können wir uns doch wie zu Hause fühlen«, antwortete Selim, »die Frauen gefallen mir hier auch besser.« Er meinte damit eine, die Rosmarie hieß. Sie kam hin und wieder zugucken.

Die Stadt Korb lebte vom Wein. Man trank »Korber Kopf«, benannt nach einem der Hügel. Ibrahim, der von der Schwarzmeerküste kam, behauptete unvorsichtigerweise, etwas vom Wein zu verstehen. Darauf wurde ihm allerhand Nachhilfeunterricht erteilt – »es dient ja auch eurer Integration« –, und er lernte einige Weinbegriffe wie »Trollinger« und »Portugieser«. Da der Korber Verein neuerdings wieder Siege zu feiern hatte, kannten sie bald viele Wirtshäuser. Sie hießen »Löwen«, »Ochsen«, »Hirschen« oder »Pflug«. Der Integration dienten auch die geschmälzten Maultaschen im »Lamm« in Steinreinach. Wider Erwarten waren sie wirklich gut zu genießen.

Selim lernte das Lied »O wie wohl ist mir am Abend«, es war langsam und einfach. Türkische Lieder wollten die Deutschen nicht mitsingen, denn da vermißten sie eine Melodie. Überhaupt hielt man die Türken mehr oder weniger für Barbaren, versicherte aber stets, daß man dagegen nichts einzuwenden hätte. Es gab auch einen Türkenhasser, der sagte gar nichts, sondern zeigte nur durch seine bittere Miene, daß er sich in ausländischer Gesellschaft unwohl fühlte.

Und immer wieder kam die Frage: »Habt ihr dort schon Autos?« Selim machte ihnen weis, in seiner Heimat gebe es nur Kamele, für diese aber riesige, breite Bahnen, viel größer als alle Autobahnen. Einmal klemmte er auch ein langes Küchenmesser zwischen die Zähne, um Bruno zu zeigen, wie der türkische Mann gewöhnlich auf die Straße ging. Früher oder später mußte man ihnen dann sagen, daß alles nur Spaß war, es war nie sicher, ob sie von selbst darauf kamen. Am liebsten blieben sie ernst und diskutierten mit großem Eifer. Jeder beharrte auf einem trotzigen Standpunkt gegen alle anderen, eingeleitet durch ganz bestimmte persönliche Formeln. Bei Bruno war es »Noinoi«, bei Hans »Desoine sagida«, und danach kamen breite Sätze, die allesamt mit »gell« endeten. Jeder wollte sich als vernünftiger Mann zeigen, der die Dinge richtig bedachte – richtiger als andere.

Selim konnte alles, er wußte nur noch nicht, was es auf deutsch hieß. Mühsam lernte er, was ein »Anschlagwinkel« und ein »Maßstab« waren, merkte sich »Mikrometer«, »Anreißplatte« und »Schublehre«, sagte »Körner« bei jedem Hammerschlag auf den Körner und »Parallelschraubstock«, wenn er einen solchen auf- oder zudrehte. Die Überwurfmutter am Bohrfutter war nicht komisch, sondern konisch, bei Formstahlschnitten wurde ein Fuß nicht verköpft, sondern verkröpft.

Daß er mit den meisten Werkzeugen längst umgehen konnte, begriffen die anderen erst allmählich. Wer selbst nicht sonderlich gescheit war, hielt einen Sprachlosen stets für unwissend. Weil er die Worte »Brustleier« und »Krauskopf« nicht wußte, hatten sie ihm zunächst nicht einmal zugetraut, daß er Nietlöcher versenken könnte.

Beim Ringen war es ähnlich, aber da sahen sie wenigstens sofort, wie gut er sich zu helfen wußte. Er versuchte jeden Gegner so rasch wie möglich zu werfen, denn wenn es länger dauerte, verstand er nicht, was der Trainer ihm zurief: »Nackenhebel!«, »Armschlüssel!«, »Beinschraube!«. Der Fliegengewichtler Emil brachte ihm wenigstens die Vokabeln bei, die er zum Renommieren brauchte: »Es heißt nicht Schuldsieg, sondern Schultersieg, und Hüftschwung, nicht Hilfsschwung.«

Selim merkte, daß er mehr als nur eine Reihe von Wörtern beherrschen mußte, um Deutsch zu können. Ein und derselbe Satz konnte ganz verschiedenes heißen. Was zum Beispiel »der tut nichts« bedeutete, hing davon ab, ob von einem Schlosserlehrling oder von einem Schäferhund die Rede war. Leicht war das alles nicht, aber nun hatte er wenigstens angefangen, die fremde Sprache zu lernen, und manchmal wußte er genau das richtige Wort. Vorher war er nackt gewesen, jetzt trug er Socken und Unterhosen. Und wenn einer ihn »Kümmeltürke« nannte, entgegnete er »Sauschwab«, damit war die Sache erledigt.

Je mehr er die Sprache verstand, desto stärker wurde der Wunsch, solchen Deutschen zu begegnen, die geistig beweglicher waren als Bruno, Hans oder Emil. Vor allem begann Selim sich vor selbsternannten Türkenfreunden zu fürchten, die sich gnädig und mitleidig zu ihm herabließen und nicht im Traum für möglich hielten, daß der »ausländische Mitbürger« mehr im Kopf hatte als sie.

78.

Ibrahim lernte eine Türkin aus Cannstatt kennen und fuhr, sooft er Zeit hatte, mit seinem Auto hinüber. Ihr Bruder arbeitete dort im Ausbesserungswerk der Bahn. Aber da auch Selim seine Freundin besuchen wollte – sie wohnte in Stammheim und hatte einen Zigarettenkiosk –, wurde der rostige Opel Olympia zum umkämpften Objekt. Oft entschied das Los, manchmal ein Tavlaspiel – aber dabei blieb man zu leicht hängen.

Rosmarie war nahe dreißig, rund und niedlich. Sie kochte, aß und strickte viel und bewunderte Selims Muskeln. Dafür zeigte sie ihm alles, was er sehen wollte, und dazu noch, wie man mit dem Messer auf einem Brett Spätzle schabte, direkt ins kochende Salzwasser hinein, und wie

man sie mit einem durchlöcherten Holzlöffel wieder heraus-
holte. Er lernte von ihr sogar ein Gedicht: »Die Freundschaft, die der Wein gemacht, wirkt, wie der Wein, nur eine
Nacht.« Ferner ein Kartenspiel, das »Geige« hieß. »Bald
wirst du auch noch stricken können«, sagte Ibrahim böse,
als er wieder einmal ziemlich lange auf sein Auto gewartet
hatte. Nach dem großen Sieg in Kornwestheim schenkte sie
Selim eine Armbanduhr mit Datumsanzeige und Leuchtzif-
fern. Sie war zwar in ihn verliebt, aber es gab da noch einen
langjährigen Freund namens Eugen, etwa fünfzig und Arbeiter in der Zuffenhausener Zahnräderfabrik. Und der wollte
Rosmarie seit Jahren heiraten. Eines Tages erfuhr er von
Selims Existenz, und davon, daß sie mit ihm nicht nur »Geige« spielte.

Eugen gab sich offenbar Mühe, sie zurückzugewinnen.
Oft kam Selim angefahren und sah von der Straße her, daß
das Badezimmerfenster geschlossen war – das war ein Zeichen und hieß »er ist bei mir, komm später«. Dann trank er
ein paar Biere im »Rössle« und wartete ab. Wenn er Glück
hatte, war nach Mitternacht das Fenster hochgestellt. Kaum
war Selim in der Wohnung, schloß Rosmarie das Fenster
wieder, denn mit Eugen hatte sie dasselbe Zeichen abgemacht.

Einmal kamen sie gleichzeitig an, vom offenen Fenster
ermutigt, und sprachen von Mann zu Mann. »Wenn das so
ist...«, sagte Eugen, »dann wollen Sie sie also auch heiraten?« Selim erschrak. »Wieso, ich bin Seemann. Seeleute
heiraten selten.« In den nächsten Wochen wartete jeder darauf, daß der andere endlich verschwand.

Die Nachbarn redeten schon darüber, aber Rosmarie war
das egal. Sie sei selbständig und der Hauswirt könne ihr
auch nichts tun – sie zahle eine gute Miete, außerdem habe
er das Dachgeschoß illegal ausgebaut.

Rosmarie hatte zwei Katzen, die sie mit »Miez Miez« rief.
Sie behauptete, das sei die einzig erfolgreiche Art, Katzen zu
rufen. »Bei uns sagt man ›psss, psss‹«, entgegnete Selim.

»Siehst du, sie haben die Ohren zu mir gedreht!« »Bestimmt ein Mißverständnis«, sagte Rosmarie, »sie verstehen nur Deutsch.«

Sie lachte oft und gern, sogar im Bett. Wenn ihr am wohlsten war, lachte sie laut auf. Deshalb hatte es bei ihr auch eine besondere Bedeutung, wenn sie sagte: »Selten so gelacht« oder »Ich möchte mal wieder so richtig lachen«.

Selim lachte über andere Dinge. Etwa über Filme im Fernsehen, bei denen Rosmarie völlig ernst blieb. Er hatte entdeckt, daß dort meist zwei miteinander redeten, deren jeder brav zuhörte, bis der andere fertig war. Manchmal »unterbrach« auch einer den anderen, aber das merkte der rechtzeitig und machte ganz schnell den Mund zu, damit man den Unterbrechenden gut verstehen konnte. Je mehr Selim darauf achtete, desto mehr mußte er lachen. Rosmarie verstand das nicht, sie wurde richtig böse darüber: »Wieso, die reden doch wie im normalen Leben. Es ist nur, weil du hier noch fremd bist!«

79.

In Korb schien der sieggewohnte Selim auf dem besten Wege, ein angesehener Mann zu werden. In der Firma wurde er Vorarbeiter auf der Baustelle. An den Wochenenden war er mit seinem Verein im Bus zu weiteren Siegen unterwegs, und auf der Heimfahrt klopften ihm viele Freunde auf die Schulter, fast zu viele manchmal. Nur selten schliefen sie in Herbergen, meist waren sie Gäste von Ringerfreunden, und da war auch das Frühstück besser. Rommerskirchen, Kandern, Gottmadingen, Urloffen – Selim begann viele kleine Städte zu kennen. Bis nach Trostberg in Oberbayern kamen sie, wo Selim einen pockennarbigen Ingenieur traf, der fließend Türkisch sprach und ihm eine gutbezahlte Arbeit in den Kalkstickstoffwerken anbot. Er lehnte ab, weil er vermutete, daß es wie in der Werft sein würde. Was er als Schweißer und Schlosser gelernt hatte, wollte er auch anwenden.

Rosmarie war mit Eugen zerstritten, weil er ihr Vorwürfe gemacht hatte. Welche, wollte sie nicht genau sagen. »Er ist zu sehr Gewohnheitsmensch.« Jetzt wollte sie angeblich nicht mehr ihn, sondern Selim, aber der war wieder zu wenig Gewohnheitsmensch. Von Tag zu Tag wurde er unruhiger – ganz als ob er eine Katastrophe witterte. Mit Rosmarie zu leben und einen gutgehenden Kiosk zu betreiben – der Traum vom eigenen Geschäft rückte näher, aber vielleicht war alles zu bequem. Wie eine Geschichte, die dabei war, gut auszugehen – das hieß ja auch, daß sie sich dem Ende näherte. Zigarettenhändler in Stammheim, das war nicht die Geschichte, die Selim später einmal erzählen wollte. Ein richtiger Unternehmer wollte er werden, einer, der mehrere gute Leute versammelte und sie dazu brachte, nicht ganz so faul zu sein wie sonst.

Auch anderes gab zu denken. Bei einem Freistilkampf in Kandern duckte Selim sich tief, um die Beine des Gegners zu fassen. Dieser kam mit dem Gesicht über seinen Hinterkopf, und weil Selim sich soeben blitzartig wieder aufrichtete, krachte es.

»Mein Zahn ist weg!«

Der Kampf wurde sofort abgebrochen, die beiden Gegner und der Ringrichter suchten die Matte ohne Erfolg nach dem fehlenden Zahn ab. Der Mann aus Kandern jammerte und spuckte Blut ins Taschentuch. »Mir geht es auch nicht besonders«, sagte Selim und faßte sich an den schmerzenden Hinterkopf. Da steckte der Zahn.

Oder die Sache in Schifferstadt, nach dem Kampf zwischen Hamid Arslan und Wilfried Dietrich. Selim zeigte einem dicken, sommersprossigen Bauernburschen den Armzug mit Salto rückwärts. Der Gute begriff nicht, wie man sich dabei vor Verletzung bewahren konnte. Er wäre mit dem Kopf auf den Boden gestaucht worden, hätte Selim sich nicht rechtzeitig auf den Rücken fallen lassen. Es war gerade jenseits der Mattenkante, und der schwere junge Mann fiel noch über ihn. Zwei Rippen waren gebrochen und die Schulter verrenkt, die Schmerzen ärgerlich, und der Bauer glaubte auch noch, er hätte ihn besiegt – vielleicht war sein Kopf schon von früheren Versuchen beschädigt.

Am Montag ging Selim schwer bandagiert zur Arbeit und machte, durch Schmerzen und den elend juckenden Verband ungeduldig, seinen nächsten Fehler: er nahm eine Trennscheibe, um ein Geländer abzuschleifen. Er wußte, daß es verboten war, weil sie nicht durchgebogen werden durfte. Das geschah aber, und sie zersprang mit einem lauten Knall. Einer der Splitter fuhr Selim quer durch die Wange, er blutete sehr, und alle ringsherum wurden blaß. Der Chef selbst fuhr ihn mit dem Mercedes nach Waiblingen. Selim wollte erst gar nicht einsteigen, er wußte, daß er den Mann schon mit einem einzigen Blutfleck auf dem Lederpolster unglücklich machen konnte. In der Klinik wurde die Wunde genäht.

Dabei hatte Selim Zeit zum Nachdenken und entschied: zwei Unglücksfälle innerhalb von zwei Tagen waren ihm ein Zeichen, daß er hier nicht länger bleiben sollte. Es mußte einen anderen Platz geben, der besser zu ihm paßte.

80.

»Fähnrich und Zugführer« in einer Feldkabel- und Richtfunkkompanie in Dransfeld! Alexander liebte die Menschen, sobald sie ihm nicht mehr davonlaufen konnten. Sie respektierten ihn, grüßten, warteten auf seine Anordnungen. Er war davon begeistert, ihnen etwas beizubringen, und gab sich Mühe. Und er fühlte sich nicht einsam, im Gegenteil, zum ersten Mal war er von Menschen umgeben, die es honorierten, wenn er freundlich, gerecht und kompetent war – sie waren darauf angewiesen. Er merkte, daß diese Art Zusammenhalt im Alltag manche Zweifel am »Ernstfall« und an den bürokratischen Fehlleistungen der Armeeführung aufwog. Er verwünschte sich, weil er die Zeit in den Lehrgängen nicht besser genutzt hatte. Allwissend hätte er sein mögen, um »seine Männer« nicht zu enttäuschen. Längst hatte er sich danach gesehnt, Vorsicht und Mißtrauen abzulegen und Dinge, die nicht gut waren, vertrauensvoll zu ändern, statt sich vor ihnen zu hüten. Hier konnte er es. Für Gefreite im ersten Ausbildungsjahr war er ein Gott, er mußte nichts fürchten.

»Wie ein Hundebesitzer«, sagte Banholzer, ein Schulfreund aus Rosenheim, der zur Zeit in Göttingen studierte. »Du erinnerst mich an Leute, die sich einen Schäferhund gekauft haben. Oder an die Kolonialisten, die die Schwarzen geliebt haben!«

Dieser Banholzer. In der Schule war er nie aufgefallen, und er sah ihn nach diesem Gespräch nie wieder. Es gab Leute, deren Bedeutung sich auf einen Satz in fünfzig Jahren beschränkte – aber ohne den ging es nicht. Also, war er nun ein Militarist? Eindeutig haßte er das Exerzieren auf dem Kasernenhof, genannt »Formalausbildung«, die gerülpsten Kommandos, den stumpfsinnigen Gleichtakt der Figuren und das, was damit demonstriert werden sollte, er haßte das alles, und deshalb unterliefen ihm ständig Fehler.

»Zug in Linie antreten«, rief er unwirsch. Eine Linie von dreißig Mann, immer drei hintereinander, stand ihm gegenüber. »Im Gleichschritt – marsch!« Hätten sie gehorcht, sie wären über ihn weggmarschiert – er hatte das »Rechtsum« vergessen. Es gab auf dem gesamten Kasernenhof niemanden, der nicht lachte – außer den Unteroffizieren, die sich schrecklich für ihren Zugführer schämten.

Gut, daß er sich nicht auf längere Zeit verpflichtet hatte.

81

Keine Arbeit in Aschaffenburg, das traf sich schlecht! Denn Selim besaß nur noch eine einzige Mark, alles war für den Zahnarzt draufgegangen. Und seit zwei Tagen hatte er nichts gegessen. Er überlegte, ob er zu einem der vielen Ringervereine in dieser Gegend gehen sollte, praktisch um zu betteln. Vielleicht ließen sie ihn sogar ringen. Mit dem Gewicht gab es jedenfalls keine Probleme.

»Was haben Sie denn seit Korb die ganze Zeit getan?« fragte der Mann im Arbeitsamt.

»Ein bißchen gegangen«, antwortete Selim, »Schwäbische Alb, Oberschwaben, Bodensee, Allgäu. Ich war sogar auf dem Nebelhorn.«

»Soso, die Beine vertreten. Drei Wochen! Und wo wohnen Sie jetzt?«

»Kolpinghaus. Kein Geld mehr.«

»Warum nicht?«

Selim grinste: »Falsch gerechnet.«

»Wundert mich nicht. Sie haben ja keine Ordnung! Seine Unterlagen schleppt er hier in einer Plastiktüte mit sich herum, alles fettig und verwutzelt...« Er blickte auf das von Selim ausgefüllte Formular und betrachtete den schier endlosen Nachnamen. »Sogar die Tüpfelchen auf den i's vergißt er! Auf seinem eigenen Namen! – Ja, Schweißer oder Schlosser, da gibt es nichts. Was haben Sie vorher gemacht?«

»Matrose.«

»Gehen Sie mal zur Mainschiffahrt. Ich sage Ihnen eine Reederei, die ist nicht weit weg von hier.«

Im Büro der Reederei log Selim wie ein Meister – jetzt konnte er das schon auf deutsch. Er sei von Kind auf zur See gefahren, erst als Fischer, dann in der türkischen Marine.

»Gut!« sagte der Boß und zwinkerte den beiden Sekretärinnen zu, die aber sichtlich Selim mit größerem Wohlgefallen betrachteten als ihn. »Dann zeigen Sie uns mal paar Knoten!«

»Nein! Auf keinen Fall!«

»Wieso nicht?«

»An Land mache ich keine Knoten! Bringt Unglück!«
Selim hielt drei Finger der linken Hand in die Luft: »Zwei
Verwandte, ein Vetter und ein Onkel, und dazu noch ein
Freund von mir – haben an Land Knoten ohne Schiff ge-
macht, alle ertrunken!« Er warf den Tampen mit einer Mie-
ne des Abscheus zurück, als wäre er eine Giftschlange.

Die Reederei schien wirklich einen Mann zu brauchen.
Der Boß sagte: »Seht ihr, das war ein Test! Ein richtiger
Seemann ist abergläubisch. – Wann wollen Sie anfangen?«

»Sofort!«

»Gut. Am Montag auf ›Schnelltank 17‹. Das Schiff
kommt aus Karlstadt, legt hier aber nicht an. Sie können in
Mainz an Bord gehen. Und heute müssen Sie aufs Wasser-
und Schiffahrtsamt.«

»Geht es schon vorher? Ich bin ein bißchen...« Er
schämte sich, vor den Mädchen seinen Hunger zuzugeben.
Der Boß sah ihn prüfend an und dachte sich seinen Teil. Der
Satz brauchte nicht beendet zu werden.

»Fünf Kilometer von hier, mainabwärts, ist eine Schleuse.
Morgen früh um fünf! Wenn sie ihn da verpassen, müssen
Sie nach Mainz. Der Schiffsführer heißt Heiner Kurz. Sagen
Sie mal – beim Amt müssen Sie eine Mark Gebühren zahlen,
die haben Sie doch?«

»Ja...«

Er erwartete eine Einladung zum Essen, aber sie kam
nicht.

82.

Schon vor Sonnenaufgang ging er am Main entlang, um
rechtzeitig bei der Schleuse zu sein, aber er kam dennoch
erst nach fünf Uhr an. Im Morgennebel lagen mehrere

Frachtschiffe, aber kein »Schnelltank 17«. Ein Schiffsführer in Hosenträgern, der sich eben rasierte, zuckte mit den Achseln. »Heiner Kurz? Kenne ich nicht.« Selim ging schweren Herzens bis zur Schleuse und fühlte sich vor Hunger alt und krank. Wenn er das Schiff versäumt hatte, mußte er um ein Stück Brot bitten. Er hatte jetzt ein »Schifferdienstbuch« mit Nummer und Stempel, vielleicht bekam er damit sogar etwas Wurst und Brot und einen Kaffee.

Daß er Korb verlassen hatte, bereute er immer noch nicht. Es war dort gut gewesen, aber nicht das, was er für sich suchte und was er anderen von sich erzählen wollte. Trotzig hielt er daran fest. Sein Magen knurrte.

»Schnelltank 17? Aber da kommt es doch!« Ein schönes weißes Schiff, gut siebzig Meter lang, kam auf dem Main herangerauscht, hoch aus dem Wasser ragend, weil es leer war. Selim bekam vor Freude fast Tränen in die Augen, weil er nun doch nicht würde betteln müssen.

Er war als Ersatzmann für einen Polen vorgesehen, der sich verletzt hatte: vom Knie aufwärts fehlte die Haut an seinem rechten Bein, es sah schlimm aus. Selim fragte lieber nicht, wie es passiert war, womöglich war es Dummheit. Er wurde auch nicht gern nach seiner Gesichtsnarbe gefragt. Der Pole freute sich, daß er schon von Bord gehen konnte, und zeigte ihm die Kabine.

»Hier im Kühlschrank ist noch was von mir, das kannst du alles haben.« Selim aß ein winziges Stück Käse, mehr nicht. Sie sollten nicht gleich merken, wie es um ihn stand.

Heiner Kurz gefiel ihm sofort. Er war in Oberschwaben geboren, hatte aber schon als Kind auf Lastkähnen gearbeitet und kaum etwas anderes gesehen als Flüsse und Flußstädte. Jetzt war er siebenundzwanzig und mit Inge verheiratet, die in Duisburg wohnte und deren Bild im Fenster des Führerhauses hing. Ein Kind hatten sie auch. Von dem gab es sogar eine ganze Hemdtasche voll Photos. Noch ein dritter war an Bord, mit dem der Pole vor dem Abschied lange sprach. Er stellte sich nicht vor und schien überhaupt etwas seltsam. Sein Name war wohl »Hermann« – Selim glaubte das im Gespräch zu hören. Der Schiffsführer nannte ihn nur »Dicker«, aber das konnte Selim schlecht übernehmen.

Gleich beim Einfahren in die Schleuse sollte Selim am Heck sein und festmachen. Das war einfach. Das Tau hatte eine Schlinge, die legte man über den Poller – fertig. Schwieriger war es beim Wegfahren, denn man konnte das Tau nicht an Land losmachen, sondern mußte es vom Schiff her hoch- und wegschlenkern. Auf dem Schiff neben ihnen besorgte das ein Mädchen mit großer Leichtigkeit. Sie war offenbar die Tochter des Kapitäns, dazu noch hübsch – als Selim seine polnische Erbschaft aufgegessen hatte, konnten ihn auch Frauen wieder interessieren. Aber vorläufig lachte sie nur über die vergeblichen Kunststücke, die er mit dem Tau probierte. Er wußte nicht einmal, wie man die Landebrücke ausschwenkte. Er schob und schob, bis das Mädchen ihm signalisierte, daß ein kleiner Tritt zur Seite hin genügte.

Vor der Offenbacher Schleuse kam Inges Bruder an Bord, und Heiner ging einen mit ihm trinken. Diesmal lag das Schiff mit der Kapitänstochter eine Länge vor ihnen. Er betrachtete sie durchs Fernglas und fand, daß sie zwischen dem hochgeknoteten Hemd und dem Jeansgürtel einen hübschen nackten Bauch hatte, braun, schlank und muskulös. Er begann einen Dialog per Zeichensprache. Ohne ein einziges Wort trafen sie die Verabredung, daß Selim um neun Uhr zu ihr hinüberschwimmen sollte, wenn sie mit dem Feuerzeug das Signal gab, daß die Luft rein sei. Es wurde neun, das Flämmchen zuckte im Halbdunkel, Selim schwamm los. Sie hatte ein Tau heruntergelassen, an dem er hochklettern konnte.

Auf halber Strecke bekam er von einem großen Fisch eine Ohrfeige mit der Schwanzflosse. Vielleicht trieb er da schon lange halbtot herum und das war das letzte, wozu er sich in diesem Leben noch aufraffte. Selims Gesicht brannte richtig, aber er lachte nur. Dann kam es noch schlechter: als er bei dem Schiff eintraf, ging plötzlich das Tau hoch, und die Stimme des Kapitäns war zu hören, der mit seiner Tochter zankte. Selim schwamm ans Ufer und wartete dort eine halbe Stunde vergeblich, bis er zu sehr fror, den Gedanken an den hübschen Bauch für heute aufgab und zum »Schnelltank 17« zurückging. Eine neue Arbeit, Sattessen und dann noch Liebe, das wäre für einen einzigen Tag ohnehin ziemlich viel gewesen. Ein Gutes kam aber noch: er saß bis in die tiefe Nacht mit Heiner Kurz in der Kajüte, erzählte ihm seine Erlebnisse und lernte ihn dabei kennen. Der hatte das Voralpenland, in dem er geboren war, vor über zwanzig Jahren zuletzt gesehen und konnte nicht oft genug hören, wie es dort aussah. Mit Selim hatte er den Richtigen gefunden: Wenn der zu Fuß ein Land bereiste, dann sah er sich auch um. Oberschwaben, das war ein Land voll Sonne, mit Kühen, Rehen, Hirschen und Raubvögeln – und einmal hatte er einen riesigen runden Hund gesehen, der am Waldrand um die Bienenkästen herumstrich, er hielt sogar für denkbar, daß es ein Bär gewesen war. Er machte die Bewegungen des Tieres nach, was in Heiners Kajüte nicht leichtfiel, und dieser bestätigte sofort: »Dann war's bestimmt ein Bär, und wenn's der letzte war!« So ein Land war das! In breiten grünen Wiesen verstreut standen einzelne Obstbäume, unter denen es sich bis in den Abend hinein herrlich schlafen ließ, bevor man in die nächste Stadt ging und gutes Bier trank. Auf einem Hügel dicht bei Schussenried hatte er eine Stunde lang bei starkem Wind studiert, wie ein großer Schmetterling es schaffte, nicht weggeweht zu werden. In Lindau hatte er, weil niemand es ihm verwehrte, einer Feuerbestattung beigewohnt und sich gefürchtet, als der Sarg mit großem Eisengerassel Richtung Ofen verschwand. Sonst sei es am Bodensee wunderbar, »fast wie am Schwarzen Meer«. Das kannte der Schiffsführer nun weniger, Selim mußte alles genau beschreiben. Auf einen hohen Berg im Allgäu sei er geklettert, zuerst ohne festen Entschluß. Aber dann hätte jemand versucht, ihn aufzuhalten, ein Mann mit riesiger Stimme, der ganze Berg hallte von ihr wider. Da habe er natürlich weitergehen müssen. »Wenn man Gleichgewicht halten kann und Muskeln hat, schafft man es fast senkrecht hinauf«, versicherte Selim und schilderte den Blick vom Nebelhorn in die Alpen und ins Land hinaus – fast seine ganze Fußstrecke habe er überblickt, nur Korb des Dunstes wegen nicht mehr genau ausmachen können. Auf dem Rückweg zum See sei er dann einem Schäfer begegnet, einem Norddeutschen, der für seine große Herde vier Hunde brauchte. Der hätte ihn gern als Hilfsschäfer behalten und ihm dazu den Umgang mit den Hunden beigebracht. Aber das war Selims wunder Punkt, mit Hunden vertrug er sich nicht. »Trotzdem habe ich viel gelernt in den paar Stunden. Daß Schäferhunde erst gut sind, wenn sie Mordlust haben und denken, sie könnten etwas davon ausleben. Und daß sie im Umgang mit Schafen in Süddeutschland den Keulenbiß lernen. In Norddeutschland dagegen herrscht der Rippenbiß.«

Als er lange genug erzählt hatte, teilte ihm Heiner endlich das Wichtigste von sich selbst mit: auch er liebte Kinder mehr als Hunde. Er besaß keinen Führerschein, verabscheute das Kartenspiel, wollte einmal im Leben Amerika sehen, aber danach in einem Haus bei Kempten wohnen, vielleicht sogar eine Gastwirtschaft aufmachen. Nachdem Selim eine halbe Stunde nur zugehört hatte, sagte Heiner: »Du kannst gut deutsch, vielleicht mit einem bißchen Schwäbisch drin.«

»Wenn man eine Sprache lernt, muß man Papagei sein«, antwortete Selim.

»Und warum bist du in Aschaffenburg gelandet?«

»Mich hat jemand mitgenommen, der nicht allein fahren wollte. Ich hatte Zahnweh, ich konnte mich nicht wehren.«

Er zeigte Heiner die zwei Weisheitszähne, die er zusammen mit Versicherungsheft und Lohnsteuerkarte in der Plastiktüte mit sich führte. Dann ging er schlafen.

83

Auch die Binnenschiffahrt war nichts für die Dauer, davon war Selim schon am dritten Tage überzeugt. Vielleicht war er selbst nicht für die Dauer, vielleicht war es sein Schicksal, immer wieder wechseln zu müssen – Ankommen hieß Weggehen, und Frieden Unruhe. Aber jetzt wollte er sich immerhin eine Weile sattessen und es sich auf diesem schönen weißen Schiff so erträglich wie möglich machen.

Aus Hermann wurde er nicht klug, schon weil der ständig »Mustafa« zu ihm sagte und dann nur noch grinste. So war es zum Beispiel, als Selim eines Abends in Mainz das Loswerfen des Haltetaus übte. Oder wenn Selim wieder einmal vergeblich nach dem Schiff mit der Kapitänstochter Ausschau hielt. Ab und zu leierte Hermann ein paar Takte eines dummen Schlagers, der mit »Mustafa« anfing. Wenn Selim Essen kochte, sagte er: »Pfui Teufel, Knoblauch! Aha, Mustafa kocht wieder!« Für deutsche Nasen schien türkischer Knoblauch greulich zu stinken, während ihnen der französische himmlisch duftete. Wenn Hermann selbst kochte, bot er nichts an, ließ nicht einmal probieren. Es wurde immer klarer, daß er etwas gegen Türken hatte. Aber er war im Grunde nur ein armer Kerl, Selim hatte bereits am zweiten Tag Mitleid mit ihm: reden konnte er nicht, Frauen schauten ihn nicht an, weil er so schwerfällig und stumpfsinnig aussah, und zum Tanzen traute er sich schon gar nicht. Später sah Selim ihn in Oberhausen »schunkeln«, das war ein Tanz, zu dem man nicht aufstehen mußte, etwas für Angesäuselte.

Auf einem neuen Schiff hatte man mehr zu tun als auf den älteren. Ständig gab es zu putzen und zu pinseln, auch am Sonnabend. An den Schleusen hoffte Selim das Mädchen wiederzusehen, aber vergeblich. An Rosmarie schrieb er eine lustige Karte mit dem Absender »postlagernd Offenbach«. Er wollte aber nicht nach Korb zurück. Es gab ein Leben, das hinter ihm lag, und ein anderes vor ihm. Auf das zweite war er neugieriger.

Auf dem Rhein gab es keine Schleusen, Selim las Bücher von Jack London und Guareschi in türkischer Übersetzung. Gern sah er sich zwischendurch die Burgen am Flußufer an. Heiner erzählte die Geschichte von einem fetten Christen, der in einem Turm von Mäusen gefressen worden war, und noch anderes.

Das schönste Märchen hatte mit Burgen nichts zu tun. Es hieß »Sechse kommen durch die ganze Welt«. Da waren ein paar besondere Burschen beieinander: ein Schwergewichtler mit breitem Kreuz, ein Schnelläufer, ein Feinhorcher, ein Scharfschütze mit hellen Augen, ein Weltmeister im Saufen und ein Bläser, der ganze Heere umpusten konnte. Jeder hatte eine Fähigkeit, die allen anderen fehlte, und so war er unersetzbar. Und einen arbeitslosen Matrosen gab es, der außer Erzählen gar nichts konnte, aber alle zu Freunden hatte. Das war der Anführer. Eigentlich waren es mit ihm sieben, Selim fand nicht heraus, warum es »Sechse« sein sollten. Vielleicht hatten sie sich schon diesen Namen gegeben, bevor sich unerwartet der siebte einfand. Sie kamen weit herum, eroberten für den Matrosen die Tochter des Königs und für sich selber Mädchen, die es mit ihnen aushalten konnten.

In Köln wurde Heizöl übernommen, dann ging es zurück zum Main. Selim konnte bald alles, was verlangt wurde, sogar sämtliche Knoten. Wenn ein Schiff entgegenkam und Heiner »Wir bleiben links« rief, hißte Selim die blaue Flagge. Die Arbeit wurde schnell eintönig. In Karlstadt sahen sie sich das Fußball-Endspiel Deutschland gegen England an. Das unklare dritte Tor sorgte für genügend Gesprächsstoff, bis Selim, genau am dreizehnten Tag, über Bord fiel und herausgefischt werden mußte. Darüber sprach dann besonders Hermann gern. Spannend waren auch Wettfahrten mit anderen Tankschiffen flußabwärts nach Holland. »Schnelltank 17« lag mit 1000 PS gut im Rennen. Wer zuerst ankam, tankte zuerst, die andern mußten warten. Er verkaufte auch als erster, und das war wichtig: die Preise hielten nicht so lange, bis der letzte gelöscht wurde. Beim Bunkern gab es schon für das zweite Tankschiff großen Zeitverlust: zum Auftanken wurde das Öl mit Dampf auf 45 Grad angeheizt, sonst war es zu dickflüssig und ließ sich nicht pumpen. Das dauerte. Selbst wenn der zweite auf der Fahrt wieder etwas aufgeholt hatte – in Ruhrort mußte er erneut Stunden warten, denn das Öl war auf der Fahrt wieder kalt und dick geworden, jeder mußte abermals ans Dampfrohr. Selim lernte, daß nicht die einen Tanks ganz aufgefüllt werden durften, während andere leer waren. Der Pegel mußte in allen nahezu gleichzeitig steigen. Bald konnte Selim mit den Meßstäben umgehen und leitete das Bunkern, während Heiner bei der Firma anfragte, wohin er liefern sollte.

Da sie vielen Frachtschiffen wiederbegegneten, kannte Selim bald eine Menge Leute vom Winken, sogar die Kapitänstochter sah er noch einmal, leider auf Gegenkurs. Er kannte auf manchen Booten alles vom Sehen, sogar die Hunde und einzelne Wäschestücke. Für das Auge war diese Arbeit angenehm. Man lernte die verschiedenen Weinhänge kennen und die Menschen, die darin den Buckel krumm machten. Nach drei Wochen meinte er auch die Kapitäne aller Ausflugsdampfer auf Main und Rhein zu kennen. Das einzige, was man sich nicht zu merken brauchte, waren die Touristen auf den Sonnendecks. Obwohl die am heftigsten winkten, um im Gedächtnis zu bleiben.

Manchmal war Selim es leid, immer nur deutsch zu sprechen. Zwar konnte er damit schon alles Wichtige sagen, aber er fühlte sich immer noch lahm und schwerfällig dabei. Und selbst wenn er die fremde Sprache schließlich einmal perfekt beherrschte, es würde stets nur eine auf der Welt geben, in der er fliegen konnte wie ein Adler, schwimmen wie ein Delphin.

In Germersheim, Oberhausen, Duisburg, wo immer er konnte, suchte er nach türkischen Lokalen, nur um seine Muttersprache zu sprechen. Nicht immer war es mit den Landsleuten angenehm. Viele wollten nur aufschneiden und von den großen Summen phantasieren, die sie da oder dort verdient hätten. Prahlen konnte Selim auch, wenn es sein mußte: für solche Leute verdiente er auf dem Kahn 3000,– Mark netto, und wenn sie es nicht glaubten, sagte er: »Es ist, weil ich das Abitur habe, das ist den Deutschen viel wert.« Den wollte er sehen, der ihm das Abitur nicht glaubte – wenn er richtig loslegte, war er Professor!

In Köln, endlich, lernte er in einem Tanzlokal nahe dem Dom ein Mädchen kennen, das mit ihm kommen wollte. Aber dann traute sie sich trotz allem guten Zureden nicht über das schmale Landebrett und lief wieder weg. Liebe und Binnenschiffahrt, das ging nicht zusammen.

In Duisburg bot ihm ein türkischer Waffenhändler Arbeit an. Es waren Pistolen aus Rotterdam nach Frankfurt zu schmuggeln. 50.– Mark pro Stück sollte er verdienen.

Selim überlegte.

»Es geht nicht. Ich habe eine sichere Arbeit und ein Mädchen in Frankfurt, wir werden heiraten.«

Der Waffenhändler war Profi: er verlor kein weiteres Wort, sondern war von einem Moment zum anderen verschwunden.

Selim war immer noch unschlüssig. »Was hätte Onassis an meiner Stelle getan?« dachte er unzufrieden. Ein gutes Geschäft auszuschlagen, war Sache reicher Leute, die mehrere Eisen im Feuer hatten. Er aber war arm.

Er beschloß, vom Kahn zu gehen und mehr von der Bundesrepublik zu studieren. Den Grund dafür hatte er ja bereits erfunden – er konnte sich dieses Frankfurter Mädchen genau vorstellen, es rief geradezu nach ihm.

Der Abschied von Heiner fiel nicht leicht, auch weil der ihn nicht gehen lassen wollte. Fast weigerte er sich, seine Unterschrift ins »Schifferdienstbuch« zu setzen. Erst waren seine Hände voll Öl, dann hatte er den Kugelschreiber verlegt, die Hindernisse nahmen kein Ende.

»Mensch, mach's wie ich, heirate und nimm deine Frau ab und zu mit, und Kinder, wenn welche da sind. Die mögen das! Was meinst du, was die für einen Spaß am Fahren haben, wenn sie mal älter sind!« Er schien Jahrzehnte mit Selim fahren zu wollen.

»Wenn du mehr türkisch sprechen willst, dann tauschen wir Roland aus, der geht mir sowieso auf die Nerven. Statt dessen kommt ein Türke!«

Selim ließ sich auch dadurch nicht umstimmen. Ein Türke als dritter Mann? Seine Ansprüche waren groß: er suchte sich seine Türken gern selbst aus.

»Es geht nicht, entschuldige. – Sag mal, wer ist Roland?«

»Der Dicke. Den du immer Hermann nennst!«

Wieder ein Beweis, daß die ersten Minuten auf einem neuen Schiff die wichtigsten waren: der Pole hatte Roland niemals »Hermann« genannt. Er war dafür bekannt, vor jedem Satz »Hör mal« zu sagen, eine Marotte von ihm. Jetzt wußte Selim, warum er so lange auf den Namen »Mustafa« hatte hören müssen: Rolands Rache für »Hermann«.

Nachdem er dem Waffenhändler etwas von Frankfurt vorgelogen hatte, mußte er immer wieder daran denken, daß dort vielleicht wirklich das Glück zu finden war. In Offenbach nahm er Abschied von »Schnelltank 17«. Sein Nachfolger war ein ehemaliger Landstreicher, dem das Leben ohne Arbeit hin und wieder zu langweilig wurde. Er wußte alles über Frankfurt und gab Tips, wo man dort billig essen und schlafen konnte. Anerkennend sprach er über die Betten der Bahnhofsmission und über ein ruinenähnliches, dafür aber tolerantes Wirtshaus am Osthafen: »Zur Granate«. Ferner beschrieb er das Pfarrhaus einer »Herz-Jesu-Kirche« in Fechenheim, wo man als mittelloser Durchreisender respektable Schmalzbrote bekomme, bestimmt auch als Muslim, wenn man eine nette Bemerkung über das Christentum einfließen ließ.

Selim glaubte zwar nicht, daß er so schnell wieder am Ende sein würde, aber er erkannte in dem Ex-Landstreicher einen guten Menschen, zeigte ihm den Kühlschrank und überließ ihm den Inhalt seines Fachs.

84

Robitsch, Nagel und die anderen Abiturienten wurden jetzt Leutnants. Plötzlich war ein mildes, schwer deutbares Lächeln auf ihren Gesichtern. Nach einiger Zeit wußte Alexander: sie fühlten sich in den neuen Uniformen nicht nur groß und wichtig, sondern auch schön wie die Götter.

Alexander ging es anders. Er gefiel sich selbst nicht mehr so gut wie vor Monaten. Er hatte sich bei diesen Ersatzvätern im Stabsoffiziersrang lieb Kind gemacht, das war es gewesen, und sie hatten ihn dafür in den dienstlichen Beurteilungen als »frisch«, »sachlich«, »skeptisch« und »bestens belastbar« bezeichnet und in ihm privat ein Beispiel für denjenigen Teil der deutschen Jugend gesehen, der »noch in Ordnung« sei. Ihre wohlwollende Aufmerksamkeit hatte er sich gefallen lassen, weil das Vorteile brachte. Einmal sagte so ein Oberstleutnant plötzlich gedankenschwer den Satz: »Schließlich haben auch wir schon im Zweiten Weltkrieg für ein vereintes Europa gekämpft!« Außerdienstliche Meinungsäußerung und, wie Alexander einsah, schwer widerlegbar.

Er hatte in den letzten Wochen wieder Probleme mit seinem Hirn-Echo gehabt – was er sagte, wurde ihm satz-, ja wortweise verdächtig. Ein Redner mußte aber mindestens eine halbe Stunde lang sprechen können, bevor er zu zweifeln begann. Wer nicht davon überzeugt war, die Wahrheit zu sagen, verlor den Faden. Wenn er erst Wissenschaftler und Politiker war, würde es ihm damit bessergehen, da war er sicher.

Dann kam der Abschied. Auf Jessen wartete die väterliche Autowerkstatt in Husum, auf den Zeitsoldaten Robitsch die Versetzung zu den Gebirgsjägern nach Berchtesgaden. Kant wollte Goldschmied werden, Nagel Betriebswirtschaft studieren und der ehemalige Waschraum-Gegner, dessen Schneidezahn nicht mehr wackelte, Philosophie.

Man trank viel Bier und erinnerte sich unter Gelächter an

die Wehrdienstzeit, sie wurde bereits jetzt zum Comic strip. Man sprach auch über außerdienstliche Heldentaten und vor allem über Frauen. Nagel, der hierin noch nichts Konkretes zu bieten hatte, machte dennoch großen Eindruck mit einem Zitat aus dem Epheserbrief: »Das Weib aber fürchte den Mann!« Die jungen Helden beschlossen, darauf einen zu heben, und dann noch einen.

Sie beschlossen ferner, einander nicht aus den Augen zu verlieren, schon weil sie zusammen »so viel durchgemacht« hätten.

Bereits ein Jahr später hatten sie miteinander keine Verbindung mehr, und nach fünf Jahren brachten sie Personen, Orte und Geschehnisse durcheinander. Nur Alexander, dem Vergessen schwerfiel, behielt Namen und Gesichter im Kopf, vor allem Sätze.

18. Januar 1981

Olaf entwickelt ein Drehbuch für einen überlangen Film namens »Deutscher Konjunktiv«. Schon der Titel! Es soll die Geschichte einer Familie in den letzten sechzig Jahren werden, aber dabei soll Geschichte umgeschrieben werden: Hitler malt zeit seines Lebens Aquarelle, hin und wieder verdient er sich ein paar Reichsmark als dämonisch blickender Statist bei minderen Heimat- und Schicksalsfilmen – er liebt den Film. »Machtergreifung« und Krieg, wir bemerken es erst allmählich, sind ausgefallen, die Juden leben und sind ebenso Deutsche wie Bayern, Berliner Hugenotten oder Sachsen. Das Ganze geht bis in die Gegenwart, wir befinden uns in einem unzerstörten Reich in den Grenzen von 1935, ehrwürdig-sozialdemokratisch und etwas altmodisch regiert, mit starker Opposition seitens einer Art Grundbesitzerpartei, und mit einem reichen geistigen Leben in den großen Städten. Es werden wunderbare Filme gedreht, es gibt unglaublich viele gute Zeitungen, es gibt Witz. Probleme hat man mit der studentischen Jugend, die den Marxismus entdeckt hat und für die – 1918 gescheiterten – Revolutionsideen eines gewissen Lenin demonstriert, den man in den Nachschlagewerken vergeblich sucht. Hierzu will Olaf Aufnahmen von den Achtundsechzigern verwenden.

Was ich für diesen Film befürchte: Journalisten, Moralbedürftige, professorale Bedenkenträger, wichtigtuerische Politiker werden sich zur Förderung der eigenen Karrieren darin überbieten, ihn als frivol, geschmacklos, »faschistisch« oder wenigstens unwissenschaftlich anzuprangern. Wenn Juden vorkommen, denen es sehr gut geht, wird der Film »antisemitisch« geheißen werden, wenn Juden zu sehen sind, die im Elend leben, ebenfalls. Olaf macht da eine Pflichtübung, die genauso peinlich und quälend sein wird wie bisher alles, was nach Auschwitz Deutsche über das Thema »Deutsche und Juden« von sich geben – schon die Unterscheidung enthält Qual genug. Und dann die Idee, darzustellen, was wir »nicht verloren hätten, wenn nicht...« Diese Idealisierung bestimmter redebegabter, witziger und bedeutender Juden – als läge darin der Grund, warum man sie nicht hätte ermorden sollen! Nein, was Olaf auch zeigt und sagt, er wird für dieses Projekt nicht die Unbefangenheit finden, die es nötig hätte. Wo sollte die herkommen?

Als wir heute auf dem zugefrorenen Lietzensee spazierengingen, zählte ich ihm diese Befürchtungen auf.

Er sagte: »Das weiß ich alles! Ich mache meinen Film aber nicht für heute, sondern für morgen.«

»Dann erzähle mir doch, aus welcher positiven Vision heraus, aufgrund welcher politischen Faktoren in deiner Geschichte die Menschen so schön demokratisch bleiben. Was ist bei dir so viel stärker als Ressentiment und Militarismus?«

»Die Vernunft.«

»Und warum? In der Wirklichkeit war sie es nicht.«

»Doch, sie war da. Sie hat bloß verloren, verstehst du, verloren. Der Ausgang stand nicht fest, man konnte also mit dem Sieg rechnen, und man kann ihn auch nachträglich für mög-

lich halten. Gibt es bei dir keine glücklichen Zufälle? Wie willst du dann jemals eine Geschichte erzählen? Mit dieser Auffassung kannst du nicht einmal ein Fußballspiel beschreiben! Alle sind gegen den Konjunktiv, aber so geht es doch nie weiter!«

Ich antwortete: »Es geht mit uns sowieso nicht weiter, sieh dich doch um.«

»Und das ist der Grund, warum du über Türken auf Fischdampfern schreibst?«

»Exakt«, antwortete ich patzig.

»Das ist auch eine Pflichtübung.«

»Nein!«

»Aber es ist doch kein Zufall, daß in deinem Buch Türken vorkommen!«

»Doch, ein glücklicher.«

Er sah auf die Uhr und mußte zu einem Termin. Vielleicht wollte er auch nur nachdenken.

Er trägt zur Zeit seltsame Fellstiefel und einen mächtigen Steppmantel mit ausgestopften Schultern, tauglich für zehn Jahre Sibirien. »Beim Drehen braucht man das«, hat er erklärt.

85.

Ein Ringer, Metin-mit-der-Narbe, hatte Selim zu einer Brükken- und Kranbaufirma am Riederwald gebracht. Auf dem Dach ragte in altertümlichen Metallbuchstaben der Name »J. S. Fries und Sohn«. Metin war wieder einer von denen, die auf ihre deutsche Firma stolz waren: »Wir haben vor hundert Jahren den Eisernen Steg über den Main gebaut, und dann auch repariert, als die Nazis ihn gesprengt hatten!«

Selim liebte Fabriken nicht besonders. Wenn er nicht wußte, was draußen für ein Wetter war, arbeitete er ungern. So durfte es nicht mehr lange weitergehen!

Metins schreckliche Narbe teilte seine Wange in zwei Hälften, sie stammte von einem Messer bei einem Streit in Aksaray, einer Stadt zwischen Konya und Kayseri. Jetzt sparte er Geld, um in London durch eine Operation sein Gesicht wiederherstellen zu lassen. Er wohnte mit seiner Frau und zwei Kindern in Enkheim.

Über Metins Frau ärgerte Selim sich, aber fast mußte er über sie lachen, so eine übertriebene Frömmigkeit legte sie an den Tag. Wenn ein Mann kam, sogar wenn Metin einen guten Freund mitbrachte, stieß sie erschrockene Schreie aus, verhüllte ihr Gesicht und lief davon. Im Grunde war es auch für Metin eine Zumutung. Oder wollte er das etwa? Die beiden kleinen Mädchen gingen ebenfalls verschleiert und waren sicher bald soweit, es ihrer Mutter nachzutun.

»Hör zu«, sagte Selim, »das ist mir zu viel Theater. Können wir uns draußen auf eine Bank setzen?« Von einer Kneipe wollte er gar nicht erst reden. Metin war etwas beleidigt, aber er verschaffte Selim dann sogar einen Schlafplatz bei einem Freund, Kadir-mit-dem-Backenbart in Enkheim, der in einer Fabrik für Stangeneis nah an einem großen Sumpf arbeitete. Kadir war noch sparsamer als Metin. Wenn er von der Arbeit kam, trank er in der Lindenschänke ein Glas Apfelwein für fünfzig Pfennig und aß mitgebrachte Käsebrote. Danach ging er ins Bett. Er mußte aufs Geld aus sein und sparen, denn er hatte eine fünfköpfige Familie und schickte fast alles nach Hause.

Selim fuhr allabendlich zu einer Wirtschaft in Sachsenhausen, wo musiziert und geschunkelt wurde – dort war es leicht, an Frauen heranzukommen. Bald hatte er die erste mit aufs Zimmer gebracht und nach einiger Zeit Kadir dazu überredet, sein Leben zu ändern und mehr unter die Leute zu gehen. So hatte er hin und wieder die Bude für sich.

Auf der Suche nach Neuigkeiten aus der Türkei traf er mitten im Hauptbahnhof Niyazi, den Kurden. Der war jetzt mit einer Arbeiterin aus Offenbach verlobt. Mit ihren Brüdern hatte er schon gesprochen, nächsten Monat wollte er mit ihr nach Kiel fahren. Es gab noch weitere Neuigkeiten: Dörte, die Bäckersfrau, hatte einen Sohn bekommen und Ömer im Vertrauen mitgeteilt, Selim sei der Vater.

Selim wechselte das Thema und erzählte ein paar lustige Geschichten aus Sachsenhausen. Niyazi war mit seiner Braut verabredet und belauerte die große Uhr, weil sein Zug nach Offenbach schon bereitstand. Nach einer Umarmung stieg er ein.

»Ich werde euch in Kiel besuchen«, sagte Selim. »Das mit dem Sohn glaube ich nicht.« Er lachte. »Starke Männer kriegen immer nur Töchter. – Habt ihr von Mesut was gehört?«

»Der soll in Panama sein. Stinkreich, sagt man. Aber er hat seine Freunde vergessen.«

»Davon glaube ich nur das letzte.«

Selim winkte. Der Zug funkelte hell auf, als er aus der Halle glitt und ins Licht tauchte.

Die seltsame Nachricht beschäftigte Selim mehr, als er zugab. Sie begleitete ihn bis in die Nacht, die er mit einer neuen Bekanntschaft, dunkelblond, in Kadirs Zimmer verbrachte.

Die Zimmerwirtin hatte anfangs gesagt, sie habe »in vernünftigen Grenzen« nichts gegen Besuche. Aber fanden dann wirklich welche statt, war sie anderer Meinung und sprach von Kündigung. Ob sie eifersüchtig war? Selim antwortete, er verbringe mit Rücksicht auf sie genug Nächte in fremden Wohnungen.

Als aber auch Kadir und Metin ihm Vorhaltungen machten, schwor er feierlich: »Mit der nächsten verlobe ich mich, noch bevor ich bei ihr übernachtet habe, und egal wie sie ist! Ihr könnt mich beim Wort nehmen!« Sie glaubten ihm nicht, aber er war entschlossen, diese Verrücktheit auszuprobieren.

Die nächste hieß Geneviève, war eine neunzehnjährige Französisch-Schweizerin und wohnte in Fechenheim. Sie hatte Selim in der Straßenbahn 11 einmal angeguckt, weiter nichts. Aber augenblicklich hatte er den Entschluß gefaßt, nicht in die 18 nach Enkheim umzusteigen, sondern weiterzufahren. Noch ehe sie am Fechenheimer Mainufer ankamen, hatte er gefragt, ob sie schon verlobt sei. Ihr Lachen war ansteckend, man sah unglaublich viele Zähne. Sie war schlank, wirkte südländisch und hatte eine wunderschöne große Nase. Zur Zeit arbeitete sie für 150.– Mark pro Monat als Babysitterin.

Selim war froh, daß sein Übermut so glimpfliche Folgen hatte – vor dem Schlimmsten war er bewahrt geblieben. Mit dieser Frau hätte er sich sicher sowieso verlobt. Sie gingen unter den hohen Bäumen am Main spazieren, dann durch den ganzen Riederwald in Richtung Enkheim.

Genevièves Geschichte war etwas verworren. Sie wollte nicht zu ihren Eltern zurück, weil sie sich schämte oder weil sie keinen Paß hatte. Jedenfalls kam sie aus einem Kloster und hatte ein ganzes Jahr lang fast nur Frauen gesehen. Außerdem dachte sie, daß Gott ihr irgend etwas nur schwer verzeihen könne.

»Das kannst du aber von ihm verlangen«, ermunterte Selim. »Wenn du so fest an ihn glaubst, dann soll er auch nicht so sein!« Dann erzählte er ihr einen Film, »Der dritte Mann«. Am Schluß war Harry Lime tot, sehr zu Recht, und Alida Valli verzieh Joseph Cotten unter Tränen und heiratete ihn. – Geneviève liebte die Beatles, sie hatte »A hard day's night« gesehen. Der Film ließ sich aber im Deutschen nicht klar schildern.

Spätabends saßen sie auf einer Bank über den Riedteichen und hörten einem Baum zu, der beim geringsten Windzug laut aufrauschte, ein Traum-Baum. Ein feines, grünes Land war das.

»Wer hier wohnt, müßte den ganzen Tag gute Laune haben«, sagte Geneviève.

Wunderschöne Zähne hatte sie.

86

Aus Alexanders Studentenbude blickte man über Göttingen hin, im übrigen war sie klein und scheußlich. Ein Plastiksack mit Reißverschluß ersetzte den Schrank, einen Waschtisch gab es nur auf dem Korridor, zum Baden oder Duschen mußte er ins Stadtbad, und Damenbesuche waren nicht gestattet. Heizen konnte er nur elektrisch, aber das war im Sommer unwichtig. Siebzig Mark kalt. Weil Alexander sich einsam fühlte, richtete er seine Bude so ein, als käme jeden Moment ein Besucher, der ihn nach der Einrichtung dieses Zimmers beurteilte. Auf dem Schreibtisch lag ein geklautes NATO-Kappmesser, genannt Messer NATO Kapp, es diente zum Bleistiftspitzen. Der Lampenschirm war mit Leutnantssternen und Schulterklappen, Regimentswappen und Kragenspiegeln so dicht drapiert, daß das Licht nur noch nach unten fiel. Und auf der Kommode stand eine riesige Gasthausflasche Dujardin mit aufgestecktem Ausgießer, denn Alexander gefiel sich in der Vorstellung eines vom Leben gezeichneten, allerlei Lastern früh verfallenen Mannes und harten Branntweintrinkers. In der Flasche war aber nur Wasser, mit Speisefarbe braun getönt. Hilfsweise malte Alexander sich aus, wie die ewig unfreundliche Zimmerwirtin sich aus der Flasche zu bedienen versuchte und dann ihre Enttäuschung sorgfältig verbergen mußte.

Bei einer Entrümpelungsfirma hatte er einen großen, alten Radioapparat gekauft, eine Mahagonischönheit mit »magischem Auge« und ehrwürdigem Netzgebrumm. Gegen Mitternacht, wenn er zu viel gelesen hatte, um einschlafen zu können, saß er ohne Licht davor und starrte in die sanft glimmende Skala des Radioapparates, auf der, zu einer Reihe von Treppchen geordnet, die Namen märchenhafter Städte standen: Beromünster, Monte Ceneri, Limoges, Sottens, Hilversum. Dann packte ihn die Ahnung einer großen Gemeinsamkeit unendlich vieler Menschen, die Sehnsucht nach einer guten Anstrengung aller Völker, bei der er nicht als ein einzelgängerisches »Ich«, sondern als einer von vielen, als ein »Er« dabeisein konnte.

Die Studentenmassen in Göttingen schienen ihm fast so bedrohlich wie damals die marschierenden Kompanien im Morgengrauen. In überfüllten Proseminaren saß er zwischen den Rekruten der Wissenschaft.

Beim Sozialistischen Studentenbund war er zum ersten Mal Menschen begegnet, die sich selbst als »Linke« bezeichneten. Sie gaben den Makel wenigstens zu, solche Ehrlichkeit nahm für sie ein. Aber sie waren immer damit beschäftigt, bestimmte Thesen aus einem offenbar riesigen und schon dadurch befremdlichen Wissen zu untermauern.

Die Verjährungsdebatte interessierte sie wenig. Sie kämpften gegen »den Faschismus hier und heute«, der sich für sie in den Plänen zu einer Großen Koalition ankündigte, und sie sprachen hauptsächlich über die mögliche Notstandsgesetzgebung, in ihren Augen der Übergang zum offenen Faschismus. Fragen stellten sie, um sie selbst zu beantworten, hörten aber diszipliniert zu, wenn einer der Gäste etwas vorbrachte. Alexander versuchte es, aber er merkte seinen Mangel an treffsicheren Fachbegriffen – er fühlte sich wie ein Mensch, der mit umständlichen, weit ausholenden Bewegungen Bilder an die Wand hängte, die dann nicht hielten. Sie lachten nur ein einziges Mal: als er vom »mündigen Bürger« sprach – vielleicht ahnten sie, daß er noch nicht einundzwanzig war.

In Berlin, so hörte er hier und auch anderswo, sei politisch etwas los. In München, wo er eigentlich hatte weiterstudieren wollen, sei das Gegenteil der Fall.

Am Ende des Semesters beschloß er, nach Berlin umzuziehen.

Inzwischen besaß er eine BMW Isetta, die er mit Büchern und Wäsche vollud. Zuoberst legte er Lenins »Staat und Revolution«, weil er einer langen Kontrolle durch die DDR-Grenzer entgehen wollte. Er befreite das Buch sogar mit dem Radiergummi von Randbemerkungen wie »utopisch« oder

»wer's glaubt!«. Es nützte nichts, sie kontrollierten gerade ihn recht genau. Besonderes Mißtrauen erregte, weil griechisch geschrieben, die Gefallenenrede des Perikles. Unverdächtig wirkte Erich Preisers »Nationalökonomie heute«.

87.

In München war noch Sommer gewesen, hier in Berlin herrschte Herbst. Gisela leistete sich ein Schinkenbrot mit Kaffee bei »Zuntz sel. Witwe«, den Koffer neben sich.

In ihrer Nähe saßen zwei Männer an der Theke. Der eine sagte: »Mensch, denk mal nach! Du nimmst nicht ein Proton und wartest zehn hoch zwounddreißig Jahre, du nimmst zehn hoch zwounddreißig Protonen und wartest ein Jahr!« »Leuchtet ein!« sagte der andere. Dann blickten beide Gisela in die Augen – es war ihnen nicht entgangen, daß auch sie beeindruckt war. Eine helle Stadt, alles klang logisch. Jetzt versuchte sie, mit dem Koffer zu verschwinden, ohne daß diese beiden ihr halfen. Sie schaffte es – sie waren wohl wirklich Wissenschaftler.

Sie bewarb sich erfolgreich bei einer Gesellschaft für Stadtrundfahrten. Anstellung als »Fremdenführerin zur Probe«. Das schien ihr jedenfalls besser als die unsichere Aussicht auf eine Filmrolle bei Olaf.

Ihr Zimmer schien ihr riesig – in Frechen wäre so ein Raum »Saal« genannt worden. Er lag in einer fürstlich aussehenden Bürgerwohnung in der Bleibtreustraße. Stolz waren auch der Hauseingang und die breite Treppe zum Hochparterre: von den Wänden starrten barbusige Jungfrauen mit griechischen Profilen, alles im Relief. Der Fahrstuhl, nur mit einem langen Schlüssel zu bedienen, war ein Kunstwerk aus schmiedeeisernen Pflanzenornamenten. Er fuhr, schon wegen des Gewichts, im Zeitlupentempo.

Hoch über der Tür zum Hinterhof prangte ein Metallschild: »Das Spielen der Kinder in Flur und Hof ist im Interesse aller Mieter verboten!« Aber auf das »verboten« hatte einer jener Mieter eine Paketadresse geklebt – er mußte dazu eigens einen Hocker oder eine Leiter geholt haben. Beides, die barsche Vorschrift und der tätige Widerspruch dagegen, ließen Gisela sich wie zu Hause fühlen.

Die Wirtin war ein mütterliches Gebirge, aber nicht erdrückend, denn sie hatte die Freiheit gerochen. »Jung war ich auch mal«, sagte sie, »ich hieß ›der Panther von Bebra‹, nach meiner Heimatstadt. Bis dann das Damenringen als undeutsch verboten wurde. Aber damals nach dem Krieg, das war meine gute Zeit!« Auf Giselas fragenden Blick fügte sie hinzu: »Nach dem Ersten! Was dachten Sie denn?«

Zum Büro der Stadtrundfahrt waren es sechs Minuten zu Fuß. Berlin kannte sie bald auswendig, nur »Anekdoten« und »Volksmund« fehlten noch. Eine Kollegin redete ihr gut zu: »Muß leider sein – aber es lernt sich, sieh nur mich an!« Sie kam aus Kaiserslautern.

Giselas erste Busfahrt »mit«, das hieß: mit Fahrgästen, rückte immer näher; sie war ehrgeizig und aufgeregt. Über alledem vergaß sie Olaf rasch. Wenn ihr die Augen tränten, dann wegen der neuen Haftschalen.

Den Schweizer Paß behielt sie, denn er war noch nicht abgelaufen. Sie trennte sich nicht gern von Gültigem, auch wenn es gefälscht war.

22. Februar 1981

Als ich ihn besuche, bringt Selim eine Thermoskanne Tee und zwei Tassen, gießt ein. »Es ist schwer hier«, sagt er und schweigt.

Er möchte darüber jetzt nicht reden. Statt dessen erzählt er mir, was ihm Niyazis Frau über Ayşe, Zekis Tochter, geschrieben hat. Ein hübsches Mädchen mit Phantasie. »Sie kann lustig erzählen, sagt er. Inzwischen muß sie zwanzig

Jahre alt sein, sicher verheiratet. Und der Brief ist schon wieder zwei Monate alt.«

Ich frage: »Dein Sohn in Kiel ist fünfzehn, nicht?«

»Beinahe. Das ist aber auch das einzige, was ich weiß. Fangen wir gar nicht davon an!«

Er möchte lesen, was ich bisher geschrieben habe. Und ich möchte wissen, ob er sich darin erkennt. Ich verspreche, ihm die ersten Kapitel zu schicken. Selim lacht: »Zweihundert Seiten? Da muß die Briefkontrolle mal richtig arbeiten!«

Zum Ramadan darf er ein Geschenkpaket bekommen. Wir besprechen, was darin sein soll: Tabak und Zigarettenpapier. Das sei so gut wie Geld, aber nicht verboten.

An der Pforte besorge ich mir die nötigen Begleitformulare.

Zweiter Teil

Siebtes Kapitel

Berlin 1967

88.

Die Breite der Bürgersteige war, verglichen mit Rosenheim und Göttingen, schier unglaublich. Dann die riesigen Wohnungen, fünf und mehr Zimmer, mit Parkett und hohen Stuckdecken, und immer Bäume vor den Fenstern. Charlottenburg war wie eine Stadt aus Schlössern. Ob Thomas Gillitzer das gesehen hatte? Die Großbürger, die hier mit ihren Dienstboten gewohnt hatten, mußten sich sicher gefühlt haben. Oder hatten sie schon gewittert, was kam?

Ästhetisch schön waren die unverputzten hohen Ziegelmauern neben Bombenlücken, etwa zwischen Leibniz- und Wielandstraße oder in der Cuno-Fischer-Straße, dort mit einem Schmuck aus Efeu über drei Stockwerke.

Wie groß die Stadt war, fing Alexander erst an zu ahnen. In der ersten Woche hatte er angenommen, nördlich der Bismarckstraße begänne der Berliner Norden, südlich der Lietzenburger der Süden. Alexander wohnte bei einer Witwe Gnibbel, die seit sechzig Jahren für die Sauberkeit lebte. Wenn sie erzählte, war ihr erster Satz: »Als wir unten noch die Wäscherei hatten.«

Zur Universität fuhr Alexander mit der U-Bahn. Er stieg an der Endstation Uhlandstraße ein, am Wittenbergplatz dann um in die Linie 8. Der Satz »Nach Krumme Lanke zurückbleiben« beschäftigte ihn philosophisch: vielleicht blieb man nie »irgendwo« zurück, sondern immer »irgendwohin«? Was konnte man tun, um nicht in den großen Strom der Zurückbleibenden zu geraten?

Alexander war jetzt mündig. Schon fühlte er sich wie ein Greis, der im Leben nicht oft genug zu Wort gekommen war. Es fiel ihm wieder sehr schwer, in Diskussionen etwas zu sagen. Er empfand sich selbst als provinziell, begriffsstutzig und außerdem zu leise.

In den Proseminaren saßen Hunderte von Studenten; es sprachen aber meist doch nur die fünf bis zehn Gescheitesten – diese dafür lang. Eingeklemmt in enge Jeans saß man in den Klappstühlen und hörte von den Verklemmungen der Gesellschaft. Wenn einer etwas sagen wollte, mußte er energisch »Direkt dazu!« rufen, sonst kam er nicht durch. Was er dann lieferte, war meist nicht direkt, sondern so verzwickt, daß es auch wieder zu den Hosen paßte.

Alexander konnte hier vorerst nicht mithalten. Er fühlte sich daher versuchsweise als Praktiker – als einer, den sie brauchen würden, wenn die Katastrophe eintrat! Vor der bretonischen Küste war ein riesiger Tanker gestrandet, die »Torrey Canyon«. Der Ölschlick tötete Fische und Vögel für Jahrzehnte. Er versuchte sich vorzustellen, wie er sich bei so etwas als der Mann der Stunde entpuppte: zwei Tage lang in Schaftstiefeln herumlaufen, Entscheidungen fällen, mit sonorer Stimme Anordnungen treffen!

Er verwarf den Gedanken wieder: er war wohl doch nicht dieser Mann. Seine Zukunft lag auf einem anderen Gebiet – er würde irgendwann, wenn ihm niemand mit »Direkt dazu« dazwischenfunkte, eine Rede gegen Supertanker halten und dafür sorgen, daß sie verboten wurden. Als Forum empfahl sich die UNO-Vollversammlung.

Eine sonore Stimme war auch dafür nicht zu verachten. Jenseits des Hofs, gegenüber von Alexanders Bude, wohnte ein Sänger, und manchmal hörte man ihn üben: mindestens Bariton. Bei einem Samstagseinkauf traf er ihn im Geschäft an der Ecke Pestalozzistraße. »Haben Sie Tütenmilch?« fragte der Sänger über fünf Leute hinweg von der Tür her. Alles drehte sich um, die Frage wurde freundlich beantwortet. So eine dunkle Wucht hatte der in der Stimme, und das schon bei »Tütenmilch«, einem der piepsigsten Wörter.

Oder die Ausländer in der Telephonzelle neben ihm, die

– der Technik mißtrauend – ihr Heimatland mit der bloßen Stimme zu erreichen suchten. Aber mit was für Stimmen!

Er lieh sich ein Buch über Stimmbildung aus. Geduldig versuchte er zu begreifen, wie man ein richtiges »a« sprach: die Lippen waren energisch zu öffnen, um durch das Zusammenwirken von Rund- und Seitenzug ein großes Oval herzustellen, dabei lag die Zungenspitze an der hinteren Seite der unteren Schneidezähne. »Der Zungenrücken ist flach bis löffelförmig nach unten gewölbt.« Er wölbte auf und wölbte ab, aber sein normales und ungelöffeltes »a« klang immer noch besser: nicht verdunkelt, nicht geknödelt, nicht verflacht oder gepreßt.

Im Frühjahr arbeitete er einige Tage in einer Rudower Gießerei, er hatte Aluminiumrahmen für spätere Tonbandgeräte vom Einguß zu befreien und glattzufeilen. Vier Mark die Stunde, das war üppig, er fühlte sich als unabhängiger Mann. Am Sonntag abend ging er ins Restaurant »Akropolis« Wieland Ecke Niebuhr, aß zur Musik von Theodorakis und träumte sich in die wandfüllend vergrößerte Photographie eines Fischerhafens hinein.

Hin und wieder saß er bei seiner Wirtin vor dem Fernsehschirm. Bei der Trauerfeier für Konrad Adenauer trafen US-Präsident Johnson und Charles de Gaulle aufeinander, die sich nicht riechen konnten. Als sie ihm kondolierten, versuchte Heinrich Lübke ihre Hände versöhnend zusammenzuführen, ein unbeholfenes Attentat des guten Willens, aber mit Instinkt für Kitsch. Es wurde von den beiden Potentaten mit kalkigsäuerlichem Lächeln beantwortet. »Peinlich, peinlich!« sagte Alexander zur Witwe Gnibbel. Sie antwortete: »Da müssen Sie erst mal die im Osten sehen mit ihrer ewigen Küsserei!«

Berlin gefiel ihm. Es gab hier schon mehr Langhaarige als auf dem bundesdeutschen Festland, sie hießen »Gammler« und saßen vor der Gedächtniskirche in der Sonne. Als einige Spießbürger und Provinzredakteure das zu einem Skandal erklärt und den Wortschatz der Nazis wiederbelebt hatten, begannen überall die Haare zu wachsen.

Am hellen Tag hörte er durchs offene Fenster jemand singen: »Ich bin erst sechzehn und schon tolerant!« Vielleicht einer der Verfemten? Alexander sah hinunter, aber der Mann war kurzhaarig und lediglich ein betrunkenes Exemplar der selbsternannten »echten« Berliner, die in der Regel nicht tolerant, aber beträchtlich über sechzehn waren.

Eines Tages sah Alexander eine Demonstration am Kurfürstendamm. Die Studenten waren gegen den Vietnamkrieg, Alexander auch – er ging versuchsweise mit. Er hatte, wie immer angesichts großer Menschenhaufen, ein ängstliches Gefühl. Aber hier wurde er bald vergnügter. Es herrschte gute Laune, er hörte freche Dialoge mit Passanten.

»Geht lieber mal arbeiten!« rief ein dicker Mann vom Trottoir. »Wieso? Sie arbeiten ja auch nicht!« scholl es zurück. Alexander hatte allerdings nicht den Eindruck, daß der Dicke das verstand.

Das war nicht mehr die Einsamkeit in einer anonymen, strebsamen und gefügigen Studentenmasse wie in Göttingen. Alexander ging mit, als kenne er alle schon seit Jahren. Daneben studierte er um so eifriger die Wirtschaft – jetzt unter »antiautoritärem Blickwinkel«. Es machte Freude, jung zu sein. Vom Militär kannte er das nicht.

Gegen Ende der Semesterferien machte er eine Stadtrundfahrt mit, um ein für allemal zu wissen, welche Fassaden von Le Corbusier, Scharoun oder Eiermann stammten. Er hörte es, behielt aber nichts davon, weil Stimme und Gestalt der Fremdenführerin in ihm ganz andere Sinne weckten. Sie lächelte bei ihren Erklärungen seltsam lieb und kleinmädchenhaft, aber wenn sie ruhig war, hatte sie einen edlen, kühlen Blick von weit her wie eine Großkatze, einen Bernsteinblick, und ihr Haar war schwarz. An ihm, Alexander, schien sie nicht uninteressiert. Sie hieß Gisela.

Als die anderen aufs Gerüst kletterten, um über die Mauer nach drüben zu sehen, begann er mit ihr ein Gespräch über mögliche gesellschaftliche Funktionen von Stadtrundfahrten. Er hatte soeben »Strukturwandel der Öffentlichkeit« von Habermas gelesen. Da machte sie aber Augen! Ehrliches Staunen war darin, und eine Spur von Panik.

Als er sich endgültig in sie verliebt sah, wurde es schwierig, es fehlten ihm plötzlich die einfachsten Wörter. Als er sie zum ersten Mal in der Bleibtreustraße abholte, konnte er sie nur verstockt ansehen und Entschlüsse verkünden, für heute abend und im allgemeinen. Vergebens suchte er sich zu erinnern, was die deutsche Sprache für derlei Situationen überhaupt anbot. Einige Liebesworte rollten in seinem Hirn hin und her wie losgerissene Fässer in einem Schiff.

89.

Einmal saß jemand direkt unter dem größeren der beiden Fischerboote im Wand-Hafen des Restaurants »Akropolis« und beobachtete die Leute. Er aß nichts, vor ihm stand nur ein Glas Mineralwasser. Intelligentes Gesicht. Als er Alexanders Blick bemerkte – das tat er sofort –, hob er das Kinn und lächelte.

»Darf ich eine Frage stellen?«

»Ja?«

»Ich würde gern wissen, wie Sie sich die Zukunft denken, dieses Landes hier und darüber hinaus Europas.« Das war makelloses Deutsch, schon wegen der Genitive mit -s, und dann auch noch dieses »darüber hinaus«! Ein Akzent war nicht herauszuhören. Einen Moment lang dachte Alexander, es wäre ein Abgesandter von Papadopoulos, dem neuen griechischen Diktator, auf der Suche nach Deutschen, die seine Tyrannei guthießen. Er schien aber eher ein persischer Student aus Oxford zu sein, aus einer adligen Landbesitzerfamilie am Kaspischen Meer. Oder ein Argentinier, und gebildet. Jedenfalls ordentlich reich. Den Reichtum erriet man aus seiner Selbstsicherheit und der Bräune des Gesichts, die Bildung ergab sich – das stand für Alexander fest – aus dem makellosen Genitiv, die Intelligenz aus den zu eng beieinander stehenden Augen und der etwas zu langen Nase. Alexander war im Bilde: es war ein Mann aus einer mächtigen, alten, kultivierten Familie. Grundfalsch! Der Mann war Seemann, Gastarbeiter, und seine Eltern arm. Und aus welchem Lande?

»Warum wollen Sie denn das wissen?«

»Ich will lernen, Menschen einzuschätzen.«

Der Seemann lächelte ein bißchen spöttisch – er glaubte wohl nicht, daß man ihn persönlich oder seine Nation richtig »einschätzen« könne.

Dann sagte er es: Türke war er, aus der Gegend von Ankara. Er schlage sich, sagte er, hierzulande ganz gut durch. Eine Frage der Strategie und Taktik.

»Ein Seemann in Berlin?«

»Geschäftlich«, sagte der Türke. Nichts weiter.

»Ah ja!« Alexander bekam Respekt.

Nun also die Zukunft, Deutschlands und Europas. Alexander redete sich in Eifer. Bald war er beim Dritten Reich. »Wir haben jetzt natürlich eine ganz andere Gesellschaft...« sagte er.

»Inwiefern?« fragte der Türke leicht staunend. Oder war es mißbilligend?

Überhaupt stellte er immer das in Frage, was Alexander für das Selbstverständlichste hielt, und das weckte Bewunderung. Als sie eine Weile über Politik gesprochen hatten, wußte Alexander: dieser Mann hatte einiges, was ihm selbst fehlte. Das war ein Realist, fast ein Zyniker, mit Sinn für Macht, und für Grausamkeit an der richtigen Stelle. Den verließ der Ehrgeiz nie, der ließ sich nicht mit Redensarten erweichen, duldete keine flauen Übereinkünfte. Ein Mann, der genau wußte, worauf es ankam und wieviel man sagen mußte, um seine Ziele zu erreichen und Einfluß zu gewinnen. Er sagte offen, daß dies auch seine Absicht war.

»Es gibt Gewinner und Verlierer, und beide bleiben es.« Wie er solche Sätze sagte, ohne sie noch lange zu erläutern, das faszinierte Alexander. Dazu das Hochdeutsch.

Alexander erzählte beiläufig von den Türken, die Anatolien mit der Stimme zu erreichen suchten. Der andere lachte: »Sie haben noch nie mit der Türkei telephoniert!« Was stimmte. Alexander schwieg betroffen.

Der andere räumte ein, daß viele Türken, speziell aus Anatolien, sich in der westlichen Zivilisation schwertäten.

Er hieß Mesut und war ursprünglich Sportler gewesen, Sprinter, mit sagenhaften Zeiten auf den kurzen Strecken. Er wollte jetzt etwas Langlauf trainieren. Man könne sich doch mal im Grunewald treffen. »Warum nicht?« antwortete Alexander. Dieser Mann sah so aus, als ob er es sehr schnell sehr weit bringen würde. Er wollte ihn im Auge behalten.

90.

Mesut hatte wieder neue Wörter gehört, die nützlich werden konnten, unter anderem »Frontbewährung« und »Spießer«. Mit letzterem hatte Alexander die Menschen bezeichnet, die sich über lange Haare aufregten. Oder das Wort »faschistoid«. Der Abend war nicht ohne Gewinn.

Dann die Verabredung zum Laufen im Grunewald – Mesut überlegte bereits, was besser sein würde: dem Deutschen davon- oder hinter ihm herzulaufen.

Ein freundlicher Mensch, gutartig und naiv. Ein Held wollte er sein wie viele junge Deutsche, zögerte aber, den Oberkellner an den Tisch zu rufen, und wenn er es tat, dann im falschen Moment. Und das wußte er immer schon vorher. Bestimmt würde er Karriere machen, als zweiter Mann irgendwo – Vorgesetzte brauchten genau solche Leute, um sich zu produzieren.

Dieser Alexander verstand etwas, so glaubte er, vom Arbeiten, weil er einige Tage in einer Gießerei verbracht hatte, und vom Kämpfen, weil er in der Bundeswehr gewesen war, und er war sicher, daß er Frauen liebte, weil er mit einer gewissen Gisela zusammen war.

Schon jetzt wußte Mesut so gut wie alles, denn Alexander nahm Fragen wie Befehle, er hielt es für seine Pflicht, befriedigend zu antworten. Über seinen Vater etwa: ein Held auch er. Im Krieg Kampfflieger, 1942 britischer Kriegsgefangener in Kanada, von dort geflüchtet, nur um weiter Soldat sein zu können. Dann hatte er angefangen, über Hitler nachzudenken, allerdings zu laut. »Frontbewährung« hieß, jemand in den sicheren Tod zu schicken.

Natürlich hatte er ihn auch gefragt, ob er schon vor Gisela mit Frauen geschlafen habe. Ja, mit einer Germanistikstudentin aus Witzenhausen und noch einer, aber mit der nur fast.

91.

Selim war nur nach Berlin gekommen, weil er es in Frankfurt ohne Geneviève nicht aushielt. Er hätte auch auf die hohe See gehen können, aber dort konnte man erwiesenermaßen nichts gründen. Nun wohnte er mit einem Tischler namens Tahsin in einer Pension. Gut ging es ihm zur Zeit nicht.

Wenn er einmal nicht an Geneviève dachte, dann an seinen kleinen Sohn in Kiel, der nun angeblich doch nicht von ihm war. Dörte hatte alles abgestritten und ihm die Tür gewiesen. Das Kind sei von ihrem Mann. Wenn Selim böswillige Gerüchte in die Welt setzen wolle, würde sie zur Polizei gehen. Selim, obwohl er sich nach wie vor Töchter und keine Söhne wünschte, war über solche Behandlung unglücklich und spürte, daß er die Deutschen zu hassen begann. Er durfte den Kleinen nicht sehen – warum wohl? Nicht einmal den Namen hatte er erfahren, so viel Angst hatte Dörte vor ihm.

Wenn der Haß über ihn kam, ertränkte er ihn in einer Kneipe, die »Ankara« hieß, Sybel-/Ecke Dahlmannstraße. Wie erwartet, gefiel ihm Berlin überhaupt nicht. Die Stadt war gespalten wie Metins Backe, das war das einzig Interessante. Aber daraus ergab sich für ihn nichts von Belang.

Erst arbeitete er einen Tag lang in Reinickendorf, wurde aber nicht eingestellt. Er hatte behauptet, Sigma-schweißen zu können. Das wollten sie sehen. Aus der verdammten Spezialzange kam vorn ein Draht heraus, und er versuchte, ganz wie beim normalen E-Schweißen, die Naht zu ziehen, statt sie zu schieben und stetig nachzudrücken. Kaum hatte er verstanden, wie es richtig ging, stand er schon wieder auf der Straße.

Dann kam eine Firma in Mariendorf, wo morgens der hinkende Vorarbeiter »Mahlzeit« sagte, wenn man zehn Minuten zu spät kam. Selim hörte das immer noch lieber als das ewige »Moriyen!«. Die Berliner grüßten so unpersönlich, daß man sie gar nicht dabei ansehen wollte, meist mit »Tahyen!« oder »Taak!« Sie meinten es wohl ironisch, der Gruß sollte nur sagen: »Ich grüße, weil man eben grüßt.« Aber wenn Selim dann nur grinste, waren sie auch wieder beleidigt. Feindschaften entstanden, wenn man für ein Bier oder eine Zigarette nicht wenigstens zweimal »Danke!« sagte. Und wenn sie einen Satz mit »çuldiye bidema ya!« anfingen, kam anschließend irgendein Gemecker.

Der Unterschied zu den Süddeutschen war groß, obwohl die Sprache selbst nicht so viele Schwierigkeiten machte. Statt »gell« sagte man hier »waa«. Nach kurzer Zeit beherrschte Selim das Berlinerische ausreichend.

Eines Tages mußte Selim die Bude räumen und zog als Untermieter in eine Privatwohnung in der Leistikowstraße. In ein Wohnheim wollte er nicht. Man hörte da so einiges. Im Januar hatten hundert Polizisten im Rheinland ein Gastarbeiterlager umzingelt und nach Waffen gesucht. Weil einer eine Handvoll Pistolen und etwas über hundert Schuß Munition besaß, nahmen sie gleich zwei Dutzend Männer fest, und abgeschoben wurde nicht nur der eine.

Tahsin wollte sich jetzt Frau und Wohnung leisten, weil er den LKW-Führerschein hatte und gutes Geld verdiente. Er fuhr für eine Textilfirma Strümpfe in den Westen. Am Heck seines Achttonners stand: »Ich danke dir, bist du galant, für 2 m Rangierabstand.«

Was »galant« hieß, stand im Lexikon. Tahsin machte große Augen.

92.

Zur Feier für die Neuimmatrikulierten am 3. Juni war der schlecht informierte Alexander noch mit Blazer und Krawatte im Henry-Ford-Bau erschienen, sehr erstaunt darüber, daß keine Feier stattfand.

In einigen Zeitungen war das Photo des sterbenden, von einer Polizeikugel in den Kopf getroffenen Benno Ohnesorg zu sehen gewesen. Er lag auf einem Parkhof, unmittelbar hinter dem Kennzeichen und Auspuffrohr eines Volkswagens. Über ihn beugte sich eine hübsche Dame mit kurzhaariger Frisur und auffälligem Ohrschmuck. Vielleicht war sie auf dem Weg ins Theater gewesen, sie trug so etwas wie einen Abendmantel, der die Arme frei ließ. Mit diesen umfaßte sie gerade seinen Nacken, hob den Kopf ein wenig an, um etwas Flaches, Helles darunterzuschieben, und wandte dabei ihr Gesicht, um anderen aufgeregt etwas zuzuschreien. In ihren Augen waren Entsetzen und Empörung.

Alexander hatte im Wehrdienst eine gewisse Vorahnung davon bekommen, wie Verletzungen und Tod in der Wirklichkeit aussehen könnten. Andere waren der Gewalt nur im Film begegnet und hatten im eigenen Leben kaum mit ihr gerechnet. Die Studenten waren über die Brutalität der Polizei, zumal sie ganz unverdient und unbegründet war, zunächst nur fürchterlich erschrocken. Dann versuchten sie in fiebernder Gedankenflucht herauszufinden, was sie an Gefährlichem und Menschenverachtendem in der Gesellschaft bisher übersehen haben könnten.

Der Tod des Studenten mit dem nachdenklichen Gesicht änderte binnen drei Tagen so gut wie alles: Universität, Straßenbild, Begriffe. Bürger schimpften, Polizisten knüppelten, Zeitungen logen wie lange nicht mehr, Regierungsvertreter waren angeblich guten Willens und furchten die Stirn. Dieses nicht ganz neue Zusammenspiel nannte man nun »Establishment«; in den Augen der Studenten gab es mit einem Mal einen einzigen, großen Zusammenhang, in dem alles seinen Platz fand: industrielle Interessen, herrschender Wissenschaftsbegriff, Nazivergangenheit und politische Gegenwart, autoritäre Erziehung und Polizeiwillkür, Berlin und Vietnam, Intellektuelle und Proletariat – jeder glaubte fest, jeder sah ganz deutlich, jeder redete entschieden, alle waren empört und dazu jung, demokratisch, scharfsinnig, siegesgewiß. Es war wie ein neues Pfingsten, der Geist kam über die Menschen, und die Vorlesungen fielen aus.

Ganz konnte Alexander sich mit diesem neuen Aufbruch noch nicht befreunden. Auch er fand die Vietnampolitik der USA verblendet und katastrophal, aber er hatte keinen rechten Sinn dafür, Verbrechen mit Imperialismustheorien zu erklären. Folgte man dem zu weit, so trug schließlich außer dem Imperialismus niemand mehr die Verantwortung. So dachte er. Aber man war jetzt schnell wieder einsam, wenn man nicht die neuesten Begriffe im Munde führte.

Er staunte darüber, wie peinlich Revolutionen waren, oder jedenfalls eine europäische Revolution Ende der sechziger Jahre. Peinlichkeiten, wohin er sah: heldische Posen, strategisch blickende Photographiergesichter, gekünstelte Aggressivität, theatralische Ungerührtheit. Der ersten spontanen Reaktion folgte alsbald eitle Selbstbespiegelung. War das nun eine Revolution?

Alexander suchte nach einer Lesart, nach der er das neue Pathos in jedem Gespräch, die plötzlich ausgebrochene Lagerfeuerromantik des Widerstands oder auch nur den Starkult mit dem nazarenisch edelschönen, überlebensgroßen Plakatbild Che Guevaras richtig und gut finden konnte. Das gelang ihm nicht, obwohl er gern dazugehören wollte. Nur eines war ihm kostbar: das Zeitungsbild der fremden Frau mit dem sterbenden Studenten. Er hängte es ans Regal neben seinem Schreibtisch.

93.

Selim nahm im »Ankara« meist an der langen Theke Platz, gleich hinter dem Eingang rechts. Wer am Tisch sitzen wollte, mußte weitergehen, und jenseits einer kleinen Treppe gab es sogar noch ein Hinterzimmer. Dort saßen Leute, die unter sich bleiben wollten, also vor allem deutsche Familien oder Männer mit dunklen Geschäften. Eines Abends sah er dort ein Mädchen, zierlich und blond, sie hatte vor sich eine Colaflasche mit Strohhalm, stapelte drei Bücher daneben und las mal in dem einen, mal in dem anderen. Sie strich immer wieder etwas an, starrte dann minutenlang Löcher in die Luft und dachte nach. Selim, der sich langweilte, sprach sie an. Sie schaute durch ihn hindurch und runzelte die Stirn, als wäre er eine der noch anzustreichenden Stellen.

»Ich will lesen, bitte!«

»So macht ihr's!« sagte Selim zornig. »Ihr sitzt wie im Schaufenster und wollt, daß man sich für euch interessiert, aber um euch herum muß Glas sein. Wenn ich hier mal eine anspreche, werde ich immerzu nur bestraft.« Sie sah ihn schreckensstarr an.

»Entschuldige, aber es setzt sich doch niemand in die Kneipe, um Bücher zu lesen!«

Er hatte, noch im Stehen, so geschimpft, daß er nicht mit einer Fortsetzung des Gesprächs rechnete. Sie sah ihn aber immer freundlicher an und sagte schließlich: »Sie könnten ja auch fragen, warum ich nicht zu Hause sitze, sondern hier!«

»Ja, fragen!« schimpfte Selim weiter. »Immer soll man eine Frage haben. Ich habe Augen im Kopf. Ich sehe, ob mir jemand gefällt und ob ich mich unterhalten will.«

Sie lachte.

»Bei euch denkt man, je mehr Fragen, desto besser der Kopf«, fuhr er fort. »Aber die Fragen, die mir immer gestellt werden, kenne ich schon alle auswendig. Ob es bei uns schon Autobahnen gibt, oder...«

»Sind Sie Arbeiter?«

»...oder ob es im Harem Streit gibt. Arbeiter? Die Frage habe ich wenigstens noch nicht gehört! Schön, ich bin Arbeiter! Zur Zeit noch.«

So begann Selims Bekanntschaft mit Helga. Er merkte, daß sie gern so beschimpft wurde, auf nette Art gewissermaßen. Sie ließ es auch nicht an Anlässen fehlen. Zum Beispiel redete sie schlecht von ihren Eltern, bloß weil die an Hitler geglaubt hatten. Sie schwärmte für etliche verstorbene Kommunisten und las Bücher, von denen Selim keinen einzigen Satz verstand. Sie versuchte ihm alles zu erklären, auch wenn er sich wehrte. Mittendrin sagte sie ihm – es war am vierten Tag –, daß sie ihn liebe und daß er ihr treu bleiben solle. Da wäre er fast aufgestanden und gegangen. Wenn in Deutschland jemand sagte »Ich liebe dich«, dann hieß das soviel wie: »Ich will dir was beibringen«. Und treu sein, das hieß, daß man nichts anderes mehr lernen durfte. Sie zum Beispiel wollte ihm Karl Marx beibringen. Das war einer von denen gewesen, die aus der Welt einen Text machten und dann sagten: jetzt hat sie wieder Zukunft. Als Selim von Onassis sprach, wurde sie wie eine Katze, die einen Hund sah, sie fauchte und machte einen Buckel.

Sonst war sie freundlich und niedlich, ein Schulmädchen von einundzwanzig Jahren. Er schlief mit ihr, nachdem er versichert hatte, daß die Türken im Prinzip hundertprozentig treu seien. Über Geneviève sprach er wenig. Er sagte, daß er mit ihr immer noch verlobt sei, aber sie hätte ihm leider ihre neue Adresse nicht gegeben. Da war Helga froh.

Jetzt erfuhr er auch, warum sie jeden Tag zwischen sechzehn und zwanzig Uhr ins »Ankara« ging: in dieser Zeit übte der Sohn ihrer Zimmerwirtin Klavier, denn er sei ein »Reaktionär«. Was das war, erklärte sie natürlich.

Über Helga lernte Selim weitere Studenten kennen. Sie gaben sich immer sehr ruhig und beherrscht. Meistens kamen sie von einer Demonstration. Zwischen ihnen und den älteren Stadtbewohnern gab es Ärger. Die Alten sagten, sie hätten gehungert und Berlin aufgebaut. Die Jungen sagten, sie hätten sich das selbst eingebrockt und Überleben sei noch kein Verdienst. Bei einer Demonstration gegen den Besuch des Schahs von Persien versuchte die Polizei, möglichst viele von ihnen zu verprügeln. Als sie das merkten, warfen sie mit Steinen. Man hörte von einem Polizisten, der erstochen worden sei. Dann war es wieder kein Polizist, sondern ein Student, und der war auch nicht erstochen, sondern erschossen worden. Die Studenten liefen den Kurfürstendamm entlang und versuchten, mit Fußgängern zu sprechen und sie auf ihre Seite zu bringen. Wenn sie aber welche fanden, die reden wollten, dann waren es solche, die auf sie wütend waren. So wurden es eher Streitereien als Gespräche.

Weil die Jungen merkten, daß die Älteren weniger zuhören als schimpfen wollten, gewöhnten sie sich eine sägende, leiernde Sprechweise an, bei der keine Pause gelassen wurde, damit der andere nicht zu Wort kam. Wurden sie unterbrochen, dann fauchten sie wie Helga. Sie waren dabei nervös und deprimiert, suchten es aber zu verbergen, wischten sich immerfort die Haare aus dem Gesicht und rauchten alle Zigaretten auf bis zum Filter. Wenn sie unter sich waren, schien ihre Laune gut: große Anführer waren ja immer erst abgelehnt worden, weil ihre Wahrheit weh tat. Also konnte jeder, der abgelehnt wurde, es auf die Wahrheit schieben.

Für Selim wurde es von Tag zu Tag leichter, Gespräche anzufangen, mit den Jungen wie mit den Alten. Wenn man jemanden ansprach, dachte er automatisch, man wäre auf seiner Seite.

Israel hatte über die Ägypter gesiegt. Die USA hatten wohl etwas nachgeholfen. In Deutschland waren viele stolz auf die Israelis, nur die Studenten schimpften. Wahrscheinlich, weil die anderen zu sehr lobten. So waren die Gespräche in den Kneipen einfach und übersichtlich geworden, ein Segen für jeden, der die deutsche Sprache erst lernen mußte. Selim fand allerdings, daß es zu viele neue Wörter gab, die aus anderen Sprachen stammten, und wenn er fragte, konnte keiner sie verständlich erklären.

94.

Da die Isetta hin und wieder stotterte und stehenblieb, kamen sie zur Trauerfeier in Hannover, Ohnesorgs Heimatstadt, mindestens eine Stunde zu spät und konnten nur noch an dem dazugehörigen Studentenkongreß teilnehmen. Gisela war ungnädig und meckerte über alles. Sie fand, die Jungens machten sich insgesamt zu wichtig und redeten zu unverständlich. Immer wieder fragte sie laut: »Was soll das nun wieder heißen?« Wie um ihr zu antworten, begannen die Redner ihre nächsten Sätze mit »Dadurch ist klar« oder »Das heißt also«.

Mit Spannung beobachtete sie das Rednerpültchen, welches lose auf einem normalen Tisch stand und oft herunterzukippen drohte. Sie lachte über den Professor Abendroth, der es während seiner Ansprache unwissentlich herumschob, dabei aber, mit der Materie ringend, so eisern festhielt, daß man den Tisch darunter getrost hätte wegziehen können. Sie gab den Rednern eigene Namen: »Rabenbubi«, »Doktor Tadellos«, »Studienrat Schnüffel« –, sie war unmöglich. Nur der Berliner AStA-Vorsitzende Nevermann bekam keinen Spitznamen, denn der gefiel ihr optisch. Auch das sagte sie laut. Alexander schämte sich vor den anderen und zischte ihr einen Vorwurf ins Ohr. Sie lachte.

Dann wurde sie müde und war für baldige Abfahrt. Alexander ging mit ihr weg, wütend, denn er hätte gerne noch gehört, ob es jetzt darauf ankam, die in den Institutionen liegenden Mechanismen der Gewalt durch aufklärerische Aktionen manifest werden zu lassen und dadurch zu entlarven, oder ob man das doch besser ließ, weil es auf eine Provokation des Staates hinauslief, bei der man Verletzungen und Unglücksfälle bewußt in Kauf nahm.

Griesgrämig steuerte er neben der schlafenden Gisela das tuckernde Gefährt durch die Nacht. Bis Dreilinden rätselte er über die Idee von Habermas, die Studentenschaft könne eine politisch führende Rolle spielen, weil sie allein in der Lage sei, die Spannungen zwischen Theorie und Praxis auszuhalten.

Es war unmöglich, solche Fragen allein zu entscheiden, hier neben einer schlafenden Gisela. Frauen, welche schliefen, statt zuzuhören, behinderten ernstlich den Gang der Geschichte.

95.

Alexanders Wirtin hatte etwas gegen Damenbesuche, daher wurde die Wohnung des »Panthers von Bebra« in der Bleibtreustraße sein hauptsächlicher Aufenthaltsort. Inzwischen redete er mit Gisela schon stundenlang, ohne ihr imponieren zu wollen, und fand zärtliche Worte, ohne Angst um seine Schiffshaut zu haben.

Vor allem hatte er Freude daran, sie für das große Neue draußen zu gewinnen. Es wurde gerade durch diese Vermittlung erst zu seiner eigenen Sache. Er las ihr aus den Flugschriften vor, und sie bewunderte ihn für die gute Aussprache der Fachbegriffe. Sehr interessierte sie sich für die Wohnkommunen, für die Freiheit der Gedanken und Taten dort. Alles fragen, alles beantworten – das jedenfalls wollten auch sie in Angriff nehmen. Alexander erklärte ihr seine

Mutter und seine ersten sexuellen Phantasien. Später erzählte ihm Gisela von ihrem Unternehmer-Elternhaus, den wechselnden Parteimitgliedschaften ihres Vaters und selbstverständlich auch einige Frühphantasien. So viel Unterdrückkung und unterdrückte Wünsche – die Arbeit wollte kein Ende nehmen. Währenddessen konnte sie gut stricken. Im Winter 1967/68 würde an Pullovern kein Mangel herrschen.

Mittendrin wurden sie von einer Demonstration unterbrochen, die draußen vorbeizog. Sie sahen sie sich vom Wohnzimmer aus an. Die Wirtin wollte nicht gucken: »Ich setze mich doch nicht als mein eigener Mops ins Fenster und bin für die Halbstarken 'ne Doofe!« Darauf gingen Alexander und Gisela auch lieber wieder ins Zimmer.

Alexander hatte das melancholische Gefühl, einer der wichtigsten Momente der deutschen Geschichte fände ohne ihn statt. Dabei ging er fleißig in die Seminare und ins Audimax und aß jeden Tag tapfer, mehrere Flugblätter rechts und links neben dem Teller, in der überfüllten Mensa zu Mittag. Aber die großen Reden der Revolution wurden von den anderen gehalten. Vielleicht war seine Zeit noch nicht gekommen: erst später würde man über das Reden selbst reden. Wichtiger war erst einmal, daß sie da war, die große gemeinsame Anstrengung, der Aufbruch einer neuen Zeit gegen den Widerstand der alten.

Auch Mesut war – als »einfacher türkischer Arbeiter« – aufgetreten und hatte mit einer Solidaritätskundgebung Eindruck gemacht. Gisela, die Alexander ab und zu begleitete, paßte mit ihrem Bernsteinblick weit besser zur Revolution: so schön, so klug, so arrogant. Nur schade, daß sie so wenig bei der Sache war und daß sie schicke Kleider mehr liebte als Jeans. Sie ging nur Rudi Dutschkes wegen mit, das war mittlerweile klar – sie hatten sich ja versprochen, immer alles zu artikulieren. Daran, daß sie ihn noch vor Wochen als »Rabenbubi« tituliert hatte, wollte sie nicht erinnert werden.

Alexander liebte Gisela und litt. An ihr, an sich selbst,

und auch immer noch an dieser wohl großen Zeit. Er mußte unbedingt offener werden, spielerischer, weniger autoritär, nicht so angepaßt. Das sagte ihm auch Mesut, als sie schließlich doch durch den Grunewald liefen. Nach einem längeren Sprint gingen sie eine Weile nebeneinander her. Da verlangsamte Mesut den Schritt und fragte: »Immer noch zufrieden mit der Frau von der Stadtrundfahrt?«

»Ja«, antwortete Alexander verblüfft.

»Du lebst nach Schema F. Angepaßt irgendwie. Aus Angst?«

»Bestimmt nicht. Ich lebe auch nicht...«

»Du mußt dich befreien!« unterbrach Mesut. »Oder willst du diese Gesellschaft lassen, wie sie ist?« Unglaublich, wie gut er deutsch konnte. Und immer wurden es Fragen.

»Ich kann mit Gisela über alles reden«, sagte Alexander wachsam, aber höflich. Er wollte Mesut keinesfalls kränken – schließlich war der auf gewisse Weise ein Mann der Dritten Welt.

»Die Gesellschaft ändern, das bedeutet auch Arbeit an uns selbst«, meinte Mesut und ging noch langsamer.

»Gut, laufen wir wieder!« rief Alexander mehr ratlos als eifrig.

Abends hatte Gisela eine »Nightclub-Tour« – sie erklärte einigen Westdeutschen »Berlin bei Nacht« und lotste sie in diverse Bars zu den vorbestellten Getränken. Alexander ging in die Schlüterstraße zum »Schotten«, um einen gekochten Maiskolben zu essen. Er traf auf Mesut, der von diesem Vorhaben gewußt hatte. Alexander reagierte schlecht gelaunt, als Mesut ihn vor einem Mann vom SDS einen »Ökonom« nannte und großspurig den Maiskolben bezahlte. Mesut wandte sich entschieden gegen Kulturrevolution und bezeichnete sich als »Kämpfer für den Marxismus-Leninismus«. Schon wegen der Machtfrage, sagte er.

Der SDS-Mann nickte ständig, lächelte dabei aber ironisch. Sie wollten dann in irgendeine Versammlung gehen. In diesem Moment kam ein untersetzter, überaus kräftiger

Mann mit strahlenden Augen an den Tisch, umarmte Mesut und begrüßte ihn auf Türkisch. Sicher ein Arbeitskollege. Da wurde Alexander klar, daß er sowohl Mesut als auch diesen anderen schon einmal gesehen hatte.

Der Neue wandte sich zu Alexander und fragte: »Erinnerst du dich auch nicht?«

»Doch, doch!« erwiderte Alexander, und Mesut sah zum ersten Mal verblüfft aus.

»Du bist der linkshändige Soldat, der alles mit der rechten Hand macht«, sagte der Mann. »Ich heiße Selim.«

»Alexander.«

Bevor das Gespräch weitergehen konnte, lächelte der Kommilitone vom SDS gastarbeiter- oder auch dritte-Welt-freundlich zu den Türken hin, winkte dann einem weiter entfernten Genossen im Nebenzimmer und verabschiedete sich mit einem lässigen kleinen Anheben der rechten Faust.

96.

Selim wunderte sich. Da redeten diese zwei tagelang mit wichtigen Mienen über Zukunft und Strategie, aber sie merkten nicht, daß sie sich schon früher eine ganze Stunde lang gegenübergesessen hatten. Die Begründung des Deutschen war: er erinnere sich an alle Menschen, aber nur wenn sie einprägsame Sätze in seiner Sprache sprächen. Aber Mesut habe immer nur »bu« gesagt.

Im Moment war der Deutsche damit beschäftigt, über seine Hände nachzudenken, er sah sie sich immer wieder an, besonders die linke. Er hatte wohl gar nicht gewußt, daß er ein Rechts-Linkshänder war.

Mesut schien im Moment nicht glücklich. Er wollte sich vor den Studenten als bedeutender Mann aufspielen, da störte es, wenn Bekannte ihn dabei beobachteten. Er hatte wohl auch nicht damit gerechnet, daß er, Selim, inzwischen so gut Deutsch konnte.

Ob Mesut wirklich reich war? Wenn, dann war er gut getarnt. An seiner spöttelnden Art hatte sich nichts geändert, schon in der ersten Minute fragte er: »Hast du deinen Ringer in Hamburg endlich getroffen?« Selim mußte zugeben, daß das noch unerledigt war, er erzählte dann von Kiel, wo er vor kurzem Station gemacht hatte. Das Thema Dörte sparten beide aus. Dafür beschrieb er die Binnenschiffahrt, redete über Kapitänstöchter, Wettfahrten, Öltanks und empfehlenswerte Hafenkneipen. Alten Bekannten mußte man Geschichten erzählen, um in ihrem Gesicht zu lesen, wie es ihnen selbst ergangen war.

Über Mesut war er sich bald wieder im klaren. Der war eingebildet und ungeduldig wie früher, und erreicht hatte er nichts. Er schien sich jetzt um Politik zu kümmern und Revolutionär sein zu wollen, denn er war ständig damit beschäftigt, irgend etwas zu durchschauen und zu entlarven.

Mesut, daran hatte sich nichts geändert, war ein unangenehmer Bursche, aber nicht unangenehm genug. Denn wenn es ihm schlechtging, würde er, Selim, doch wieder Mitleid bekommen.

97.

Der hinzugekommene Türke, Selim mit Namen, entschuldigte sich und sprach mit Mesut türkisch weiter. Inzwischen hatten sie sich an einen Tisch gesetzt. Mesut beantwortete zögernd eine Frage, gab dann mit uninteressiert-hochmütigem Gesicht eine Einführung in etwas, was der Neue längst hätte wissen sollen. Er ließ sich dabei Zeit und machte Pausen, in denen er sich umsah und Bekannte begrüßte. Nur ein einziger Satz fing mit »bu« an.

Die Wirkung des Vortrags auf Selim schien auszubleiben, denn plötzlich prustete er los vor Lachen und ging ohne weitere Erklärung an die Theke, um einen Zehner zu wechseln. Mesut saß verdutzt da und wartete darauf, daß der andere wieder zuhörte. Als der Ringer zurückkam, sang er hingebungsvoll ein klagendes Lied, meinte es aber wohl als Spott. Dann setzte er sich und sagte einen einzigen Satz, lakonisch und hart. Mesut schien sich nun wehren zu wollen, spöttelte zurück, ereiferte sich. Zwei andere südländisch aussehende Männer waren in der Nähe des Tisches stehengeblieben und hörten zu. Mesut hob die Stimme und lieferte eine Kette von apodiktischen Sätzen. Der Ringer zog derweilen seinen rechten Schuh aus und prüfte ihn wie ein Schuster, zog sich die Socke gerade und murmelte eine Entschuldigung. Damit nahm er aber gleich selbst das Wort, sprach schnell und sehr artikuliert, wurde dabei lauter, brüllte geradezu, stand auf. Wie zur Eröffnung einer Fehde warf er seinen Schuh vor Mesut auf den Boden, zog ihn dann doch an und konnte das Lachen nicht zurückhalten. Die anderen Türken lachten auch. Dann wurde der Ringer ernst und begann, während er sich sehr langsam wieder setzte, in einem musikalischen Rhythmus etwas Längeres zu erzählen. Mesut schüttelte immer wieder spöttisch den Kopf und stellte Fragen, auf die der Ringer offensichtlich nicht oder erst später einging. Er beendete seine Rede mit einem wirksamen Wort und ließ eine Pause, damit Mesut antworten konnte. Der tat es nicht. Er war beeindruckt, oder es fiel ihm nichts mehr ein. Selim faßte Mesut am Unterarm und schüttelte daran, sagte etwas Aufmunterndes und fügte einen Witz an, über den alle lachten. Sogar Mesut brachte ein säuerliches Lächeln zustande.

»Entschuldige bitte«, sagte der Neue zu Alexander. »Wir haben ein bißchen gequatscht.«

Alexander fragte nicht, worum es gegangen war. Er hatte für diese Szene bereits seine eigene Lesart und wollte sie beibehalten: Danton und Robespierre, um 1791. Mesut sprach noch dies und das – Rückzugsformeln sicher, verabschiedete sich schließlich mit angestrengter Arroganz und ging – Alexander war ganz sicher – in den Wohlfahrtsausschuß, um Verbündete zu sammeln.

Selim blieb noch etwas, er unterhielt sich mit Alexander über Links- und Rechtshänder. Und als der Rauch zu dicht und das Geschrei zu laut wurden, zogen sie ins »Ankara« um.

98.

»Der weiß nicht genau, was er an mir mag«, sagte Gisela. »Er wechselt darin auch ständig: mal gefalle ich ihm als sanftes Reh an seiner Seite, dann wieder denkt er, ich bin die große Frau, ein anderes Mal hat er Mitleid, will mir helfen und derjenige sein, der aus mir etwas gemacht hat.«

»Laß ihm Zeit, das Richtige herauszufinden«, antwortete Hermine am anderen Ende der Leitung, »inzwischen kommst Du mich besuchen, und wir besprechen alles.«

»Geht nicht. Alle haben Urlaub, ich bin ständig auf Tour. Und jetzt kommen noch mehr Westdeutsche als vorher, alle wollen hier die Unruhen besichtigen!«

Der Grund war ein anderer: Gisela hing an Alexander. Mit Hermine ausführlich über ihn zu sprechen hätte zu viel Distanzierung bedeutet. Das Telephon schien ihr gerade noch vertretbar, es war unterhalb der Verschwörungsgrenze.

Nein, glücklich waren sie nicht, sie fühlten sich nicht einmal wohl. Es herrschte so eine Idee von Liebe und Füreinander-Bestimmtsein, die von ihm kam. Diese war aber mehr mit Melancholie verwandt als mit Lust, alles wurde schwer, und er war dann wieder der Mann, der die Lösung wußte. Überhaupt ging es immer um ihn: er wollte ein besserer Mann sein als alle anderen, nein, er war es natürlich schon. Seine Liebe war die tiefste, sie hatte Prädikat »Wertvoll«.

Und wenn dann alles nicht ging, war er der Charakter, der nicht aufgab.

Er, der vor jedem Zuhörer schüchtern wurde und seine Gedanken durcheinanderbrachte – nur bei den Türken redete er ohne Scheu –, erklärte ihr stundenlang den Vietnamkrieg, seine Begabung oder was Adorno wohl in Wirklichkeit meinte. Er suchte unentwegt die Wahrheit, sprach tastende Sätze, um diese einzukreisen, und schaffte es regelmäßig, zwischen dem zwanzigsten und dreißigsten Satz, sie zu fassen. Er war dann richtig verliebt in sich und die Wahrheit. Wenn Gisela ihm lange zuhörte, konnte er feurige, dunkle Worte sprechen, über die Welt und sie beide. Dann war er mitreißend.

Sein Sinn für Zärtlichkeit war noch wenig entwickelt: entweder reden oder handeln, ein Drittes fehlte.

Am schlimmsten war das Hin und Her: mal wollte er ihr alles opfern, nur für sie dasein, dann wieder überfiel ihn eine vernichtende Wut gegen alles und alle. Ja, sie störten sich. Auch war er es nicht gewöhnt, mit einem anderen Menschen im Bett zu liegen. Gut schlief er nur, wenn er allein war. Seine Wahrnehmung für alles, was möglicherweise irgendwann einmal stören könnte, war überscharf, und wenn einmal nichts störte, irritierte ihn das ebenfalls. Aber manchmal, wenn er gerade nicht auf der Bremse stand, konnte er alles wie ein Meister. Und wenn er schlief, sah er süß aus.

Vielleicht wurde er ja einmal so etwas wie ein Gustav Mahler ohne Musik. Er selbst hatte das angekündigt.

99.

Heute lag Alexander noch lange wach. Er hatte nachzudenken.

Dieser Selim hatte die Sache genau erklärt, als er über

seinen Trainer sprach: umgeschulte Linkshänder – er hatte gesagt: »Von Natur links, aber mit Zwang geändert« – vertrauten weder ihren Armen noch Beinen, nicht einmal ihren Worten. Sie waren nie sicher, ob »rechts« nicht vielleicht doch links war. Und sie merkten sich nie eine Telephonnummer, weil sie sich jede Ziffer einzeln, aber nicht die Reihenfolge einprägten. Alexander wußte, daß das stimmte: auch bei Wörtern wie »Immatrikulationsbüro« oder »Penthesilea« brachte er die Silben durcheinander, von sozialwissenschaftlichen Begriffen ganz zu schweigen. Hier war die Erklärung! Er erinnerte sich sehr wohl daran, wie die Volksschullehrerin in Degerndorf – das »Fräulein« – ihn mit dem Lineal auf die Linke geschlagen hatte. Der Zusammenhang war bedeutsam.

Ringsum sah er eine Gesellschaft von Rechtshändern. Die Linke wurde absichtsvoll diffamiert, ihr Gebrauch schon den Kindern ausgetrieben. »Links« war schlecht, »rechts« gut. Dagegen mußte etwas getan werden, angefangen bei der eigenen Person. Alexander stand auf und ging im Zimmer hin und her. Laut sagte er: »Die Linke rehabilitieren« – vor dem letzten Wort hatte er etwas Angst. Er wollte zunächst sich selbst ändern, dann die Gesellschaft. Wenn sich eine gute Gelegenheit bot, auch umgekehrt.

Er begann den nächsten Tag, indem er sich mit der linken Hand rasierte, Schnittwunden kühl in Kauf nehmend. Willensstärke zeigen! Auch das Zigarettenrauchen gab er auf, obwohl die Außerparlamentarische Opposition sich überall, vor allem im Audimax, in Rauchschwaden hüllte. Es gehörte sozusagen zu ihrem Aktionsminimum, Rauchverbote zu mißachten – man rauchte sogar im Kino.

Die Entwöhnung vom Nikotin gelang, denn wenn er nach einer angebotenen Zigarette griff, mußte er es jetzt mit der linken Hand tun. Die erste kleine Selbstüberwindung machte stark für die größere: die Ablehnung.

Das Fahrzeug brauchte er nicht zu verkaufen: die Isetta wurde mit der linken Hand geschaltet. Aber natürlich schrieb er links. Die Schrift erinnerte ihn an die zweite Volksschulklasse: »Man mus mutich sein und gleichzeitich gescheit.«

Er fühlte sich auf dem besten Wege, dieses Ziel zu erreichen, und allen überlegen, die unbedacht und unbeherrscht nach irgend etwas griffen. So entdeckte Alexander die Linke.

Während der Demonstration am Nachmittag fühlte sich Alexander zum ersten Mal als einer, der dazugehörte. Er wollte nicht länger ein zuschauender Sympathisant sein. Als ein Polizist einen Genossen schubste, der übers Absperrgitter kletterte, herrschte Alexander ihn an: »Bitte mal Ihre Dienstnummer, ja!« Der Polizist, etwa so alt wie er, sah erschrocken aus und reichte tatsächlich ein Zettelchen herüber, ärgerte sich aber schon im selben Moment darüber.

»Sie hören von mir!« sagte Alexander im Offizierston und meinte großen Eindruck gemacht zu haben. Da passierte etwas Unerwartetes: der Polizist wurde ironisch. Geradezu Zivilist.

»Natürlich«, sagte er hintersinnig, »wir werden doch bestimmt alle noch von Ihnen hören!«

Als die Demonstration zu Ende war und viele nach Hause eilten, um vielleicht in der »Abendschau« des Senders Freies Berlin sich selbst zu sehen, ging Alexander allein im Schloßpark Charlottenburg spazieren und fragte sich, ob er den übrigen, normalen Menschen nicht allzuviel zumutete, wenn er seine revolutionäre Energie so konsequent entwickelte.

Dann bekam er Sehnsucht nach Gisela. Er ging zum Büro des Busunternehmens und wartete, bis sie von ihrer Nightclub-Tour zurückkam.

100

Ein Mann namens Zühtü, der mit Selim in Alt-Moabit arbeitete, kam mit einer Zeitungsanzeige ins »Ankara«: es
wurden vierzig Arbeiter aus fünf Metallberufen für Südafrika gesucht, darunter auch Elektroschweißer. Bewerbung mit
Lichtbild an eine Postfachadresse.

»Selim, komm mit! Wir bleiben in Deutschland gemeldet,
gehen nach Afrika auf Montage und kriegen unheimlich viel
Auslösung! Du kennst doch einen deutschen Studenten, der
schreibt uns korrekte Bewerbungen.«

»Sie wollen ein Photo«, sagte Selim nachdenklich,
»Mensch, hast du denn keine Ahnung? Du bist viel zu dunkel. Wenn du dich nach Südafrika bewirbst, geht das nur mit
einem überbelichteten Photo. Außerdem brauchen wir eine
blonde Perücke, am besten gepudert.«

»Kommst du mit?«

»Na gut, aus Spaß.«

»Und wenn wir genommen werden, gehst du mit nach
Südafrika?«

»Ich sage doch, ja! Aber aus Spaß.«

Sie fanden Alexander im »Schotten«, er war bereit und
kam mit ins »Ankara«. Selim fiel auf, daß er ungern Straßen
überquerte, er guckte nach links statt nach rechts und wartete lieber, bis eine Ampel grün wurde.

Jetzt die Photos. Selim dachte an eine Freundin von Helga, ebenfalls Studentin, die im Fundus des Schillertheaters
arbeitete. Während Alexander im ruhigen Hinterzimmer der
Kneipe zwei Bewerbungen verfaßte, lieh ihnen Helgas
Freundin eine Perücke. »Die ist noch von Molière«, sagte
sie. Dann kam die Suche nach einem geeigneten Automaten,
sie kostete Zeit und Geld. Die hellsten Photos machte der
Automat im Bahnhof Zoo.

»Wir sehen aus wie deutsche Gammler.«

»Also genau richtig!« sagte Selim. »Womöglich klappt die
Sache. Alexander ist übrigens der erste Deutsche, mit dem

ich in Deutschland gesprochen habe«, sagte Selim und lachte Alexander zu, »im Zug, Januar 1965.«

»Was habt ihr denn gesagt?«

»Guten Tag.«

»Und dann?«

»Auf Wiedersehen. – Damals hat er dauernd Zeitung gelesen.«

Zühtü interessierte sich nicht für diesen Alexander. Er verabschiedete sich schnell und sagte, er müsse früh aufstehen.

Selim blieb noch. Er wollte jetzt aus dem Deutschen klug werden, der sich so offensichtlich Mühe gab, aus ihm klug zu werden.

Das war kein richtiger Soldat, kein richtiger Revolutionär, vielleicht nicht einmal ein richtiger Student. Er bildete sich trotzdem eine Menge ein, ließ aber niemanden wissen, worauf.

Manchmal vertauschte er Wörter und ganze Satzteile, schlug einen Nagel auf den Hammer oder rückte eine Wand an den Tisch. In drei- und mehrsilbigen Wörtern wiederholte er oft Silben, aber nicht wie ein Stotterer, sondern langsam und unsicher: Bewerbungsschrei-bungsschreiben, Rassenfa-ssenfanatismus.

»Ich werde jetzt den Kriegsdienst verweigern. Als ausgebildeter Soldat, ja! Wenn ein Krieg kommt, mache ich nicht mit.«

»Komisch«, antwortete Selim, »bei mir ist das anders. Ich hätte gern die blöde Ausbildung verweigert, aber wenn Feinde kommen, bin ich da. Wie ein Löwe!«

»Der moderne Soldat ist kein Löwe. Er sitzt an einer Maschine und wartet darauf, daß es ihn erwischt.«

»Nicht bei uns! Zwischen den hohen Bergen ist der Kampf wie in alter Zeit.«

Selim begann zu erzählen, denn er wollte den Deutschen ein wenig beobachten. Vom Militär, und daß nicht für alle Rekruten Gewehre dagewesen seien. »Ich nahm lieber ein Holzgewehr, das war leichter zu reinigen.« Dann von dem

Ringkampf beim Militär, bei dem der Oberst zugesehen und er, Selim, dem Gegner unfair die Luft weggedrückt habe, um Sonderurlaub zu kriegen. Und wie er sich geschämt habe. Alexander fand das eine gute Geschichte – er hörte offenbar gern, wenn Leute sich schämten. Dann erzählte Selim von der Werft, von den Schiebern und Kalfaktoren. Das interessierte Alexander überhaupt nicht, aber er zwang sich zum Zuhören. Arbeitergeschichten waren also Pflicht für ihn.

Am besten hörte der Deutsche zu, als Selim über Frankfurt sprach – er war neugierig auf alles, was Türken über Deutsche sagten, oder er reiste gern und sah sich Städte an.

Selim wollte herausfinden, was Alexander an Mesut fand, aber gerade deshalb sparte er diesen noch aus. Er erwähnte zunächst einmal Geneviève, die Frau seines Lebens, von der er leider die Heimatadresse nicht hätte, das hübscheste Mädchen in ganz Deutschland, übrigens Schweizerin.

»Wie Gisela«, sagte Alexander, »das heißt, die ist Deutsche, kann aber Schweizerin sein, wenn sie will. Sie hat einen geklauten Schweizer Paß. Das bleibt bitte unter uns!«

Zum ersten Mal erzählte er ein wenig, zunächst nur von Gisela. Ihr Vater sei Nazi und Fabrikdirektor, ihr Onkel Liberalist oder Librettist, jedenfalls Alkoholiker, sie selbst bei der Stadtrundfahrt. Braune Augen und schwarzes Haar. Wie er das schon sagte! Wenn der in die Türkei kommt und dort Frauen sieht, dachte Selim, dann dreht er durch, er wird verrückt.

Dann, endlich, erzählte Alexander auch über sich selbst. Der Vater war im Krieg getötet worden, die Mutter verkaufte Schaumstoffpolster für die Schultern von Jacketts, auch Einlagen für Büstenhalter – Alexander hatte diese Schalen immer verpacken müssen. Sie waren naturgetreu gegossen, mit einem kleinen Vorsprung wie eine Brustwarze. Auf der Innenseite hatten sie entsprechend große Löcher, damit man sie zu Hunderten übereinanderstapeln konnte. So etwas gefiel Selim.

Sie tranken sehr viel Bier. Einmal stritten sie sich fast, das war so gegen drei. Alexander fand, ein Mann müsse eine Frau glücklich machen – er hatte offenbar ein schlechtes Gewissen, weil er so lange ausblieb. Selim sagte: »Umgekehrt ist es richtig!« Er bestand aber dann nicht darauf.

Dann sprachen sie doch noch über Mesut.

»Er läßt sich die Haare wachsen und macht für die linken Affen den Exoten!« sagte Selim und war auf die Antwort gespannt.

»Entschuldige bitte mal, ja«, antwortete Alexander, »er hat eine politische Überzeugung!«

»Er macht gern Druck!« sagte Selim. »Er kommt dir immer von oben. Ich kenne ihn und gehe ihm aus dem Weg. Er möchte auf Kosten anderer Leute leben, denen er Pflichten einreden kann und die sich schuldig fühlen. Klappt bei mir nicht! Wir sind wie feindliche Brüder, keiner hat Macht über den anderen.«

Dann erzählten sie sich von ihren leiblichen Brüdern. Der von Alexander war mitten im Frieden in die Luft geflogen, weil er mit Granaten gespielt hatte.

Als es hell wurde, brachen sie auf. Der Deutsche hatte noch einen langen Vortrag gehalten, irgend etwas über die Geheimnisse des Redens, die er erkannt hatte, und über die rechte und die linke Seite des Gehirns. »Du hast mich doch erst darauf gebracht!«

»Verstanden habe ich es trotzdem nicht«, sagte Selim mit schwerer Zunge, als sie in der morgendlich belebten Dahlmannstraße standen, »tut mir leid.«

»Mein Fehler«, brachte Alexander heraus, »manchmal denke ich so schwere Sachen, daß ich mich danach tagelang ausruhen muß. Heute auch wieder!« Sie nahmen Abschied.

An diesem Tag wollte Selim nicht arbeiten. Er war aber entschlossen, dem Meister ehrlich zu sagen, daß er leider zu betrunken sei. Der hatte ihn bisher gut behandelt und verdiente ein klares Wort. Es war heute allerdings schwer, den richtigen Bus nach Moabit zu finden, geradezu unmöglich. Und daß er im falschen saß, merkte er nie vor der Endstation. Einmal stieg Selim vor der Nervenklinik in Spandau aus, dann wieder an der Mauer in Wedding, am Hagenplatz im Grunewald, am Kiehlufer in Neukölln – die Reise nahm kein Ende. Erst in der Mittagspause traf er in der Firma ein und erfuhr, daß er entlassen sei. Jetzt galt es, vor der Dunkelheit nach Hause zu kommen oder wenigstens ins »Ankara«. Er schaffte es und fand dort statt Helga ein anderes Mädchen, das aussah wie Kleopatra, und die wollte unbedingt mit ihm schlafen. Sie hob sogar die Bluse hoch und zeigte ihm, was da los war. Sie hatte ein Zimmer in der Dahlmannstraße.

Am Morgen wachte er nüchtern auf und erschrak: auf ihm lag eine völlig fremde bunte Decke. Dann sah er Kleopatra und erschrak noch mehr, weil sie eine Gesichtsmaske aus grüner Schmiere trug. Er verließ schnellstens das Haus und beschloß, nie wieder Alkohol zu trinken. Oder nur ganz wenig, gegen den Kater.

101.

Alexander träumte, daß er aufwachte. Dieses Aufwachen im Traum war begleitet von der schrillen Stimme einer Frau, die im Zimmer herumsuchte und das Unterste zuoberst kehrte: »Wer hat hier geschlafen?!« Alexanders Antwort: »Ich, ein ordentlicher Student!« Das glaubte sie aber nicht.

Alexander floh schließlich vor ihr in die Stadt, lief die Straßen entlang und suchte seine eigene Wohnung, ohne daran zu glauben, daß es eine solche gab. An einer Straßenkreuzung sah er Soldaten und einen dicken, fetten Leutnant, der Rekruten anwarb. Sie hatten da ein unbemanntes Flugzeug stehen, das zwar nicht fliegen, aber dafür schießen konnte. Alexander fand das gänzlich unsinnig, er wollte fort. Aber mit einem Mal kamen Soldaten, immer mehr, und umwarben ihn sehr freundlich, er möge einer der ihren werden. Alexander rannte los und suchte vor ihnen zu fliehen, doch sie blieben neben ihm, jetzt in Sturmanzüge gekleidet und mit Gewehren in der Hand. Mühsam, mit klebenden Schritten suchte er durch einen feuchten Lehmacker zu entkommen. Umsonst, der Dicke blieb immer neben ihm. »Damit Sie's wissen«, keuchte Alexander, »ich nehme an dem Angriff gar nicht teil – es ist nur, weil da drüben meine Wohnung liegt!« Der Leutnant nestelte am Gürtel, zog die Pistole und rief: »Wir werden sehen, was hier stimmt!« Er hob die Waffe, blies die Backen auf und schoß Alexander in den Kopf. Sterbend dachte Alexander: Dieser Trottel mußte es nun sein!

Jetzt wachte er schon wieder auf, diesmal in der Wohnung Gnibbel, und es war schon später Vormittag. Als erstes wurde ihm klar, daß er das Militär haßte.

Einer der Soldaten im Lehmacker, direkt neben dem Leutnant, war Mesut gewesen. Selim war nicht aufgetaucht.

Er dachte daran, daß er die Nacht über einem Türken zugehört hatte, der sich im fremden Land einsam fühlte. Vorbildlich!

Nach dieser Überlegung begann er sich selbst wieder zu akzeptieren – eine der wichtigsten Voraussetzungen für morgendliches Aufstehen aus einem Bett. Zugestanden, er hatte viel getrunken und den halben Tag verschlafen. Aber jetzt zeigte er Energie, putzte die Zähne, rasierte sich mit der linken Hand und prägte sich den in der Nacht geschriebenen Besorgungszettel am Spiegelrand ein:

»Roter Punkt;

Bücher verlängern!

Für Gisela Blumen«

Gisela war am Telephon eilig, auch aus Verärgerung, weil sie tatsächlich auf ihn gewartet hatte. Sie müsse sich jetzt um ihren Onkel kümmern, der mit Herzinfarkt im Krankenhaus liege. Danach habe sie die große Tour, Ost und West mit Mauer und Imbiß. Vor sieben Uhr abends nichts zu machen.

Der rote Punkt, handtellergroß auf weißem Papier, klebte

alsbald hinter der Frontscheibe der Isetta und sagte soviel wie: »Bin Student, nehme Studenten oder sonstige Linke mit.« Alexander fuhr betont langsam den Kudamm hinunter, aber kein Linker wollte einsteigen. Hubertusallee, Teplitzer Straße, Roseneck, Wilder Eber – niemand! Vielleicht war dieses zweisitzige Ei mit Fronttür kein geeignetes Vehikel der Solidarität.

In der Universitätsbibliothek lagen Bücher für ihn bereit: über Gehirnforschung und Linkshändigkeit. Er versuchte sich in der Mensa die speziellen Fähigkeiten der rechten Gehirnhälfte einzuprägen – schließlich wurde von ihr aus die linke Hand gesteuert.

Neben seiner Suppe lag ein Flugblatt, welches zum Blutspenden für den Vietcong aufrief.

Blutspenden war nicht schwer und hatte doch etwas von Opfer und Bekenntnis. Man mußte dazu ein bestimmtes Krankenhaus in Ostberlin aufsuchen. Alexander hatte seinen westdeutschen Paß dabei – warum eigentlich nicht sofort?

Den ganzen Weg bis zum Übergang Heinrich-Heine-Straße wollte sich wieder niemand als Mitfahrer hergeben. Nur den DDR-Grenzern, so schien es, fiel der rote Punkt überhaupt ins Auge: er war ihnen verdächtig.

Bei den Schwestern und Ärzten in dem Ostberliner Krankenhaus begegnete er ungläubigem Lächeln und höflichem Mißtrauen. So behandelte man sonst sicher nur Verrückte mit amtlicher Bescheinigung. Alexander bekam nach seiner Spende eine Ost-Cola und eine Tafel Schokolade, ferner ein kitschiges Herzchen mit Kreuz zum Anstecken. Daß sein Blut eines Tages wirklich durch die Adern eines Vietcong fließen würde, bezweifelte er selbst. Aber er hatte ohnehin nur eine symbolische Tat im Sinn gehabt.

Während er sich in einem Ruheraum erholte und die Decke anstarrte, kam ihm unversehens die Frage, was der Ringer Selim von seiner heutigen Unternehmung halten würde. Er dachte daran, daß der sicher gerade einen harten Fabriktag hinter sich hatte und es als Luxus ablehnen würde, mitten am Werktag quer durch die ganze Stadt zu fahren, um irgendwo Symbolisches zu tun. Zumindest hätte er so etwas nicht ohne ein größeres Publikum getan.

Was Selim erzählte, schien nicht aus dem Kopf zu kommen, sondern aus dem Körper, vielleicht war sein Hals so dick, weil so viele Geschichten hindurch mußten. Auf seiner Stirn saßen zwei Energiebeulen wie Hörner. Ständig hatte er die Hände in der Luft und erzeugte damit Spannung, vor allem in den Pausen, es war, als ginge von ihnen elektrischer Strom aus. Auch wenn er deutsch sprach, war sein Sprechen dem Tanz ähnlich, hin und wieder stand er auch wirklich auf und schaute so böse oder so strahlend wie die Menschen, von denen gerade die Rede war — er selbst war immer, was er erzählte. Alexander hatte einen schlingernden Fischdampfer gesehen, majestätisch thronende Berge im Allgäu, einander ausweichende Binnenschiffe, sogar Zugvögel, die am Bergener Hang bei Frankfurt in Schwärmen einfielen und die Kirschbäume plünderten.

»Die Obstbauern waren stingsa!« Stingsa — er hatte das zunächst für ein türkisches Wort gehalten, es war aber nur das deutsche »stinksauer«. Und deshalb habe man das Enkheimer Ried mit einem Saugbagger entschlammt und entschilft, um den Vögeln das Nisten zu verleiden. Selim war aufgestanden und zum Saugbagger geworden. Er hatte diesen einst beobachtet, während er die gewesene Klosternonne küßte, die Schweizerin. Alexander hatte das Gefühl, daß sich bei diesem Mann das Zuhören lohnte: aus ihm sprach, auf eine krause, umweghafte Art, die reine Wahrheit!

Er hatte sich bereits an Selims sprachliche Fehler gewöhnt. »Keine Geld« kam begreiflicherweise häufig vor. »Fälär« waren Fehler, »Tüben« hießen alle unbekannten anderen Männer, oft solche, die frech geworden waren und die Selim schweren Herzens hatte verprügeln müssen. Und Selims Frankfurt war die seltsamste, verrückteste Stadt der Welt, eigentlich die letzte Stadt, in der noch Nennenswertes passierte: da waren kirschenfressende Stare, schwachsinnige Gewichtheber, die mit Trommelrevolvern fuchtelten, ein amerikanischer Offizier, der jeden Morgen mit einem riesigen Mercury in die Gibbs-Kaserne fuhr, aber in Wirklichkeit lieber eine Frau sein und auf den Strich gehen wollte, ein Priester in Fechenheim, bei dem es wider Erwarten gut belegte Brote umsonst gab, auch für Muslime. Was Selim zu bieten hatte, war von einem sonderbaren Fanatismus durchglüht, der aber keine Glaubenssätze verbreiten oder Beweise für deren Richtigkeit liefern sollte.

Alexander stand schon eine halbe Stunde am Grenzübergang und wartete darauf, weiterfahren zu können. Dabei herrschte kein Andrang – es ließ sich nur niemand herbei, ihn zu kontrollieren. Was für ein Staat: Seine Methode war es, immer das knapp zu halten, was gerade gebraucht wurde, von Geld, Zeit und Lebensmitteln, Freundlichkeit bis hin zur freien Durchfahrt.

Immer noch niemand. Nachdenken über Selim.

Im Grunde erzählte Selim nie eine Geschichte. Er erklärte etwas, beantwortete eine Frage, gab nützliche Hinweise – und dabei fiel ihm eben ein, was dazugehörte. Hätte man ihn gefragt, ob er etwas Hübsches zum besten geben könne, er wäre für den Moment ratlos gewesen. Es ging bei ihm nicht um Geschichten, sondern um ein immer neues Loblied auf Kraft und Glück: es gab Menschen, die hatten auf unerklärliche Weise beides im Überfluß, anderen fehlte es, ebenso unbegründbar, viele Jahre lang. Und dann änderte sich diese Lage oft von einem Augenblick zum anderen!

»Sei vorsichtig mit dieser Gabel«, hatte Selim zwischendurch gesagt, »das ist schlechtes Weißblech. Man reißt sich an so etwas leicht die Lippe.«

Ihm sei das in Rotterdam passiert, und einem anderen auch, der dann Blutvergiftung bekommen habe, einem Polen aus Wilna, Sohn einer einarmigen Opernsängerin. Das war ein Kerl! Sechs Jahre Fremdenlegion, das ganze Afrika und die schlimmsten Todesfallen überlebt, und dann sterbenskrank in Rotterdam wegen dieser schrottreifen Wirtshausgabel. Das Glück sei wie ausgeknipst gewesen, die Kraft zu Ende gegangen.

»In Rotterdam gibt es aber doch Ärzte...?«

»Er wurde leider international gesucht. Eine andere Sache. Jedenfalls hat er auch das überlebt – die Polen sind verdammt zäh. Jetzt ist er wieder in Afrika, aber als Unternehmer. Schatzsucher oder so. Ich sage dir, aus dem wird was, der überlebt vielleicht noch mehr. Eine gute Frau hatte er auch. Ein bißchen verrückt vielleicht. Aber sonst hätte sie das nicht ausgehalten.«

Jetzt kam endlich ein Grenzer und beäugte den roten Punkt im Fenster. Alexander wäre am liebsten frech geworden, aber dann fiel ihm die Faustregel ein, die er von Selim gehört hatte: »Wenn du über eine Brücke gehen willst und es begegnet dir ein Bär, verneige dich tief und sage ›Onkel‹ zu ihm, bis du das andere Ufer erreicht hast!« Die Devise erwies sich als richtig, er konnte fahren.

Bei der Ruine des Anhalter Bahnhofs winkte einer und wollte mit! Aber nur bis zur U-Bahn am Nollendorfplatz, und auch das nur, weil er »in so einem Ding« noch nicht dringesessen hatte.

Kurz danach fuhr Alexander rechts ran und versuchte, sich selbst zu ergründen. »Ich weiß nicht, was ich weiß«, dachte er, »aber da ist was!«

102.

Der Wohnungsinhaber in der Leistikowstraße, ein Mann von knapp eins-sechzig, der an den Haustüren Wischtücher verkaufte, war »menschlich tief getroffen«. Er warf Selim hinaus, weil der nachts die Zimmer verwechselte und sich aus purem Versehen ins Bett einer älteren Mieterin gelegt hatte, als sie im Bad war.

Sie hatte unsinnigerweise die Polizei gerufen, und das war dann der Kündigungsgrund: »WEGEN DES TÜRKEN WAR SOGAR SCHON DIE POLIZEI DA!«

Seine nächste Bude fand er im Männerheim am Spandauer Damm, wo er auch Wladimir mit dem Doppelkinn kennenlernte, einen Sklavenhändler und Abkömmling ehemals reicher Russen, der einen Opel Kapitän fuhr und über Lenin und die Revolution schimpfte. »Wenn die nicht gekommen wäre, müßte ich heute nicht arbeiten!« Selim lachte: »Wieso? Du läßt doch andere arbeiten und verdienst daran. Was trauerst du um das alte Rußland?« Wladimir fand an solchen Sprüchen Gefallen, und Selim wurde bei ihm »Sklave«, einer, der ohne Rechtsanspruch arbeitete und dafür auch noch weniger Geld bekam. Aber er wollte studieren, wie der Mann es geschafft hatte, so reich zu werden.

Außerdem konnte man als Sklave sofort den Arbeitsplatz wechseln: Zuspätkommen und Faulenzen genügte, schon durfte man am nächsten Tag woanders anfangen. Die Firmen dachten ebenso, sie nahmen gern Sklaven, weil sie sie jederzeit vor die Tür setzen konnten. Zunächst kam er als Metallhobler zur Firma Bosetzky in Reinickendorf und bediente die große Hobelmaschine. Obermeister war dort ein pockennarbiger Inder, der Selim nicht liebte – er spürte wohl dessen Kraft und Wut, vor allem die stete Bereitschaft zum Gelächter.

Mit allen anderen kam Selim zurecht. Wichtig war, daß man als Sklave den regulären Arbeitern einige Runden Bier ausgab, sonst wurde man angefeindet.

Selim wohnte im Heim mit einem Armenier namens Aram zusammen, der vorher in Oldenburg beim Straßenbau gewesen war und daher nicht schweißen konnte. »Selbstverständlich kannst du schweißen!« befand Wladimir und schickte ihn mit zu Bosetzky. Schon am gleichen Tag flog er raus. Wladimir hatte gerade sonst niemanden und schickte ihn am nächsten Tag unter einem anderen Namen erneut hin. »Mach dich kleiner, gehe in die Knie!« riet er. Aber auch mit neuer Identität und Körperhöhe konnte Aram nicht besser schweißen. Nach drei Wochen versuchte Wladimir es wieder. Diesmal ging Aram auf hohen Absätzen und ohne Schnurrbart. Das Wunder geschah: seine kläglichen Schweißkünste wurden akzeptiert, und er arbeitete glücklich in dieser Firma, bis sie Pleite machte.

Selim hingegen wurde von dem Inder schon bald gekündigt, weil er angeblich die Kollegen aufgewiegelt hatte. Was nicht stimmte. Aber schon in Selims Person lag eben dieses Aufwiegelnde. Wenn er grinste, war es schon der halbe Aufstand. In diesem Punkt war der Inder sensibel.

So saß Selim denn eines Abends wieder im »Ankara« und erörterte mit Alexander die Zukunft – es war doch denkbar, daß der Deutsche irgendwoher Geld leihen und mit ihm zusammen etwas gründen konnte. Aber Alexander war mit Näherliegendem beschäftigt. Er sprach über eine Rede, die er vor den Studenten halten würde. Vorsichtig müsse er dabei sein, denn bei bestimmten Wörtern würden die Genossen schrecklich aggressiv.

Heute war er in Begleitung von Gisela. Sie hatte Goldplomben in den Backenzähnen, denn ihre Eltern waren reich. Ihr Vater produzierte einen Mücken- und Fliegenabweiser aus Zelluloid, eine Art Luftpflug für die Kühlerhauben der Autos. Der sorgte für einen Luftstrom zur Seite und schützte die Windschutzscheibe vor Insekten. So etwas mußte man erfinden, und dann allen klarmachen, daß sie es brauchten.

Gisela war hübsch und konnte gute Laune verbreiten, aber in Wirklichkeit war sie immer mit irgend etwas unzufrieden, und früher oder später fiel ihr das ein. Dann schwieg sie trotzig oder ging einfach weg.

Selim hielt Alexander davon ab, ihr sofort nachzurennen. Der Arme war schrecklich verliebt und zitterte vor ihren Launen und Bemerkungen wie ein gefangener Vogel. Er tat Selim leid.

Zu Hause erzählte ihm noch der Armenier, auf dem Bett

sitzend, eine Geschichte aus einem westdeutschen Meldeamt. Es gab da offenbar einen Inspektor, der den Spitznamen »Eichmann« trug und Türken terrorisierte, um die
Stadt »ausländerfrei« zu machen. »Und das habt ihr euch
gefallen lassen?« fragte Selim zornig.

»Ich wäre fast auf ihn losgegangen, so hat er mich ange-
brüllt und beleidigt. Aber das Ehrgefühl hielt mich ab, er
war ein Krüppel mit nur einem Arm, daher habe ich geschwiegen.«

»Ich hätte zurückgebrüllt«, sagte Selim.

103.

Eines Abends besuchten Helga und Selim Alexander in seiner Bude. Auf dem Schreibtisch lag ein Illustriertenphoto
von der »Kommune I«, auf dem die Mitglieder, wie Gefan-
gene vor der Erschießung, nackt an einer Wand standen.
Selim betrachtete es und amüsierte sich über ein Kind, das
dabei mitmachen mußte, aber sich verstohlen umdrehte und
dem Photographen zusah. »Und was soll das?« fragte er.

Alexander mutmaßte, es hinge mit der Erinnerung an die
Nazizeit zusammen, wo es verfolgte Minderheiten gegeben
habe, und diese Leute fühlten sich eben auch so. Selim
staunte.

»Also die wollen Juden spielen?« fragte er.

Daraus entspann sich ein Wortwechsel zwischen Alexander und Helga, welche die ewige Grübelei über das Dritte
Reich überflüssig fand.

»Wir wissen doch alles über damals. Wichtig ist, daß wir
jetzt den gegenwärtigen Widerstand leisten, gegen den heutigen Faschismus und Imperialismus! Damit sind wir auf der
richtigen Seite. Ob die sich damals so oder so oder anders
was vorgelogen haben, gut, das kann man natürlich erforschen...«

Alexander wurde wütend und sprach von Wahrheit und Verdrängung, von Trauer und Etikettenschwindel. Es hätte zu einem giftigen, folgenreichen Streit kommen können. Aber jetzt sprang Selim auf und ließ seinem eigenen Zorn freien Lauf, der nur sehr indirekt mit dem Thema zu tun hatte: Selim schimpfte auf die deutschen Behörden und auf Leute wie diesen Inspektor in Westdeutschland, der die Türken anbrüllte. »Wißt ihr, was ich dem gesagt hätte?« Und dann brüllte er, was er dort gebrüllt hätte. Helga und Alexander fuhren zusammen und suchten ihn zu beschwichtigen, bevor die Nachbarn sich beschwerten.

»Wieso, ich rege mich gar nicht auf«, lachte Selim, »ich spiele doch nur, damit ihr das erleben könnt! Ich spiele Türke.«

104.

Bei Selim schien sich nichts ändern zu wollen. Die Briefe aus Südafrika enthielten Absagen für ihn und Zühtü, er war aber froh darüber: »Von hier aus kann ich notfalls zu Fuß in die Türkei gehen, ohne ständig Wüsten zu durchqueren.«

Er arbeitete längere Zeit auf Wladimirs Rechnung in der Textilfirma, für die Tahsin den LKW fuhr. Selim zog dort immerfort frisch gekochte oder gebratene Strümpfe auf Beine aus Aluminium. Die Arbeit war so, daß er sie auch nach einer Nacht im »Ankara« mühelos bewältigte.

Es gab in seiner Abteilung eine Frau, die angewiesen war, Selim stets die Fingernägel glattzufeilen, damit er keine Strümpfe kaputtriß. Sie war Türkin und hieß Hayrünnissa, und sie war so schön, daß er sich immer wieder absichtlich Nägel abbrach, um eine Maniküre zu erzwingen. Sie sah ihn dabei kaum an, aber wenn, dann bekam er Herzklopfen.

»Ich will nicht Akkord arbeiten, wenn du in der Nähe bist«, sagte er. »Sag doch bitte mal dem Meister: ›Selim ist doof und versteht nichts‹!«

Sie lachte zum ersten Mal, und einer Frau, die so strahlend lachte, konnte Selim nicht widerstehen.

Helga war ganz sicher, daß sie ein Kind erwartete. Als sie von der andern Frau erfuhr, weinte sie und wollte wegziehen. Selim versprach ihr, Hayrünnissa nicht wieder zu treffen, sondern Helga zu heiraten. Im Standesamt Charlottenburg bestellte er das Aufgebot, im September sollte die Hochzeit sein – mit Gisela und Alexander als Trauzeugen.

105.

Alexander verweigerte im Juli den Kriegsdienst aus Gewissensgründen. In einem Sitzungszimmer in München vertrat er die Behauptung, daß er nie jemanden töten könne. Das stimmte womöglich gar nicht. Er wollte vor allem nicht auf Befehl töten müssen. Hätte er das aber gesagt, dann wäre er den Beisitzern – einem freundlichen Fliesenlegermeister und einem gelangweilten Volksschullehrer – wahrscheinlich nicht glaubwürdig erschienen. Wenn man Gewissen geltend machte, dann durfte sich das nicht mit einem »Wie« verbinden, sondern nur mit einem »ob«.

Er zog mit Gisela in eine Friedenauer Wohnung: in die Rembrandtstraße, hoch über den S-Bahn-Gleisen, und dort schrieb und las er an einem Stehpult, um die Züge besser beobachten zu können. Während sie die Wohnung einrichteten, lachten sie viel und liebten sich zärtlich. Aber im August hatten sie, eine Woche nach der von Alexander gewünschten Verlobung, den großen Streit. Der Anlaß: sie konnte sich nicht angewöhnen, das Honigglas zuzuschrauben, sondern pappte den Deckel nur lose drauf. Alexander faßte aber Honiggläser gewöhnlich am Deckel an. Gisela übte nun Kritik an ihm: da sie berufstätig war, hielt sie es für richtig, wenn Alexander sich um den Haushalt kümmerte. Einmal war sie abends von der Arbeit gekommen, hatte sich auf den Boden gelegt und eine Weile nur stumm die Decke betrachtet: die wirke, sagte sie schließlich, wenigstens halbwegs aufgeräumt.

Es gab immer mehr, was sie trennte. Gisela wollte studieren, aber sie wußte, daß er dann wohl bald ihr Professor würde sein wollen, auch wenn er von Rechtswissenschaften nichts verstand. Vorläufig opponierte er und behauptete, Jura sei »affirmativ«. Ferner hatte sie sich auf einem Gartenfest in Dahlem in einen Maler namens Georg verliebt. Er pflegte auf heitere Weise zu schweigen, und das war wenigstens nicht anstrengend. Er rauchte Haschisch und ließ sie probieren.

Daß Gisela »zunächst noch« bei Alexander bleiben wollte, half ihm wenig, er wurde nicht mehr fröhlich, und den Maler gab es nun. Anfang September trennten sie sich, kurz bevor sie Selim und Helga gemeinsam hätten verheiraten können.

Alexander war nun allein. Er verbrachte mehr Zeit an seinem Stehpult, aber er arbeitete nicht. Drunten sah er die Züge halten und fahren, grübelte über Versager im allgemeinen und sich selbst im besonderen und konnte bald den Fahrplan auswendig. Als der Gedanke an Selbstmord zu oft auftauchte, fuhr er nach Ostberlin und wanderte einmal um den Müggelsee. Das war der richtige Entschluß, denn der Selbstmord unterblieb.

Ferner half ihm, daß er in Neukölln beim Ringen zusah. Und was Selim, der gefeierte Sieger, hinterher zu ihm sagte.

»Es gibt keine Gewinner- oder Verlierertypen! Die Grenze zwischen Sieg und Niederlage ist dünn – man muß immer mit dem Sieg rechnen. Und noch eines ist wichtig: DU SOLLST DICH NICHT ANSCHEISSEN DURCH DEINE EIGENE KRAFT! Immer wenn du Kraft anwendest, kann es auch passieren, daß der Gegner sie für sich ausnützt. Er legt dich mit dem

Schwung auf die Schultern, der von dir kommt. Sei wachsam für alles, was der Gegner tut. Er allein ist wichtig. Blinde Gewalt ist Quatsch, zuviel Planung ist Quatsch, und ob der andere Weltmeister ist oder erst seit einer Woche trainiert – auch egal. Jetzt weißt du, was Ringen ist!«

Anschließend saßen sie in der »Sport-Klause« und tranken Bier, und Selim erzählte von einem Werner Seelenbinder, der hier auch gerungen habe. Alexander glaubte den Namen schon einmal gehört zu haben, in irgendeinem östlichen Zusammenhang.

»Nein, nein, der hat hier gerungen! Vielleicht sogar auf derselben Matte, alt genug wäre sie.«

»Ich glaube, ich gehöre nicht in diese Stadt«, sagte Alexander grüblerisch. »Ich bin Rosenheimer. Fahrschüler aus Degerndorf, mehr werde ich nie.«

Er erzählte von Rosenheim und stieß bei Selim auf bemerkenswertes Interesse für Thomas Gillitzer, den Visionär, Hotelier, Pflanzer, Fischzüchter und Rosenheimer Bauherrn am Ende des neunzehnten Jahrhunderts, von dem ein Rokokosaal stammte...

Es wurde wieder spät.

10. März 1981
Mein Manuskript, das ich per Post geschickt habe, liegt immer noch bei der Aufsicht. »Und dann«, sagte Selim, »wird es eine Weile dauern, bis ich es gelesen habe – hier kommt man zu nichts!«

Ich bin jetzt Vollzugshelfer und kann ihn tagsüber beliebig lang besuchen. Endlich kann ich seine Geschichte weiterhören – und weiterschreiben. Wir sitzen in einer »Besuchszelle« und trinken Tee.

Bis jetzt ist unklar, wie lange er eingesperrt bleibt. Vielleicht wird er nach zwei Dritteln der Strafe abgeschoben, vielleicht nach der Hälfte. Es kommt auf seine »Führung« an, er darf sich also nicht in Raufereien verwickeln lassen. Es gibt aber immer jemanden, der das ausnützen und die »Leisetreter« provozieren will. Seit Selim einen berüchtigten Schläger mit einem Ringergriff stillgelegt hat, genießt er Respekt. Wie lange?

»Feinde können einen hier sehr anschmieren. Sie können dir Drogen unterschieben und dich verpfeifen. Und Feinde gibt's genug. Die Leute draußen wissen nicht, was in einem Knast los ist. Sie denken, das ist ein Ort zum Lesen und Nachdenken. Ich brauche mehr Nerven als je zuvor, um ein anständiger Mensch zu sein, und die doppelte Kraft. Ich verstehe nicht, warum man ausgerechnet Verbrecher hier hineinsteckt, das sind doch die Labilsten! Aus Sicherheitsgründen? Ich hasse das Wort. Im Namen der Sicherheit passieren alle schlimmen Dinge!«

Einige Mitgefangene verachtet er, weil sie es im Leben noch nie oder kaum mit Arbeit versucht haben. Das sind vor allem die Drogenhändler. »Ich habe es durch Arbeit zu was gebracht. Wenn ich nicht in Hamburg versucht hätte, jemanden zu retten...«

»Mich hast du ja wirklich gerettet«, sage ich.

»Egal! Ohne diese idiotische Schießerei mit dem Zuhälter wäre ich heute reich und glücklich, und zwar durch Arbeit! Die Dealer sind alle arrogant, so wie Mesut sind sie. Die sollen mal einen Tag so schuften wie ich in den letzten zehn Jahren jeden Tag, nur um zu wissen, wie das ist! Oder auch einige Schließer hier: die würden sich nach einer Stunde krank melden und nie mehr wiederkommen.«

Besorgungsliste: Radio mit Kurzwellenteil, damit er die Türkei hören kann. Trainingsanzug ohne synthetische Bestandteile. Geld für seinen Sohn an die Cousine in Muğla schicken. Ferner Schwieriges: nach Möglichkeit herausfinden, was aus Geneviève geworden ist. Ob sie Kinder hat und wie alt die sind.

»Du hast noch nie erzählt, warum ihr nicht zusammengeblieben seid...«

Eine traurige Geschichte. Sie gehen in Sachsenhausen auf der Straße spazieren, es begegnen ihnen drei Japaner, die

Genevieve frech anstarren. Selim stellt sie zur Rede: »Habt ihr nicht gesehen, daß sie zu mir gehört?« Die Antwort ist unbefriedigend, und da die Japaner das Fell juckt, greifen sie an. In der Schlägerei bleibt Selim Sieger, da sie sich gegenseitig behindern. Aber leider kommt die Polizei und nimmt alle fest. Geneviève hat keinen gültigen Ausweis, sie kommt in Untersuchungs- und dann in Abschiebehaft. Er kann sie manchmal sehr kurz besuchen. Sie weinen beide. Sie bittet ihn, nach der Abschiebung in die Schweiz zu kommen. Heiraten will sie aber nur, wenn er katholisch wird. Er will nicht und sagt das auch. Als er anfängt, es sich zu überlegen, um Zeit zu gewinnen, ist sie schon über die Grenze gebracht worden, und er hat nur eine sehr ungefähre Adresse: ein Dorf in der Nähe von Martigny. Er fährt hin, aber im Adreßbuch findet er sie nicht, und die Behörden geben ihm keine Auskunft. Sein Französisch ist nicht gut genug, um mehr zu erreichen. Er wandert ein paar Dörfer ab und fragt und beschreibt Geneviève, aber davon werden nur seine Sohlen dünn. Das ist die ganze Geschichte.

Weitere wichtige Erkundigungen: wie der Kieler Sohn heißt und wie es ihm geht.

»Dich kennt Dörte noch nicht, vielleicht sagt sie dir mehr. Womöglich kannst du ihn selbst sprechen, er ist jetzt fast fünfzehn. Er weiß bestimmt, daß er einen anderen Vater hat als den, der sich so nennt. Nur gut, daß es ein Sohn ist und keine Tochter! Ein Sohn wird sich schon irgendwie durchbeißen, aber auf eine Tochter müßte ich aufpassen – ich würde verrückt werden! Hier kann man seinen Sorgen nicht weglaufen.«

Vor drei Tagen ist Selim Kalfaktor geworden, er verteilt zusammen mit einem anderen mittags und abends das Essen. »Schließlich habe ich zwei Restaurants betrieben, ich bin qualifiziert.«

14. März 1981

Vor mir liegen Prospekt und Lehrprogramm eines »Instituts für dynamische Kommunikation« in Bad Salzschlirf. Überschrift: »Reden Sie sich gesund!« Ich bin zunächst geschmeichelt: da hat mich zum ersten Mal einer richtig beklaut! Das passiert nur Leuten, die etwas Brauchbares zu bieten haben.

Die Sache ist eindeutig: da sind meine Vorübungen im Schweigenkönnen, in schweigender Selbstinszenierung und schweigender Aussage; da taucht meine »Meditation zur Ermittlung der zentralen Redevorstellung« auf. »Darstellerischer Kern« beim Redner, »erzählerischer Kern« in dem, was er mitzuteilen hat, und die Verschmelzung beider erzeugt, jawohl, Glaubhaftigkeit. – Es ist bestimmt zumindest teilweise Diebstahl.

Lange Ausführungen gibt es zum Thema sozialer Zusammenhang und Einsamkeit, und darüber, daß »frau/man als Einsame(r) nicht reden« könne. Daß »frau/man« zu Hause sein oder sich zu Hause fühlen müsse, um die Worte zu finden.

Ich habe das immer sehr viel kürzer gesagt.

Überhaupt wirkt alles etwas betulich. Tut nur den ersten Schritt auf den anderen zu, und schon...! Schon gibt es »Austausch« und »Anregung« – was ist daran eigentlich dynamisch? Aber die wollen, daß ihre Kurse absetzbar sind oder vom Ministerium gefördert werden. Ein Gemisch aus Banalitäten und Geraun über paradoxales Reden und rechtshemisphärisches Führen. So etwas wird bei mir begründet. Vielleicht weil ich nicht das Zeug zum Stammeszauberer habe.

Soll ich dort anrufen? Ich zögere, frage zunächst die Auskunft nach dem Institut, obwohl dessen Nummer im Prospekt steht. Im Bad Salzschlirfer Telephonverzeichnis nicht zu finden, interessant!

»Vielleicht unter einem privaten Namen? Wir haben das zum Beispiel bei Restaurants...«

Mir kommt eine Ahnung. »*Gibt es einen Pressel dort, Gustav Pressel?*«

Ins Schwarze getroffen, es ist seine Nummer! Mein ehemaliger Schüler, dann Assistent und, zusammen mit Anne Rose, Dozent an meiner Schule. Ich war froh, als ich ihn endlich los war. Nicht anrufen!

Mit Anne Rose lang über ihn gesprochen. Sie findet das alles nicht schlimm. Es gebe doch genug Schüler für Redekurse.

Achtes Kapitel
Rede für die linke Hand

106.

Alexander hatte von der Studentenvermittlung der Universität einen Auftrag bekommen und meldete sich in der Droysenstraße 11 bei: »Walter Kriegel, Umzüge, Transporte und Entrümpelungen«.

Kriegel war ein magerer, lebhafter Mann, ein guter Organisator von freundlichem Naturell und trocken-humorvoller Redeweise. Er schien direkt jenem berühmten Berlin entsprungen, das es nicht mehr gab. Selbst den muffigsten Kunden versetzte er mit derb-offenem Geistesschwung rasch in die besseren Zeiten zurück, in denen übrigens, auch wenn sie noch so schlecht waren, hochanständiges Trinkgeld gegeben worden sei... Der Kunde lauschte verdutzt und wie verzaubert dem Loblied auf jene bedeutenden und ebendarum auch großzügigen Menschen, und bald wollte er ihnen selbst angehören. Zwanzig Mark extra für jeden der Träger, das war keine Seltenheit. Es machte Freude, mit Kriegel zu arbeiten, und das Geld reichte wieder für eine Woche. Bei Ungeübten auch der Muskelkater.

Abends goß es in Strömen. Alexander war von der Möbelpackerei so müde, daß er im Kino einschlief. »Die Einsamkeit des Langstreckenläufers« erreichte ihn nicht mehr. Helga sagte: »Dabei war es ein Film für dich, wie ›Lawrence von Arabien‹, bloß proletarisch. Jetzt schlaf dich aus, morgen bist du Amtsperson.«

Sie trafen sich im Standesamt Charlottenburg, einem der feinsten, mit Säulen, Goldsimsen und geschnitzten Sofalehnen. Helga hatte eine Hochzeit mit möglichst wenig Menschen haben wollen – sie fürchtete sich davor, etwas Rückständiges zu tun, konnte aber auch nicht darauf verzichten. Selim respektierte es, wenn auch ohne viel Verständnis: war dies nicht einmal ein guter Grund, mit Freunden zu feiern? Aber für die Studenten war jetzt alles lächerlich, was nach Form aussah.

Helgas und Selims Trauzeugen waren Alexander und Evelyne, die Maskenbildnerin, die seinerzeit die blonde Perücke besorgt hatte. Alexander war noch immer so mit den Gedanken an Gisela beschäftigt, daß er aus Versehen dort unterschrieb, wo »Der Standesbeamte« stand. Ein neues Dokument wurde geholt, alle unterschrieben noch einmal. Danach fuhren sie in zwei Autos mit Zühtü, Aram und Tahsin hinaus an die spätherbstliche Havel, sonnten sich, tranken Bier und verzehrten einige Hühnchen. Aram suchte in seinem neuen Kofferradio vergebens nach einer Musik, die allen gefiel. Selim erzählte von seinen Plänen, endlich nicht mehr für andere Leute zu arbeiten, sondern eine Kneipe zu kaufen. Dafür werde er die nächsten Monate arbeiten müssen wie ein Esel. Eine Wohnung brauchten sie schließlich auch. Am meisten verdiene er, wenn er auf Montage nach Westdeutschland ginge. Er redete sich in eine große Zuversicht hinein, aber die anderen blieben etwas sorgenvoll, jeder war mit sich selbst beschäftigt. Da die übrigen Türken nicht so gut deutsch sprachen wie Selim, ging er zum Türkischen über, es entstanden zwei Gesprächsgruppen. Helga dachte an die lange Trennung von Selim, Evelyne fror, und Alexander kritisierte Marcuses Begriff »repressive Toleranz«, den Helga gebraucht hatte. Er verstand ihn so, daß Leute, die sich unterdrückt fühlten, nicht tolerant zu sein brauchten. Helga widersprach dieser Auslegung. Schließlich froren alle, man fuhr in die Stadt und ging in die Kneipe. Das war die ganze Hochzeit.

Alexander wußte jetzt, warum er auf dem Standesamt falsch unterschrieben hatte: er lehnte die Ehe als Institution ab. Im übrigen sollte es jetzt in seinem Leben keine Frauen mehr geben, nur noch politische Arbeit. Er durfte die Bewegung nicht sich selbst überlassen, das hatte ihm das Gespräch auf der Wiese erneut gezeigt.

Auch Seminare und Vorlesungen wurden immer öfter in Diskussionsrunden über die aktuelle Polizei- und Verhaftungslage umgewandelt. Professoren saßen artig und warteten, bis man ihnen das Wort erteilte, zu dem sie sich wiederholt gemeldet hatten, um ihren Begriff von Wissenschaft zu rechtfertigen. Hin und wieder konnte einer tatsächlich mehr als drei Sätze sagen, wenn Linke sich dafür stark gemacht hatten, er sei »noch einer der Fortschrittlicheren« oder »relativ antifaschistisch«. Leicht hatten es auf größeren Versammlungen auch solche Leute nicht. Die nervösen Prinzen auf dem Podium ließen nichts gelten – sie litten ohnehin unter Konzentrationsstörungen, wenn ein Älterer sprach. Vor allem wenn er Unterschiede machte, statt die üblichen Identitäten aufzusagen. Vorübergehende Beachtung fand ein bekannter Dichter, als er die Literatur für tot erklärte. Ihre Bedeutung sei schon bisher überschätzt worden, und ab jetzt zähle ausschließlich die Aktion.

Aber nachhaltig zu beeindrucken waren die Studenten nur von ihrer eigenen Sorte und von Herbert Marcuse, einem eitlen, völlig unbeirrbaren älteren Herrn, der unbequeme Frager mit grandioser Arroganz abzufertigen pflegte, weil er am liebsten sich selbst zuhörte.

Nach der Gründung der »KU«, der »Kritischen Universität«, regte sich von irgendwoher Spott. Auf Plakaten war eine Kuh zu sehen, die KU-Kuh eben, und sie sprach mit runden Augen: »Huch, mir wird so kritisch!« Man hätte allerdings gern gewußt, wer die Plakate bezahlte.

Die Welt schien größer und zugleich näher als je zuvor. Man war verbunden mit allem Kritischen und Revolutionären rund um den Erdball. Im Kopf hegte man Strategisches und Konsequentes, und die Zungen schienen durch die neue Terminologie wie befreit: man konnte in ihr sehr viel schneller Zusammenhänge herstellen als bisher, genoß den Rausch des Überblicks. Der Glaube, daß das private Leben nun gegenstandslos geworden sei, änderte das private Leben. Manche nahmen dankbar die Gelegenheit wahr, sich mit der Menschheit als Ganzem zu beschäftigen und darüber alte Bekannte aus den Augen zu verlieren. Für nichts eignet sich eine Revolution besser als für das Abstreifen lästig gewordener Kontakte.

Um so mehr erstaunten Freundschaften, die sich hielten, ohne durch politische Gemeinsamkeiten gedeckt zu sein.

107.

Selim brauchte Geld, und Wladimir versprach, daß er bei ihm besser fahren sollte als in jeder regulären Anstellung. Dafür hatte er einen Grund: Selim war ein guter Vorarbeiter, hielt die anderen bei Laune und zog wie ein Magnet immer neue Freunde an, die dann für Wladimir arbeiteten. So wurde er eine Art »leitender Sklave«. Daß keine Arbeitslosen- und Rentenversicherung bezahlt wurde und daß die Gewerkschaft nichts davon wissen durfte, interessierte ihn wenig. Er wurde Vater, und außerdem wollte er sich selbständig machen.

Für jeden Neuen, den Selim brachte, bekam er fünfzig Mark. Er machte daraus und aus den sozialen Bedingungen keinen Hehl – wer sich dann zum Bleiben entschloß, trug, so fand er, selbst die Verantwortung. Die Auslösung betrug immerhin fünfundzwanzig Mark am Tag, das ließ sich hören. Wenn die Arbeit nicht zu schrecklich war...

Sie war es. Zunächst fuhr er nach Salzgitter, in eine Stadt, die es gar nicht gab. Es war eher eine Landschaft mit Fabriken zwischen den Äckern. Selim arbeitete mit einem Strafentlassenen namens Niko und zwei Türken zusammen, Arab Ismet und Mehmet Ali. Unter dem Dach einer großen Gießerei waren in achtzehn Metern Höhe Verstärkungen ins Hallengerüst zu schweißen. Es war schrecklich heiß und

248

staubig, denn unten ging die Arbeit weiter. Zum Überfluß fuhr der große Kran den ganzen Tag dicht an den Schweißern vorbei, er streifte sie fast. Sie hörten, daß drei Wochen zuvor einer abgestürzt und gestorben war.

»Eigentlich«, sagte sich Selim, »bin ich auch Sklavenhändler, aber einer von den dümmeren, denn ich kann selber abstürzen.« Er hätte am liebsten alle wieder nach Hause geschickt und das Geld zurückgegeben. Aber das ging nicht mehr – und die anderen wollten bleiben.

Beim Anschweißen der Verstärkungsplatten kam es darauf an, daß bestimmte vorgebohrte Löcher genau auf die der Streben paßten – da sollten große Bolzen hineinkommen. Paßten die Löcher nicht, mußte man mit der Reibahle heran, und so war es fast immer. Arab Ismet tat das zwölf Stunden am Tag, ohne zu murren. Nur an einem Abend machte er einmal eine kurze Bemerkung darüber. Er fand, daß es für einen gläubigen Muslim unwürdig sei, so ohne Pause, ohne Gespräch und Gebet wie besessen immer weiterzuarbeiten. Am nächsten Tag war er verschwunden, nach Hamburg, wie es hieß. Die anderen blieben.

Sie hofften, daß die nächste Arbeit leichter sein würde. Aber in Watenstedt waren wieder Nieten abzubrennen und Eisenteile zu ersetzen, oft in großer Höhe. Sie fanden einen Ungarn und einen Deutschen vor, der Ungar wies sie ein. Er hieß Adam und trug schreckliche Narben im Gesicht und am ganzen Körper. Beim Aufstand von 1956 hatte er gegen die Russen gekämpft, war dann geflüchtet und in die Fremdenlegion gegangen. Die Verwundungen stammten aus den Kämpfen gegen Tschombé. Damals hatte er den Deutschen, Eberhard, kennengelernt. Dieser sagte: »Die Legion hat für uns nicht aufgehört.« Das stimmte wörtlich, denn wenn kein Krieg zu führen war, verschickte die Legion ihre Männer als Arbeiter, um sich zu finanzieren. Eberhard tat alles, was Adam befahl, denn der war sein Hauptmann.

Schon am ersten Tag winkte Adam Selim herbei, wies zum Gerüst hinauf und sagte: »Ich gehe nicht hinauf, ich habe Angst. Vielleicht falle ich herunter.« Er sprach etwas undeutlich, weil eine Kugel seinen Unterkiefer zerschlagen hatte. Selim war verwundert und fragte: »Ich denke, du bist ein Kämpfer und Löwe? Wie viele hast du getötet?«

»Weiß nicht. Viele Hunderte. Ich geh' trotzdem nicht rauf!«

»Warum nicht?«

»Ich verdien' hier eineinhalbtausend. Für so wenig Geld zu sterben, davor hab' ich Angst.«

Es war schwer, seine genuschelten Worte zu verstehen. Aber brüllen konnte er, wenn ihn die Wut packte. Es gab für ihn nur die Legion, die Montage und den »Adjutanten« Eberhard, den er schikanierte wie ein böser Ehemann seine Frau. Alle wohnten in einem Gasthaus, das von den Monteuren lebte, einem baufälligen Schuppen, in dem man alles mithören mußte, wenn man zu übermüdet war, um einzuschlafen.

Selim schrieb oft an seine Frau, aber immer nur wenige Zeilen. Nicht, daß er zu erschöpft gewesen wäre – es war nur ein schlechter Ort für zärtliche Briefe.

Ein neuer Mann kam dazu, so alt wie Selim, ein Österreicher, der sogar noch die Energie besaß, am späten Abend mit Niko krumme Dinger zu drehen: sie raubten Autos aus, weil sie das gut konnten und weil sie es brauchten, um sich nicht immer und überall als die betrogenen Sklaven zu fühlen. Sie fuhren dafür taktvollerweise nach Goslar oder Göttingen – der Österreicher hatte einen verschrammten Opel Admiral mit platten Reifen und miserablen Bremsen. Eines Morgens fehlten sie. Erst Monate später erfuhren die anderen, weshalb: es hatte sie nachts im Harz aus einer Kurve getragen, beide waren tot.

Im Dezember trat Selim die Heimreise an. Er wollte jetzt bei Helga bleiben, mindestens bis das Kind da war. Er hatte Geld gespart, jetzt sollte sie eine gute Wohnung bekommen und einen Selim, der sich um sie kümmerte. Sie sollte weiterstudieren, dagegen hatte er nichts. Er selbst wollte eine Kneipe pachten und endlich unabhängig sein.

5. April 1981

Die Besucherzelle enthält: Tisch, drei Stühle, Abfallkorb, eine Blechbüchse als Aschenbecher. Das Fenster ist so hoch, daß auch ich auf einen Stuhl steigen müßte, um hinauszusehen. Es gibt ein zugemauertes Abflußrohr und stillgelegte Wasserleitungen. Das Radio hat Selim noch nicht bekommen, obwohl er einen »Vormelder« dafür geschrieben hat – die Ankündigung, daß er diese Sendung erwartet. Fehlt der Vormelder, geht alles zurück. Zum Geburtstag darf er ein Geschenkpaket bekommen. Diesmal sollen es Lebensmittel sein, weil ihm Kochen Spaß macht. Ich notiere: Okra, Ceviz, Nohut, Yaprak, Biber, Patlıcan, Bulgur, daneben immer die Grammzahlen. Ferner jede Menge Çekirdek. Mit dem deutsch-türkischen Lexikon brauchen wir uns nicht aufzuhalten, der türkische Händler in der Admiralstraße kennt auch nur diese Wörter. Ich werde ja sehen, was ich bekomme, wenn ich sie aufsage. Außerdem soll ich für ein Tauschgeschäft noch Kraftnahrung und Anabolika besorgen. »Viele machen isometrisches Training und lassen sich Muskeln wachsen«, sagt Selim. »Sie wollen, während sie hier gefangen sitzen, eine Schönheit werden. Wie Dornröschen. Kämpfen können sie damit nicht, sie sind zu langsam. Vorgestern hat einer mit mir ringen wollen, weil er dachte, er sieht schon aus wie ein Ringer, es fehlt nicht mehr viel. Armer Kerl! Ich habe ihn getröstet und gesagt: ›Du bist begabt.‹ Mache ich sonst nicht, vor allem wenn's gelogen ist.«

Ich frage ihn, ob er schon im Manuskript gelesen habe. Ja, aber er müsse mit Lexikon lesen, das geschriebene Deutsch sei nicht leicht. Mehr ist ihm zunächst nicht zu entlocken. Er lenkt das Gespräch auf Mesut. Der sei immer allein und ein Mensch voller Illusionen gewesen, deshalb hätten die anderen ihn so gut betrügen können. Er sei aber selbst schuld, weil er immerzu die Gesellschaft von Betrügern aufsuche, um das Betrügen zu lernen.

»Er will der große böse Wolf sein, in Wirklichkeit kämpft er

mit der Verzweiflung. Armer Teufel! Keiner möchte ihn mehr kennen, keiner redet mit ihm. Und er redet nicht mehr mit anderen.«

»Woher weißt du das?«

»Er war vorgestern hier. Hat nicht viel gesagt. Jedenfalls macht er nichts mit Heroin. Er hat es geschworen.«

Gesprächspause. Jeder ist in seinen eigenen Gedanken. Nichts, gar nichts sagt Selim zum Roman, obwohl er doch hineingesehen, vielleicht sogar alles gelesen hat. Er schneidet ein weiteres Thema an: mein »türkischer« Großvater interessiert ihn, der so gut reden konnte. Widerwillig sage ich: »Ich weiß nicht viel von ihm.«

»Und was?«

»Ein reicher Mann. Hat das Haus gebaut. Kaufmann und Jäger, war jahrelang geschäftlich in der Türkei, verehrte Mustafa Kemal und schwärmte von diesem in den Zwanzigern einem Österreicher vor, einem linkischen, etwas fiebrig aussehenden Parteipolitiker – rate mal, wem! Später hat er immer gesagt: ›Der Kerl hat mich falsch verstanden.‹«

»Alles vor deiner Geburt!«

»Ja. Er kam von einer Polen- und Rußlandreise verzweifelt und krank zurück, lag bis 1945 im Bett und starb ein halbes Jahr vor meiner Geburt. Vom Bett aus hat er es noch geschafft, einen SS-General zum Weiterziehen zu bewegen.«

»Hat er die fremden Soldaten erlebt?«

»Die amerikanischen Offiziere waren ja bei uns einquartiert, von der ›Rainbow Division‹. Weiß ich alles nur von meiner Mutter.«

Selim nickt: »Wie ich über meinen Großvater.«

»Den Postreiter von Datça?«

»Unsinn. Ich weiß, du hast das geschrieben. Da habe ich wohl mal Spaß gemacht. Meine Großväter stammen aus Istanbul und Diyarbakır.«

Ich warte lieber ab, ob er von sich aus auf das Manuskript zu sprechen kommt. Ich hätte mir denken können, daß ihn die Begegnung mit »meinem« Selim befremdet.

17. Juni 1981
Seit gut zwei Monaten keine Zeile geschrieben. Der verdeck-
te Krieg mit Pressel stahl viel Zeit, und er geht weiter: er
versucht tatsächlich, mir Kunden wegzuschnappen. Sogar in
Berlin tritt er auf und macht Reklame. Anne Rose hat einen
Vortrag von ihm besucht und ihn so wiedergesehen.
Er hatte immer die Sehnsucht, ein Virtuose und Solist zu
sein. Ich hasse diese Sehnsucht schon an mir selbst, wieviel
mehr also bei ihm! Verrückt, daß ausgerechnet Menschen
wie er (und ich) hingehen und den Leuten das Reden – die
praktische Fähigkeit zu Freiheit, Gleichheit und Brüderlich-
keit – beibringen wollen.

18. Juni 1981
Selim erzählt mir weiterhin sein Leben, obwohl er sich, so
vermute ich, im Roman nicht wiederfindet. Er selbst sagt
nur, daß er kaum zum Lesen komme und daß sein Lexikon
nichts tauge.

108.

Sie bekamen eine Wohnung in der Pestalozzistraße, 120.–
Mark kalt, »Gartenhaus«, also im Hinterhof. Ihre Nachbarn waren Kurden und kochten offenbar ununterbrochen
Bohnen, schon im Treppenhaus roch man das. Warum aber
nie etwas anderes? Irgendwann fragte Selim aus Neugier
nach: der Geruch kam nicht von Suppe, sondern von einem
erfreulich preisgünstigen Rosenöl. Er bekam davon einen
Tropfen spendiert und verrieb ihn auf dem Handrücken.

Er fand Kneipen, die er hätte übernehmen können. Aber
das Geld reichte nicht für eine gute, und die anderen waren
Spelunken mit übler Stammkundschaft. Er beschloß, zunächst weiterzuarbeiten. Arbeitslosigkeit konnte er sich ohnehin nicht erlauben, weil er kein Geld zu erwarten hatte.

Zunächst fing er, weil es nichts anderes gab, bei einer großen Brauerei an. Er mußte Bockbierkästen von einem großen Stapel herunter auf Paletten laden. Bald lernte er die Arbeit hassen, denn die Stimmung war nicht gut: die Leute waren schon aus Müdigkeit feindselig. Sie tranken weit mehr, als die zugeteilten Biermarken erlaubten, und wenn sie gar nicht mehr konnten, knallten sie volle Flaschen gegen die Wand. Ausländer liebten sie nicht besonders, es gab hin und wieder deutlich beabsichtigte Rempler. Selim wäre Sieger geblieben, wenn er hier hätte weiterarbeiten wollen, aber er verabschiedete sich lieber und meldete sich wieder bei Wladimir. Inzwischen war es Mitte Dezember und »für die Jahreszeit zu kalt«.

Schon seit einiger Zeit wurde eine Brücke über den Teltowkanal gebaut. Beim ersten Mal fuhr Wladimir die vier Mann in seinem Opel hin. Der Vorarbeiter wartete schon in der Baubude. Er spielte den harten Kerl und begann jede Ansprache mit den Worten: »So, Männer!« Rundum sah man Fabriken, und in der Nähe der Baustelle eine Kneipe, aber da kamen sie nur selten hin. »Wir haben Termindruck. Pause könnt ihr machen, wenn ihr arbeitslos seid!«

Die Arbeit war schon wegen der Kälte unangenehm. In der ersten Woche maß man minus 10 Grad, und es wurde immer schlimmer. Um Weihnachten herum waren es 17 Grad, im Januar fuhren die Diesel nicht mehr, weil der Kraftstoff sulzig wurde.

Es gab wegen des Termindrucks kein freies Wochenende. Wieder sollten Löcher aufeinanderpassen, diesmal, damit 22er Schrauben durchgeschoben werden konnten. Man mußte 16er, 12er oder 8er Dorne als Hebel zu Hilfe nehmen, um die Löcher damit allmählich zur Deckung zu bringen – eine mörderische Zerrerei. Immer wieder fielen Dorne und Hämmer aus den steifgefrorenen Händen ins Wasser. Die Muskeln wollten überhaupt nicht so recht: wenn eine neue Sauerstoff- oder Gasflasche anzuschließen war, mußten zwei Männer sie tragen. Und die Brücke war vereist, man rutschte leicht aus. Natürlich kam bei einer dieser Gelegenheiten der Vorarbeiter aus der geheizten Bude, hob verachtungsvoll die Flasche mit nur einer Hand hoch und sagte: »So, Männer! Habt ihr gesehen, wie ich das mache? Na also.« Weiter als fünf Meter trug er sie aber nicht. Darauf nahm Selim sie wütend auf, trug sie doppelt so weit und rief: »Jetzt mach mir das zwanzigmal, dann bist du gut!« Der Dicke drehte sich wortlos um und ging wieder zum Ofen hinein.

Die Arbeiter, die mit Selim gekommen waren, blieben nur vier Tage, dann wurden sie krank oder fürchteten sich davor. Immer neue kamen, schufteten, verschwanden wieder. Selim war der einzige, der fünf Wochen durcharbeitete. Nur nachts konnte er zu Hause sein und Helga sehen, und die machte ihm auch noch Vorwürfe. Er wäre trotzdem weiter an dieser Baustelle geblieben, wenn nicht eine Prüfung ergeben hätte, daß bei so extremem Frost keine haltbaren Schweißnähte entstanden.

Die Arbeiten wurden bis auf weiteres unterbrochen. Kein Termindruck mehr, dafür arbeitslos: Pause.

109.

Auf einer der Vollversammlungen im Frühjahr 1968 sprach ein Student der Technischen Universität über die antiimperialistische Strategie in den Metropolen. Er war ein magerer blonder Mann mit langsamen, schüchternen Bewegungen, der immerfort überlegen lächelte. Damit drückte er aus: Ich persönlich bin klein und bescheiden, aber ich bin ein Werkzeug des emanzipatorischen Prozesses, und dadurch eben doch groß, sicher und pflichtgemäß unbescheiden. Er konnte pausenlos und erstaunlich schnell reden.

Dieser Mann hatte einen kleinen Sohn, streng antiautoritär erzogen, wie man sofort erkannte. Denn er kletterte aufs

Podium und verlangte energisch nach der ungeteilten Aufmerksamkeit des Vaters. Als Papi weiter fortfuhr, strategisch zu den Massen zu sprechen, wurde der Kleine wütend. Er packte den Vater am Arm und versuchte ihn unter hellen Beschimpfungen vom Podium zu zerren. Aber dieser dachte gar nicht daran, sich auch nur für Sekunden in einen Vater zurückzuverwandeln – abgesehen vielleicht von Variationen jenes milden Lächelns und ein paar vagen Beschwichtigungsgesten. Sein Blick lag unverwandt auf dem welthistorischen Auditorium dort unten, und sein Text strömte, offenbar einem Gefälle folgend, unaufhaltsam fort, ohne Stocken, ohne Stottern. Alexander hatte inzwischen genug über die Gehirnhälften gelesen und wußte, daß er hier ein Beispiel für die APO-Krankheit vor sich hatte: linkshemisphärischer Begriffsdrill, Wortsprudelsucht, Verdrängungskraftsport. Vielleicht zog der Kleine an der falschen Hand.

Alexander wußte immer klarer, daß die Bewegung ihn brauchte. Noch war nirgends auf die Gefahren hingewiesen worden, die in der Verbreitung eines bestimmten Redestils lagen. Noch hatte niemand sich Gedanken darüber gemacht, daß mit einer zusammenhanglosen Sprechweise keine Zusammenhänge hergestellt werden konnten. Die Zeit war gekommen für einen, der vor allem und nur über das Reden reden konnte.

In einer Woche sollte Alexander, als Delegierter der KU-Gruppe »Kritischer Sport«, deren erste Arbeitsergebnisse vortragen. Unglücklicherweise lagen kaum Arbeitsergebnisse vor: man hatte halt weitertrainiert und sich für den Abend Marx' Frühschriften bereitgelegt. Im Lesen waren die Sportler etwas zurück. Zudem bestand die Gruppe nur aus ganzen vier Mann – Alexander war nur durch Zufall hineingeraten, weil er sich im Gespräch mit einem kritischen Handballer gegen den Boxsport ausgesprochen hatte. Zwar hatte sich herausgestellt, daß er weder ringen noch Handball spielen konnte, aber dafür war er »Ökonom«. Das befähigte zu allem.

Alexander nahm sich viel vor. Es genügte keineswegs, einen Katalog von fortschrittlichen und konterrevolutionären Sportarten zusammenzustellen: Boxen reaktionär, Schießen faschistisch, Ringen dialektisch, Langstreckenlauf bürgerlich, Turnen autoritär, Fußball verdächtig. Das war zu wenig. Eine Sporttheorie mußte her. Er wollte bei dieser historischen Gelegenheit der wahre und wahrhaftige Redner Alexander sein, nicht innerhalb einer begrenzten Ideologie Scheingedanken erschwätzen wie in der Bundeswehrzeit. Es galt, Neues beizutragen. Doch obwohl er wußte, daß er bei solchen Versuchen leicht den Faden verlor, wollte er sich auf die Rede nicht schriftlich vorbereiten. Allzu oft hatte ihm der innere Text den äußeren zu Fall gebracht, jetzt hatte er dafür zu sorgen, daß der innere spontan nach außen kam. Keine Angst haben vor der Sprache hinter der Sprache!

Zur guten Rede gehörte, daß man mit dem anfing, was der Wahrnehmung entsprach: was man sah, fürchtete, hoffte. Das war natürlich nie schon fertig, sondern gemischt und bewundernswert unklar.

»Wenn ich den Mund auftue«, sagte er eines Abends zu Selim, »dann sage ich oft Sachen, die verstehe ich selbst nicht. Ich weiß bloß eines: es lohnt sich, mir weiter zuzuhören. So ist es nämlich. Andere können Klarheit schaffen, ich kann noch etwas Besseres: Unklarheiten aushalten. Ich bin der totale Forscher!«

»Tut mir leid für dich«, antwortete Selim, »da bin ich besser dran. Ich kann immer klar reden, weil ich weiß, wie es weitergeht, wenn die anderen Ärger machen wollen.«

»Das ist nicht politisch gedacht!« tadelte Alexander. Selim reagierte zornig: »Na und? Ich bin über die Politik hinaus! Politiker, das sind die Leute, die eines Tages für mich arbeiten werden. Leute wie Mesut.«

21. Juni 1981

Olaf ist auf Motivbesichtigung hier. Dreht, wie er sagt, eine »Beziehungskiste«, die 1968 ihren Anfang nimmt. Den Plan mit dem »deutschen Konjunktiv« hat er fallenlassen.

Er hat es leicht mit 1968. Er stellt einen jungen Mann auf die Straße, der einen Stein aufhebt. Das steht für sich. Wenn er den Stein gut wirft und die Fensterscheibe im Amerika-haus trifft, wird kein Zuschauer Informationen über Eltern-haus, Lektüre und Liebeserlebnisse verlangen. Man »sieht« den Mann, also guckt man weiter auf sein Gesicht, seinen Körper, und fragt nichts. Was er selbst, Olaf, denn aus 1968 gelernt habe, frage ich (mit dem tückischen Zusatz, ob es dann auch in seinem Film zu finden sei). Er antwortet: »Mich nie wieder nach unten zu orientieren. Ich möchte mich nie wieder aus Rücksicht auf eine Mehrheit blind stellen.«

»Bei mir war es etwas anderes«, sage ich, »eine Art Druck.« Er will Genaueres wissen. Ich bin zu unausgeschlafen, um mit ihm zu streiten. Belebend wirken auf mich heute nur noch Gespräche über Rhetorik und über meinen Roman.

Abends zu Selims Brücke hinausgefahren. Man sieht ihr die Qualen von damals nicht an. Es ist warm, die Angler sitzen am Kanal und dösen. Auf beide Brückengeländer hat jemand mit Spraydose »Türken raus« geschrieben, jeweils dreimal, das ist schon fast Arbeit. Wenn dieser armselige Zwerg gewußt hätte, wer die Brücke gebaut hat, er hätte sich einen anderen Ort ausgesucht. Oder er hat etwas gegen Brücken.

Ich finde ein Schild »Erbaut 1969–1970«. Selim hat sich um zwei Jahre vertan. Das tut er oft. Er hat einmal gesagt, im Jahr 1966 sei für ihn die Zeit stehengeblieben. In Briefen müsse er jedesmal aufpassen, um nicht ein 66er Datum zu schreiben. Ich antworte, bei mir sei es 1967.

22. Juni 1981
Die Sache mit dem Druck, den ich 1968 spürte, ist nicht
besonders geheimnisvoll. Es war das schlechte Gewissen.

110.

Mesut überblickte klar die Situation: aus der Revolution
wurde nichts. Er selbst war arbeitslos und außerdem pleite.
Hin und wieder ließ sich ein etwas betuchterer Genosse um
ein paar Mark angehen, aber das war keine Strategie für die
Zukunft: die Dummen wurden weniger. Da schien ihm der
Zufall zu helfen.

Als er hinter seinem Mineralwasser im »Akropolis« saß,
kam er mit einem Herrn mittleren Alters ins Gespräch,
Hans-Dieter aus Hessen, der sich dem antiimperialistischen
Kampf gegenüber aufgeschlossen zeigte.

»Im Grunde ziehen wir da an einem Strang. Ich habe da
durch meinen Beruf eine Menge Einblick bekommen, weiß
Gott!«

Hans-Dieter war Aufkäufer und Exporteur von gebrauchten Werkzeugmaschinen. Mesut hatte das Gefühl,
den Richtigen getroffen zu haben. Alte Maschinen aufkau-
fen, das traute er sich zu. »Ich könnte Ihnen hier in Berlin
dabei helfen. Vielleicht zur Probe, nur gegen Spesen und
Erfolgsprovision – mir wäre das die Sache wert, ich habe
Vertrauen zu Ihnen!«

Hans-Dieter lächelte dünn, dachte aber nach. Ein ge-
wandter bis unverschämter, dazu sprachkundiger und, wie
er schnell herausgefunden hatte, völlig verschuldeter junger
Mann mit Verbindungen zu linken Gruppen konnte nützlich
sein. Auch dann, wenn es einmal nicht um Werkzeugmaschinen ging. Der Händler glaubte an Zufälle und Instinkt. Vorsichtig näherte er sich seinem Thema, indem er weiter über
Politik sprach.

»Krieg? Wir können ihn nicht machen, und wir können ihn nicht abschaffen! Es wird ihn immer geben, und man kann nur hoffen, daß er nicht zu lang dauert. Was kann allein einen Krieg verkürzen? Waffen! Die richtigen Waffen zur rechten Zeit in die richtigen Hände. Dann ist die Sache bald vorüber, die Bevölkerung kann aufatmen und an die Arbeit gehen. Etwa nicht?«

Mesut roch den Braten und wiegte das Haupt. »Für Logik habe ich eine Menge übrig, Hans-Dieter. Ich hatte eine harte Jugend.«

Noch hatte er nichts gesagt, aber er vermied immerhin, ein spöttisches Mündchen zu ziehen.

Eine Stunde später bekannte er, daß er froh sei, nach langer Zeit wieder mit einem Realisten von Format zu sprechen.

Eine weitere Stunde später reichten sie sich die Hände:

»Es soll dein Schaden nicht sein.«

»Deiner aber auch nicht!«

Hans-Dieter hatte an Mesut einen Narren gefressen, das war wohl der wirkliche Grund. Mesut bewohnte für genau drei Wochen eine Etage in der feinen Kastanienallee und war laut Visitenkarte »Berliner Repräsentant« einer Frankfurter Metallhandelsfirma, ausgestattet mit Anzug, Krawatte, Telephon und Wagen. Er gab sich sogar Mühe, erschloß Verbindungen, verhandelte. Dann hatte aber Hans-Dieter den Narren an jemand anderem gefressen, und Mesut stellte fest, daß er seinen Vertrag nicht genau genug kannte.

Er gab alles zurück und war klug genug, nichts zu stehlen.

Unerträglich war ihm allerdings, vom Geschäftsmann wieder zum mittellosen Rebellen abzusteigen.

Er hatte den Sprung getan, sich auf die Seite der Sieger geschlagen. Das war keine Blamage, auch wenn sich einige darüber das Maul zerrissen, Türken wie Deutsche. Aber jetzt nicht dafür belohnt zu werden, das war das wirklich Peinliche! Er mußte zumindest so tun, als wäre alles in Ordnung. Den Bekannten machte er weis, er würde vorübergehend im Ausland eingesetzt. Damit verschwand er aus Berlin.

III.

30. Juni 1981

Ich möchte in meiner Erzählung so schnell wie möglich über 1968 hinauskommen, sonst bleibe ich dort hängen. Vorläufig nur Notizen über das, was aus diesem Jahr noch erwähnenswert wäre.

1. Wie ich versuchte, mit Gisela wieder Verbindung aufzunehmen, zu ihrer Wohnung fuhr und dabei Olaf kennenlernte, der gerade dasselbe wollte. Wir gingen umeinander herum wie die Pfauen, dabei waren wir beide ohne Chance. Er tönte etwas von »Produzent« und »Besetzungsliste«, aber ich konterte erfolgreich: ich ginge für vier Mark die Stunde putzen. Ein klares Matt.

2. Einfügen an entsprechender Stelle:
Der Wochenendjob in der Putzkolonne war die ödeste Arbeit, die Alexander je getan hatte, den Revierdienst bei der Bundeswehr mitgerechnet: am Abend Werkzeugmaschinen reinigen und einfetten. Er fühlte sich auf der Welt so überflüssig, daß er im Putzen der Beste wurde. Der »Studentenführer« (so hieß für die Unternehmer der, mit dem die Arbeitsstunden abgerechnet wurden) bot ihm sogar eine Dauerstellung an. Nachts träumte Alexander von den vollfetten, glänzenden Maschinen, die er befingert hatte.

3. Die Wochen als Ausfahrer für die Kriegsblinden. Ein alter VW-Bus voller Besen und Bürsten, die immer an Fabriken in den entlegensten Stadtteilen gingen. Aber ich wurde ja nach Stunden bezahlt. Kaffeepause machte ich um neun Uhr – um zehn fielen ganze Rudel von Briefträgern in die Stehcafés ein.

4. Daß ich Selim eine Weile aus den Augen verlor, weil er wie ein Tier arbeitete, um das Geld für die Kneipe zusammenzubekommen. Und weil ich mich mit Helga weiterhin nicht verstand.

5. Die Bäckerei:
Alexander fuhr für eine Bäckerei in Friedenau einige Zeit Brot und Kuchen aus, hauptsächlich zu ihren eigenen Filialen, aber auch in Warenhäuser. Die Besitzerin hatte einen Ford Mustang, der auf dem engen Hof ständig im Wege stand. Die Bäckergesellen tranken hin und wieder Bier und Likör durcheinander. Ihre Verfassung war dann beklagenswert, die Schrippen verkohlten.

6. Wie ich sogar »im Senatsauftrag arbeitete«. Waldemar Z. ernannte mich zu seinem »Kameramann«. Ich hatte eine Videokamera zu bedienen, als er die Müllkippe in Wannsee studierte und die dortigen Müllwerker nach ihrem »Selbstverständnis« fragte. Es ging um reflexives Problembewußtsein, immanente Transparenz am Arbeitsplatz und videogestütztes Augenwischen nach neuesten Erkenntnissen. Ich zoomte immer sehr begabt an die Leute heran, die soeben ihr letztes Wort gesprochen hatten. Der Senat bezahlte den ganzen Schnee, ich bekam fürs Herumspielen 100.– Mark am Tag! Ein Schlüsselerlebnis.

7. Tonmann bei Olaf, der einen Film über die »Außerparlamentarische Opposition« drehte. Ich bediente das Tonbandgerät bei den Interviews mit den Revolutionären. Unvergeßlich, wie bedeutend sie ihre Zigaretten in die Gegend hielten. Wolfgang Lefèvre über das Problem, die Utopie zu konkretisieren und dabei nicht autoritär zu sein – das dauerte am längsten, ich mußte mittendrin ein neues Band einlegen. 50.– Mark am Tag, Olaf hatte wenig Geld.

13. Juli 1981
Mit 1968 immer noch nicht fertig.
Vor allem wundert mich, wie damals eines der für mich wichtigsten Themen, die Frage meiner geistigen Verwandtschaft mit denen, die für Hitler gearbeitet hatten, per »Antifaschismus« unter den Tisch befördert wurde. Man brauchte sich für so etwas plötzlich nicht mehr zu interessieren, es war »durch die Ereignisse überholt«, wie bald auch die Nachdenklichkeit selbst. Ich nickte meist zweifelnd, wußte nicht so recht, ließ es mir gefallen, hoffte, daß die anderen recht hätten.
Als alter Mann werde ich milder über diese Zeit und über mich urteilen. Ich werde amüsiert zurückdenken, vor allem an mich selbst: ein Degerndorfer, der in der Studentenbewegung herumirrte. Im Herzen gelitten, dies aber ignoriert.

14. Juli 1981
Die Rede – schon weil sie zum Thema gehört; ich komme nicht darum herum.

Ein gewisser Beilgrün erteilte ihm das Wort. Alexander begann mit der Anrede »Kommilitonen und Genossen«. Noch regte sich kein Widerspruch. »Wie ihr wißt, wird die rechte Körperseite von der linken Hemisphäre des Gehirns gesteuert, die linke Seite von der rechten Hemisphäre.« Irgend jemand rief »Bravo«, einige lachten. Dann schwieg der Saal eine Weile, weil die Zuhörer ihren Ohren nicht trauten: da redete jemand mitten in der angespanntesten Situation, wenige Tage nach dem Attentat auf Rudi Dutschke und angesichts eines Steckschusses in dessen Gehirn – über Gehirnhälften und frühkindliche Zwangserziehung zum Rechtshänder! Erst bei dem Satz »Es gibt sprachloses Denken, vor allem beim Rest der Bevölkerung« brach röhrendes Gelächter los. Beilgrün schlug sich sogar auf die Schenkel. Allen war klar, daß Alexander sein Referat für das wegen aktueller Ereignisse längst abgesagte KU-Symposion zu halten versuchte. Er aber rief wütend: »Einen Moment!« Lachen. »Kann denn eine Bewegung Erfolg haben, die allein auf Sprache und Begriffe setzt? Nein! Eine Bewegung muß sich bewegen können.« Heiterkeit. »Sprachloses Erfassen von richtigen Zeitpunkten, von Bewegungen...« Erneute Heiterkeit. »Sonst redet die linke Hemisphäre nur ihre abstrakten Spinnennetze zusammen, ohne etwas zu begreifen – das kann man hier studieren!« Offener Hohn, schallender Ruf: »Aufhören!«

Genosse Beilgrün gab sich ein würdiges Gepräge: »Genossen, laßt doch bitte den Kommilitonen zum Ende kommen!« Verständnisinniger Beifall. »Ja, Ende!« Rhythmische Rufe: »En-de, En-de.« Alexander sagte: »Es tut mir leid, daß ich etwas weiter ausholen mußte, aber das ist ja auch etwas Neues. Die Theorie, auf die ich mich hier stütze, ist meines Wissens das letzte...« Zuruf: »Das Allerletzte!« – »...Ergebnis...Ich denke, ich möchte –« Jetzt fühlte er im Nacken die alles vernichtende Wut: »Vor einem derart verblödeten Auditorium kann ich leider nicht fortfahren!«

Beilgrün stellte die Ruhe wieder her und sprach: »Ich entziehe dir das Mikrophon, Genosse! Du kannst doch hier nicht die Versammlung beleidigen!« Plötzlich Genosse, aber das Mikro war abgeschaltet. Das war eine wirkliche Errungenschaft revolutionärer Diskussionskultur – zu Anfang der Bewegung hatte es noch völlig überflüssige Rangeleien ums Mikrophon gegeben.

Alexander kochte. Er schrie: »Wieso ich? Die Beleidigung selbst hat sich versammelt – ich meine die Versammlung!«

Der alte Fehler: er vertauschte die Hauptbegriffe innerhalb des Satzes. Rechts-Links-Schwäche. Also Schluß, weg hier! Er ging mit klapprigen Beinen vom Podium. Ein rednerischer Erfolg war das nicht. Aber niemand außer ihm nahm die Sache wichtig. Ein paar Bekannte versuchten ihn aufzuheitern, er winkte ab und ließ sie stehen.

Sein Auftritt war so schnell wieder vergessen wie fast alles jetzt. Und schließlich war der Mann gerade zweiundzwanzig.

Zu überlegen ist, ob ich erwähne, wie viele sich später doch noch daran erinnerten. Schon in meinem ersten Redekurs vor drei Jahren saß ein Dr. phil. habil., der darauf zurückkam: »›Die Beleidigung selbst hat sich versammelt‹ – das hat mir damals aus der Seele gesprochen. Ein meisterhafter Abgang!«

Alexander fuhr vom Audimax direkt in die Innenstadt und ging in eine Nachmittagsvorstellung: »Für eine Handvoll Dollar«. Ein berauschend unmoralischer Film, denn Clint Eastwood schoß ohne Vorrede als erster und war damit allen Westernhelden der alten Art überlegen. Man fing ihn zwar und schlug ihn krumm und lahm, aber am Schluß siegte er über Gian-Maria Volonté, weil er gegen dessen Kugeln einen gußeisernen Latz unterm Hemd trug und weil er den Zigarillo so herrlich nervtötend von einem Mundwinkel zum anderen schieben konnte.

Alexander ging über den Kudamm nach Hause und spielte einen halbgelähmten Pistolenhelden. Er zog ein Bein nach und ließ den rechten Arm hängen. Mit der Linken entzündete er einen Stumpen der Marke »Weiße Eule« und schob ihn im Mund hin und her. Ab jetzt wollte er knallhart sein und überhaupt nichts mehr sagen. Das geschah ihm und den übrigen Beteiligten ganz recht.

15. Juli 1981
Das Paket ist abgeschickt: Walnüsse, Kichererbsen, Weinblätter, Paprikaschoten, Auberginen, eine Lawine von Kürbiskernen. Selim bittet mich, für ihn im Lotto zu spielen. Er nennt mir bestimmte Zahlen, die ich tippen soll.
Das Radio ist angekommen, nachdem es zunächst ver-

schlampt worden war. Wer hier ein Radio mit Netzteil hat, versucht Batterien zu sparen, indem er die Lichtleitung anzapft (eine Steckdose gibt es nicht). Er bohrt also geduldig Löcher in die Wand. Wenn er an den Drähten ist, wird es Feinarbeit, die Sache erfordert Konzentration. Der Nachteil dieser Stromversorgung: wenn ein Schließer die Gefangenen ärgern will, legt er genau während der Fußballübertragung den Hauptschalter um.

»Im Gefängnis«, sagt Selim, »muß man viel lernen. Aber noch mehr verlernen. Hier sind die Gedanken wie unerwünschte Gäste, sie sitzen und sitzen und gehen nicht. Deshalb geht es nicht ohne Radio. – Schreibe mir aus Bayern, wenn du mal Zeit hast.«

Ich verabschiede mich für eine Woche, fliege morgen zu meiner Mutter.

16. Juli 1981

In der Maschine Robitsch getroffen und erkannt, nach fünfzehn Jahren! Er ist Dr. med. und in einem Forschungsinstitut. Daneben Vorträge: nebenberuflich organisiert er, wie er schmunzelnd sagt, »Heimatvertriebenen-Umtriebe«. Redet gegen Friedensbewegung (für ihn von Moskau gesteuert) und gegen »Überfremdung« (meint die Türken). Als ich ihm mit Argumenten komme, lenkt er ab und beglückwünscht mich zu meinem »beruflichen Werdegang«. Ich frage nach dem Boxen. Er winkt ab: »Doch nicht mehr als alter Mann!«

In Riem nehme ich ein Leihauto, in Rosenheim kaufe ich noch etwas ein. Ertappt: Hansi Trieb, auf Parkplatzsuche, sieht mich einsteigen. Ja so was, ja gibt's denn das, und so weiter...

Er ist Berufsschullehrer und klagt, seine Schüler hätten ihm zweimal den Mercedesstern abgebrochen. Ich besichtige und nicke. Er erklärt mir haarklein, warum er immer einen großen leeren Karton im Kofferraum hat: weil man da die Einkaufstüten hineinstellen kann, die normalerweise, vor allem, wenn die schweren Gegenstände nicht nach unten gepackt sind, und so weiter, und so weiter.

Er trägt Bundhosen und eine goldgeränderte Brille.

Ich frage ihn nach Mitschülern und Paukern. Das Nebelhorn hat er wiedergesehen: steinalt, mitleiderregend ängstlich. Er schaue drein wie ein Uhu.

Ich versuche mir, meinen ehemaligen Lehrer vorzustellen. Irgendwann sind die Leute zu alt, geben für einen richtigen Haß nichts mehr her. Wir beschützen sie und helfen ihnen über die Straße.

»Was machst du? Gehen wir auf die Hochries?«

Ich denke: Klopapier. »Diesmal nicht, Termine, Termine!« Der Hansi kriegt meine Parklücke.

Auf nach Süden. Ich will meine damalige, die 68er Heimfahrt beschreiben, dazu bin ich hier. Der Roman regiert mich wie eine Firma, aber wenigstens verlangt er von mir – außer dem Schreiben selbst – nichts Zweifelhaftes.

Erste Station: Bahnhof Brannenburg.

112.

Als Alexander am 8. Juni 1968 um die Mittagszeit in Brannenburg ankam, regnete es in Strömen. Er wartete im Bahnhof, schon weil er fürchtete, das Dorf ebenso verändert zu finden wie Rosenheim: die Kaiserlichtspiele, mithin der alte Rokokosaal Thomas Gillitzers, waren endgültig geschlossen, das Gebäude kurz vor dem Abriß – schlimmer konnte es kaum kommen! War hier wenigstens der Laden der Klepper-Liesel noch da?

Er ging inmitten einer Horde lärmender Fahrschüler an dem Geschäft vorüber, in dem er als Kleiner für zehn Pfennig Waffelbruch gekauft hatte, und sah durchs Fenster. Ja, es gab sie noch. Er nahm sich vor, weiteren Sentimentalitäten einen Riegel vorzuschieben.

Mama wunderte sich, weshalb er mitten im Semester Zeit habe. Er antwortete, daß er nur noch Arbeiter sein wolle, sie hörte es mit Schrecken. Zudem fand sie die Antwort nicht logisch.

Sie zeigte ihm im Haus Stellen, an denen etwas repariert werden mußte. Am Abend erzählte sie vom Haus, von Vater und Großvater und vom Geschäft mit dem Schaumstoff, das inzwischen aussichtslos geworden war. Die Mode hatte sich geändert, die flache Brust war unübersehbar da, und niemand wollte sich künftig, den Schultern nach zu urteilen, breiter machen, als er war – Schaumstoff adieu! Mama hatte längst einen anderen Verdienst im Auge: sie wollte Softeismaschinen verkaufen. »Bald werden alle nur noch Softeis schlecken, es ist das Geschäft der Zukunft!« Aber durch nichts war Alexander aufzumuntern. »Schmeckt es dir denn selbst?« fragte er.

Sie antwortete: »Ich bin da nicht maßgebend, ich bin eher konservativ.«

Heute, 1981

Meine Mutter als Rentnerin. Das Haus am Hang ist jetzt in fremdem Besitz: die vielen Hypotheken zugunsten des »Geschäfts der Zukunft« ließen es schließlich dahinschwimmen. Heute daher: Zweizimmerwohnung in Flintsbach am Innufer. Mama tut so, als hätte sie sich das schon immer erträumt. Unternehmerin ist sie nach wie vor, ich kenne sie! Sie redet beängstigend schnell und viel, ein sicheres Zeichen, daß sie bald wieder ein Geschäft anfängt. »Wenn ich das große Haus noch hätte, würde ich es vielleicht sogar vermieten...«

Dort oben wohnen jetzt irgendwelche Münchner, die nie da sind. Schade drum.

Ich gehe in das für mich hergerichtete Zimmer, belege den Schreibtisch mit Papier und Schreibzeug und verlasse dann das Haus. Mama leiht sich mein Auto: »Mal sehen, ob ich's noch kann!«

1968

Er wanderte stunden- und tagelang herum, ging den Hang hinauf und weiter bis ins Rabental, den Hang wieder hinab bis über den Inn und nach Nußdorf. Was sollte einer wie er mit Flachlandverhältnissen anfangen, mit Egalité und großstädtischen Solidaritätsträumen? Er war ein Mensch vom Hang: es gab immer etwas über ihm und genauso sicher etwas, was tiefer lag. Er glaubte zu wissen, daß Berlin und die Universität seine Heimat nicht waren und nie werden konnten.

Es ging jetzt vielleicht doch darum, mit der hiesigen Heimat Frieden zu halten – eines Tages erbte er das »Haus am Hang«. Und es stand für ihn fest, daß er dann auch darin wohnen würde, Beruf und Begleitumstände waren unwichtig.

Sofort stellte sich ein elendtrauriges Gefühl im Zwerchfell ein, weil ihm Gisela einfiel. Aber hierher wäre sie sowieso nie gekommen. Wenn sie Frechen aus Überzeugung verlassen hatte, konnte sie in einem Degerndorf nicht heimisch werden. Er konnte, das wußte er. Schon das unterschied ihn, so glaubte er, von allen Revolutionären.

Im Regenwetter von niemandem gestört, betrachtete er Wege, Bäume, Steine daraufhin, was er mit ihnen zu schaffen hätte. Er sah sich die Volksschule an, in der er schreiben gelernt hatte. Ein kleiner alter Bau mit Rundfenstern im oberen Stockwerk, und über diesen hielten zierlich gebogene rostige Bleche den Regen ab wie Augenbrauen. In der Eingangshalle mit den Säulen hatte er Sammelbilder getauscht, und sein sehnlichster Wunsch waren ein Fahrrad und eine »Pez-Box« gewesen. Das war ein Behälter aus Zelluloid, aus dem man mit einem Mechanismus rechteckige Pfefferminzpastillen direkt in den Mund schieben konnte.

Woraus bestand Heimat? Gefühls-Erinnerungen. Aus vielen Dächern und Häusern, keineswegs nur dem eigenen. Aus Leuten und Bildern. Die Madonna mit der Hasenscharte gehörte dazu, dicht an dem Weg, der zur Sudelfeldstraße

hinüberführte, ferner die Klepper-Liesel mit den Kolonial-
waren-Gerüchen, das Bauernhaus des Schuster-Veichtl, die
Villa des Doktor Diesel. Auch Autos waren Heimat, allerdings eine vergängliche. Mama hatte 1951 einen Volkswagen Standard gefahren, ein robustes Untier mit geteilter
Heckscheibe, es hieß »Klein Zack« und brauchte beim
Schalten Zwischengas. Doktor Diesel konnte nur einen Diesel besitzen, das sah jedes Kind ein. Er war ja der Sohn des
Erfinders.

Heimat, das waren vor allem vertraute Wörter. Die Gegenstände, die sie benannten, mußten nicht mehr alle vorhanden sein, ein bescheidener Prozentsatz genügte.

17. Juli 1981
*Sich zurückversetzen – daß man das könne, ist eine Illusion!
Gefühle sind nie identisch. Nur Gegenstände, Personen,
Ziele können die gleichen bleiben.*
*Wie mein Ziel, in dem Haus am Hang zu wohnen. Nicht
mehr lange, und ich kaufe es zurück.*

1968
Am Tag der Abreise ging er nach St. Margarethen hinauf. Er
liebte Friedhöfe, hochgelegene besonders. Wiedersehen mit
den Gedenksteinen für die im Ersten Weltkrieg gefallenen
Brüder P., Bernhard im Oktober 1914, mit der Inschrift:
»Reich mir die Hand, du treues Bruderherz!« und Otto, der
erst 1918 in der Rückzugsschlacht von Cambrai im Kampf
gegen die ersten Tanks umgekommen war: »Nun ist mir
wohl, ich bin bei dir, geliebter Bruder!«

Für die Namen der Toten des Ersten Weltkrieges war
noch viel Platz gewesen. Die des Zweiten waren kleiner geschrieben worden, weil sie, unklar warum, trotz größerer
Anzahl auf einer ebensogroßen Tafel verzeichnet werden
mußten – auch Papas Name.

Alexander sah durch die Regenschleier von der Friedhofs-
mauer aus über die vielen Kulissen der Landschaft hinweg,

über die »Biber«, die Uferbüsche des Inns, die Samerberge und auf den Heuberg, der unterhalb des Gipfels eine weite Wiesenfläche aufwies.

Inzwischen stand er vor dem Grab seines Bruders. Ein kleiner Junge nur, aber als Toter warf er einen langen Schatten. Wozu reden? dachte Alexander. Er wollte schweigen. Schweigend konnte er als Fahrer jobben, in Nachtvorstellungen gehen und Haschisch rauchen – er hatte es noch nicht probiert. Es war das einzige, worauf er im Moment neugierig war. Mesut hatte angedeutet, er könne es besorgen.

Das alles sprach sehr für Berlin.

21. Juli 1981
Einige Tage lang nicht geschrieben. Ein Regal gebaut. Auf die Hochries gegangen, das Diktiergerät im Anschlag. Gedanken nicht nennenswert. Beim Abhören merke ich an meinem Schnaufen, daß Konditionstraining angebracht wäre.

Sehnsucht nach einem einfachen, gegenständlichen Leben. Nach Selims Leben? Eine Idylle nur dann, wenn man nicht nah genug herangeht.

Ich werde vermutlich schneller bei ihm sein als meine Ansichtskarten.

Im Flugzeug: Illusion des Überblicks und der Theorie. Ich erinnere mich plötzlich, wie damals die Studenten zwei bis drei Stufen auf einmal nahmen, wenn sie vom U-Bahnhof Thielplatz heraufkamen, ich genauso. Vielleicht beeilten wir uns so, weil wir unbewußt etwas retten wollten. Etwas, dessen guter Anfang uns noch immer zum Mitmachen verpflichtete. Aber wie sollten wir etwas retten, wir waren selbst die Katastrophe.

23. Juli 1981
»Ein einfaches Leben wäre mir wahrscheinlich zu langweilig«, sagt Selim. Wir trinken Tee und essen eine Torte, die im

Sterilisator der Krankenstation gebacken ist – dort werden zwei türkische Mithäftlinge behandelt. Der eine ist von einem Deutschen gebissen worden, der andere hat zwei gebrochene Finger: Hassan habe sich geärgert, weil seine Zellentür zu früh abgeschlossen wurde, und die Hand zwischen Tür und Rahmen gebracht. Der Schließer habe die Finger nicht gesehen, heißt es – tatsächlich habe Hassan ihn aber beleidigt, und das sei ein ausgesprochener Fälär gewesen.

Oft steht Selim auf, um für seine Geschichten mehr Platz zu haben, aber der ist begrenzt. Jeder wirkliche Erzähler holt sich im Gefängnis wunde Fingerknöchel.

Neuntes Kapitel
Schweigen und Wende

1. August 1981

Gisela sagt, ich sei zu empfindlich gewesen und hätte mich 1968 von einigen unerfreulichen Eindrücken über Gebühr irritieren lassen. Und jetzt benutzte ich ein paar Kränkungen als Argument gegen die ganze Ära. Ob ich die glaubwürdigen, engagierten, ernsthaft über Geschichte nachdenkenden Genossen vergessen hätte? »Wenn etwas persönlich unangenehm, aber hinsichtlich meiner Ziele unwichtig ist, dann heißt meine Devise: ›Wegstecken, weiterarbeiten!‹. Wenn ich das nicht gelernt hätte, wäre ich weder im Parteivorstand noch würde ich etwas bewegen. Es kommt darauf an, wo man steht!« *So heroisch habe ich Gisela noch nie reden hören. Wir essen in ihrem Hotel, wollen hinterher ins Kino.*

»Ich spreche nicht von irgendwelchen rauhen Tönen«, *antwortete ich.* »Woran ich mich erinnere, das ist eine Katastrophe der Kommunikation, eine Zerstörung der Aufnahmebereitschaft. Jeder meinte doch nach ein paar Worten zu erkennen, wohin der andere gehörte.«

»Sag mir ein Beispiel!«

»Einer zitiert eine Behauptung und sagt: ›Der Zusammenhang ist längst verifiziert.‹ Ein anderer entgegnet: ›Verifiziert? Bisher ist es eine Hypothese.‹ – ›Sieh mal einer an‹, sagt der erste, ›so weit ist Popper also schon vorgedrungen. Ein Scheiß-Positivist bist du!‹ Rate mal, welcher von beiden ich war...«

»Das ist doch auch ein Gesprächsanfang!«

Eine Weile streiten wir uns beinahe. Was ist das nur? Sie war doch damals kaum dabei und fand die APO nur zum La-

273

chen. Heute, weil es ihr in den Kram paßt, konstruiert sie sie
als ihr politisches Schlüsselerlebnis. Wir streiten uns wirk-
lich. Glücklicherweise wird es Zeit fürs Kino.
Es regnet. Im Hoteleingang fragt sie: »Wo stehst du denn
nun?«
Ich zucke zusammen.
»Inwiefern?«
»Ich meine, wie weit weg. Es regnet!«
»Drüben auf der anderen Seite. Der rote Daimler.«

113.

Den Kriegsdienst hatte er schon verweigert, jetzt verweigerte
er Studium, Liebe, Rede, Anwesenheit. Alexander wollte
nirgends mehr mitmachen.

Auch mit Selim hatte er sich vor dem heutigen Tag monatelang nicht mehr getroffen. Warum auch: der Türke war
ihm ebenso egal wie alle anderen Menschen. Ein Arbeiter
eben, robust und von Kindheit an Saures gewöhnt, daher
wohl nicht so leicht umzubringen. Was hatte der für Sorgen?
Zu essen würde er immer haben.

Alexander fand, daß die Türken ihm auf die Nerven gingen. Wenn man schon sah, wie sie redeten: dieses Aufspringen und Herumfuchteln, dann die ununterbrochene Rauche-
rei! Und das Durcheinander von chaotischen Zeichnungen,
das sie im Verlauf des Redens auf etwa vorhandene Zettel
warfen, um damit allerhand Unsinn graphisch zu untermauern. Schließlich die Exaktheit ihrer geschäftlichen Voraussagen: bei Selim wurden aus zehn Prozent fünfzig, aus
fünfzig hundert, aus hundert tausend.

Selim wollte sich von ihm Geld leihen. Alexander besaß
keines, aber für den Türken war »Nein« keine Antwort.
Selim begann mit seinem Redeschwall von vorne, und neue
Kritzeleien sollten beweisen, daß Alexander reich werden

könne, wenn er sein Geld – und wäre es noch so wenig – Selim zur Verdoppelung und Verdreifachung anvertraue. Da saß ein Meister der Luftschloß-Baukunst! Glücklicherweise kam ein Fremder an den Tisch und mischte sich ins Gespräch. Selim erkannte in ihm sofort einen möglichen Geldgeber. Als der andere Genaueres über das künftige Restaurant wissen wollte – er fragte zum Beispiel: »Wer soll denn da hineingehen?«, sprang Selim auf und lachte, als habe er endlich den richtigen Verbündeten gefunden: »Du stellst die richtigen Fragen. Paß auf – wie ist dein Vorname?«

»Wolfgang.«

Wenn Selim mit einem redete, brauchte er dessen Vornamen zum Anfassen. Dann ging es los – der Mann, ein Rechtsanwalt aus Spandau, gab schließlich eine Runde Pilsener aus, nur um sich nicht als Selims Kompagnon in den Ruin stürzen zu müssen.

Alexander merkte, wie er Selim doch auch wieder zu bewundern begann: was für eine Hartnäckigkeit, was für eine unbeirrbare Umarmungstaktik – das war Ringen, kein Reden! Der Gegner sollte Freund werden und nicht mehr davonkommen. Dieser Wolfgang schaffte es noch mit knapper Not. »Tschüß dann« – weg war er!

Alexander sagte: »Ich würde dir gerne etwas leihen, wenn ich...«

»Wieso leihen?« fragte Selim. »Leihen ist Unsinn. Geld muß man investieren!«

»Ich bin kein Kapitalist.«

»Wenn du einen Kredit aufnimmst, hast du Kapital. Wer Kapital hat, ist auch Kapitalist, so oder so.«

»Ich nehme aber keinen Kredit auf!«

»Dann bist du trotzdem ein Kapitalist, nur einer, der sein Geld den falschen Leuten gibt.«

»Wieso?«

»Sieh mal, ich kriege zum Beispiel keinen Kredit. Schon die Möglichkeit, einen Kredit zu kriegen, ist so gut wie Kapital. Wenn du das nicht ausnützt, kriegt dein Geld ein anderer.«

Alexander schüttelte traurig den Kopf.

»Wenn du nicht studieren willst, sondern arbeiten, dann tu doch wenigstens etwas anderes als Möbel schleppen und Werkzeugmaschinen einfetten! Drehe einen Film, warum nicht? Es ist kinderleicht: du nimmst Kredit, wirst Teilhaber in einem gutgehenden Restaurant, und in einem Jahr hast du dein Startkapital. Was sagst du jetzt?«

Alexander trank sein Bier aus, stand auf und verabschiedete sich mit einer Entschuldigung. Er war nicht böse, aber dieser durch nichts zu bremsende Onassis-Darsteller ermüdete ihn.

»Ich bin Arbeiter«, sagte er in der Tür.

»Na gut«, sagte Selim und lachte ihn an, »junge Schimmel wälzen sich im Dreck.« Der wollte natürlich, daß Alexander nach der Bedeutung dieses Spruchs fragte, aber diesen Gefallen tat er ihm nicht und ging.

Vielleicht war Selim nur deshalb so schwer zu ertragen, weil es ihm nicht gutging: Helga bekam nun doch kein Kind. Nicht nur er, auch sie hatte es haben wollen, aber der Arzt sagte, bei ihr sei es gefährlich.

114.

Vor dem Landgericht am Tegeler Weg war bei einer Demonstration ein Hagel von Pflastersteinen auf völlig unvorbereitete und entsprechend fassungslose Polizisten niedergegangen, es gab zahlreiche ernste Verletzungen. Die sich steigernde Debatte um die »Gewaltfrage« konnte nicht mehr verbergen, daß die APO die Politik endgültig hinter sich hatte. Einige ihrer Strategen versuchten gerade das als neue Qualität des Widerstandes zu verteidigen: wenn die im »falschen Bewußtsein« befangenen Arbeiter sich der Bewegung versagten – das hatte man inzwischen denn doch bemerkt –, dann müßten eben die »Randgruppen« der Gesellschaft mobilisiert und in den Widerstand geführt werden! Es war der etwas verzweifelte Versuch, sich mit neuen Verbündeten zu solidarisieren, die man ohnehin nicht mehr los wurde: all jenen, die Zerstörung und Gewalt auch ohne jegliche politische Zielsetzung ungemein befreiend fanden. Damit war die Bewegung politisch im Aus, erledigt, tot – Worte wie »kritisch« oder »bewußt« wurden zu leerem Stroh. Der letzte Versuch einer Definition des laufenden Geschehens verlor den Halt und schlug um wie ein Boot: »Randgruppen« schienen bald nur noch die zu sein, die beim Steinewerfen die geringsten Hemmungen zeigten. Oder: Wer für Gewalt war, gehörte dazu, wer Skrupel hatte, war draußen. Es gab, irgendwo, wirkliche Randgruppen, und es ging ihnen, in aller Stille, herzlich schlecht.

Mancher Nachdenkliche versuchte mitzusteuern, ging lärmend unter sein Niveau, gewann auch so keinen Einfluß und konnte sich selbst nicht mehr leiden.

Zu Anfang von Versammlungen wurde hin und wieder noch das »Theoriedefizit« der Bewegung beklagt, dann hörte man für eine Weile das Leiern und Knirschen der klassenkämpferischen Agitationsmühle – sie hatte etwas Verzweifeltes. Irgendwann strebte einer der tatendurstigen Starkgeister, terminologischer Übungen überdrüssig, zum Mikrophon und verkündete, man habe da oder dort »die Bullen« gesichtet, es müsse sofort irgend etwas geschehen.

Bürgerinitiativen, die für Kinderspielplätze oder gegen Stadtteilsanierungen eintraten, wurden von versprengten Strategen heimgesucht, die ihnen erklärten, ihre Aktivität werde mit historischer Notwendigkeit am staatsmonopolistischen Kapitalismus scheitern, sei aber dennoch zu begrüßen, denn solche Erfahrung schaffe kritisches Bewußtsein und Revolutionäre. Wenn jemand das für Zynismus hielt, lächelten sie mitleidig und nannten ihm ein bis zwei Meter unlesbarer Literatur.

Alexander faßte den Entschluß, »zu denen nicht mehr hinzugehen« – er wollte nirgends mehr hingehen.

Woher kam überhaupt die seltsame Forderung, daß man Menschen lieben und sich für sie einsetzen solle? Ein christlicher Denkfehler vermutlich. Und wie war er auf die Idee gekommen, daß Menschen miteinander reden müßten?

Er merkte zunächst nicht, daß er gerade dadurch der Mentalität jener »Randgruppen« näherkam – sogar eine kleine Liebäugelei mit der Gewalt stellte sich ein, ohne daß er zur Tat schritt. Er begann es erfrischend zu finden, wenn jemand die herrschende Moral verhöhnte und offenen Zynismus dem verbrämten vorzog. Solche Leute fand und bewunderte er etwa im Kino der Django-Filme.

Die Universität suchte er nur noch auf, um das jeweils kommende Semester zu belegen – Studenten zahlten keine Sozialversicherung, das war beim Jobben nützlich. Er las Donald-Duck-Hefte, ging ins Kino, kiffte und schwieg.

Als ein Kommilitone namens Lindig ihn auf der Straße erspähte und fragte, warum er nicht bei einer bestimmten Demonstration gewesen sei, wollte er ihm nichts erwidern. Das merkte der Kämpfer gar nicht, weil er pausenlos weiterfragte. Die Fragen sollten nichts klären, sie waren verkleidete Unterstellungen, sollten ein Gefühl des Versagens und die Bereitschaft zur Unterwerfung bewirken.

Wenn man einsam oder feige war, paßte man sich an. Dann verlor man seine Tage mit allerlei Sitzungen und Aktionen. Wenn man sich aber nicht anpaßte, entwickelte sich ein unbestimmtes Angstgefühl und machte schlaflose Nächte. In beiden Fällen ekelte man sich, denn Anmaßung hatte, hier wie überall, eine ähnlich abstoßende Wirkung wie etwa schwere hygienische Mängel. Nur wenn man soff oder kiffte und sich alles egal sein ließ, hatte man seine Tage und Nächte für sich – oder das wenige, was von ihnen dann noch verfügbar blieb.

Lindig fragte immer noch und ließ nun, weil er mit keiner Antwort mehr rechnete, größere Pausen, die peinlich wirken sollten. Alexander fiel das Nebelhorn ein, der Lehrer, der einmal im Zorn, ohne es zu wollen, einen im Leben brauchbaren Satz geprägt hatte: »Schweigen Sie, wenn Sie gefragt werden!«

Er mußte plötzlich lachen und lachte immer weiter – es lag auch am Haschisch.

Lindig blickte überlegen und giftig und sagte leise drohend: »Ich glaube, du machst 'n Fehler, Verehrtester!« Was sollte er sonst sagen, er war ohnehin nur eine Maske. Ihn persönlich fand man erst meterweit hinter seinem Gesicht. Zur Zeit versuchte er sich als dünn lächelnder Gesinnungswachtmeister, mit kleinem, gefährlichem Gurren in der Stimme.

Die Lindigs hatten über Alexander keine Macht mehr, weil er nichts mehr wollte, auch nicht zu den anerkannt Guten, Radikalen oder Fortschrittlichen gehören. Er wollte nicht einmal einer von denen sein, die keine Fehler machten. Nichts gab es mehr, worin er gefangen war außer der Wahrheit, einer einzigen nur, und die glaubte er beweisen zu können: daß man in Mitteleuropa, sofern man ein Mensch war, am Ekel einging. Oder, was sich leichter beweisen ließ: daß man überlebte, wenn man sich zu einer Art Wiederkäuer zurückentwickelte.

Alexander schwieg und haßte. Er haßte in neuer Reihenfolge: zuerst sich selbst, dann die anderen jungen Deutschen, und dann erst die älteren, die bis 1968 unangefochtene Favoriten gewesen waren.

115.

Im Januar 1969 suchte Alexander einen Therapeuten auf – das war zwar doch ein Schritt in Richtung von »etwas wollen«, er hatte aber gleich selbst die Erklärung dafür: er wollte sich noch kleiner machen als bisher – vielleicht fiel Angst nur Große an. Er wollte der Veränderung, an die er nicht glaubte, eine Chance geben, aber nur, damit andere ihn als Leidenden und Gebrochenen betrachteten. Vor allem Gisela wollte er das vor Augen führen. Jemand, der eine Therapie machte, war unverkennbar leidend. Das zu sein war Alexander doch wichtig.

Der Therapeut hatte ein etwas verkniffenes Bürokratengesicht und erklärte, vier Stunden pro Woche seien das Mindeste, wenn etwas bewegt werden solle. Schon lag Alexander auf der Couch und mußte »alles aussprechen«, das war hier das Erste Gebot.

»›Alles aussprechen‹ ist für mich Schwätzen«, erwiderte Alexander. »In der Tat, Sie schwätzen«, sagte der Therapeut und ließ dann lang nichts mehr hören. Er kassierte pro Stunde fünfzig Mark, saß außerhalb des Blickfeldes und mußte nichts: weder fragen noch antworten. Er schwieg so gekonnt, daß seine wenigen Äußerungen, die er »Deutungen« nannte, fast wie eine Gnade erschienen. Doch meist zeigte er, schweigend, daß Alexanders Äußerungen Müll waren, die für eine Deutung nichts hergaben. Manchmal las er sogar deutlich hörbar Zeitung. Beleidigtes Gegenschweigen hielt ihn davon nicht ab, Schimpfen auch nicht, und wenn Alexander ohne Abschied vorzeitig davonging und die Türen zuwarf, kam kein Versuch, ihn zurückzuhalten. Und bezahlen mußte er die Stunde in jedem Fall. Die Therapie erschien ihm als eine brutale Verstärkung des Übels, um dessen Heilung er gebeten hatte, ein weit böseres Redespiel als draußen, gänzlich ohne Gewinnchancen, die maximale Ausweglosigkeit.

Also für mich das Richtige, sagte Alexander, ging viermal in der Woche hin, lag, schwieg und zahlte pünktlich.

So verging ein halbes Jahr. Was Alexander mit den Aushilfsjobs nicht verdiente, schickte ihm seine Mutter, obwohl das Softeisgeschäft schlechter anlief als erwartet. »Damit du in Ruhe studieren kannst«, schrieb sie. Aber das tat er schon lange nicht mehr.

Alexander hatte Giselas Onkel, den anarchistischen Librettisten, beim ersten Mal nur besucht, um auf diesem Weg vielleicht Verbindung mit ihr aufnehmen zu können – vergeblich. Jetzt wiederholte er es, weil er den kranken alten Mann – zu beider Überraschung – gern wiedersah und ihm interessiert beim Schimpfen zuhörte. Er trank nicht mehr ganz so viel wie vor dem Herzinfarkt, redete aber eher noch heftiger. Von den Ärzten über die Juristen bis zu den Pfaffen und Politikern ließ er niemanden ungeschoren. Gott selbst traf es am häufigsten, obwohl er vorgab, fest an dessen Nichtexistenz zu glauben. Sein Schimpfen war an ihm etwas Großes, Tragisches auch, weil er es, allen Vernunftgründen zum Trotz, nicht lassen konnte. Als er vor zehn Jahren mit einer alten Zündapp von München nach Berlin gefahren war, hatte man ihn an der Grenze etwas unfreundlich angeredet, worauf er die DDR als »Wegelagererstaat« und Schlimmeres bezeichnete. Von den unbequemen Wochen, die er im Gefängnis verbracht hatte, erzählte er ohne jeden Stolz. Seine aggressive Rhetorik hatte tragisches Format, sie war sein wahres Leben und zugleich sein Verhängnis.

Es stand gerade eine Bundestagswahl bevor. Alexander sprach über das voraussichtliche Ergebnis, um seinen Kopf etwas spazierenzuführen. Vom Wähler hatte er keine hohe Meinung, entsprechend war die Prognose. Der Onkel ging noch weiter: er war überhaupt gegen Demokratie, solange sie nur eine Spielwiese für alte Nazis sei. Alexander lauschte überrascht und erinnerte sich an seine eigene, alles vernichtende Wut, die ihm abhanden gekommen war und etwas fehlte.

Über Gisela hörte er nur, daß sie studierte und weiter mit dem Maler zusammen war.

In einer der nächsten Therapiestunden versuchte er begreiflich zu machen, warum er an dem alten Mann hing. Er lieferte eine Erklärung, die von der Legitimität des Schimpfens handelte.

»Sie schwätzen«, sagte der Therapeut.

Alexander ignorierte die huldvolle Deutung und kam auf Gisela. Daß und in welcher Weise er sie immer noch liebe. Erklärung: ihre Schönheit und Intelligenz. Er erörterte, inwiefern Intelligenz als solche schon etwas Wärmendes sei.

Keine weitere Äußerung vom Hintermann.

Inzwischen hatte Willy Brandt mit den Liberalen eine Koalition gebildet. Um den Therapeuten zu ärgern, analysierte Alexander die politischen Perspektiven.

Nichts!

Jetzt ging er zu seinem ehemaligen, fast vergessenen Thema über und hielt einen trotzigen Vortrag zur Zimmerdecke hinauf, dem zufolge die Psychotherapie menschliche Wracks produziere, die nicht reden, keine Behauptungen aufstellen und also sich auch selbst im Leben nicht behaupten konnten. So! Von Rechts wegen mußte der Therapeut jetzt seine Praxis schließen und Gärtner werden. Genügend Topfpflanzen standen ja herum.

Alexander hörte keine Antwort, nur das Rascheln der Zeitung.

15. August 1981
Unterbrechung!

Ich bin an der Stelle, an der ich vor drei Jahren die Vorgeschichte meiner Redeschule schon einmal in einem ersten Versuch zu erzählen begann. Es war dann nur eine Generalprobe für den Roman – ich ließ es mit vierzig Seiten bewenden und verfaßte statt dessen lieber die Anleitung »Rede, wenn du nicht gefragt bist«. – Für den Rest dieses Kapitels werde ich einiges aus dem alten Manuskript nehmen und stichwortartige Verbindungstexte dazuschreiben. Ein vorläufiges und unordentliches Verfahren – aber anders kann ich diese Geschichte nicht erzählen.

1970
Alexander ist weiter in der Psychotherapie. –
Was Selim immer noch fehlt, um zu seiner ersten
Kneipe zu kommen, ist Geld.

Er versuchte sogar, einen Pfarrer aus Korb anzupumpen, der
gerade in Berlin war. Er schilderte ihm seine Lage mit besonderer Betonung von Frau und Kind und ertappte sich bei der
seltsamen Formulierung: »Wir Leute aus Korb«. Es nützte
nichts.

Dann gab es einen gewissen Abdullah, der reich war, Ab-
dullah-mit-der-Nase. Angeblich hatte er sein Vermögen
durch den Verkauf türkischen Wassers an arabische Staaten
verdient, vielleicht war das aber auch ein Witz. Genau wußte es niemand. Geld rückte er nicht heraus: »Versteh doch,
Selim! Wenn ich Geschäfte mache, muß ich den anderen
bescheißen, sonst schlafe ich nachts nicht. Und du bist ein
Freund, Freunde bescheiße ich nicht!«

Andere spendeten Ratschläge: »Nimm einen guten Koch,
dann hast du schon gewonnen! Ich kenne einen aus Bolu,
das sind die besten der Welt, jeder wirklich gute Koch
kommt aus Bolu.«

»Auf keinen Fall eine Neubaukneipe! Die Miete ist zu
teuer, und die Gäste mögen nur Altbau, wegen des Flairs.«
Was Flair war, blieb unsicher – es hing wohl mit der Dek-
kenhöhe zusammen.

Selim fand eine Altbaukneipe in Moabit, etwas herunter-
gekommen, also erschwinglich. Er ging öfters hin und trank
Bier aus Studiengründen. Die Birkenscheibe mit der Aufschrift »Stammtisch für Fischer, Jäger und andere Lügner«
wollte er als erstes entfernen. Wer setzte sich denn an so
einen Tisch?

Schließlich hatte er das Geld zusammen. Da nur Helga
eine Konzession bekommen konnte, unterschrieb sie den

Pachtvertrag für das Lokal »Sorgenpause«, vormals »Chez Hannelore«. Selim war bei ihr zum Schein als Zapfer angestellt.

Noch lief die Uhr gegen ihn: die Kneipe kostete Geld, ohne welches zu bringen. Selim mußte so schnell und so lang am Tag arbeiten wie noch nie: mauern, Leitungen unter Putz legen, Böden begradigen, in der Stadt herumfahren, einkaufen, transportieren, überreden. Als künftigen Koch gewann er Erdoğan aus Mersin, einen erfahrenen Mann, von dem es allerdings hieß, er brauche zu viel Salatöl. Außerdem sang er während des Kochens bei offenem Fenster, und das mit so rauher Stimme, daß Hausbewohner die Polizei riefen. Vielleicht sang er weniger, wenn er für Gäste zu kochen hatte, es hieß abwarten. Im Moment hatte er nur für Leyla zu sorgen, eine langhaarige Katze, die Hausrecht beanspruchte.

140 Quadratmeter Teppichboden ergatterte Selim beim Abbau des italienischen Standes auf der »Grünen Woche« – der Wächter blickte gegen eine Aufmerksamkeit von 200.– in die andere Richtung. Dann die verwünschten rutschfesten Profilfliesen für die Küche: angeblich neue Sicherheitsbestimmungen – das Gewerbeamt verlangte den Typ »V2«, das Gesundheitsamt »V3«. Nach langem Hin und Her zwischen den Vorschriftenfuchsern krochen Selim und seine Freunde tagelang auf dem Küchenboden herum und verlegten »V2«. Ein Abfluß fehlte auch noch. Für das Gewerbeamt hätte ein Loch in der Wand genügt, für das Gesundheitsamt mußte es irgendwohin führen. Dann der Keller: in ihm stand Wasser – beim Unterschreiben des Vertrags war er schon verdächtig feucht gewesen. Und im Wasser schwammen Ratten – sie kamen aus einem Loch ganz hinten, das erst gesucht werden mußte. Vor der Katze fürchteten sie sich nicht, denn die liebte es trocken. Der zuständige Beamte, ein unbestechlicher Mann mit unwandelbar sackgrauer Laune, sprach sein Urteil: Keine Fässer in diesen Keller! Es dürfe nur Flaschenbier ausgeschenkt werden. Selim redete wie ein

Prophet. Er focht die Entscheidung an. Er erreichte Auf-
schub, legte Rattengift auf die trockenen Stellen, mauerte
die Öffnung zu, pumpte den Keller leer. Erneute Prüfung.
Sieg! Bald darauf aber weiterer Ärger: die Wohnung über
der Kneipe wurde nun doch nicht frei. Das bedeutete: wenn
morgens die Bierfahrer kamen, mußte Selim im Lokal über-
nachten – und er war aus Datça, er brauchte zum Schlafen
ein Minimum an frischer Luft. – Hundert Überlegungen zur
Speisekarte, tausend Ratschläge der Freunde, Bohnensuppe
ja, Steak nein, Geschnetzeltes ja, Bauernfrühstück nein, Is-
gara Köfte ja. Die Getränke auswendig lernen: was zum
Teufel war »Halb und Halb«? Warum standen im Regal
lauter Liköre und kein einziger Whisky? Wer oder was war
»Osborne«? Wie schmeckte »Cointreau«? Mußte man Sekt
führen? War es richtig, hinter dem Rücken der Brauerei billi-
ges Bier einzukaufen und besonders Bezechten unterzuschie-
ben? Vorsicht, gerade die Vieltrinker waren Experten! Einer
riet ihm, gestohlenes Bier zu kaufen – es gab Diebe, die
darauf spezialisiert waren. Selim lehnte ab, er wollte sich
nicht erpreßbar machen.

Alexander half ein paar Mal beim Auskacheln von Küche
und Toilette – auch das hatten die Vorbesitzer versäumt –
und versuchte telefonisch herauszufinden, ob 2 oder nur
1,80 m hoch gekachelt werden mußte. Er sagte: »Keiner
weiß was. Die schwätzen nur!«

> Selim hat sich hereinlegen lassen: das Haus steht
> in den nächsten Jahren zum Abriß. Er hofft, daß
> er dennoch etwas Zeit hat, Geld zu verdienen.
> Helga hat von Selim wenig und wird auf die Knei-
> pe eifersüchtig. Sie kauft sich eine Rassehündin
> namens »Deflorate von Zeitzgendorff« und tyran-
> nisiert mit ihr zusammen Selim und die Katze
> Leyla.

Am Eröffnungstag kam nur der Automatenaufsteller. Er aß
und trank, wie die Katze Leyla, umsonst. Am zweiten Tag

kamen einige Deutsche mit Frauen, dazu gegen Mitternacht eine Schar heftig politisierender Türken, die Selim nicht gern sah, weil er schon wußte, daß sie früher oder später laut wurden und die Deutschen vergraulten. Das sagte er ihnen. Sie gingen schimpfend.

Das Geschäft schien aber besser zu werden, denn am dritten Tag waren schon am Nachmittag Gäste da, darunter Alexander, der auf eine Kontaktanzeige im »Hobo Magazin« geantwortet hatte und mit dem Mädchen hier verabredet war. Was sie wollte, war ein »JUNGER ARBEITER, D. KLASS.-BEW. IST, OHNE RUMZULABERN«.

Zunächst kam aber ein betrunkener Türkenhasser und begann zu randalieren.

Als Selim ihm sagte, er möge sich lieber ausschlafen, zog er eine Pistole, lud sie durch und legte sie vor sich auf den Tresen.

»Pils und'n Wodka!«

Die Gespräche im Lokal verstummten. Selim sah, daß die Waffe echt war und fühlte tiefes Unbehagen. Er kam hinter dem Tresen hervor.

»Haben Sie noch nie was von den Alliierten gehört? Die mögen keine Pistolen.«

Der Cowboy tat, als hätte er nicht gehört.

Selim fuhr mit ruhiger Stimme fort: »Mit den Alliierten weiß ich Bescheid, bin selbst Ausländer!«

»Du nix verstehn? Ich bestellen! Aber dalli?«

Selim rührte sich nicht. Der Mann redete weiter.

»Ich kann hier bestellen, was ich will. Das ist unser Land!«

Selim antwortete in anderer Sprache: er legte das Gläsertuch weg und zog die Uhr vom Handgelenk.

In der Durchreiche verschwand blitzartig das Gesicht des Kochs, der seine Kräfte offenbar für eine entscheidendere Phase der Auseinandersetzung aufsparen wollte. Zwei Gäste eilten zur Toilette – der Salat war doch in Ordnung gewesen?

Der Mann saß immer noch auf dem Barhocker, die Pistole lag vor ihm. Selim ging näher heran. Der Deutsche griff – schnell, wie er meinte – nach der Pistole. Selim gab ihm einen kleinen Schubs gegen den Arm, so daß er die Waffe mit eigener Hand ins Spülwasser stieß. Bevor er sie wieder herausholen konnte, umklammerte ihn Selim mit Eisengriff, bugsierte ihn binnen drei Sekunden zur Tür und warf ihn hinaus.

Erleichterter Beifall aller Anwesenden. Erdoğan ließ sich mit einem hölzernen Fleischhammer in der Durchreiche blicken, strahlte und rief auf deutsch: »Der Mann keine Chance!«

Wenige Minuten später kam Alexanders Hobo-Inserentin und bedauerte sehr, das Ereignis verpaßt zu haben. Sie war eine stolz aussehende Frau mit eigentümlicher Sattelnase. Ihre Augen wirkten kalt, aber um so schöner war es, wenn sie lachte. Alexander gefiel sie offenbar nicht, oder war es umgekehrt? Jedenfalls brachte er sie bald zur U-Bahn und kam zurück. Er redete davon, daß es in seinem Leben keine Frauen mehr geben würde. Zur Zeit war mit ihm nicht viel los, und bei Nasen war er zu wählerisch.

Am nächsten Morgen kam der verhinderte Revolverheld bedrückt, aber nüchtern wieder, entschuldigte sich und bat um die Waffe. Sie gehöre ihm nicht persönlich. Er wolle dazu aber nichts sagen. Selim gab sie ihm und stellte keine Fragen. Magazin und Patronenlager waren leer gewesen. Ein Lokalverbot war unnötig: der kam so bald nicht wieder.

Evelyne, die an jenem Abend auch dagewesen war, kannte die Frau mit der Nase: »Das ist Doris«, antwortete sie auf Selims Frage, »die hat einen Haß auf ihre reichen Eltern. Politisch. – Irgendein Spleen. Und sie will unbedingt 'n Kind.«

»Wieso?«

»Na sie will eben eins.«

»Und einen Mann...«

»Würde sie auch nehmen. Sie will ja Arbeiterfrau werden.«

Evelyne wußte sogar, wo Doris wohnte.

25. August 1981

*Ein Kursteilnehmer sagt: »Im Grunde machen Sie etwas
Ähnliches wie Pressel in Bad Salzschlirf.« Hätte er doch
gesagt: »Pressel macht etwas Ähnliches wie Sie«!
Ich erkläre aus gegebenem Anlaß, wie man als Redner mit
den eigenen negativen Emotionen fertig wird: sich den
schlimmsten gemeinsamen Gegner ausdenken und allen
Zorn auf den übertragen – schon kann man mit dem Wider-
part wieder freundlich – und schlau – umgehen. Ich bringe
Beispiele, sie erfüllen ihren Zweck. Was Pressel selbst an-
geht, fällt mir weniger ein.*

26. August 1981

*Nachts ruft Mesut an: er will wissen, ob ich über Rauschgift
schreibe und ob man ihn erkennt. »Wie heiße ich in dem
Buch?«
Ich sage es ihm.
»Wie sehe ich aus?«
»Wie ein persischer Grundbesitzerssohn, der in Oxford studiert.«
»Da habe ich ja Glück gehabt!«
Vor zwei Jahren erzählte er mir viel – von Schmuggeleien,
die angeblich weit hinter ihm lagen – und wollte, daß ich
darüber schrieb. Jetzt gibt er zu bedenken: »Die Leute
könnten daraus schließen, alle Türken wären Dealer.« Ich
antworte: »Es gibt glücklicherweise fünfzig Millionen Türken, die anders sind als du. Und das weiß man auch.«
»Na gut, schreibe es ruhig! Aber auch das, was du eben
gesagt hast.«
Er hat jetzt, sagt er, eine Wohnung in Istanbul, in der teuer-*

sten Gegend, mit Bosporusblick. Wenn ich dort einmal wohnen wolle... Er will von mir sicher ein begeistertes »Danke« hören – daran fehlt es in seinem Leben. Ich habe aber nur wenig Mitleid.

28. August 1981
Das Haus am Hang steht zum Verkauf! Anne Rose ist strikt dagegen, meine Mutter träumt davon, wagt aber nicht, mir zuzuraten. Ich fliege hin und sehe mir den Zustand an. Mama könnte im Frühjahr wieder einziehen. Den Salon hat man mit einer dummen Winkelwand zweigeteilt – die müßte als erstes rausfliegen. Ich könnte dort Kurse abhalten. Gegen Pressels Salzschlirfer Institut setze ich eine Degerndorfer Akademie! Aber das Geld. Anne Rose sagt: »Dafür müssen wir zu viel arbeiten.«

30. August 1981
Hermine ruft an. Wir sprechen über Anna, die dieser Tage achtzehn geworden wäre. Hermine kommt vor Selbstvorwürfen nicht zum Trauern: sie hätte ihrer Tochter rechtzeitig besser helfen müssen, meint sie, vor allem als wir, oder besser, als Selim mit mir als zusätzlichem Risiko sie aus den Händen der Zuhälter in Hamburg befreit hatte.
»Aber sie ließ dich doch nicht – entschuldige –, sie wollte dich nicht. Sie wollte aus eigener Kraft vom Heroin wegkommen.«
»Du meinst es gut, aber erstens hätte ich mir von ihrer Ablehnung nicht imponieren lassen sollen, und zweitens war da nicht viel eigene Kraft, sie war ein Blatt im Wind. Ich habe als Mutter versagt, ich mache mir nichts vor.«
»Aber wenn nicht einmal Selim es geschafft hat, sie wieder hinzukriegen? Er war an sich der Richtige: mit Güte und Zorn, aber ohne Gewalt. Er war der einzige, den sie ernst nahm.«
»Er hatte wenig Ahnung, wie man das anpackt, Vertrauensverhältnis vorausgesetzt. Kompetent war er für die Befrei-

ung, und die war richtig: in das Bordell zu gehen und sie den Zuhältern wegzunehmen, das war Mut. Wird auch nicht verkleinert dadurch, daß es einen Toten gegeben hat. Aber Güte und Zorn – ihr gefiel das vielleicht, aber es hilft nicht gegen Heroin!«

»Hermine, es ist sowieso kaum zu schaffen!«

»Ich mache nicht ihm Vorwürfe, sondern mir. Ich glaubte ihr zu sehr, was sie mir erzählte – von dem gemeinsamen Entzug mit der Freundin. Ich war eine Idiotin!«

Anna, ein Kind von sechzehn Jahren, war bereits verloren, als wir sie holten. Ich ahnte es, aber Selim sagte: »Man muß mit dem Sieg rechnen!« Was sollten wir auch sonst tun? Wenn ich an sie denke, bin ich zu bedrückt, um gescheit reden zu können. Hermine merkt es, wir verabschieden uns bald.

118.

1971, Frühjahr

Immer noch Psychotherapie. Das Maschinenputzen langweilt. Und keinen Menschen auf der Welt interessiert es schließlich, ob ein gewisser Alexander künftig in der Chefetage oder in der Putzkolonne arbeiten will. Der Therapeut sagt: »Machen Sie sich nicht so klein, Sie sind nicht groß genug!« Alexander überlegt, ob er die Behandlung auf eine Weise finanzieren kann, bei der auch der Kopf zu tun bekommt.

Es konnte, fand er, ruhig etwas Gesellschaftskritisches sein. Die einzige Arbeit, die sich anbot, war eher das Gegenteil von Gesellschaftskritik: Alexander ließ sich im Büro eines kleinen Spezialverlags als Vertreter einweisen. Er lernte, wie man ein zwanzigbändiges Lexikon an der Tür verkaufte. Fürs Finanzamt hieß er damit imposant »reisegewerbekartenfreier Handelsvertreter«. Als er alle Argumente für das Lexikon gelernt hatte und definitiv wußte, daß es nichts taugte, durfte er mit erfahrenen Drückern auf Tour gehen, um sich die Feinheiten anzueignen.

Die beste Verkäuferin des Büros war eine Hysterikerin, die aus dem Stand in Tränen ausbrechen konnte, wenn man ihr nichts abkaufte. Diese Methode blieb Alexander fremd, aber er konnte studieren, mit welchen Lügen und Nebelwörtern man sich die Türen öffnete: »Wir kommen wegen Ihrer Bücher« oder »Ich darf Ihnen gratulieren, Sie gehören zu denen, die unsere Jubiläumsausgabe erhalten.« Wichtig war: in die Wohnung hineinkommen, egal wie! Nichts Genaues sagen. Keine Fragen beantworten. Das Formular auf dem Block ausfüllen und das Blaupapier nicht vergessen. Nie fragen: »Wollen Sie es nun haben?«, sondern: »Was wäre Ihnen lieber, 15. Februar oder Ende März?«. Ein dickes Kreuz dort hinmalen, wo der Kunde unterschreiben sollte. Dann den Kugelschreiber über den Tisch rollen lassen, damit der Kunde ihn vor dem Fallen reflexartig auffing und somit bereits in der Hand hielt. Man mußte vorher die Klemmspange abmontiert haben, damit das Ding rollte. Nach der Unterschrift: verschwinden!

Die Vertreterin war stolz auf ihr Können. Alexander konnte nicht recht loben, er rettete sich in Ironie und sagte: »Pecunia non olet«, womit er bei ihr ausgescherzt hatte. Lange Haare, und dann noch Latein!

Jetzt zog er allein los. Er fragte an den Türen beispielsweise: »Eine Quizfrage: wissen Sie, wo der Name Ihrer Straße herkommt? Von einem Baum? Sehen wir doch mal nach: Fichte, hier haben wir's! Nein, nicht ganz, Fichte war nämlich ein deutscher Philo...« Spätestens an dieser Stelle schloß sich die Tür wieder; er sann bald auf neue Methoden. – Nachträglich erschien ihm der Film »Für eine Handvoll Dollar« als das treffende Seelenporträt eines Vertreters auf Provisionsbasis. Er stieg Hunderte von Treppen, klingelte, log, gab windiges Geschwätz von sich und wurde mit

gebührendem Mißtrauen behandelt. Abwechselnd entwik-
kelte er Mord- und Selbstmordphantasien. Aber die Freude, wenn er jemanden »auf dem Block hatte«! Es geschah
nur wenige Male. Immer waren es Geschäftsleute, die –
nach langen Verhandlungen – unterschrieben. Das gab zu
denken: gerade wer schlau sein wollte, kam als Opfer in
Frage.

Ein Verkaufstrainer der Firma gab Alexander Ratschläge,
wie er seine negative Ausstrahlung beseitigen könne: sie allein sei das Verkaufshindernis. Als er sagte: »Vielleicht bin
ich zu wenig Persönlichkeit«, antwortete der Trainer: »Erst
durch Verkaufen wird man eine!« und überreichte eine Bro-
schüre.

> Alexander verdient zu wenig, hofft aber auf mehr
> und trägt in den Morgenstunden Zeitungen aus.
> Seine Mutter schickt weiter Geld. Sie weiß inzwi-
> schen Bescheid.
> Eines Tages trifft er Mesut, der ihm sagt, mit wel-
> cher Einstellung man am besten verkaufe.

»Sei ein Geschäftsmann! Wer verkauft, muß es auch wollen,
sonst ist er ein Trottel.«

»Hängt davon ab, ob er etwas Brauchbares verkauft.«

»Eben nicht! Was einer braucht, hängt von der Geschichte ab, die ihm dazu erzählt worden ist. Die muß er glauben,
dann kriegst du sein Geld, und er ist glücklich.«

»Erinnert mich an Selim.«

»Ja, aber der kann nicht rechnen!«

»Immerhin braucht er niemand für dumm zu verkaufen.
Bei ihm gibt es zu essen und zu trinken, das ist etwas Sinn-
volles.«

»So? Sieh mal, die Leute haben ein Recht darauf, zu kaufen. Wenn sie essen wollen, gut. Trinken – gut. Wenn sie sich
umbringen wollen, auch gut! Selim verkauft Alkohol, du
verkaufst ein Lexikon, ich verkaufe mal dieses, mal jenes.
Jeder von uns macht Menschen glücklich. Es müssen ja nicht

die Klugen sein, oder steht das irgendwo geschrieben?« Alexander ahnte, daß Mesut vom Dealen lebte, er wußte nur noch nicht, womit und in welchem Umfang. Wenn er Geld hatte, verstand er das zu tarnen: er lieh sich von Alexander zum Abschluß zwanzig Mark – »bis morgen, spätestens übermorgen«, womit sie sich wieder für Monate aus den Augen verloren.

Nur bei Selim taucht Alexander hin und wieder auf. Das Restaurant ist schlecht besucht.
Helga hat Selim verlassen, weil er mit Doris zusammenlebt, der Frau aus dem Hobo-Inserat, die mit Alexander nicht einig geworden ist. Sie erwartet von Selim ein Kind – diesmal hofft er auf eine Tochter. Sie vertragen sich gut. Doris spricht viel über Politik, schätzt aber an Selim, daß er das Praktische bevorzugt.

Selim sah die Chance, erstmals im Leben beides gleichzeitig zu haben: Frau und Kind. Ganz klug wurde er aus Doris nicht. Seine heimliche Sorge war, daß sie aus anderen Motiven bei ihm blieb, die dann nicht lange vorhielten: womöglich wollte sie sich an ihrem Vater rächen, der einen Konzern leitete, nie etwas für sie übrig gehabt hatte und sie noch dazu mit einem Bankmann hatte verheiraten wollen, was in Deutschland etwas besonders Schreckliches sein mußte. Sie sagte: »Es gibt keinen Weg zurück, ich will nicht in Champagner und Kaviar ersticken!« Sie hatte ihm auch erklärt, was »Konsumterror« war, er begriff es bloß noch nicht. In der Kneipe arbeitete sie zäh und mit Überblick, und in allen brenzligen Situationen war sie strikt auf seiner Seite. Selim sagte: »Sie ist wie eine Löwin – manchmal ziemlich fremd! Oft denke ich, sie ist zu gut für mich.«

3. September 1981

Selims Familie kommt mütterlicherseits aus Istanbul. Ein Urgroßonkel hatte ein hohes Hofamt, sein Großvater war eine Art Bezirksbürgermeister, ein Onkel Polizeichef. Die Familie seines Vaters kommt aus dem Osten: Offiziere, Würdenträger, Landbesitzer, aber auch Rebellen und Dichter. Und eine wunderbare Großmutter, die er siezen mußte, auch wenn sie mit ihm im Garten Verstecken spielte. Aber warum dann Datça? »Mein Vater war Lehrer, er bekam in Datça eine Stelle. – Da hast du deinen Arbeiter und Fischerssohn vom Dorf. Pleite, was?«

Ich denke darüber nach, ob seine Herkunft etwas Besonderes zu bedeuten hat. Aber ich weiß es nicht, weil ich von der Türkei keine Ahnung habe.

4. September 1981

Streit mit Anne Rose, weil sie Pressel verteidigt. Was er tue, sei kein Diebstahl. Er gebe nur ein Können weiter. Wir versichern abwechselnd, daß wir uns darüber nicht streiten wollen, dann knallt sie die Tür zu. Ich mache sie wieder auf und rufe, ich fände ihre Haltung illoyal. Keine Antwort – sie knallt eine weitere Tür zu.

Ich überlege jetzt erst recht, was Pressel ärgern könnte. Ich sollte Lindig anrufen, neuerdings Chefredakteur, und ihn bitten, mir Platz in einer seiner Herbstausgaben einzuräumen und jemanden auf die Sache anzusetzen. Ich weiß eine gemeine Überschrift: »Pressel schmiedet Redner für die politische Wende«. Tödlich! Lindig würde mitmachen, ich kenne ihn schließlich von damals.

Ich könnte Beilgrün bitten, Pressel von der Regierung her Schwierigkeiten zu machen. Aber Beilgrün ist eine Etage zu hoch, er hat dafür keine Zeit, und wenn, dann würde es auffallen. Ich lasse beides bleiben.

Eine Art innerer Nachtalarm: Anne Rose ist, ohne sich mit mir abzustimmen, nach Bad Salzschlirf gefahren!

6. September 1981

Anne Rose immer noch nicht zurück. Sie ruft nicht einmal an. Und ich denke gar nicht daran, dort anzurufen! Böse Ahnungen.

10. September 1981

Ein Brief von Anne Rose: Sie bleibt bei Pressel. »Liebe«! Es habe nichts mit unserem Streit zu tun. Sie fühle sich ganz verwandelt. Und könne sich natürlich vorstellen, wie mir zumute sei.

Und so weiter.

Ich hocke öde vor dem Fernseher, kann mich nicht einmal mit dem Roman beschäftigen. Einen Vortrag in der Urania vergesse ich schlicht, sage wegen angeblicher jäher Erkrankung ab.

Acht Jahre. Aber eigentlich neigte sich's dem Ende zu. Und womöglich handelt sie weise.

Ausgerechnet Pressel, der gelackte Schönling! Ich sehe ihn nun schon zum vierten Mal im Fernsehen, jedesmal sitzt er mit gefönten Haaren da.

119.

1971, Herbst

Mesut versucht sich als Schmuggler, kommt aber oft ohne die Ware an, weil die Zöllner im Zug seine Verstecke finden. Einmal fährt er in seine Heimatstadt, ohne seine Familie zu besuchen. Von ferne sieht er Karabaş, der inzwischen ein ausgewachsener Hund ist.

Alexander fährt nach Hause, hat ein langes Gespräch mit seiner Mutter und zeichnet, weil er dazu Lust hat, das »Haus am Hang« von allen Seiten.

Doris bekommt das Kind.

Als Doris im Gertrauden-Krankenhaus niederkam, war Selim schon aus Neugier dabei. Schnell merkte er, daß das Gerät neben dem Bett die Wehentätigkeit anzeigte. Er hielt Doris an der Hand. Wenn sie schrie, verfolgte er die Bewegungen des Zeigers. Wurden die Ausschläge schwächer, sagte er: »Du kannst aufhören, es kommt eine Pause.« Als der Kopf des Babys erschien, war er stolz, weil Haare darauf waren. Es war zwar wieder ein Sohn, aber er sagte anerkennend: »Frech sieht er aus!« Er wollte ihn nach seinem Großvater väterlicherseits »Haluk« nennen. Doris willigte ein, der Name wurde amtlich.

> Es geschieht etwas Unverständliches, Erschreckendes: Doris, kaum aus dem Wochenbett, verläßt Mann und Kind. Selim ist verzweifelt und ruft Alexander an, um mit ihm zu sprechen.

Eine Nacht lang sprachen sie über Doris. Selim hatte Alexander den Brief gezeigt. »Warum hat sie nicht mehr mit mir geredet? Warum schreibt sie mir einen Brief? Ich verstehe überhaupt nicht, was sie meint.«

Sie hätte eingesehen, schrieb Doris, daß sie in den Widerstand gehen müsse, dort allein sei ihr Platz. Selim solle das Baby in die Türkei bringen und dort aufziehen lassen. Wenn sie heil durchkäme, würde sie eines Tages dorthin fahren. Der kleine Haluk war bei Evelyne, der auch nur das Staunen blieb.

»›Nicht in diesem Land‹, schreibt sie. Der Kleine soll unbedingt in die Türkei. Warum, womit rechnet sie? Kannst du das erklären? Und Widerstand: was meint sie damit?«

»Widerstand – Résistance«, antwortete Alexander hilflos. »Sie will mit der Waffe gegen – Diktatur kämpfen.«

»Welche denn? Wer ist das?«

»Weiß ich auch nicht genau. Es ist – eine Art Trip.«

»Warum verliebe ich mich immer in Studentinnen! Warum verliebe ich mich überhaupt? – Hoffentlich kommt sie wieder, bevor sie jemanden getötet hat. Oder es kommt wenigstens Helga: sie hat einen Gewerbeschein, ich einen Säugling, alles würde passen.«

Alexander mußte lachen: Selims Problemlösungen wurden, wenn er traurig war, ebenso praktisch wie hoffnungslos.

»Sag mal, wenn man ein Kind kriegt, da müßte man doch mütterliche Gefühle haben, oder?«

Die Ratlosigkeit blieb, sie konnten allenfalls erörtern, wie am besten darüber hinwegzukommen war. Helga jedenfalls kam nicht wieder, sie lebte in Wien.

Selim hat immer mehr Freunde: Jung-Alkoholiker, die anschreiben lassen. Einer von ihnen übernimmt gegen freies Essen und Trinken die Kneipenkonzession, fängt aber bald an, Selim Vorschriften zu machen. Verstimmungen.

Selim blieb mit dem kleinen Haluk, der Katze Leyla, der Hündin Deflorate von Zeitzgendorff und der, wenn man von den Kriminalbeamten absah, erbärmlich schlecht besuchten »Sorgenpause« allein. Im Keller gab es zu allem Überfluß wieder Ratten, und das Haus sollte nun schon im Februar abgerissen werden. Es kam noch mehr Trauriges: aus Kiel hörte Selim, daß Zeki tot war – ein Verkehrsunfall zwischen Belgrad und Zagreb auf dem Rückweg von zu Hause. Die kleine Ayşe lebte jetzt in der Familie von Zekis Schwager in Hamburg.

Erdoğan, der zu lange auf sein Geld warten mußte, beschloß aufzuhören. Er wolle, sagte er, nach Mersin zurück: »Da holt niemand die Polizei, wenn ich bei offenem Fenster singe!« Er blieb dann aber noch eine Weile in Stuttgart – er hatte nur Selims Elend nicht länger mit ansehen wollen.

Selim dachte nach und gab auf. Als erstes fuhr er mit dem Baby in die Türkei, um es der Obhut seiner Cousine anzuvertrauen. Er schämte sich etwas, weil sein Geld nicht für Geschenke reichte, blieb aber guten Mutes: »Jetzt weiß ich über dieses Geschäft alles! Und ich habe bei meinen Freunden so viele Schulden, daß sie mich nicht mehr fallenlassen. Eines Tages zahle ich alles doppelt zurück, dann herrscht Freude, es gibt ein großes Fest!«

Auch Alexander gibt auf. Er hat nun das Gefühl, in der Therapie das Falsche zu lernen. Es gibt, findet er, so viel anderes zu lernen: Sprachen, Berufe, Geschicklichkeiten. Plötzlich ist er sicher, die Welt zu verpassen, wenn er so weitermacht.

»Bei Ihnen gewöhne ich mir nur eines an: diese gedrückte, leidende Art zu sprechen, ich kann mich schon nicht mehr hören. Wenn ich das nicht loswerde, dann komme ich nie mehr auf die Beine. Ich höre auf, ich muß es probieren.« Er stand auf und ging, bereute es schon in der Haustür, wollte aber nicht mehr zurück.

Vertreter blieb er vorerst, da hatte er sich festgebissen und wollte etwas erzwingen. Und er wollte nun doch, jetzt im Trotz gegen den Therapeuten, einen Versuch mit dem Rednertum machen. Er steigerte sich in eine große Gewißheit hinein. Über seinem Schreibtisch hing ein Zettel mit Sätzen aus einem Ermutigungsbuch: »Meine Sprache ist scharf wie ein Schwert, sie zerschneidet Papier in der Luft. Sie ist auch ein süßes Geschenk, gewinnt Starke und macht Schwache süchtig.« Zwei Abende lang besuchte er einen Redekurs, der vorwiegend von künftigen leitenden Angestellten besucht wurde. Alexander übte Bauch-, Brust- und Flankenatmung unter besonderer Berücksichtigung des Satzes: »Herr Müller, wir müssen Sie entlassen!« Als er eine Ansprache versuchte und Sätze zu einem fiktiven Firmenjubiläum vortrug, war der Übungsleiter verwundert: »Sie sprechen, als ob Sie aus einer fremden Sprache übersetzten! Sie müssen an Ihre Worte glauben und daran, daß eines das andere gibt!« Und fügte hinzu, daß man Glauben kaum lernen könne. »Aber eines Tages wird er kommen!« Alexander beschloß, auf diesen Tag woanders zu warten.

Selim hatte ihm eine Telephonnummer in Muğla gegeben, und eines Tages rief er dort an. Er wählte die lange Zahlenreihe, dann gab es eine Wartepause von gut zehn Sekunden. Plötzlich knackte es, und Alexander befand sich in einem Gezwitscher von tausend Stimmen, ihm war, als könne er die gesamte Landschaft zwischen Berlin und Kleinasien überblicken und sähe überall kleine Menschen stehen, die mit den Armen fuchtelten und Nachrichten ins All hinausriefen. Dann knackte es abermals, und mitten in das euroasiatische Gezirpe sagte Selims Stimme: »Efendim?«, und sie redeten, nein, schrien zehn teure Minuten über das Wetter, das Kind und die Probleme der Verständigung.

> Mesut betreibt zwischendurch ein anderes Geschäft: er kauft die Lohnsteuerkarten türkischer Arbeiter für hundert Mark das Stück und reicht sie zum Jahresausgleich ein. Ein paar Monate kassiert er gutes Geld, wird aber bei aufmerksameren Landsleuten nicht beliebter. Er reist nun wieder öfter in die Türkei, angeblich um Grundstücke an Rückkehrer zu vermitteln.
> Olaf präsentiert einen bewußt harmlosen Spielfilm, hat damit einen Publikumserfolg und dazu das Glück, daß die Kritik ihn dennoch als »kritisch« empfindet. Er ist auf dem Weg nach oben. Geneviève ist weiterhin verschollen.
> Hermine wird ordentliche Professorin.
> Gisela, die sich von ihrem Maler getrennt hat, lebt für eine Weile bei Hermine in Hamburg und setzt das Jurastudium fort. Ende 1971 stirbt ihr Berliner Onkel. Sie trifft Alexander bei der Beerdigung.

Auf dem Weg zwischen den Gräbern sprachen sie über Parteien, weil Gisela gerade in eine ein- und Alexander aus der seinigen ausgetreten war, und dann vor allem über Doris. Deren Gesicht kannte Gisela nur von den Fahndungsplakaten.

»Helden ohne Verwendung«, sagte Alexander.

»Ohne Verstand«, korrigierte sie, »du wirst sehen, was sie

auslösen werden. Auf die hat man doch nur gewartet. Die Politik wird es schwer haben.«

Sie umarmten sich flüchtig. Er wußte wieder, daß er ohne sie nicht leben konnte. Spaziergänge um den Müggelsee, und sei es mit anderen Frauen, halfen nur befristet.

»Wer hat es nicht schwer?« fragte er und vermied angestrengt, wie ein Dackel dreinzublicken.

24. September 1981

»*Weißt du, wer im Fernsehen war?*« *fragt Selim.*

»*Keine Ahnung!*«

»*Sabahattin, vom Fischdampfer! Sie haben ihm Fragen gestellt, wegen der Tarifkämpfe im Hochseefang. ›Hören wir dazu auch einen der türkischen Mitarbeiter‹, sagte der Reporter schön ölig, und plötzlich war Sabahattin im Bild, dick und rund ist er jetzt. Er guckte so vornehm wie ein Diplomat und sagte, zu den Arbeitsbedingungen wolle er sich nicht äußern. ›No comment‹ hat er gesagt – ich habe vielleicht gelacht! Dann hat er doch angefangen und sich geäußert, aber wie! Er schimpfte immer lauter, und dauernd hörte man ›bumm‹ und ›patsch‹! – Wieso? Na weil er sich beim Reden auf die Brust schlug, und da saß doch das Mikrophon.*«

Er prüft, ob er mich wegen Anne Rose trösten muß, und merkt: er muß nicht. – Über das Manuskript sprechen wir schon lange nicht mehr.

26. September 1981

Laut Zeitungsmeldung wird der Rhetoriklehrer Pressel jetzt die Fernsehanstalten beraten. Ein Gutachten von ihm liegt vor. Man verspricht sich insbesondere bei Nachrichtensendungen, Wetterbericht und Magazinsendungen erhebliche Verbesserungen.

Dafür wäre ich ohnehin nicht der Richtige. Die leutseligen

Verdauungsgeräusche dieses Kastens beim Auffressen unserer Zeit lassen sich rhetorisch nicht verbessern, nur abschaffen. Am besten durch dauerhafte Unterbrechung der Stromzufuhr! Ich sitze zur Zeit zu oft davor, es lenkt ab. Am Ende des Abends fühle ich mich als Bestohlener.
Auf einen Prozeß habe ich verzichtet. Ich denke nicht daran, mir den Auftritt Anne Roses als Zeugin für Pressel anzutun.

29. September 1981

Eine Kursteilnehmerin namens Melina winkt mit lustigen Augen. Blond, lebhaft, hübsch auch noch! Sie hat eine Boutique in München und fährt ein wüstentaugliches Safari-Auto mit Allradantrieb und dem Benzinverbrauch eines Rennwagens. Warum sie das denn tue? Mit dieser Frage hat sie nicht gerechnet. Sie könne da sehr bequem einsteigen, außerdem sei das Auto irgendwie urig, und zum Beispiel bei Schneeverwehungen...
Auch ich steige gerne ein, wir sind einige Male zusammen unterwegs.

120.

1972, im Frühjahr

Mesut werden während einer Polizeirazzia in einer Kneipe vierzigtausend Mark gestohlen, die er im Spülkasten der Toilette versteckt hat. Er übt Gelassenheit und bildet sich fort: er kauft und studiert das Buch »Abschied von gestern. Dynamische Managementlehre für den Unternehmer von morgen«. – Selim versucht ein Geschäft mit Berliner Wurstherstellern, findet aber keine Abnehmer für türkische Rinderdärme. Er muß wieder arbeiten.

Wladimir leitete jetzt seine Sklavengeschäfte von einem VW-Bus in der Wrangelstraße aus, manchmal mit laufendem Motor, weil ein Besuch der Polizei zu befürchten war. Er hatte einige Monate gesessen, wirkte nervös und verbraucht. Vor allem hatte er sein Geld verspielt. Selim baute einen Entlüftungsschacht in den Tresorraum einer Bank ein, immerfort von einem stummen Mann mit Pistole beobachtet, der auf Fragen keine Antwort gab. Als der Schacht fertig war, gab es kein Geld, denn Wladimir war, wegen Hinterziehung von allem, was nur möglich war, schon wieder in den Knast gewandert. Selim übernahm eine reguläre Arbeit, das mußte ohnehin sein, weil seine Aufenthaltsgenehmigung abgelaufen war und ohne legalen Arbeitsplatz nicht verlängert wurde. Er ging zu einer Fahrzeugfirma und brachte an städtischen Bussen Verstärkungsplatten an. Das war auf dem großen Abstellplatz Müller-/Ecke Afrikanische Straße, sie waren zu dritt und mußten pro Woche höchstens vier Busse fertig machen. Aufpasser gab es nicht, man konnte sich beim Arbeiten, Biertrinken, Schlafen und Tischtennisspielen danach richten, was der Gesundheit guttat. Manchmal ging, zum Zwecke der Erholung, nichts über eine normale Arbeit.

>   Alexander hat Selim vergebens gedrängt, den Termin bei der Ausländerpolizei nicht zu versäumen. Er begleitet ihn nun, angetan mit einer Krawatte, zur Behörde und will ihm helfen, dennoch die Erlaubnis verlängert zu bekommen.

Im Warteraum standen Bänke ohne Lehnen, direkt an der Wand, man konnte nur aufrecht sitzen wie ein wohlerzogener Schüler. Es lagen viele Kippen auf dem Boden, weil es keine Aschenbecher gab. Alexander konnte nicht umhin, darin einen arglistigen Demonstrationszweck zu vermuten: »Seht die Ausländer...!« Er schwieg aber darüber. Selim war geistig zu gesund, um so etwas zu verstehen.

»Mensch, du mit deiner Krawatte!« sagte Selim. »Macht ihr das immer, wenn ihr zur Polizei geht? Guck mich an, ich

habe mich eigens nicht rasiert!« Alexander meinte ver-
schämt, eine Krawatte könne nützen. Selim lachte: »Ihr
fühlt euch sicher, wenn ihr korrekt seid. Weißt du, was ich
denke? Wenn ich mich für die rasiere, ermutige ich sie in der
falschen Richtung!«

Sie wurden hereingerufen, und Selim gab Alexander seine
Papiere zu halten, um besser reden zu können. Der Beamte
hörte zu, aber die Antworten gab er stets an Alexander, so
daß schließlich das Gespräch doch zwischen den beiden
Deutschen stattfand. Der Beamte sagte: »Sie müssen mich
auch verstehen«, »Ausnahmen können wir in der Regel
nicht...« und »ohne Ansehen der Person«. Nachdem er alle
Schwierigkeiten geschildert und bei Alexander tiefes Verständnis gefunden hatte, griff er zum Stempel und erteilte
die Erlaubnis.

Sie feierten den Sieg in einer Eckkneipe und sprachen über
Angst. »Hier«, sagte Alexander, »mir hilft gegen Angst das
hier.« Er rauchte einen Joint. »Man kriegt sie auch durch
Phantasie weg«, sagte Selim und erzählte von einem Balken
in Salzgitter, über den er freihändig habe gehen müssen,
zwanzig Meter über dem Boden.

»Ich sagte mir: das Ding könnte genausogut auf dem Boden liegen, und dann würde ich ohne weiteres darüber-
gehen. Nachdem ich es auch den anderen gesagt hatte, bin
ich darauf herumgelaufen wie eine Katze!«

»Katze«, hauchte Alexander, »ich liebe Katzen!«

Selim sah ihn irritiert an.

»Sag mal, wie ist das, wenn man Haschisch raucht?«

»Wie wenn man in der Türkei anruft – die ganze Leitung
voller Stimmen.«

Selim nahm auch einen Zug, sagte aber bald: »Nichts für
mich, ich werde blöd im Kopf – das Zeug ist nur gut, wenn
man Angst hat oder töten muß, im Krieg vor allem. Die
Kriege machen die Gifte mächtig, und dann sind sie da.«

»Woher weißt du das?«

»Bei uns wird viel erzählt.«

121

Alexander wohnt in einem Kreuzberger Hinter-
haus. Wenn er nicht mit dem Lexikon unterwegs
ist oder sich auf die Taxifahrer-Prüfung vorbereitet, raucht er Haschisch.

Den ganzen Tag war Hubschraubergeklapper zu hören, dazu Polizeisirenen. Irgendeine Demonstration gegen irgendwas. Den Radikalen gingen die Gedanken aus und den Gedanken die Radikalen. Alexander lag auf dem Bett und beschloß, das Studium aufzugeben. Er wußte nicht, was eine
Tonne Stahl kostete, warum die Aktienpreise in bestimmten
Monaten anzogen, was den Silberpreis beeinflußte, nichts
über Steuern, Kartelle, Inflation – Ökonomie war ihm ein
Greuel. Wenn er schon Student spielte, dann doch lieber in
einem anderen Fach.

Manchmal weinte er. Gestern in der Kneipe, auf das
Stichwort »Laienspiel« hin, waren ihm die Tränen gekommen. Und eine Frau um die Dreißig war nähergerückt und
hatte gefragt, warum. Sie hatte immerfort auf seine Hand
geklopft und gesagt: »Daß du darüber weinen kannst, finde
ich irgendwie gut, du!«

Das Sprechen und Fühlen, beides hing von den Wörtern
ab. Sie waren es, die Bilder auslösten, und bei jedem verschiedene. Auf ein Wort hin waren Vorstellungen da, und
Geschichten, die erzählt werden mußten. Wörter waren
kostbar, Grammatik entbehrlich. Die Wörter waren ursprünglich von Zauberern erfunden, die Grammatikregeln
dagegen von Pedanten. Deshalb hieß es auch »Wortschatz«,
aber niemals »Grammatikschatz«. Indikativ, Konjunktiv,
Vokativ, Imperativ und wie sie alle hießen – weg damit! Eine
neue Hoffnung tat sich auf: Verweigerung der Grammatik!
Kategorischer Infinitiv! Ein Gedanke, der die Welt ändern
konnte.

Ein Gedanke. Aber jetzt, leider, hatte Alexander ihn

schon wieder vergessen. Pech! Egal, er schöpfte aus großem Reichtum, alles kam wieder. Das Leben war vergeudet, wenn man es mit dem Festhalten bestimmter Wörter verbrachte und auf keine anderen mehr kam.

Er versuchte zu lesen, aber jedes Wort wurde zu einer Flut von Bildern. Bei »Tisch« sah er einen derben Bauerntisch, eine Ofenbank, bearbeitetes Holz, Dreschflegel, Wagendeichseln, roch Wagenschmiere und Heu, sah, wie eine Katze unter dem Scheunentor durchschlüpfte, dann stehenblieb und sich aufmerksam umsah. Das alles war »Tisch«! Der Zusammenhang, den der Verfasser des Textes hergestellt haben mochte, blieb ihm völlig unzugänglich, aber es bildete sich ein anderer, eigener, in rasender Geschwindigkeit. Da stand etwas von »Bäumen, die nicht in den Himmel wachsen«. Sofort war Alexander ein Kind, blinzelte in sonnendurchflutete Bäume, Sträucher, Schierlingsstauden, die alle höher waren als er selbst. Dann war er am Anstieg eines Berges im feuchten Schatten unter einem Dach von Zweigen und atmete schwer, denn er hatte zu steigen. Der Mensch am Hang war er nun, »oben« und »unten« wurden ihm erstmals begreiflich. Als er an den Gipfel kam, war er alt und gebrechlich, auf alles sah er herab, Bäume und Welt lagen hinter ihm, fahl und ohne Konturen, und ein öder Karstboden zu seinen Füßen. Dann schwebte er sogar noch über dem Gipfel, über die Gletscher hin, die Erde nur noch Landkarte, er selbst leider tot. Gut, daß sein Blick auf ein neues Wort fiel: »Augen«.

Das Bild der Augen ging ihm auf: wie liebte er die Menschen schon ihrer Augen wegen, und vor allem Audrey Hepburn, die erste Frau, die er je geliebt hatte. Schreckliche, aussichtslose Liebe! Er wollte nicht mehr weiterlesen, es wurde ihm zu traurig.

Er stand auf und stolperte über die Tasche mit dem Lexikon. Dann stand er eine Weile wie erstarrt und betrachtete die Kastanie im Hof. Eine tiefe Liebe zu seinem Land überkam ihn: Kastaniendeutschland! Inbegriff! Er wußte wieder, wo er hingehen wollte: zu Selim. Erst noch einen Schluck Wasser. Kristallklar, Quelle, Kindheit, Bayern!

Hose anziehen nicht vergessen!

Dann das Triebwerk auf volle Touren bringen und hinaus in die warme, murmelnde, durcheinanderflitzende Menschheit! Auf der Treppe dachte er: die Welt ist tätowiert. Er nahm zwei Stufen, ohne danebenzutreten, so viel Mut war da plötzlich.

Er fühlte einen warmen, weichen kleinen Schlag auf der rechten Hand: ein großer Blutstropfen. Noch einer auf der Treppe, ein dritter auf dem Schuh. Umkehren, die Nase ging los!

Erst den Schlüssel zur Toilette finden – drei Tropfen auf die Schwelle. Kein Taschentuch weit und breit. Jetzt war er drin und hing über dem Becken, sein Blick folgte den regelmäßig fallenden Tropfen. Gut, blute ich eben aus, dachte er, weh tut es nicht, und gefunden werde ich auch – das ist das Gute an einer Außentoilette. Er hatte also keinerlei Sorgen und studierte die Figuren seines Blutes in der Schüssel; sie waren ihm wie eine Botschaft von weit her, zugleich Landschaft: aus Tropfen wurden Inseln, aus ihnen Kontinente, manchmal trafen auch Tropfen ins Meer und wurden zur Untiefe, dann, wenig später, bildeten sie mit anderen, ihnen nachgesandten eine neue Insel. Schöpfungsgeschichte in Rot. Auf dem Festland entstanden kleine Türme von verkrustendem Schwärzlichen, im Golf daneben helle Teppiche von löslichem Frischem. Immer wieder wurde die Welt zu schwer, dann rutschte gut ein Drittel von ihr hinab in den Orkus, aber es gab Nachschub.

Er war fast traurig, als die Nase aufhörte – die Botschaft war noch nicht enträtselt. »Nächstes Mal!« sagte er, säuberte sich vorsichtig, spülte und machte sich erneut auf den Weg.

Selim sah sofort, woran er war. Nach einem langen Blick fragte er: »Du hast wieder mit der Türkei telephoniert? Mann, wenn ich etwas nicht leiden kann, dann jemanden, der mich so anguckt, und ich darf auch noch auf ihn aufpassen!« Er wurde wütend. Alexander amüsierte sich. Wenn Selim einen Menschen rettete, dann aus Wut.

»Geht mir das Nerven!« rief Selim, sprachlich ins Jahr 1966 zurückfallend.

Er ist eine Mutter, dachte Alexander. Er betrachtete ihn mit dem Seherauge des Berauschten: ja, eine scheltende Mutter!

1972, im November

Mesut ist auf der Rückreise in die Bundesrepublik. Diesmal glaubt er schlauer zu sein als die Grenzer und sich mit rund dreißigtausend Mark seinen Anteil am Startkapital einer Import-Export-Firma zu verdienen, die Freunde in Berlin gründen wollen.

Als der Zug in Edirne wieder anfuhr, ging Mesut auf die Plattform zwischen den Waggons und wartete, bis er niemand mehr sah und die beiden Toiletten frei waren. Dann schnitt er in Schulterhöhe die hohlen Gummipuffer an, die die Wagentür einrahmten. Schnell das Messer wieder weg, warten, aufpassen! Den Hartgummischlauch am Schlitz eindrükken, die erste wohlverschnürte Haschisch-Wurst hineinschieben und fallen lassen, die Schnur dabei gut festhalten, den Haken festhängen. Pause. Niemand war in der Nähe. Dasselbe auf der anderen Seite der Tür. In weniger als vierzig Sekunden war er mit allem fertig.

Er ging wieder ins Abteil, wo die drei anderen Reisenden Rakı tranken und erzählten. Mesut war fröhlich, er wollte mitreden. Auf seine früheren Erfolge als Sprinter wollte er zu sprechen kommen, Geschichten von Hunden und schnellen Autos erzählen. Aber rechtzeitig fiel ihm ein: »Persönliches vermeiden, nichts preisgeben, woran dich ein Fahnder oder Spitzel erkennen könnte!« Er nahm sich also vor, für die Dauer der Bahnfahrt Hunde zu hassen, Autos für gefährlich zu erklären und an Kurzatmigkeit zu leiden. Erzählen wollte er trotzdem.

»Ich wollte Arzt werden«, sagte er, »schon als Kind habe ich Operationen gemacht; stellt euch vor, ich habe meinen Gockel am Kropf operiert, ein Prachtstück der Minorca-Rasse, mein Vater hatte ihn mir geschenkt. Ehre seinem Andenken, es war der beste Vater der Welt!«

122.

Derselbe Tag, 1972

Es ist kalt. Alexander hat eine Woche zuvor die »Ortskundeprüfung« bestanden und besitzt den »Personenbeförderungsschein«. Er fährt jede Nacht bis in den Morgen eine Taxe. Tagsüber schläft er, am späten Nachmittag frühstückt er am Imbißstand, um achtzehn Uhr übernimmt er den Wagen von dem Rentner, der ihn tagsüber gefahren hat. Ablösestelle ist Kurfürstendamm/Ecke Schlüterstraße.

Der Tagfahrer verspätete sich bereits um eine Viertelstunde. Wahrscheinlich kam er wieder mit leerem Tank und vielen Entschuldigungen gegen halb sieben.

Woher konnte er in dieser grauen, nassen Stadt etwas Euphorie beziehen? Es galt, wenigstens den ersten Fahrgast aushalten zu können, der in der Regel schlecht gelaunt war. Alexander ging zu dem Imbißwagen neben der Bedürfnisanstalt und aß eine Bockwurst – als Psychopharmakon untauglich. Wie machten es die andern, die nahmen ja keineswegs Pillen oder rauchten Haschisch? Die Wurstverkäuferin etwa, eine zierliche, intelligente Frau mit einer winzigen Andeutung von Hasenscharte. Sie verkaufte Würste und ihre helle, freundliche Aufmerksamkeit, und das auch im November. Am Wochenende ging sie ins Kino oder hielt das Gesicht in die fahle Sonne und hoffte: auf einen tollen Urlaub, einen tollen Mann, eine eigene Kneipe. Oder der Lederjacken-

308

mann, der sich eben mit ihr unterhielt – er war vor kurzem aus dem Hochbett gefallen und hatte seitdem, wie er sagte, »immer so'n Drall nach rechts«. Auch er voller Hoffnung. Oder die Alten da, in schweren Mänteln auf der Sitzbank, die gerade ausgiebig lachten, ein klagend herzliches Lachen, bloß weil sie sich an irgend etwas erinnerten.

Hoffnung und Euphorie, wußte Alexander plötzlich, waren Theater: etwas, das nur entstand, wenn Menschen zusammenkamen und voneinander Notiz nahmen – sie brauchten sich darüber hinaus nicht viel zu bieten. Schein, wirksamer Schein war das, Sich-in-etwas-Hineinreden, ja Lüge. Aber für Minuten erfolgreich, und das Leben war, entgegen der herrschenden Auffassung, aus Minuten zusammengesetzt und nicht aus Wochen oder Jahren. Respektvoll darauf zu warten, daß sich aus irgendwelchen langsam mahlenden Mühlen die Wahrheit offenbarte – das führte zu nichts, es machte nur öde und stur, verleidete jede Bewegung, man starb schon im voraus. Das wollte er nun nicht mehr.

Das persönliche Spontantheater, die Instant-Bühne, jetzt war sie als hilfreich erkannt, die Inszenierung als Lebenselixier entdeckt. Er trank eine weitere Cola und probierte aus, wie es war, wenn man auf Menschen zuging und »so tat, als ob« – es war übrigens das, was der Therapeut seinerzeit als »Agieren« bezeichnet hatte.

Er sagte zu der Imbißdame: »Also, Ihre Bockwürste sind phantastisch, wirklich. So zart!« Es kam noch etwas gedrückt heraus, war aber vollgültiges Theater, denn die Würste ließen zu wünschen übrig.

»Ja, die Bockwürste! Ich weiß, was Sie meinen. Ich beschwere mich schon seit Wochen, aber der Fleischer lebt in Scheidung, er delegiert alles.«

Ein bißchen Theater, und schon ein Fund: eine Wurstverkäuferin, die das Wort »delegieren« gebrauchte. Hätte er sich über die Wurst beklagt, wäre sicher nur die übliche Berliner Antwort gekommen: »Da sind Sie aber der erste!«

Theater, das konnte künstliche Entrüstung sein, auch eine Liebeserklärung aus dem Augenblick heraus – die wollte er hier noch nicht wagen. Nicht einmal Arbeit und Theater schlossen sich gegenseitig aus, sogar Einakter der Hilfsbereitschaft waren denkbar: der eine spielte den Helfer, der andere den Dankbaren. Oder Gespräche mit Kunden: die gemeinsame Freude am Spiel war ihre solideste Grundlage. Warum waren denn gerade die erfolgreichsten Vertreter stets die willigsten Opfer ihrer Kollegen? Beide liebten Spiele, die mit einem Verkauf endeten! Plötzlich hatte Alexander Lust, den neuen Blickwinkel im Vertreterberuf auszuprobieren.

Da kam der Tagfahrer. Mit leerem Tank und hundert Entschuldigungen. Alexander hatte einen Regieeinfall: er maulte nicht, sondern nahm die Verspätung zum Anlaß, sich erstmals für diesen Rentner zu interessieren. Er ging mit ihm Kaffeetrinken und hörte, wie sich bei der SS die Dienstgrade gestaffelt hatten. Da er entschlossen war, nicht aus der Rolle des Zugewandten zu fallen, erfuhr er noch mehr: der Mann hatte seine Kenntnisse als Häftling erworben.

Alexander fuhr seine Touren, erlebte nur gutgelaunte Menschen, und wußte, daß dies ein besonderer Tag war.

Er brach gegen eins die Schicht ab, setzte sich hinter einen vierfachen Espresso in den »Athener« und begann ein »Manifest« zu verfassen –

»MANIFEST ZUR BELEBUNG DER REDE UND GEGEN NICHTSSAGENDES ZUSAMMENLEBEN IN FAMILIE, GEMEINDE, STAAT, GESCHÄFTSLEBEN, DROSCHKE USW.«

Darin standen Sätze wie: »Man kann nicht *nicht* manipulieren«, »Besser eine Knallcharge als eine Null-Rolle«, »Wer Inhalte nur transportiert, statt welche zu schaffen, ist eine Flasche«.

Noch waren die Notizen etwas wirr, aber es war ja, soviel war ihm bewußt, auch ein Manifest gegen eine bestimmte Art von Ordentlichkeit, die ihn bis zum heutigen Tage gefangen gehalten hatte. Er fühlte sich frei, vor allem glaubte er den lang gesuchten Schlüssel zur Rede gleich mitentdeckt zu haben: nicht mehr nach der Wahrheit suchen oder sie gar noch irgendwohin tragen wollen. Nicht mehr nur Kreuzchen auf Wahlzetteln machen, für etwas demonstrieren oder Personen von A nach B befördern. Nie mehr versuchen, sich durch Korrektheit sicher zu fühlen – Selim hatte diese Illusion treffend gekennzeichnet. Das war etwas für Leute, die das einzige Mittel nicht aufbrachten, mit dem einer Zumutung begegnet werden konnte: die eigene Bosheit, die lohnendste Show weit und breit.

Erfinden statt Wissen hieß die Devise, sich selbst inszenieren! Nicht sein, sondern scheinen wollte er ab jetzt, Leben und Geschäft miteinander verbinden – was für ein Geschäft, würde sich herausstellen. Zunächst wollte er wieder Vertreter spielen, wirklich spielen, sich amüsieren, und noch dazu gewinnen, das schien ihm nur logisch, ja, und eine wirkliche Wende.

Am Morgen meldete er sich telephonisch bei der Lexikonfirma und sagte, er wolle noch einmal in den Außendienst. Er notierte, wann er sich den Musterband abholen konnte. Dann vervollständigte er sein Manifest und schrieb es ins Reine.

Als er das nächste Mal auf die Uhr sah, war es zwei. Heute wollte er nicht mehr arbeiten gehen. Wann er Manifeste schrieb, Lexika verkaufte oder gefährlich lebte, war seine Sache – einer der wenigen Vorteile des Vertreterberufs. Er las durch, was bis jetzt auf dem Papier stand, und änderte kein Wort. Der Text schien ihm bereits jetzt historisch, gültig für eine Epoche oder zwei.

»Es gibt keine Wahrheit für alle Tage.« Was für ein Anfang schon! »Nicht einmal Sätze über physikalische Vorgänge sind wahr...«

123

Nach dem Bahnhof Rosenheim geht Mesut daran, seine Schmuggelware wieder aus dem Versteck zu holen. Aber wieder ist er der Verlierer: die Zöllner haben die Pufferschläuche untersucht und alles gefunden. Außerdem merkt er, daß er bestohlen worden ist und nur noch einen Zehnmarkschein in der Tasche hat. Aber die Fahrkarte München-Berlin muß er erst noch lösen.

Theoretisch bestand auch die Möglichkeit, per Anhalter zu fahren. Aber an der Straße zu stehen und zu betteln, als Ausländer angepöbelt oder wie ein Kind behandelt zu werden, dazu hatte er nicht mehr Kraft und Nerven.

Die Chance, von einem Auto mitgenommen zu werden, war für einen müden, graugesichtigen Menschen nicht groß. Und im Wald schlafen, in einer Scheune, auf einer Parkbank? In diesem Land ein Alptraum. Die Fahrkarte kostete, das wußte er vom letzten Mal, 98 Mark. Er mußte jemanden überreden, ihm mindestens hundert Mark zu leihen. Hundertzehn, damit er sich ein Frühstück kaufen konnte. In der Goethestraße, nah am Bahnhof, gab es ein Schnellrestaurant, dessen Besitzer Türke war. Die Besucher standen an der Kasse für die Bons an, und Mesut reihte sich ein. Der Mann vor ihm zahlte 25 Mark: zweimal Börek, einmal Döner Kebab, drei Kaffee und weitere Kostbarkeiten. Dann stand Mesut vor dem Kassierer.

»Ich möchte gern mit dem Besitzer sprechen, ist er hier?«

»Erst gegen zwölf, Bruder.«

»Wenn er kommt, sage es ihm. Ich warte im Lokal nebenan.«

Er kaufte eine Zeitung für 1.20 Mark, um mit irgend etwas Normalem beschäftigt zu sein, und ging ins Lokal nebenan. Noch 8.80 Mark!

»Ein Bier bitte!« Er trank sonst kein Bier, aber jetzt brauchte er etwas gegen die Melancholie.

»Zwei Mark fünfzig!« Der Kellner schätzte ihn offenbar als Zechpreller ein. Mesut war trotz der Müdigkeit beleidigt.

»Sehe ich so aus, als ob ich nicht bezahle?«

»Das ist hier so üblich.«

»Was ist hier so üblich?«

Nach nicht allzu langem Dialog: nur noch 6.30 Mark.

Er trank einen kleinen Schluck, versuchte es mit der Zeitung. Lesen konnte er, aber nicht mehr verstehen. Die Politik war spanisch, das Kreuzworträtsel chinesisch. Es war 13.30 Uhr, der Zug war abgefahren.

Neben ihm stand plötzlich ein Mann und beobachtete ihn. Er war groß, hatte einen Schnauzbart und trug unter dem Maßanzug einen Rollkragenpullover. Es war der Besitzer von nebenan.

»Wie haben Sie mich erkannt?« fragte Mesut.

Der Kassierer hatte ihn beschrieben. Mesut stellte sich vor, schilderte seine Situation und bat um hundertzehn Mark. »Und wenn ich in Berlin bin, schicke ich das Geld sofort, es ist das erste, was ich tue!«

Der Landsmann war voller Verständnis. In seinen wunderschönen blauen Augen schimmerte ein Ozean von Gutmütigkeit und Hilfsbereitschaft. Leider habe er nachts fast all sein Geld im Glücksspiel verloren. Er habe aber einen Freund, der ihm zweitausend Mark schulde. Den erwarte er gegen vierzehn Uhr, und dann wolle er Mesut das Geld geben. Mesut dankte bescheiden und gerührt. Es fiel ihm die Frage ein, ob der Maßanzug in der Nacht denn auch sein Restaurant verloren habe. Er fragte aber nicht – der hätte glatt mit »ja« geantwortet.

Der andere ging wieder fort. Mesut wußte: der kam nicht zurück. Ich müßte jetzt, dachte er, für eine halbe Stunde meines Lebens so sein wie Selim der Ringer! Der hätte dem Mann eine seiner endlos langen, spinnennetzartigen Geschichten erzählt, in denen der Zuhörer klebenblieb wie eine Mücke. Von der Fremdenlegion zurück bis zum Sultan

Abdülhamid, und dann wieder vorwärts bis zu seinem hilfsbereiten Zuhörer und in eine goldene Zukunft für alle! Selim hätte diesem Widerling eine kräftige Mahlzeit und reichlich Bier abgeluchst, der beherrschte das Lügen und Theaterspielen. Und warum? Weil er realitätsfern war! Und weil er selbst an seine Träume glaubte: unheilbar optimistisch, Tag und Nacht euphorisch! Mit solchen Gaben konnte man durchkommen, wenn man nichts hatte. Nur: der hatte nicht die Fähigkeit, sich etwas aufzubauen. Darauf verstand er, Mesut, sich besser – im Prinzip jedenfalls. Jetzt allerdings saß er da wie ein General, den sein Fahrer nicht zum Krieg abgeholt hatte.

Er bestellte noch ein Bier. Nur wer lustig war, konnte Geld herbeireden.

Das Bier war hier teuer: nur noch drei Mark achtzig! Mesut faßte einen Entschluß, der ihm schwerfiel. Er ging zur Telephonzelle, rief Selim in Berlin an, gab ihm die Nummer der Kneipe, bat um Rückruf. Das Gespräch kostete siebzig Pfennig.

Noch drei Mark zehn.

Am Tresen klingelte das Telephon. »Sind Sie Herr Mesut?«

»Selim, kannst du mir telegraphisch hundertzehn Mark schicken? Ich sitze ohne Bargeld hier – ich erkläre dir alles in Berlin!«

Er nannte die Adresse des Lokals. Selim war einverstanden: »Ich fahre gleich zum Postamt.«

Mesut hatte quälenden Hunger. Für ein Essen reichte das Geld nicht mehr. Wen konnte er anschnorren? Drei Tische gab es, an denen Einzelpersonen saßen. Es galt, mit sicherem Blick die beste Chance zu erkennen – den Tisch nach einem Mißerfolg zu wechseln würde schwierig sein. »Erlauben Sie?« Der Mann nickte ziemlich stumpfsinnig. Mesut setzte sich so, daß er den Postbeamten sehen mußte, wenn er kam.

Pause. Wie konnte man, wenn man in einer klar unterlegenen Position war, Menschen dazu bringen, gegen ihren Vorteil zu handeln und sich von Geld zu trennen?

»Wie spät, bitte?«

Der andere zeigte wortlos auf die große Uhr an der Wand. Mesut lachte etwas zu laut, wie er fand, über seine eigene Dummheit, bedankte sich und bot dem Mann von seinen Zigaretten an. Schon wieder der Kellner. Warum bestellte dieser Mensch jetzt nicht wenigstens zwei Bier? Und ein Steak mit Pommes frites und Salat. Nichts!

»Ein Bier«, sagte Mesut in großer Einsamkeit zum Kellner.

»Wo kommen Sie her?« fragte er dann den Mann. Vielleicht kam er ja aus Ankara, vielleicht sogar aus Yeniköy, wo Mesuts Großmutter gewohnt hatte. Vielleicht war er ein Verwandter?

Der andere nannte die Stadt. Schon wieder eine Pleite: es war die, deren Bewohner in der ganzen Türkei für ihren Geiz bekannt waren. Was um Himmels willen gab es zu reden? Wenn der andere was gesagt hätte – von der Politik bis zum Sport hatte Mesut jedes allgemeine Thema parat. Oder wenn irgendeine Schwäche, ein Hobby sichtbar gewesen wäre! Mesut war entschlossen, dem Mann nach dem Mund zu reden, mehr zum Sultan zu halten als der Sultan selbst.

Was ihm jetzt sicher nicht gelang, war Erzählen. Es war auch zu gefährlich – er hatte es schon immer für etwas gefährlich gehalten; jetzt war es das wirklich. Selbstverständlich konnte jeder andere ein Fahnder oder Spitzel sein.

Das Bier war alle, der Hunger noch größer.

Mesut gab den Versuch, charmant zu sein, abrupt auf, sah den anderen bohrend an und schilderte knapp seine Notlage: er sei übrigens kein Niemand, er betreibe ein Import-Export-Geschäft in Berlin. Jede Minute erwarte er eine namhafte Geldsendung aus Berlin, habe aber leider kein Bargeld bei sich – ein Diebstahl auf der Reise...

Der Mann zuckte mit den Achseln. »Pech, so was!« sagte er gedehnt. Mesut hätte ihn aus dem Stand anbrüllen können: »Und jetzt bestellst du gefälligst ein warmes Essen für mich, aber bißchen plötzlich, ja?«

Telephon. Ein suchender Blick von der Theke aus: »Herr Mesut?« Selim hatte das Geld losgeschickt. 39 Mark Gebühren! »Danke«, sagte Mesut, »du bist mal wirklich ein Kompagnon! Ich vertraue dir!« Sollte Selim sich ruhig ärgern, das Geld war ja unterwegs.

Der Mann am Tisch hatte das Gespräch verfolgt. Jetzt glaubte er Mesut und wollte ihm das auch zeigen. Er erzählte über sich selbst. Er sei einmal in Österreich in dieselbe Situation gekommen: kein Bargeld mehr, ja ja! Ein Landsmann habe ihm Geld geliehen, welches er dann zwei Tage später auf Heller und Pfennig zurückgezahlt habe.

So ein korrekter Mann war das also, Mesut überlegte, ob er ihn mit Tränen der Rührung umarmen oder, vor lauter Hochachtung, zu einem Bier einladen sollte. Ja, und seitdem, sagte der korrekte Bürger, seitdem gehe er nie mehr ohne genügend Bargeld fort. – Mesut fragte sich, wie er im Moment aussah. Rotgeränderte Augen wahrscheinlich, haßerfüllter Blick, nervöse Zuckungen in Armen und Händen, die im Begriff waren, diesen Zeitgenossen zu erwürgen. Jetzt kam eine deutsche Frau an den Tisch und begrüßte den Geizkragen. Wahrscheinlich hatte sie ihn, ohne es zu wissen, vor einem grausamen Ende gerettet. Sie lachte. Das hätte sie lieber bleiben lassen sollen, denn ihre Zähne waren ein einziger Aufstand gegen die Ordnung der Natur.

»Tja!« sagte der Biedermann gedankenschwer, die Frau ignorierend. »Wer sucht, der findet...«

Was war das? Blanker Spott natürlich. Komm du mir noch einmal in die Finger, dachte Mesut, in einem Jahr, in zehn oder vierzig Jahren. O nein, heute wollte er ihn nicht töten! Solange der lebte, bestand ja noch Hoffnung. Denn jetzt mußte der Typ etwas bestellen, er mußte – schon um seine Freundin nicht hungern zu lassen!

Aber nein, er begann belehrend zu werden. Das liebte Mesut besonders. Wenn ein mieser Knicker ihm statt Essen und Trinken Ratschläge gab, noch dazu um diesem Krokodil von Freundin zu imponieren, und wenn er sich darin sichtlich so gut gefiel, daß er einem Orgasmus nahe war... die Todesarten, die dieser Mitmensch zu sterben hatte, wurden immer ausgesuchter. Ein Bahngleis erschien vor Mesuts geistigem Auge, an dem der angekettet war. Ein mannshoher Kessel mit kochendem Wasser, mehrere neunschwänzige Katzen, weil eine nicht reichte.

Die Frau stieß den Kerl mit dem Ellenbogen an, sie gingen zur Theke und zahlten. Dann kam er noch einmal zurück und lächelte mild. »Ich hätte dir das Ticket nach Berlin natürlich bezahlt, Kollege, aber ich habe selbst zu wenig dabei, du siehst ja...« Er deutete auf die wartende Frau, dann ging er grußlos, weil er Mesuts Miene zu deuten wußte.

Der Kellner hatte Schichtwechsel und wollte kassieren. Mesut gab ihm drei Mark. Das Wechselgeld hatte der Kellner nicht, weil er angeblich »schon abgerechnet« hatte. Er wollte es aber »gleich noch bringen«. Mesut beobachtete ihn genau, er kassierte hier, er kassierte da, überall bekam er kleines Geld. Aber offenbar keine fünfzig Pfennig. Dann verschwand er rasch nach hinten. Noch zehn Pfennig!

Mesut war in Sorge: hatte er Selim etwa die falsche Adresse gegeben? Sein Blick war die ganze Zeit auf die Tür geheftet gewesen – unglaublich, wie viele blaue Jacken es gab, ohne daß ein Postbeamter darin steckte! Komm endlich, komm zu mir: ich liebe Postboten, habe sie immer geliebt! Wenn sie nicht gerade Strafbefehle bringen.

Da war er tatsächlich! Ein Riesenkerl: die Löcher, die Mesut vier Stunden lang in die Tür gestarrt hatte, lagen alle einen Meter zu tief. Der Hüne prüfte den Paß und redete dabei ununterbrochen, sprach aber so wüstes Bayrisch, daß Mesut nur begriff, wo er zu unterschreiben hatte.

»Das nächste Mal kriegen Sie ein anständiges Trinkgeld!« sagte Mesut. Der Bote war etwas enttäuscht, aber jetzt erwachte in Mesut wieder der eiskalte Rechner. Die Fahrkarte kostete achtundneunzig Mark. Er hatte also für eine warme Mahlzeit noch 12.10 Mark übrig. Das war knapp genug. Erst die Fahrkarte – sofort zum Bahnhof! Schon kam eine nächste unerwartete Wendung.

»Einmal Berlin Zoologischer Garten, bitte. Einfach!«
Der Beamte ging zum Automaten.

»Wieviel kostet das jetzt?« fragte Mesut – er wollte für einen Moment so tun, als habe er mit diesen 98.– Mark nicht den ganzen Tag herumgerechnet. Der Beamte spähte in den Apparat »Einhundertvierzehn Mark fünfzig!«

»Wie bitte?«

»Neuer Tarif.«

Die Müdigkeit war von ihm gewichen. Mesut fühlte die Wucht eines historischen Moments in seinem Leben, denn er hatte eine Lehre bekommen, und er wollte sie befolgen. Nie wieder Zeit auf sogenannte »ehrliche Arbeit« verschwenden – er meinte damit auch den Schmuggel, dieses Knochenriskieren –, sondern schwindeln, betrügen! Nur noch im großen Stil dealen! Nie wieder sich Erniedrigungen und Gefahren aussetzen: daß sich das lohne, war ein Kindermärchen, das er endlich abstreifen mußte. Ab jetzt: kein Versuch mehr mit wirklicher Leistung! Wer eine Ware von A nach B brachte, war nicht gesellschaftsfähig, er bekam, wenn er Pech hatte, nicht einmal eine warme Mahlzeit. Einen Kredit erschwindeln – nur so etwas war schöpferisch! Aber das konnte man nicht, wenn man zu tief gesunken war, abgerissen aussah und als Bittsteller auftrat. Mehr Scheinen als Sein hieß das Gesetz des Erfolgs! So ähnlich stand es auch in der »Dynamischen Managementlehre für den Unternehmer von morgen«.

Scheinen war die halbe Strategie? O nein, es war die ganze! Er hatte das immer gewußt, aber ab jetzt würde er es befolgen, und das, das war die Wende.

20. Oktober 1981
Seltsamerweise war mein Vorbild in »Selbstdarstellung« nur Selim, niemals Mesut. Ich glaubte in Selim das Genie des Erzählens, der Lüge zu entdecken, studierte an ihm, wie

man sich ein Gepräge gibt, um anderen die Zeit zu stehlen und dafür von ihnen geliebt zu werden. Ein Mißverständnis. Ich war damals Mesut näher.

Von Leuten, die sich gerade entschlossen haben, dem Teufel ihre Seele zu verkaufen, geht eine große Belebtheit und Frische aus, schon das verschafft Vorteile. Dann das Motiv: sie möchten sehen, ob der Teufel ihnen wirklich hilft, das Begehrte zu kriegen. Ebendeswegen verführte ich bereits einen Tag nach der Wiederaufnahme der Vertretertätigkeit die Studentin Anne Rose in der Menzelstraße.

21. Oktober 1981

Melina kommt aus dem Hessischen, ihr Vater ist Schlesier. Er hat 1946 aus den Resten eines Kübelwagens und einigen Balken und Röhren eine fahrbare Motorsäge zusammengebastelt und für die Bauern gegen Nahrungsmittel Holz geschnitten. Das Sägeblatt borgte er sich von der Frau eines Bauernfunktionärs, der zwecks Entnazifizierung im Arrest saß. Sie ist die jüngste von sechs Geschwistern, erst 1952 geboren, aber die singende und kreischende Säge hat sie noch in Betrieb gesehen.

Pressel scheint sich jetzt damit zu beschäftigen, eine »Rede-Bewegung« in Gang zu setzen. Er stößt auf große Zustimmung, und aus allen Medien jubelt es: ja, man müsse »mehr miteinander reden«, »sich öffnen«, »erzählen«, und »wir Deutsche« wären überhaupt solche Schweiger, vor allem über »die Vergangenheit«. Was ich aber voraussehe, ist nicht die Entdeckung des Gedankens und der Rede, sondern die Vermehrung des gebetsmühlenhaften Geschwätzes. Mit Pressel als unheimlich lockerem Moderator und Anne Rose als Seele vom Geschäft.

Rhetorik ist dagegen Festigkeit und Glaubwürdigkeit (mit Betonung auf »würdig«). Ich werde so bald wie möglich ein Sachbuch schreiben – lange genug haben sie mich gedrängt –, der Titel könnte sein: »Reden ist mehr«.

22. Oktober 1981

Aus Degerndorf zurück. Das Haus am Hang gekauft. Wer kann, der kann. Hoffentlich kann ich wirklich.

Was mir noch im Kopf herumgeht, ist das Gespräch mit dem Nebelhorn, dem alten Griechischlehrer. Ich rief ihn nur an, um herauszufinden, was er damals mit dem Satz gemeint hatte: »Ich bin mehr auf der Seite der Sophisten.« Er klang nicht so steinalt, wie mir Hansi Trieb weisgemacht hatte, sondern hellwach. Ich faßte mir ein Herz und fuhr auf einen Kaffee zu ihm.

Ja, er hält viel von den Sophisten. Sie seien auf die Mechanismen der politischen Meinungsbildung neugierig gewesen, hätten die Tricks durchleuchtet und seien weniger anfällig für Demagogie gewesen als manche Anhänger Platons. Dieser habe hochnäsig über das objektiv Gute und die Wahrheit geredet und den Alltag der politischen Praxis für schmutzig, Lug und Trug gehalten. Anmaßung zeige sich denn auch in seinen oft unerträglich autoritären und manipulativen »Sokrates«-Dialogen. Platon sei ein großer Denker, aber er habe für sein großes Bauwerk andere eingerissen, die von großem Nutzen hätten sein können. Der Name »Sophist«, über zwei Jahrtausende lang ein Schimpfwort, verdiene eine Aufwertung. »Redeforschung«, sagte das Nebelhorn, »beschäftigt sich mit der Frage, wie Glaubwürdigkeit produziert wird. Kein Wunder, daß die Menschen, die Hitler am schnellsten verhaften ließ, sehr dem Bild der alten Sophisten entsprachen. Die Platoniker dachten zu der Zeit noch, er könnte trotz schlechter Manieren ein ›spoudaios‹ sein, ein Staatsmann von innerer Größe. Sie hatten nie darauf geachtet, wie innere Größe sich von außen anhört.«

Zögernd stimme ich zu. Er wird gelernt haben. Bezaubern kann er mich nicht. Konnte er bis 1945 Schuldirektor sein, ohne das dritte Reich willig zu repräsentieren? Ich kann es mir nicht vorstellen. Aber daß ich es nicht kann, zugegeben, ist auch mein eigenes Problem.

Beim Abschied sagte er: »Wollten Sie einen bösen alten

Mann sehen? Ich bin es. Sogar gern! Als Lehrer kann man die Bosheit nicht herauslassen, sondern muß gerecht sein.«

24. Oktober 1981

Um den Kredit abzuzahlen, kann ich wirklich nur ein Sachbuch schreiben!

Mama ist glücklich. Hat jetzt die Idee, am Hang Chinchillas zu züchten und auf ihre alten Tage ein Vermögen zu verdienen. Manchmal denke ich: genau wie Selim.

25. Oktober 1981

Beim Beginn der Tagung über »Rhetorik des Familienlebens« – mein neuer Hit – gibt es eine Panne: der Saal in der Kongreßhalle steht nicht zur Verfügung. Ein Irrtum bei der Buchung. Dort tagen bereits die Industriefilm-Produzenten. Statt das Problem zu lösen, betrachte ich amüsiert die Situation und denke: »Wie könnte ich das beschreiben?« und »Ist das was für den Roman?«

Romane sind wie der Magnetberg, der den Schiffen die Eisennägel herauszieht.

Olaf von den Dreharbeiten in Ostafrika zurück – Remake von »Schnee am Kilimandscharo«. Drehen, Skifahren, Hemingway und Swimmingpool. Er hat dort in meinen letzten Kapiteln gelesen.

»Ich fange an zu begreifen, was dich mit Selim verbindet.«

»Du Glücklicher!« sage ich.

»Du beschreibst ihn als Erzähler. Es ist aber doch erstaunlich, wie wenig er erzählt. Beweis: dein Nichtwissen über seine Jugend.«

»Worauf willst du hinaus?«

»Es handelt sich bei Alexander und Selim um ein und dieselbe Person! Alexander, das bist du als Unfertiger, Suchender, und Selim, das bist du als gestandener Mann.« Ich antworte, Interpretationen wie diese seien so scharfsinnig, daß jede Geschichte sich vor ihnen in acht nehmen müsse.

Er dürfte nicht allzu genau gelesen haben, denn er hat eine

schöne Frau kennengelernt, Schweizerin, etwas über dreißig,
sagenhafte Skifahrerin – er schwärmt ununterbrochen.
»Ist sie fromm?«
Er lacht. »Kann mir denken, was du meinst. Nein, ist sie
nicht. Sie hat übrigens auch drin geblättert und sagt, sie
findet Geneviève etwas künstlich. Vom Klosterleben wüß-
test du nicht viel.«
»Und sie heißt nicht...«
»Nein, nein!«

124.

Als Alexander die Vertretertätigkeit versuchsweise
und für begrenzte Zeit wiederaufnimmt, wird er
von einer jungen Frau in eine Friedenauer Wohnung eingelassen. Anne Rose gefällt ihm.

Es gab keine Stühle, nur Matratzen und Kissen. Durch diese
Situation angeregt, kam Alexander der Gedanke, daß die
Begriffe »Liebender« und »Geschäftsmann« eine innere Ver-
wandtschaft hätten. Er redete mit wachsendem Eifer über
das Lexikon, und beide merkten, daß etwas anderes mitge-
meint war. Anne Rose war Photographin, hörte ständig
Platten und aß gern Essiggurken. Sie hatte ruhige Augen,
rasche Bewegungen, und beim Lachen streckte sie ihre hübsche Zunge heraus.
   Es ging immer noch um das Lexikon. Sie fragte, was über
Wespen drinstehe, und über Appetitzügler, und über die
Tiefsee. Sie lagerten nebeneinander, um ins Buch zu sehen.
In dem Musterband war nicht zu finden, was sie suchten.
Plötzlich kam ihm ein Regieeinfall: Liebe! Aber nicht nach
einer Suche unter »L«. Er klappte das Buch zu und sagte,
sich wirkungsvoll aufrichtend, daß es sein Herzenswunsch
sei, mit ihr zu schlafen. Was auch geschah. Um die großarti-

ge Inszenierung nicht flach werden zu lassen, sagte er danach, daß er ohne sie nicht mehr leben könne – und im selben Moment glaubte er es schon. Sie ebenfalls.

Er hatte jetzt wieder eine bessere Wohnung, in Wilmersdorf. Aber Anne Rose wollte nicht zu ihm ziehen. Sie liebte ihre Kleinwohnung wegen eines bestimmten Baumes im Hof, der sich bei Sturm bewegte wie in einem gravitätischen Ballett. Sie fühlte sich als Künstlerin und wollte ihr Leben danach richten. Alexander erlebte mit ihr eine gewisse Anzahl von Stürmen.

»Privates Glück«. Er hatte bisher nie einen Gedanken an diesen in seinen Augen nach wie vor verlogenen bürgerlichen Lebensinhalt verschwendet. Anne Rose brachte ihn immerhin dazu, das Wort »Konsumterror« durch »Kaufrausch« zu ersetzen. Und bald war er auch davon überzeugt, daß er als findiger Geschäftsmann, mit einem Blick für Marktlücken, mehr für die Allgemeinheit tun könne als jeder idealistische Gesinnungstäter.

Das öffentliche Leben war widerwärtig geworden. Der Staat führte einen Bürokratenfeldzug gegen ehemalige Akteure der APO. Auf deren Überschwang und Anmaßung reagierte er jetzt mit dem Gedächtnis des gekränkten Zwergs: engherzig und pedantisch. Er verlängerte damit nur den Einfluß der Doktrinäre und Zwerge auf der Gegenseite. Unter dem Vorwand, vor Gewalttaten zu schützen, verfolgte er die ihm verhaßte Mentalität einer ganzen Generation. »Euch wird das Lachen schon noch vergehen«, schien seine Devise. Er merkte nicht, daß längst keiner mehr lachte. Wenn irgend jemand Alexanders Generation am Lernen hindern konnte, dann dieser übernervöse Staat.

28. Oktober 1981
Meine damaligen »Entdeckungen« sind mir inzwischen selbstverständlich. Sich in etwas zu verwandeln, sich ein Ge-

präge geben – welcher Bewegliche täte es nicht? Aber ich
hielt mich damals für einen, der mit dem Teufel paktierte.
Nachmittags Selim gefragt, was der Spruch von den Schim-
meln zu bedeuten habe, die sich im Dreck wälzen. Antwort:
junge Schimmel denken noch, es wäre etwas mit ihrer Farbe
nicht in Ordnung. Sie wälzen sich, um wie andere Pferde
auszusehen.

29. Oktober 1981
Fliege schon wieder nach München, Melinas wegen. Sie be-
stürmt mich, dorthin zu ziehen. Nach Degerndorf möchte
sie nicht, soviel ist klar. Sie müsse in einer Großstadt leben.
Das Allrad-Auto ist ihr einziges Zugeständnis an das Land-
leben, und mit ihm fährt sie auch nur auf der Leopoldstraße.

10. November 1981
Melina in Berlin.
In der Vorweihnachtszeit wird es im Gefängnis wieder zwei
oder drei Besuchsabende geben, zu denen die Häftlinge sich
mehrere Leute für eine längere Unterhaltung einladen kön-
nen. Ich werde Melina mitbringen. Hoffentlich kann Selim
sie leiden. Ob sie mit ihm etwas anfangen kann, ist in diesem
Fall weniger wichtig: sie ist nicht eingesperrt.

Zehntes Kapitel
Leibniz Ecke Kant

20. November 1981

»Zum ersten Mal bin ich zuverlässig da, wo meine Freunde mich vermuten«, sagt Selim trocken, »und was geschieht? Keiner läßt sich sehen!«

Meine Entschuldigung wehrt er ab: »Ich bin kein Baby. Wenn ich dich unbedingt sehen will, kann ich ja ausbrechen.«

Vorgestern ist ein Häftling geflohen. Er hatte bei sechs Ausführungen zur Arbeit dem Beamten gesagt: »Heute hau' ich ab!« und war dageblieben. Beim siebten Mal hatte er dasselbe angekündigt, aber dann auch getan. Diese Methode, sagt Selim, habe schon Nazım Hikmet mit Erfolg angewandt — eine Art Dressur.

Die deutschen Gefängnisse seien schlecht: übertriebene Sicherheit, Isolierung, ein Klima der Gemeinheit und Denunziation; aus konstruierten Gründen sei so gut wie alles verboten, die Besuchsmöglichkeiten seien lächerlich. Die Angehörigen von Häftlingen würden hier mitbestraft.

»Es ist ein Sadismus mit Maske — nach außen sieht alles korrekt aus, aber du weißt genau: dahinter grinsen sie.«

Manche Häftlinge würden stumpfsinnig. Gerade breite sich eine neue Mode aus: mit der Stirn einem anderen ins Gesicht stoßen, oder gegen Schrank- und Zellentür. Nichts gehe dabei kaputt, nicht einmal der Kopf — eine völlig sinnlose Beschäftigung.

Er bittet um Kassetten mit klassischer türkischer Musik. »Die anderen Türken haben nur traurige arabeske Sachen, die helfen mir nicht. — Oder bringe Lieder von Cem Karaca!«

Er fragt, ob es über Geneviève oder den Sohn in Kiel schon
Neues gebe. Ich erzähle ihm von erfolglosen Telephonaten
mit der Schweiz und entschuldige mich wegen Kiel: an den
Sohn hätte ich mich nicht herangetraut.
»Was soll der arme Junge damit anfangen, daß er von einem
anderen Vater abstammt?« frage ich. »Womöglich ahnt er
nicht das Geringste.«
Er teilt meine Auffassung nicht und schweigt. Manchmal
sind wir uns fremd und schweigen. Nur damals, auf der
Fahrt nach Hamburg, waren wir uns wirklich nahe.
Er muß zum Augenarzt, braucht eine Lesebrille. »Es kommt
davon, daß man im Knast nicht in die Ferne sehen kann.
Überall ist immer gleich diese gelbe Wand. Das Gucken
lohnt nicht, und meine Augen wissen es: sie machen von
selber dicht.«
Da ich seine Zelle nicht besichtigen kann, hat er mir den
Grundriß mit allen Maßen aufgezeichnet: zwei mal drei Me-
ter. Das Bett 0,90 mal 2,00, Klapptisch 0,90 mal 0,50,
Stuhl, Waschbecken, WC, Schrank, Heizungskörper, alles
ist vermessen. In der Mitte, zwischen dem Kopfende des
Bettes und dem WC, ist ein gerader Strich zu sehen: die
längste freie Strecke im Raum. An ihr entlang hat er mit
Großbuchstaben geschrieben: »MEINE LAUFBAHN«. 2,40 m.
»Ungefähr jedenfalls. Ich habe kleine Schritte gemacht, da-
mit es mehr wird.«

24. November 1981

»Alexander, ich muß dir etwas erzählen!« Selim hat offenbar einen Zorn.

»Wir haben hier einen, der Wladimir heißt. Ich habe von
ihm gesprochen – der Sklavenhändler! Er liest ab und zu
Bücher über Rußland, und gestern las er mir über die ›Lyrni-
ki‹ vor. Das waren alte Männer, die im alten Rußland von
Dorf zu Dorf zogen und den Leuten Lieder vorsangen, ge-
sungene Geschichten. Die Lieder waren manchmal sehr alt,
aber in ihnen war immer auch etwas Neues, denn sie änder-

ten sich jedes Mal ein wenig. Das lag daran, daß die alten Männer blind waren. Da sie nicht lesen und schreiben konnten, hatten sie alles auswendig gelernt, und so gaben sie es auch an andere weiter. – Diese Sänger hat man in der Stalinzeit zu einem Kongreß eingeladen und dort alle erschossen. Blinde alte Männer, erschossen!«

»Warum haben sie das getan?«

»Die Sänger brachten den Dorfleuten viel über die Welt bei. Das wollten die Kommunisten kontrollieren, aber man konnte den Blinden keine Vorschriften geben, weil sie nicht lesen konnten. Ihre Texte konnte man nicht überwachen, weil sie sie nicht aufgeschrieben hatten und jedesmal anders sangen. Und mit ihnen zu reden, hatten die Funktionäre keine Zeit.«

Es handelt sich bei diesem Buch, das habe ich jetzt herausbekommen, um die Memoiren von Schostakowitsch.

26. November 1981

Ich arbeite wie ein Lastesel für die Schule und mache Pläne für das Sachbuch, mit dem ich Pressel in den Schatten stellen will. Der Titel könnte sein: »Warum reden?« Darin läge bereits meine Grundthese, daß sich Rede nur von ihren berechtigten Gründen her verbessern läßt.

Um dennoch ein wenig für den Roman zu tun, mache ich mir Notizen darüber, was zum Unternehmen »Leibniz-Ecke-Kant« (1976–79) gesagt werden müßte.

125.

1973

Alexander belegt Psychologie, um weiter ohne Sozialabgaben Taxi fahren zu können. Er hört eine einzige Vorlesung (»Psychologie nonverbaler Kommunikation I«), aber nur, um die dortigen

Studenten beobachten zu können, unter denen er künftige Kunden vermutet. – Entwurf des Rhetorikkurses A für Schüchterne. – Im Nahen Osten der Yom-Kippur-Krieg zwischen Israel und Ägypten. – Versuch Alexanders, mit bezahlten Grabansprachen Erfahrungen zu sammeln, er scheitert am Widerstand der etablierten Redner. – Ölkrise. November: erstes Sonntagsfahrverbot zur Verringerung des Benzinverbrauchs.

1974

Entwurf des Rhetorikkurses B für Redselige. – Alexander wirbt für seine beiden ersten Kurse, wo er kann. Es kommen zunächst nur zwei Lexikon- und drei Taxikunden. Ort: ungeheizter Raum in einer ehemaligen Weddinger Fabrik. – Selim arbeitet in fremder Leute Kneipen als Zapfer und Kellner, seine Erfahrung wächst. – Mesut »wegen Verdachts auf Verstoß gegen das Betäubungsmittelgesetz« verhaftet. Wegen Mangels an Beweisen bald wieder auf freiem Fuß. – Einreisestopp für ausländische Arbeitnehmer.

1975

Terrorismus in aller Munde. Im Februar wird der CDU-Politiker Lorenz von der »Bewegung 2. Juni« entführt und eine Woche lang versteckt gehalten. – Selim reist in die Türkei und sieht seinen Sohn Haluk wieder. Er sucht eine Frau, die dem Kind eine Mutter sein könnte, aber er ist zu wählerisch. Er findet eine Kneipe an der Ecke Leibniz-/Kantstraße, die zum Verkauf steht, und leistet eine Anzahlung. – Wissenschaftler stellen fest, daß Treibgas aus Spraydosen die Ozonschicht der Erdatmosphäre schädigt. – Juli: Alexander leiht Selim das Geld für die Kneipe und stellt sich als Konzessionär zur Verfügung, die Sache wird perfekt. – Kurz danach wird auch die KSZE-Schlußakte unterzeichnet.

Die Kneipe lag in einem 1911 gebauten Haus. Sie hatte zunächst »Kant-Kasino« geheißen, nach dem Weltkrieg

»Leibniz-Diele« – der Eingang war in die andere Straße verlegt worden. 1944, nach einem Bombentreffer im Nachbarhaus, wurde das Lokal geschlossen. 1952 gab es zwei Betriebe: den Imbiß »Kant-Terrine« und die »Leibniz-Festsäle«, beides wurde 1973 von den betagten Besitzern aufgegeben und an einen niedersächsischen Springreiter verkauft. Er legte die Räumlichkeiten wieder zusammen und ließ sie von einem ehemaligen Knecht als »Tausend-Spiele-Bar« betreiben – diese ging 1975 pleite. Selim und Alexander wollten das renovierte Lokal zunächst »Gasthaus Leibniz« nennen, kamen aber dann, nach weniger ernsten Umwegen über »Kants Leibgericht« oder »Leib & Selim« zum endgültigen und bald vielgerühmten Namen:

»– LEIBNIZ ECKE KANT – TÜRKISCHE UND DEUTSCHE SPEZIALITÄTEN –«

Selim konnte jetzt alles, was ein Wirt können mußte, hin und wieder rechnete er sogar. Er war ein Einkäufer mit gutem Augenmaß für Qualität und Mengen. Er beherrschte alle Tricks. Saßen sechs Leute am Tisch hinter halbleeren Gläsern und redeten, statt zu bestellen, dann kam er und stellte einen neuen Aschenbecher hin. Einer hob bestimmt sein Glas und zeigte: ich will noch eins, worauf Selim freundlich sagte: »Bier – eins…« Sofort fielen die anderen ein: »zwei«, »drei« – als wollten sie zeigen, wie gut sie bis sechs zählen konnten.

Alles stimmte: die Musik, der Druck im Bier, die Schnäpse, Küche und Speisekarte, und die Preise. Und Selim war ein Wirt, zu dem man gerne ging. Weil er ein Erzähler war, wollten alle ihm etwas erzählen – er war so klug, zuzuhören und dabei geschickt weiterzuarbeiten.

Es gab Frauen, die seinetwegen kamen. Er behandelte sie liebenswürdig, aber zurückhaltend wie ein Bruder.

»Es kommen Männer hierher, um Frauen kennenzulernen«, erklärte er, »die merken sofort, wenn der Wirt im Wege ist, und bleiben fort. Wenn der Wirt sich vordrängt, haben andere keine Chance.« Er formulierte es als allgemeines Gesetz, aber Alexander wußte: es war die spezielle Attraktivität von Selims Person, die Umsicht verlangte.

Alexander regte an, eine Gedenktafel für Leibniz an die Wand zu hängen. Selim sagte: »Lieber nicht. Ich muß dann die Fragen beantworten.«

Einige kamen wegen der alten Flippermaschine, die Selim dem Vorbesitzer abgeluchst hatte. Sie war mit Südsee-Motiven bemalt, und bei größeren Punktgewinnen begann hinter der Glasscheibe ein barbusiges Hawaii-Mädchen aus Pappe sich in den Hüften zu wiegen. Ein Stammkunde aus der Zeit der »Tausend-Spiele-Bar« lobte Selims Entschluß, das Museumsstück zu behalten: »Auf dem Ding hat Peter Handke mal 'n Freispiel geholt! Und Khaddafi, als er noch in anderen Ländern Flipper spielen durfte. So was darf man nicht weggeben!«

1976, Frühjahr

»Leibniz Ecke Kant« hat guten Zulauf, Selim verdient hervorragend, muß dafür aber täglich bis zu sechzehn Stunden arbeiten. Alexander hat mit seinen Kursen ebenfalls Erfolg, Veranstaltungsort ist jetzt das Hinterzimmer der Kneipe. Als Selim im Frühjahr für drei Wochen in die Türkei fährt, wird das Lokal von einem seiner Stammgäste weitergeführt. Einmal ist dieser zu betrunken, da muß Alexander sich hinter den Tresen stellen. Er sieht bald ein, daß seine Begabung für den Wirtsberuf begrenzt ist.

Mitten in dieser Situation fragt ihn jemand, den er noch nie gesehen hat, wo Selim sei. Draußen vor dem Fenster steht ein großes Auto mit laufendem Motor.

Alexander sagte: »Selim ist nicht da« und überlegte, ob der Frager mit dem Auto etwas zu tun habe. Dort stieg eine Frau aus, der Wagen fuhr mit Reifengequietsche los. Alexander trat vor die Tür: die Frau war Doris, Doris mit der Sattelnase, die Terroristin, er erkannte sie trotz Dunkelheit und schwarzer Perücke. Er sagte: »Um Gottes willen, was willst du hier?«

»Wohnen«, sagte sie. »Ganz allein...«

»Er ist in der Türkei...«

»Ja. Hast du den Schlüssel?«

»Wie soll ich dir den jetzt...«

»Das Auto da, ›Alexanders Redekurse‹ – ist das deins?«
Sie hatte das Manuskript mit seinem Programmentwurf an der Frontscheibe liegen sehen.

»Leg bitte den Schlüssel ins Handschuhfach und laß die Fahrertür offen. Machst du das?«

Eben kam der schwere Wagen wieder angerollt. Sie öffnete eine der hinteren Türen. »Wo liegt die Wohnung?« fragte sie.

»Parterre«, antwortete Alexander furchtsam, »der Name steht dran.«

»Bitte mach es«, sagte Doris und stieg ein. Der Wagen fuhr davon.

Alexander ging mit klopfendem Herzen wieder hinter den Tresen und versuchte sich auf die Bestellungen zu konzentrieren. – Doris war die Mutter von Selims Sohn. Er war Selims Freund. Sie wußte, daß er sie nicht verraten, sondern höchstens abweisen konnte. Und hätte Selim sie weggeschickt? Seine Verbindung zu Doris war längst abgerissen, er und seine Wohnung wurden nicht mehr überwacht.

Nach langem Kampf – er war so geistesabwesend, daß Gäste zu schimpfen begannen – nahm Alexander den Schlüssel und ging zum Auto.

Wie Alexander später erfährt, ist Doris schon wenige hundert Meter entfernt in ein anderes Auto gestiegen, zurückgefahren und hat seitdem Alexander, die Kneipe und die Umgebung von der anderen Straßenseite aus beobachtet. Als er in der Nacht ein zweites Mal zu seinem Auto geht, ist das Handschuhfach leer. Er fährt zu seiner Wohnung. Er hat jetzt »einer Terroristin Unterschlupf gewährt«.

Es gab nur eines: er mußte mit ihr reden, ihr sagen, daß sie alles gefährde, Selims und seine Existenz, indirekt auch die Zukunft ihres Sohnes. Ob sie Geld brauche, wollte er sie fragen – Geld roch nicht nach dem Spender, er wollte ihr soviel geben, wie er kriegen konnte, wenn sie nur rasch verschwand.

Gegen Mittag klingelte er bei ihr und schob einen Zettel unter der Tür durch. »Ich bin's, Alexander«, sagte er dazu noch laut, »ich bin allein.« Sie öffnete ihm mit der Pistole in der Hand.

Er sagte ihr, was er überlegt hatte. Dann holte er ihr etwas zu essen. Dann sagte er alles noch einmal, während sie aß.

»Du hast Glück!« antwortete sie. »Ich muß sowieso weg. Geld brauche ich nicht.«

»Hast du etwa telephoniert? Du weißt, daß in Berlin alle Gespräche...«

»Ich bin angerufen worden. Jemand, dessen Stimme noch keiner kennt. Und verschlüsselter Text.«

Alexander gab sich einen Ruck. »Hör auf und stelle dich!«

»Du bist wirklich ahnungslos.«

»Hast du jemanden getötet?«

»Nein, aber das ist belanglos. Ich bin da jetzt drin, ich muß es zu Ende machen.«

»Ihr habt'n Wahn, weiter nichts! Es sind doch Menschen da...«

»Mündige Bürger. – Ich will nicht diskutieren, ich kann es nicht. Ich bin am Rand meiner Nerven. Was du redest, habe ich alles hundertmal...«

»Wie du schon ›Bürger‹ sagst! Viele haben ein Hirn im Kopf, können sogar lernen. Nur ihr seid zu, völlig zu!«

»Ich bin das Produkt dieser Gesellschaft.«

»Reicht dir das?«

»Laß es bleiben! Du verstehst nicht. Trotzdem danke, daß du geholfen hast.«

Alexander fühlte etwas wie Zorn nach einem ungerechtfertigten Vorwurf. »Ich liefere dich nicht aus, weil du die Mutter von Selims Sohn bist. Das ist alles.«

Sie zündete eine Zigarette an. »Lange her«, sagte sie leise. Eine Viertelstunde später war sie verschwunden. Alexander wusch Teller, Glas und Besteck und rieb alle Gegenstände ab, auf denen Fingerabdrücke sein konnten. Er fand dabei an der Wand hinter dem Bett seinen vierseitigen Programmentwurf, der gestern abend noch im Autofenster gelegen hatte: ALEXANDERS REDEKURSE. Der Gedanke, daß sie hineingesehen hatte, machte ihn seltsamerweise traurig: sie konnte doch nichts, aber auch gar nichts damit anfangen. Wenn er von den Terroristen etwas begriffen hatte, dann daß sie mit mörderischem Haß das Gespräch verweigerten, Reden weder hielten noch anhörten. Daß die meisten von ihnen, auch Doris, von einem Tag zum anderen ihre Angehörigen und Freunde wegwarfen wie Müll und daß es für sie nur noch Kapitalistenschweine, Bullen und Trottel gab. Nicht einmal Genossen waren ihnen geblieben. Die, mit denen sie sprachen, waren nur die Verräter von morgen, und es konnte nicht anders sein bei einem Mord- und Selbstmordspiel: kein Verräter zu sein, hieß ebenfalls sterben.

Das Abgründigste, Unbegreiflichste aber war für Alexander nach wie vor der Beginn: dieses plötzliche Dichtmachen – so wie jemand aus einer Laune heraus, spielerisch, eine Karnevalsmaske aufsetzte. Sie versuchten sich selbst zu einer Karikatur und Fratze des Zynismus und des Todes zu machen und nahmen an, sie spiegelten damit die Gesellschaft und könnten sie so, sich selbst opfernd, zum Bewußtsein erwecken – ein Wahn. Sie waren verlorene, schreckliche Kinder, und auf eine kalte, unbeirrbare Weise vollkommen verwirrt.

Alexander saß auf dem Bett und reproduzierte sein Nichtbegreifen in immer neuen Variationen. Er merkte, daß es immer schlimmer wurde, weil er im Dialog mit einer Wespe stand, die sich an der Fensterscheibe abquälte. Erst als er sie zum Oberlicht hinausgewedelt hatte, wurde ihm besser.

(Hier hefte ich den Entwurf ALEXANDERS REDEKURSE *ein.)*

1. Gegenstand.
Reden heißt nicht nur Worte mit dem Mund herstellen. Man kann auch durch Zeichen, durch Schreiben, Handeln, Bilder, Lieder und Musik, sogar durch Schweigen etwas sagen. Andererseits kann das eifrigste Wortemachen ein Nichtreden sein.

2. Zwecke des Redens.
Warum wir reden können sollten, im Gespräch wie auf einem Podium oder am Rednerpult:
— Um Ziele zu verfolgen: Reden steuert, hilft, bekämpft, versöhnt, macht Freude, rettet, klärt, beruhigt, heilt, gewinnt Freunde, siegt. Reden verhindert oder ersetzt Gewalt. Seine Wirkungen sind, im Gegensatz zur Gewalt, rückgängig zu machen.
Dennoch dürfen Wörter und alle anderen Formen des Redens niemals nur dienstbar sein. Denn

3. Reden ist lebenswichtig.
— Reden zu wollen, schreiben oder etwas sagen zu wollen, es aber nicht zuwege zu bringen, ist traurig und gefährlich für uns selbst und andere: es staut sich da etwas an, und je mehr es gestaut ist, desto weniger kann man es noch in akzeptabler Weise herauslassen. Wer zu viel angesammelt, zu lange gewartet hat, ist in jedem Fall in einer Ausnahmesituation, also einsam; schon das behindert. Den Deutschen fällt Rede schwer. Um so häufiger sind hierzulande: Wut, wenn jemand anderer Meinung ist; Beleidigtsein, wenn jemand Kritik übt; Panik, wenn wir einmal in der Minderheit sind; erhöhte Manipulierbarkeit durch Schmeichler und selbsternannte Anwälte.
— Oft staut sich etwas, was nur Einbildung ist. Es gibt nicht wirklich etwas mitzuteilen, aber uns beherrscht die Zwangsvorstellung, das Wort ergreifen zu müssen. Dieser Stau kann ebenso einsam und aggressiv machen wie der andere.
Nur wer sich dafür entscheiden kann, nichts zu sagen, kann auch frei reden.

334

4. Gründe für das Nichtkönnen.

– Perfektionismus.

Wer seine These optimal vorbringen, »es« ein für allemal sagen will, arbeitet an seinen Formulierungen, bis die Gelegenheit zum Vorbringen vorüber ist. Nützliche Gegenvorstellung: daß alle einen ziemlich ungefähren Schnee daherreden, der immer nur ein Anfang sein kann. Ein Beitrag ist er aber doch. Sollte ich wirklich Grundfalsches sagen, kann ich mich korrigieren. Ferner gibt es genug andere, die mich ebenfalls korrigieren oder die Sache unabhängig von mir richtig darstellen. Der größere Schaden entsteht allemal, wenn ich nie anfange, er entsteht in mir!

– Vollständigkeitswahn.

Wer alles sagen will, was er weiß, bricht bereits im ersten Drittel seiner Rede zusammen und hört den Beifall nicht mehr. Deshalb reden viele gar nicht erst: sie ahnen, daß sie die gigantische Zusammenfassung aller Gesichtspunkte nicht fertigbringen werden – mit Recht.

– Vorsicht und Sicherheitsdenken.

Die Angst, jemand könnte mir das Wort im Mund herumdrehen, ich könnte falsch verstanden und angegriffen werden, ich könnte mich verraten. Die Angst, jemanden zu verletzen, die Furcht, allen die Zeit zu stehlen und mich unbeliebt zu machen.

Oder, oft in Seminaren zu beobachten: ich warte (vergeblich), bis ich alles begriffen habe, statt schon frühzeitig Laut zu geben, wenn ich mit dem Begreifen Probleme habe. Manchmal liegt es ja an den anderen Rednern. Und selbst wenn es an mir liegt, leiste ich durch mein Geständnis einen Beitrag: zur allgemeinen Offenheit. Doch auch hier fehlt zu oft der Mut, sich ernsthaft ins Freie zu wagen und die notwendige Ungeschütztheit des Redners auf sich zu nehmen.

– Inhalt contra Haltung.

Wer redet, transportiert niemals nur das, was seine Worte bedeuten, sondern auch, was er selbst bedeutet – er erzählt seine eigene Geschichte indirekt mit. Das sollte er nicht fürchten, sondern sogar wollen und zulassen! Nur dann wird er Aufmerksamkeit gewinnen, mehr noch: die Haltung hilft dem Inhalt auf die Beine.

5. Gesichtspunkte.

Reden lernen kann heißen:

— Worte wirken lassen. Fast jedes Wort ist kostbar und verdient Achtung. (Aber, im Umgang mit anderer Leute Wörtern: es gibt bettelarme Veto-Sprachen, in die man sich selbst einsperrt, wenn man ihre Wörter benutzt, etwa »kritisch«, »relevant«, »affirmativ«, »fortschrittlich«, »inhaltlich« oder »falsches Bewußtsein«.)

— Mit der Zeit umgehen lernen. Wer wirklich redet und nicht nur Geräusch von sich gibt, darf sich Zeit lassen...

— Freund sein mit den Gefühlen; Zorn, Sentimentalität, Übermut zulassen. Sie sind keine Gefahr, auch aus ihnen entsteht überzeugende Rede, wenn die Grundstimmung legitim und menschenfreundlich ist.

— Umgang mit der »Architektur«: Mitteilung, die bereits in der Bauweise liegt; Einsturzsicherheit; Langweiligkeit; Verblüffung; Spannung; Rhythmus, der auch durch die Pausen hindurchgeht; Wichtigkeit »beherrschter Pausen«. Stille schafft ein Klima der Wahrnehmung. Keine Rede ohne einen guten Anteil Stille.

— Umgang mit einem Publikum. Was kann ich ablesen? Wie kann ich mich über sein Wissen und seine Auffassungsgabe orientieren? Hat es vielleicht längst verstanden? (Schlechte Reden zu halten ist nicht schwer: man braucht nur jedem nötigen Satz einen unnötigen folgen zu lassen).

— Nichts ist schwieriger, als unkompetente, unsichere Menschen zu überzeugen, denn sie klammern sich an eine Skepsis, damit sie nichts wagen müssen. Der Wissende ist dann in Gefahr, autoritär zu werden oder sich zusätzlich Autorität herbeizulügen. Er verdirbt damit, was er zu sagen hat.

— Wie kann ich mich über die Gefühle eines Publikums orientieren? Umgang mit einzelnen Gesprächspartnern. Kleine Typologie. Auch Zuhören drückt etwas aus, ist auf seine Weise »Rede«.

— Was geschieht in spontanen Gesprächssituationen zwischen mehreren? Es gibt so viele Inszenierungsversuche, wie Menschen im Raum sind — einer ist der für alle akzeptabelste und setzt sich durch.

— Zum Thema »Fragen«: Wann fragen? Überhaupt fragen? Wie mit den Fragen anderer umgehen? Wann Fragen nicht beantworten? Definition der Meinungsfreiheit: Alles sagen dürfen, alles fragen dürfen, nichts beantworten müssen

(»Alexandersche Definition«, bisher leider noch nicht Gegenstand der Sozialkunde an höheren Schulen!).
– Geschick im Beginnen spontaner Gespräche ohne (störende) Entschuldigungen.
– Geschick im Unterbrechen und Abbrechen, ohne dies lang begründen zu müssen.
– Besonderheiten von Diskussionsleitung und »Moderation« sowie anderen Arten der Rede-Verhinderung.

6. Was Redekurse im allgemeinen leider nur anbieten:
– Unsinnige Behauptungen, die Gehemmten Mut machen sollen: man könne über alles eindrucksvoll reden; jeder könne ein guter Redner sein; gute Redner könnten immer reden; Reden könne man anhand beliebiger, belangloser oder schwachsinniger Themen »üben«.
– Dementsprechend: unsinnige Übungen, die aus ganz verschiedenen Menschen mit verschiedenen Anliegen »den« Redner machen sollen. Dadurch sind sie schließlich von wirklicher Rede weiter entfernt als je zuvor; was sie gelernt haben, ist ein groteskes Mimen, die Darstellung eines Klischees vom Redner. Solche Kurse machen aus lebendigen, vielsagenden Menschen Komparsen.
– Eine Art Abhängigkeit. Dem Schüler wird vorgemacht, die Kunst der Rede sei ein riesiges Gebiet, das er sich nun mit Fleiß erarbeiten müsse. Vermißt er rednerische Fortschritte, so veranlaßt man ihn zum Belegen eines weiteren oder »Fortgeschrittenen«-Kurses. Eines wird sich nie ändern: Erfolgserlebnisse wird der ewig Lernende nur innerhalb dieser Kurse haben!
In Wirklichkeit sind meist nur wenige, sehr individuelle Steuerungs-Winzigkeiten nötig, um vom Stummsein oder Schwätzen zur Rede zu kommen. Alles andere ist längst da und drängt zu einer – freien, also eigenen, unverwechselbaren – Entfaltung. Nur dafür gingen die Leute ursprünglich in den Kurs.

7. »Alexanders Redekurse«.
Nichts wird geübt und nichts gemimt! Das einzige, was stattfindet, sind Gespräche über Rede – in ihnen allein wird, sozusagen ganz nebenbei, ausprobiert, beobachtet oder geändert. Organisation und Planung liegen in den Händen der Teilnehmer, auch z. B. die Entscheidung, von wo und wie einer sprechen will (Pult, im Stehen, im Sitzen) oder ob er

überhaupt spricht. Die Organisation kann jederzeit einvernehmlich geändert werden (nur Dauer, Essenszeiten und Preise bleiben). Alexander hat nur einen Vorsprung: er hat länger über das nachgedacht, was die anderen wissen wollen. Er setzt aber keineswegs allein Gesprächsthemen fest.

Worüber bisher am häufigsten gesprochen wurde:
— Die Einsamkeit des Redners.
— Furcht und anerzogene Zwänge, sofern in Redesituationen störend. Besonders berücksichtigt: Redezwang.
— Wann und weshalb macht es Freude, lang und zusammenhängend zu sprechen?
— Wissen und Bildung: die Furcht, Mängel offenbaren zu müssen.
— Haß, Wut, Zorn und die Frage ihrer Legitimität bei uns, bei anderen.
— Selbstdarstellung, bewußte und unbewußte: Sei kein Darsteller der Kleinheit, denn damit hältst du keine große Rede. Sei kein Darsteller der Ausweglosigkeit, sonst werden dir während des Sprechens keine Auswege einfallen. Schiffsbeispiel: Die Art deiner Rede kann dich tragen, aber auch absaufen lassen.
— Reden im Lebenslauf: Wann haben wir geredet, Reden erlebt, wo einen erlebt, der das Richtige zur rechten Zeit sagte? Oder eines jeden Verhandlungsbiographie: Wann kam es darauf an, gut zu verhandeln? Wie ging es uns dabei?
— Erzählerische Bestandteile: Jede Rede erzählt etwas, macht Geschichte(n).

Eine organisatorische Idee, die nützlich war: Jeder Teilnehmer wählte sich einen Gesichtspunkt als »Beobachtungsauftrag« und machte — sofort oder gegen Ende der Tagung, die Ergebnisse bekannt.

Zuletzt das völlig Neue an Alexanders Redekursen: Es gibt keinen Leisten, über den alle Teilnehmer geschlagen werden. Denn es gibt nicht DEN guten Redner, sondern jeder redet auf seine eigene Weise für seine eigene Sache dann gut, wenn seine Zeit gekommen ist.

10. Dezember 1981

Ich komme ins Nachdenken über mein damaliges Programm. Ich habe behauptet, die Fähigkeit zum Reden von seinem legitimen Grund her zu entwickeln. Das glaubte man mir. Aber ich habe das nie eingelöst, die Begründungen nie geliefert. Bei genauerem Hinsehen stand immer der jeweilige Zweck da und machte sich über tiefere Herleitungen lustig. Zwar habe ich im Lauf der Zeit herausbekommen, warum ich – ich persönlich – reden wollte (meinen Bruder, meinen Vater vertreten, weitere Katastrophen verhindern) und warum ich es nicht konnte (aus Angst, meinem Bruder oder jedem anderen die Redezeit wegzunehmen, überhaupt Zeit zu beanspruchen – daher die stotternde Hast, mit der ich ein Panorama als Photo abliefern wollte, statt es zu malen), aber über die Redegründe im allgemeinen weiß ich so gut wie nichts.

Wohin tendiert die Rede, gibt es eine vorherrschende Bewegungsrichtung? Kann ich daraus den tieferen Grund ablesen?

Sprache lenkt den Blick, sie stellt ein Bild aus Worten her, damit wir nicht ständig alle laufen und gucken müssen, um etwas über die Situation zu wissen, sondern sie im Sitzen zur Kenntnis nehmen und in Ruhe bedenken können. Sie transportiert Mutmaßungen und Gewißheiten über Zusammenhänge. Sie gibt Anweisungen, verteilt Arbeit, Lob und Tadel. Sie begründet neue Worte und die Änderung von Wortbedeutungen. Sie ist dienstbar und nützlich, und wenn sie geschrieben werden kann, noch nützlicher.

Und was ist Rede? Wie ich sie mir vorstelle, ist sie etwas Eigenes. Sie bewegt sich, wie ein Schiff, niemals nur für Besatzung, Passagiere und Ladung, sondern immer auch für sich selbst durch die Wellen.

Rede ist immer auch Erzählen: der Redner liefert eine Story, in der er und die Zuhörer sich wiederfinden. Marc Anton hat es so gemacht, Hitler nicht minder, bloß mieser. Der Redner erinnert an ein Stück Geschichte, und sei es indirekt.

*Speziell von gemeinsamen Leidenswegen ist gern die Rede
(– kaum jemand will hören, er habe unverschämtes Glück
gehabt).*

15. Dezember 1981
*Mit Melina bei Selim. Sie gefallen einander nicht, das merke
ich nach wenigen Minuten. Wir sitzen in einer Art Aufent-
haltsraum nahe der Pforte. Es gibt sogar Kuchen. Ich ver-
derbe auf meine Weise den Nachmittag, indem ich philosophisch daherrede. Melina mag das nicht sehr. Auf die
Frage, ob der Diskurs von sich aus schon Vernunft enthalte
oder wenigstens eine Tendenz, sie herzustellen, antwortet
sie: »A geh!«, und als ich Leibniz' »Prästabilierte Harmo-
nie« erwähne, sagt sie »Jetzt komm!«. Gut, daß Selim dazu
eine Geschichte von Niyazi einfällt: »Ein Werftarbeiter in
Kiel. Den besuchte seine Mutter aus einem osttürkischen
Dorf. Sie kannte noch keine große Stadt. Während er arbeitete, blieb sie in seinem Zimmer. Er sagte jeden Morgen zu ihr: ›Nicht weglaufen!‹ Sie kochte aber für ihn,
und dazu mußte sie auch Besorgungen machen. Sie ging in
die Läden und erzählte den Verkäuferinnen ausführlich
auf türkisch, was sie suchte. Sie hatte Erfolg, weil sie von
zu Hause die Reste mitbrachte und vorzeigte. Eine der
Verkäuferinnen gefiel ihr. Ein Kollege von mir hörte zufällig, wie sie zu ihr sagte: ›Du bist schön, du wärest eine
gute Frau für Niyazi, und eine gute Schwiegertochter für
mich...‹ Die Verkäuferin verstand nicht, aber sie lächelte,
und jetzt schwärmte die Mutter noch mehr. Niyazi wollte
aber die Verkäuferin gar nicht. Ach so: Die Mutter hat sich
dann noch verlaufen und irrte weinend in Kiel herum. Die
Polizei fragte beim Meldeamt nach – also, das ist der einzige Grund, weshalb man sich manchmal anmelden sollte,
sonst hasse ich die Behörden. Gut. Die Mutter war aber so
schockiert, daß sie nicht mehr in Kiel bleiben wollte und
abreiste. Niyazi war sehr traurig, er betrank sich bei uns im
Wohnheim und fraß mir im Rausch ein ganzes Hühnchen*

samt den Knochen weg. Am Morgen sagte er: ›Ich soll dir ein Huhn weggegessen haben? Wo wären dann die Knochen?‹«

Abends fahren Melina und ich an der Ecke Leibniz-/Kantstraße vorbei. Ich wende, wir steigen aus. Dort ist jetzt ein Feinschmeckerrestaurant namens »Zriny«. Auf den Tischen hohe Weingläser und Servietten in Habachtstellung. Melina hat große Lust, dort einzukehren. Ich behaupte, unbedingt chinesisch essen zu müssen, und stimme sie um.

Zwei Fragen bleiben für den Rest des Abends: was heißt »Zriny«? Ich schlage nach: ungarischer Feldherr, tat sich bei der Vertreibung der Türken hervor. Die zweite Frage: wieso fiel Selim zu meinem Gedankengang die Geschichte von Niyazis Mutter ein? Melina weiß es auch nicht.

126.

Sommer 1976

Sowohl das Restaurant wie die Redekurse finden guten Zulauf. Alexander erkennt in Selim immer mehr den geborenen Redner und studiert ihn wie ein Rätsel. Zu seinen Schülern in Selims Vereinszimmer spricht er gern mit Eifer über »einen rednerischen Naturburschen, dem ich mal in den Staaten begegnet bin«. Er gibt ihm keinen Namen. Der Mann sei inzwischen, obwohl Angehöriger einer Minderheit, Gouverneur eines Staates in den USA. Mehr wolle er nicht verraten. Weder Selim noch die Schüler ahnen, wer wirklich gemeint ist.

Inzwischen sah Alexander in ihm nicht mehr nur den Lügner und Erfinder. Wann Selim es mit der Wahrheit genau nahm und wann nicht, war bald unwichtig geworden. Was Alexander lernen und übernehmen wollte, war vor allem die offensichtliche Furchtlosigkeit, mit der Selim stets und überall zu reden begann. Alexander konnte mit Blick auf ihn seine Schüler ermutigen: »Fangen Sie an, vertrauen Sie darauf, daß Ihnen beim Reden etwas einfällt. Reden Sie ruhig ins unreine, die anderen tun es auch.« Wenn er glaubte, daß kein versprengter Philosophiestudent im Saal war, berief er sich auf Leibniz' Monadenlehre, die er für seine Zwecke abwandelte: »Jeder einzelne spiegelt das Universum auf eine einzigartige, unverwechselbare Weise. Nur alle Spiegelungen zusammen ergeben das wahre Bild. Also ist eines jeden Beitrag wichtig, selbst wenn er sagen muß, er sehe im Moment nicht allzu viel. Kein Bild besteht nur aus Helligkeit, wenn Ihnen also dunkel ist, steuern Sie Dunkelheit bei.«

Noch mehr beschäftigte ihn bald Selims Fähigkeit, Zuhörer auch nach lustlosem Beginn früher oder später in den Bann zu schlagen. Er ging in eine Geschichte hinein, verschwand geradezu in ihr. Nicht er, sondern die Geschichte allein war es, die majestätisch Zeit und Aufmerksamkeit für sich forderte. Sie bediente sich seines Körpers, ließ ihn aufspringen, die Arme ausbreiten, auf den Tisch hauen, Entfernungen abschreiten, vorspielen, wie ein Verliebter schüchtern oder ein Betrunkener aggressiv gewesen sei.

»Fangen Sie an«, empfahl Alexander, »aber dann hören Sie den eigenen Worten gut zu, sehen Sie die Bilder, lassen Sie sich selbst von ihnen bewegen, nehmen Sie sich Zeit.«

Immer wenn er so über seinen halb gesehenen, halb ersponnenen »Winnetou der Rede« gesprochen hatte, dachte Alexander über das Gesagte weiter nach und kam auf wieder Neues.

Einmal gab es Ärger, als ein angetrunkenes Schwergewicht sich ins Vereinszimmer verirrt und, wie man bald wußte, ohne rechte Freude zugehört hatte.

»Ist doch alles Gelaber, Gesabber ist das!« schimpfte er, wollte aber den Raum nicht verlassen, sondern – er fühlte sich im Dienst der Wahrheit – den so erkannten Unfug verhindern. Alexander erinnerte sich an Selims Satz: »Ich kann klar reden, weil ich weiß, wie es weitergeht, wenn andere

Ärger machen.« Ich kann auch klar reden, dachte Alexander, stand auf und sagte zu dem Eindringling: »Wir haben Sie nicht eingeladen. Gehen Sie!« Der Mann ging, aber der Sieg war unvollkommen. Alexander ging eine halbe Stunde später zur Toilette und traf ihn dort wieder. Der Mann grinste ihm ins Gesicht und echote: »Wir haben Sie nicht eingeladen. Klugscheißer, was?« Er boxte Alexander ein paar Mal gegen Brust und Zwerchfell, so daß er nach Luft rang. Glücklicherweise öffnete ein Dritter die Tür, sah herein und ging Selim holen. Inzwischen hatte Alexander einen Hieb unter die Nase bekommen und wußte, daß sie wahrscheinlich gleich zu bluten anfing.

Selim kam, faßte den Zweizentnermann in einer unwiderstehlichen Umarmung und drückte den Kopf gegen dessen Brust, um sich vor Fausthieben zu schützen. Dann hob er ihn ein wenig an und schlug ihm die Beine weg. Aber der Hüne verstand sich an den Wänden festzuhalten, er blieb oben. Wenig später kamen andere Männer und zerrten beide aus der Toilette.

Selim gab dem Störenfried Hausverbot, und Alexander setzte sich an die Theke. Weil er ohnehin die Nase hochhielt, trank er einen Apfelklaren. Es schien so, als ob die Nase Gnade vor Recht ergehen lassen wollte.

Plötzlich war der Muskelberg wieder da! Er baute sich vor Selim auf und wiegte die Fäuste: »So, jetzt will ich mal sehen...«

Er sah nicht mehr allzuviel. Er gehörte zu denen, die ihr Kinn vorstreckten, um Furchtlosigkeit zu demonstrieren. Ein einziger Hieb genügte. Leider fiel der gefällte Riese genau auf Alexander. Das wollte dessen Nase nun nicht mehr hinnehmen, der Rhetoriker verbrachte den Rest des Abends über eine Wanne gebeugt.

12. Januar 1982

Ich habe für das geplante Sachbuch noch einige Ratgeber zum Thema Rede gelesen. Sie liefern meist nicht viel mehr als ein paar Tricks, eingebettet in eine Flut ermutigender Appelle. Nahezu alle Verfasser haben ihr schmales Wissen zusätzlich in Redekursen verwertet: was in ihren Büchern steht, wird mündlich gegen den zehn- bis hundertfachen Preis zehn- bis hundertmal wiederholt.

Ich lese diese Lebenshilfe-Literatur und blicke in einen häßlichen Spiegel. Meine Redekurse waren anfangs nicht besser als alle anderen. Sie förderten das dreiste Schwätzen, die Leichtfertigkeit, den plappernden Schwachsinn, Orientierungslosigkeit unter der Flagge der Spontaneität.

13. Januar 1982

Spontanes Aufeinander-Zugehen, Losreden, Anfangen: das war es, was der Redeschüler Pressel liebte. Er wurde fast so etwas wie ein Gesprächs-Radikaler, setzte sich im vorderen Teil der Kneipe neben ein großes Pappschild mit der Aufschrift »Man spricht Deutsch« und zettelte Gespräche an. Damit imponierte er mir, aber danach nie wieder. Es war nur ein »Seid-nett-zueinander«, ein Mimen von Freundlichkeit und Verständnis, und in dieser angenommenen Charakterrolle eine Selbstfeier. Einmal sagte er – er sah dabei aus wie unser Herr Vikar in Rosenheim: »Mich interessieren Frieden und Versöhnung.« Ich entgegnete: »Mich interessieren Katastrophen!«

14. Januar 1982

Kein erfolgreicher Redner in der gesamten Geschichte, der nicht direkt oder indirekt eine Widerstandsgeschichte erzählte, von Demosthenes über Cicero, Bernhard von Clairvaux und Luther, Fichte, Lincoln, Bertha von Suttner, Rosa Luxemburg, Churchill, bis zu Lech Walesa oder Hebe Bonafini, einer der Mütter der »Verschwundenen« in Buenos Aires.

Selbst wenn eine Rede de facto keineswegs legitimen Wider-
stand, sondern die Errichtung und Erhaltung einer Gewalt-
herrschaft anstrebt – in eine Geschichte vom Widerstand
gegen angebliche Angriffe auf das Glück kleidete sie sich
allemal.
So etwa könnte das Buch anfangen. Und der Titel: »Rede ist
Widerstand«.

15. Januar 1982

Als ich, nach meiner (fünfzehn Jahre lang aufgeschobenen)
Ummeldung aus Bayern hierher, das Polizeirevier verlasse,
werde ich Zeuge des folgenden Vorgangs: das Auto eines
jungen Türken, der gleichzeitig mit mir in der Behörde war,
parkt mitten in der Halteverbotszone vor dem Revier. Als er
unmittelbar nach mir das Haus verläßt, kommt eines der
Einsatzfahrzeuge des Reviers angefahren, für die der Platz
ausdrücklich reserviert ist. Der Beamte auf dem Beifahrer-
sitz kurbelt die Scheibe herunter, macht eine gebieterische
Handbewegung und sagt: »Fahren Sie bitte weiter!« Der
Türke, ein schlanker, elegant gekleideter Mann mit Schnurr-
bart und blitzenden Augen, schaut sofort sehr böse drein,
seine Bewegungen werden langsam und drohend, er breitet
die Arme aus und ruft: »Was wollen? Nix verstehn!« Oben
im Warteraum des Meldeamts sprach er fließend deutsch,
was bei einem in Deutschland Aufgewachsenen nicht ver-
wundert. Sind ihm seine Sprachkenntnisse plötzlich abhan-
den gekommen? Ich bleibe stehen und sehe verwundert zu.
Die Beamten sagen ihm nun durch den Lautsprecher ihres
Fahrzeugs: »Weiterfahren!« Der Türke setzt sich hinters
Lenkrad, fährt aber nicht. Die Beamten steigen aus. Es sind
zwei beleibte, gutmütig wirkende und mit Sicherheit ganz
unaufgeregte Männer. Mein Türke springt wieder aus dem
Auto, reißt mit übertrieben heftigen Bewegungen Ausweis,
Führerschein, Zulassung und was sonst noch aus den Ta-
schen und streckt alles wütend vor sich hin. Es wirkt wie
eine Demonstration, als wollte er sagen: wieder ein Un-

schuldiger, den die staatliche Willkür trifft, nur weil er Türke ist. Irgend etwas in ihm kocht, und er ruft heiser: »Ja ja, deutsche Polizei!«

»Sie sollen weiterfahren, weiterfahren! Hier dürfen Sie nicht stehenbleiben!« Die Handbewegungen der Polizisten wären selbst dann eindeutig, wenn der Mann kein einziges Wort verstünde. Er schimpft auf türkisch vor sich hin, steigt ein und fährt mit Vollgas ab. Die Räder drehen auf trockenem Asphalt durch, so kriegerisch, so zornig ist der junge Mann gestimmt. Warum? Worüber? Wem gilt dieser Widerstand wirklich? Kämpft er gegen seinen Vater aus Anatolien, der sich immer alles bieten ließ? Der sich anpaßte und nie aufmuckte? Es ist die einzige Erklärung, die ich finde, und sie reicht mir nicht.

Die Beamten stellen ihr Fahrzeug an die dafür vorgesehene Stelle und schlendern ins Haus.

16. Januar 1982

Melina kommt nicht. Sie sagt: »Wir sollten uns vielleicht eine Zeitlang nicht sehen...« Meine Grübelei geht ihr auf die Nerven. Ich erwidere: »Ich bin sonst anders. Es hängt mit den zwei Büchern zusammen. Ich muß Sachen schreiben, die ich nicht weiß, also muß ich nachdenken. Wieviel Zeit das Grübeln wegnimmt, habe ich unterschätzt.« – »Gut«, sagt sie scherzhaft, »ich behalte dich im Auge. Sag mir, wenn du wieder frei bist.« Fröhlicher Abschied. Ich werde sie nicht wiedersehen.

Telephonanruf aus Degerndorf: meine Mutter kämpft unverdrossen mit den Handwerkern. Die dumme Zwischenwand ist heraus, aber der Heizungsbau natürlich steckengeblieben. Mama schleppt Holzscheite und heizt wie vor zehn Jahren. Mitten im Chaos sei gestern Gisela zu Besuch gekommen. Ob sie mich dort vermutet habe, frage ich?

»Nein, sie war unterwegs zu einer Tagung in Kufstein. Irgendwas Deutsch-Österreichisches, wo sie als Abrüstungsexpertin etwas sagen muß. Ob sie da auch immerzu strickt?

Ein entzückender Mensch – sie widersprach mir, aber mit Charme. Gestört haben nur der Chauffeur und der Leibwächter; sie haben eine Riesenbrotzeit verzehrt und dazu den gesamten Apfelsaft ausgetrunken!«

127.

1977

Anne Rose kümmert sich in »Alexanders Redeschule« um Anmeldung und Buchhaltung. Sie macht seine Kurse mit und will eines Tages selber einen leiten. – Selim und Alexander verdienen gut, leben aber ganz ihrer Arbeit. – 5. September: Arbeitgeberpräsident Hanns-Martin Schleyer entführt. – Mitte September: Selim reist in die Türkei, um nach seinem Sohn zu sehen. Alexander hat erste Schüler aus Westdeutschland. Ab und zu telephoniert er mit Gisela in Hamburg.

Sie erzählte von den Sorgen ihrer Freundin Hermine, deren geschiedener Mann bei einem Auffahrunfall auf der Autobahn Nürnberg–München getötet worden war. Nun wohne Anna, die knapp vierzehnjährige, vorher dem Vater zugesprochene Tochter, bei Hermine. Die Situation sei etwas verfahren, denn das Mädchen wende die Trauer um den Vater irrational-aggressiv gegen die Mutter. Sie sprächen zwei verschiedene Sprachen. »Du bist doch Fachmann – weißt du, wie sie es anstellen soll?«

»Am besten weniger reden als bisher, aber dafür respektvoller. Hermine ist doch eine von diesen supergescheiten Linken.«

»So weit bist du schon, daß dir nur das einfällt?«

»Schon lange.«

Leicht verärgert einigten sie sich darauf, daß er bei Gelegenheit nach Hamburg kommen und den »Fall« besichtigen würde. Gisela sprach dann von den »Berufsverboten«, sie nannte sie eine »widerliche Überreaktion«. Alexander dagegen amüsierte sich über sogenannte Radikale, die sich einerseits nicht von Gewalt und Umsturz distanzieren wollten, andererseits aber ein Recht auf Anstellung im öffentlichen Dienst zu haben glaubten und sich schrecklich empörten, wenn man sie nicht für harmlos hielt.

Auch hier wieder eine leichte Verstimmung – Gisela hielt Alexander einen juristischen Vortrag, und nur aus hoffnungsloser, unwandelbarer Liebe hörte er ihr überhaupt zu. Der Vortrag war gut, was die Fehler des Staates betraf.

1977, Herbst

Selim lernt in Izmir eine Türkin kennen, die ihm als Frau und Ersatzmutter für den kleinen Haluk geeignet scheint. Er verlobt sich mit ihr. Sie begleitet ihn als Touristin nach Berlin. Im Winter wollen sie heiraten. – Am 13. Oktober wird ein deutsches Flugzeug von Terroristen entführt, die Geiseln werden in Mogadischu befreit. – Am 18. Oktober findet man in Stammheim die Häftlinge Baader, Enßlin und Raspe tot. Einen Tag später ist der entführte Hanns-Martin Schleyer ermordet. In der Kneipe wie im Redekurs ist der Terrorismus das vorherrschende Thema. Ein tief deprimierender Herbst. Olaf nimmt ihn als Filmthema wie auch andere Regisseure. Gisela wird als Nachrückerin Abgeordnete der Hamburger Bürgerschaft. Mesut soll in Berlin noch eine Wohnung haben, und einmal wird er von ehemaligen Freunden in einem schwarzen Mercedes gesichtet und trotz Sonnenbrille erkannt. – Im Winter ringt Selim noch einmal an zwei Wochenenden im Verein »Siegfried Nordwest«. Er merkt, daß er älter geworden ist. Nach einer Zerrung bricht er das Training vorläufig ab.

1978

Am 16. März strandet in der Bretagne der Tanker »Amoco Cadiz«. Die Küste verölt.

Gustav Pressel, zwei Jahre älter als Alexander, wird Mitdozent an der Schule. Es gibt mit ihm von Anfang an Differenzen um das Ziel der Kurse. – Selim ist mit seiner neuen Verlobten nicht glücklich. Sie ist unterwürfig und scheinheilig. Hinter seinem Rücken behandelt sie das Kind lieblos, und er ertappt sie dabei, wie sie Photos von Geneviève, Helga und Doris zerreißt. Selim schickt sie in die Türkei zurück, der Junge bleibt. Zusammen mit ihm reist er nach Hamburg, um endlich den Ringer zu besuchen, den er von seinem Trainer Ali grüßen soll, aber er findet ihn nicht. Er besucht den Schwager des verstorbenen Zeki und lernt Zekis Tocher Ayşe kennen, die mit einem türkischen Studenten verlobt ist. Sie möchte den kleinen Haluk am liebsten dabehalten.

Als Selim wieder in Berlin war, gab er Haluk für einige Tage in die Obhut der kurdischen Familie, neben der er mit Helga einmal gewohnt hatte. Aber die hatten es mit fünf Kindern schon schwer genug, ideal war das nicht. Selim machte sich Sorgen. »Ich muß ihn wieder zurückbringen. Als Sohn von Doris ist er deutscher Staatsangehöriger, aber was soll er in einer deutschen Schule? Er versteht kein Wort! Außerdem hat er Heimweh. In der Türkei war er glücklich, hier fängt er an, Lügengeschichten zu erzählen. Kinder phantasieren viel, aber er übertreibt, erzählt von Löwen und Tigern und Elefanten in der Türkei, die ihm gehören.«

Selim faßte den Entschluß, einen Geschäftsführer einzustellen und sich allein um Haluk zu kümmern. Zur Einschulung brachte er ihn im August wieder in die Türkei· zurück.

August 1978
Nach einigen mißglückten Selbstdarstellungen erfolgt der Rücktritt des baden-württembergischen Ministerpräsidenten Hans Filbinger, der im Rich-

teramt 1945 einen jungen Mann wegen Desertion zum Tode verurteilt hat, ohne dazu gezwungen zu sein. – Alexander findet für seine Kurse die Unterscheidung zwischen »verantwortlichem« und »unverantwortlichem« Theater.

Frühjahr 1979
Pressel verläßt nach einem Krach die Redeschule. – Alexander beginnt, Selim anders zu sehen: als Mann mit Verantwortungsgefühl. – Wachsender Ausländerhaß in der Bundesrepublik, zumindest steht das in den Zeitungen. Alexander macht »Haß« zum Thema einiger Rhetorikstunden.

Er glaubte nicht an die Zuverlässigkeit des Begriffs »Haß«. Beim Reden gab es zweierlei: plötzlich aufkeimende Wut, wenn sich einer von der Niederlage bedroht fühlte (Siegesgewißheit und Wut kamen nur selten zusammen), und auf der anderen Seite ein Mangel an Sympathie, eine Gleichgültigkeit, die sich aber, solange nicht die Wut des Unterliegens hinzukam, sachlich gab. Die meisten Redenden waren vorsichtig und wollten sich nicht der Antipathie oder der Gleichgültigkeit bezichtigen lassen. »Ich habe nichts gegen Türken…« Jetzt hätte ehrlicherweise kommen müssen: »Sie sind mir aber herzlich egal, und da sie uns mehr Geld kosten als einbringen, sollten sie wieder nach Hause gehen.« Diese Haltung war sachlich falsch und menschlich trist, aber war sie »Haß«? Alexander interessierte sich nun besonders dafür, wie sich durch Reden Gleichgültigkeit auf- oder abbaute. Er unterschied vier Arten von Rede über Minderheiten: die »Haßtirade« (selten), den »Antrag auf Nichtbefassung« (vorherrschend, in der Regel mit heuchlerischen Beimengungen), die sachliche Rede (selten) und die »erzählerische Partizipation« (so gut wie unbekannt). Seine Schüler mußten sich mit den beiden letzten Möglichkeiten gut vertraut machen, ferner den beiden ersten unbefangen begegnen lernen.

Herbst 1979

Gisela ist in Berlin. Inzwischen ist sie durch einige Vorstöße gegen Politiker mit »Dreck am Stecken« (Drittes Reich) prominent geworden. Auf der Straße trägt sie eine Sonnenbrille, um den Reportern zu entgehen. Aus Hamburg kommt ein Anruf von Hermine: ihre Tochter Anna ist seit vierzehn Tagen spurlos verschwunden – sie hatte einen Aufenthalt bei einer Freundin vorgetäuscht, war aber dort nie aufgetaucht. – Gisela ändert ihren Terminplan und fährt nach Hamburg, um ihrer Freundin zu helfen. – Als sie dort ist, hat sich Anna telephonisch gemeldet: Sie ist in einem Bordell und steht unter Drogen – sie will aber dort unbedingt bleiben, fühlt sich angeblich »sehr gut«. Hat sie die Mutter nur angerufen, um sie zu kränken? Gisela ruft Alexander an.

»Wäre es möglich, daß du kommst? Als Frau kommt niemand in diesen Puff hinein, und vielleicht kannst du mit ihr reden und sie wieder mitnehmen.« Alexander sagte sofort zu.

»Bist du wahnsinnig?« fragte Selim wenig später. »Glaubst du, ein Zuhälter gibt ein sechzehnjähriges Mädchen wieder heraus, das er angefixt hat? Die schlagen dich nur zusammen, du hast keine Chance!«

»Gisela hat mich gebeten, ich muß hin!«

»Scheiße, sehr große Scheiße. Na gut, dann muß ich mit!«

Alexanders Gegenwehr nützte nichts: Selim war entschlossen. Er sagte auch, warum. »Ich wollte immer eine Tochter. Alexander, du bist machtlos, ich habe das Mädchen soeben adoptiert!«

Sie nahmen Selims alten Karawan. Für den Fall, daß sie Anna entführen konnten, war darin mehr Platz als in Alexanders Sportwagen.

Während der Fahrt über die Lauenburger Strecke kam Alexander auf das Thema »nationalsozialistische Verbrechen und Schuldgefühl« und sprach mehr als eine Stunde einem schweigenden Selim davon, daß er glaube, diese wichtige Sache gerate in Vergessenheit. Schließlich sagte Selim: »Aber es gibt doch eine Fernsehserie darüber.«

»Genau das meine ich«, antwortete Alexander, wußte aber nicht, wie er Selim erklären sollte, was er meinte. Sie schwiegen eine Weile. Dann begann Selim: »Komische Sache. Jetzt kommen immer häufiger Gäste, die sprechen mit mir, um zu beweisen, daß sie keine Ausländer hassen. Ich stehe dann da und sage höflich: ›Ganz richtig! Sehr klug!‹, aber ich denke: Glauben werde ich dir erst, wenn dir noch andere Themen einfallen!«

Alexander schwieg.

»Wieviel Sprachen kannst du sprechen?« fragte Selim. »Ich frage einfach.«

»Deutsch und Englisch.«

»Was machst du, wenn Franzosen kommen?«

Alexander lachte. »Ich warte, bis sie Englisch können.«

Es war der Tag der Themenwechsel. Selim begann zu erzählen: von einem Ahmed aus Sindelfingen, dessen Kinder sich mit denen von Niyazi aus Kiel nicht verstehen konnten, weil sie verschiedene deutsche Dialekte sprachen. Niyazis Söhne seien übrigens ziemlich clever, eine Zeitlang wären sie jede Woche ein- bis zweimal nicht zur Schule gegangen und hätten zu Hause gesagt: »deutscher Feiertag«. Niyazi hätte es erst gemerkt, als er im Werk nach der Feiertagszulage fragte.

Von dieser Geschichte kam Selim zu den Efe-Kriegern an der ägäischen Küste, räuberischen Rebellen, die mit Atatürk zusammen erfolgreich gegen das Osmanische Reich gekämpft hätten, und das in kurzen Hosen.

In Hamburg-Blankenese suchen die beiden Hermine auf, die Alexander zum ersten Mal sieht. Hermine nennt ihnen die Adresse des Bordells in St. Pauli, in dem Anna sich aufhält. Alexander und Selim finden das Haus, gehen hinein und schaffen es, als Freier auftretend, mit Anna zu reden. Sie sagt, sie wolle nicht zu ihrer Mutter. Außerdem sei viel Geld nötig, um den Zuhälter zufriedenzustellen. Nun sprechen die beiden mit diesem, aber der lacht sie nur aus. Sie sind mit ihm und Anna in einer Art Büro.

»Sieh an, jetzt wollen solche Typen auch schon ins Geschäft! Kameltreiber und Studenten! Und nachher falsche Anschuldigungen und 'n Prozeß. Nein danke! – Das Mädchen ist neunzehn Jahre alt und freiwillig hier, ja? Sie will ihre Schulden abarbeiten. Ich ermögliche das, bin kein Unmensch. Ohne mich wäre sie tot – ist doch so, oder?« Anna nickte mit weit aufgerissenen Augen. »Ich hab' sie praktisch von der Straße aufgelesen und für sie gesorgt. Oder willst du von mir weg?« fragte er Anna. Sie verneinte.

»Gut, Feierabend! Hat der Kanaker bezahlt?«

Sie nickte.

»Das Doppelte? Kanaker zahlen hier doppelt, ja? Schmutzzulage!«

Und dazu grinste er. Selim sprang ihn aus dem Stand an und verflocht ihn mit zwei Griffen zu einem ächzenden Schmerzpaket. Der Zuhälter hatte in die Tasche gegriffen und hielt eine Pistole in der Hand, aber als Selim ihm den Arm zu brechen drohte, ließ er sie fallen. Alexander sah, daß es sich um eine P-38 handelte, er kannte an dieser Waffe jede Schraube. Im selben Moment sah er in den zwei Türen des Büros Männer auftauchen. Einer trug einen Knüppel, der zweite steckte die Finger in einen Schlagring, ein dritter holte einen kleinen Teleskopstab mit Eisenknopf heraus und zog ihn zur vollen Länge auseinander. Okay, handeln! dachte Alexander, handeln, schießen! Er hob rasch mit der Linken die Pistole auf, ja mit der Linken, und drückte ab, mehr in Richtung Decke, er wollte einen lauten Knall, den vor allem. Aber – die Waffe war gesichert! Mit der Linken ließ sich eine P-38 schwer entsichern, er mußte also umwechseln. Als er sie in die Rechte nehmen wollte, traf ihn ein Schlag auf den Kopf. Er hörte ein Krachen, wie von einem Autounfall in weiter Entfernung, dann sank er blicklos in ein Meer aus Watte.

128.

Als Alexander zu sich kam, meinte er, aus einem Flugzeug auf die Erde hinunterzusehen. Keine Wolken, die Sicht war vorzüglich, die Landschaft bemerkenswert grau und staubig, und sie schien in quadratische Parzellen eingeteilt, die durch tiefe Gräben voneinander getrennt waren. Alexander begann sich zu wundern, warum das Flugzeug so eigentümlich bockte und stieß, es schien Schritte zu machen, statt durch die Luft zu gleiten. Es mußte ein Traum sein, denn dort unten in der Landschaft waren mit einem Mal wirklich zwei Füße zu sehen, jeder größer als zwei Parzellen, und sie schritten ruhig und gleichmäßig und genauso rasch, wie das Flugzeug flog, das gab zu denken.

»Irgendwie blöd!« sagte Alexander und stöhnte, weil er starke Kopfschmerzen bemerkte.

»He, bist du wach? Kannst du allein gehen? Ich probiere mal, ja?« Es war Selims Stimme. Alexanders Füße landeten nun auf dem Kopfsteinpflaster neben denen des Flugzeugs und wußten nicht recht, was sie zu tun hatten. Dazu der Kopf! Unfall, dachte Alexander, Polizei rufen. Wie hieß das? ›V. U. mit‹, Verkehrsunverkehrsun... mit Personen...

»Hast du die Nummer? Die Nummer aufgeschraufgeschr...ieben?«

Selim und das Mädchen nahmen Alexander in die Mitte und führten ihn zum Auto, legten ihn auf die Rückbank. Dort wurde er wieder bewußtlos.

Beim nächsten Aufwachen dröhnte der Kopf, weil ihm der Motor eines R 4 eingebaut worden war. Sie fuhren eben auf den Parkplatz vor einer Arztpraxis, neben ihm am Steuer saß Hermine.

»Was ist passiert?«

Sie wandte ihm das Gesicht zu, ein mütterliches Falkengesicht, umrahmt von angegrauten kurzen Haaren.

»Ich bringe Sie zum Arzt«, sagte sie. »Wegen des Kopfes. Merken Sie sich bitte: Ihnen ist in meiner Wohnung etwas auf den Kopf gefallen, eine Porzellanfigur.«

»Ich will nicht! Wo ist Selim, wo ist das Mädchen?«

»Ihr Freund bringt Anna zum Flugzeug nach Berlin, er kommt dann hierher.«

Der Arzt stellte eine Gehirnerschütterung fest und verordnete Bettruhe. Aber als Selim zurückkam, machten sie sich, nach kurzem Abschied von der bewegten, aber sorgenvollen Hermine, auf den Rückweg nach Berlin.

»Also«, sagte Selim und zündete sich eine Zigarette an, »im Grunde hat alles gut geklappt, Anna ist jetzt wahrscheinlich schon in Berlin, sie fährt direkt zur Leibniz Ecke Kant. Was mir Sorgen macht, ist etwas anderes.« Er nahm einen tiefen Zug. »Wir haben doch da mit einem geredet, der mich beleidigt hat...«

»Ich weiß nur noch, daß wir bei Hermine waren, dann ist alles dunkel.«

»Gut, im Puff, da hast du eine Pistole aufgehoben, die am Boden lag, die war aber noch gesichert, da haben sie dir eins drüber gegeben, und du warst weg. Ich hielt gerade einen Mann fest, aber es waren vier. Ich schlug einen k. o., dem zweiten zog ich die Beine weg. Der dritte kam mit einem Totschläger, den packte ich mir auf die Schulter und schmiß ihn über diese Töpfe mit den Bonsaibäumchen. Der vierte ging stiften. Ich zog dich an den Beinen in den Korridor. Anna war durcheinander, sie sagte, sie müsse unbedingt ins Zimmer, ihren Chinchilla-Mantel holen. Ich hab' sie angeschrien, aber sie ging wie im Schlaf. Also zog ich meinen Revolver und ging mit.«

»Du hattest einen Revoler?«

»Ja. – Anna holte also wirklich ihren blöden Mantel, aber dann war der Mann, mit dem wir zuerst gesprochen hatten, plötzlich wieder mit seiner Pistole da, und zwar zwischen uns und der Eingangstür. Er beleidigte mich wieder. Der sah wohl nicht gut – ich hatte doch den Revolver in der Hand. Und er schoß als erster, ich wollte gar nicht. Ob ich ihn getroffen habe, weiß ich nicht, er saß so komisch da, sah ärgerlich aus und gab auf. Es kamen auch noch zwei von den anderen Männern, taten aber nichts. Ich legte dich über die Schulter und ging mit Anna raus.«

»Mensch, Mensch«, sagte Alexander, »das geht nicht gut! Wenn ich bloß wieder richtig denken könnte. Kennen die unsere Namen?«

»Nein. Wir haben falsche genannt.«

»Und Berlin? Wissen sie, wo wir her sind?«

»Ich habe Kiel gesagt. Aber vielleicht haben sie dein Photo irgendwo gesehen.«

»Die nicht! Wo hast du den Revolver gelassen?«

»Zekis Schwager gegeben. Der will sie ins Meer werfen. Bleib ruhig, vielleicht ist der Typ nur leicht verletzt, am Arm oder so!«

Sie gerieten in eine zuversichtliche Stimmung trotz aller böser Möglichkeiten. Alexander beschäftigte sich mit der Rechtfertigung: selbst wenn jetzt ein Mann schwer verletzt oder tot sei – der Versuch, Anna zu retten, sei eine menschliche Pflicht gewesen. Er begann von Kant zu sprechen, redete sich, den brummenden Schädel übertönend, in einen hektischen Eifer: Kant sei der einzige, der wirklich Kraft gebe, wenn es mal wirklich um etwas gehe. Er sprach vom gestirnten Himmel, vom moralischen Gesetz, von Annas Freiheit und der Freiheit überhaupt. Dann erzählte er die Geschichte von dem kleinen Mädchen im Warschauer Ghetto. Er hatte immer gedacht, daß er nie im Leben diesen Besitz mit jemand anderem teilen würde, aber heute war der Tag dafür. »Das ist eine Geschichte, an die ich immer wieder gedacht habe«, sagte er.

»Die macht mich nur traurig. Da denke ich, hoffentlich

habe ich den Kerl in Hamburg totgeschossen, der ein sechzehnjähriges Mädchen heroinsüchtig macht und zur Prosti-
tution zwingt. Wenn ich so etwas höre, möchte ich Mörder
sein. Es gibt leichte Geschichten und schwere Geschichten,
und die schweren verlangen Mut. Aber manche davon brauchen den Mut nur auf und liefern keinen neuen. Andere
helfen dir weiter. Was eine schwere Geschichte tun wird,
kann niemand voraussehen, also muß alles erzählt werden!«
Auch Selim hatte eine Geschichte, die ihn nur traurig machte:
die vom Tod seines Vaters bei einem vermeidbaren Fährunglück zwischen Bodrum und Reşadiye: »Der Steuermann
hatte eine Magenkolik und legte sich neben dem Ruderrad
etwas hin. Er kam dann aber vor Schmerzen nicht mehr
hoch. Den Weg der Fähre kreuzte ein Küstenfrachter, dessen
Rudergänger stockbesoffen war. An Deck der Fähre waren
gut hundert Menschen, die alle sahen, daß die Schiffe sich
gefährlich nahe kamen, aber keiner sagte etwas, weil sie
dachten: das ist die Sache des Herrn Steuermanns, des Kaptan Bey, der will dem anderen vielleicht was zurufen. So
dachten auch mein Vater und meine Mutter. – Ich habe
später meine Mutter oft in der Anstalt besucht, sie ist verrückt geworden. Sie hatte seinen Kopf drei Stunden über
Wasser gehalten, auf einem Brett, das da herumschwamm,
aber da war er schon längst tot. Sie liebte ihn, und sie war
sehr zart, sie konnte das alles nicht mit gesundem Geist
überstehen. Sie strickte immer... Wir wechseln mal lieber –
ich fahre heute nicht besonders!«

Selim liefen die Tränen herunter, er rang nach Atem. Er
hielt an. Alexander löste ihn ab.

In Berlin fanden sie keine Anna vor. Nachforschungen
ergaben aber, daß sie mit dem Flugzeug angekommen war.
Selim sagte: »Ich habe sie adoptiert, also finde ich sie und
bringe sie von der Nadel weg. Ich habe viele Freunde in
Berlin, lang kann sie sich nicht verstecken!«

Am nächsten Tag steht es in der Zeitung: »Mord im Zuhältermilieu. Ein Toter in St. Pauli. Der Täter Türke?« Selim müßte untertauchen, vielleicht hat jemand seine Autonummer notiert. Anna kommt nach zwei Tagen gutgelaunt in die Kneipe: sie hat sich gegen ihren Chinchilla-Mantel »Stoff« und einen falschen Paß besorgt. Sie heißt ab sofort Tanja und hilft in der Kneipe aus, ist aber unzuverlässig und stiehlt ständig Geld aus der Kasse. Selim riskiert seine Freiheit für sie, indem er in die Kneipe kommt und mit ihr redet. Sie bewundert ihn und möchte seine Frau sein, was er strikt ablehnt. Sie spiegelt ihm vor, daß sie zusammen mit einer neuen Freundin den Entzug versucht, aber sie belügt ihn. Hermine kommt nach Berlin, findet keinen Zugang zu ihrer Tochter, reist verzweifelt wieder ab.

Zwei Wochen später ist Anna-Tanja wieder verschwunden, diesmal für immer, denn eine weitere Woche später lesen Alexander und Selim in einer der Billigzeitungen, daß ein Mädchen namens Tanja an einer Überdosis Heroin gestorben und in einer öffentlichen Toilette gefunden worden sei. Das Bild der Toten zeigt: es ist Anna. – Fast zur gleichen Zeit kommt die Nachricht, daß die Terroristin Doris T. in der Kölner Fußgängerzone gefaßt worden ist – unbewaffnet. – Inzwischen bestätigt sich, daß nach Selim wegen Mordverdachts gefahndet wird: die Autonummer ist gesehen worden. Er versteckt sich bei den kurdischen Freunden mit dem Rosenöl. Dort besucht ihn Alexander, der stets darauf achtet, etwaige Verfolger abzuschütteln.

Alexander brachte für Selim und sich einen Kasten Bier und für die Gastgeberfamilie Geschenke mit. Selim nannte sich Turgut und züchtete binnen zwei Wochen einen stattlichen Schnurrbart heran. Das Haus verließ er selten. Alexander ließ Anne Rose und eine weitere Frau die Redekurse fortsetzen und beschäftigte sich und Selim mit einem Romanprojekt: er wollte Selims Leben in der Bundesrepublik aufschreiben.

Bald hatte er mehrere Hefte vollgeschrieben. Er sagte: »Ein bißchen von diesem Leben hätte ich gern selber erlebt.« Selim betrachtete das Projekt anders: »Bei mir ist alles schiefgelaufen, nichts hat gut aufgehört. Aber diese ganzen noch nicht guten Dinge, die möchte ich gern zusammenstellen wie in einem Katalog, vielleicht werde ich schlau daraus und ändere alles noch!«

Er beriet sich mit Alexander, und sie beschlossen, die Kneipe zu verkaufen. Alexander erzielte keinen großartigen Preis, aber es war genug: Selim brauchte wenigstens drei Jahre nicht zu arbeiten, und in der Türkei sechs oder acht Jahre. Alexander gab für ihn einen falschen Paß in Auftrag, einen teuren von erster Qualität. Aber vor der Rückkehr in die Türkei wollte Selim unbedingt noch in die Schweiz reisen, um Geneviève wiederzusehen.

»Ich finde sie!« sagte er. »Ich weiß den Namen des Dorfes, in dem ihr Vater Koch war, das genügt. Vielleicht ist sie ohne Mann und will mich noch – und vielleicht kommt sie mit in die Türkei.«

Als Schnurrbart und Paß genügend gediehen waren, fuhr Alexander Selim zum Flughafen. Alles schien in Ordnung zu gehen: er rief abends aus Martigny an und sagte, er mache sich nun auf die Suche nach Geneviève. Sein Herz klopfe wie verrückt.

20. April 1982

Gegen Abend mit dem Wagen Richtung Nordbayern abgefahren, dabei noch viel an den Kneipengast von gestern gedacht, der mir – nach einem mitgehörten Gespräch – plötzlich Ausländerfeindlichkeit vorwarf, weil ich gesagt hatte, daß mir die Art nicht gefalle, wie manche türkischen Väter mit ihren Töchtern umgingen. Ein Ingenieur aus Reinickendorf, der seinen letzten Urlaub in Antalya verbracht hat. Diese Art von Begegnungen mehrt sich, auch der »Anti-

faschismus« ohne Zuhören, ohne Hingucken, jederzeit schon auf geringste Signalreize hin in schäumender Empörung. Was ist da geschehen? Ich muß darauf achten, in irgendeinem Depot genug Humor bereit zu haben, wenn der nächste Gerechte seinen Anfall kriegt.
In Coburg übernachtet.

21. April 1982

Das Treffen mit Pressel in Bad Salzschlirf. Er hat sich da einen feinen Laden aufgebaut. Anne Rose ist verreist, das war mir klar. Ich hätte sowieso keine Lust, sie zu sehen. – Pressel hat jetzt bleckende Jacketkronen und trägt eine Fliege. Die übergroßen Topfpflanzen erinnern mich an die Praxis des Psychotherapeuten. Wozu hat sich Pressel eigentlich ein Haus mit Panoramascheiben gebaut, wenn er sie dann mit Pflanzen zustellt? Aber so ähnlich ist ja auch sein Kurskonzept.

Ich nenne sein Konzept Anpassung an den zeitgemäßen Zerstreuungs-, Verdrängungs- und Verharmlosungsbedarf, eingefaßt in moralisierende Heuchelei. De facto sei das etwas eher Ideologisches, das Gespräch Lähmendes.

Er entgegnet: »Ich lehre nur die Rede, die gebraucht wird, nicht die, die Kant sich vielleicht gedacht hat. Ich verstehe Sie ja und bekämpfe Sie gar nicht. Sie sind ein Fan der alten Rede, warum nicht? Sie können damit ein Unikum werden, Farbe in die Landschaft bringen. Die Sache hat für alle einen gewissen Unterhaltungswert.«

Hier kann ich noch lachen, aber dann ist mein Humor bald erschöpft. Pressel kehrt den Star heraus, und für den besseren Menschen hält er sich ohnehin. Und was er den Seinen beibringt, ist nicht, zu widerstehen, sondern sich für bessere Menschen zu halten. Ich verabschiede mich. Mir fällt erst jetzt auf, daß er neuerdings Dauerwelle trägt, sein Kopf sieht aus wie graumelierter Persianer.

Ich fahre mit dem Wagen kreuz und quer, gerate ins Gebiet des Vogelsbergs, steige schließlich aus und wandere.

Vom Taufstein übers Land blickend, erkenne ich deutlich: mein Konzept ist fragwürdig. Pressel weiß besser als ich, daß es Widerstand kaum mehr geben kann, oder jedenfalls nicht den, den ich meine: der wird überwuchert, entwertet, entkräftet von einem Widerstands-Geschwätz, dessen Basis keine Entscheidungen mehr sind, sondern gespielte oder ausgeliehene Erregungszustände.

Die Vogelsberg-Wanderung könnte, wenn es so weitergeht, Bedeutung für mich gewinnen. Zumindest halte ich von hier oben, ins Hessische hinein, der Rede eine Grabrede: In der Bundesrepublik verschied nach einem langen, reichen Leben unbemerkt im allgemeinen Gefasel...

Fast trauere ich jetzt dem guten alten Dampf-Ideologen nach, dem wissend lächelnden Marxisten, der wenigstens noch den genauen Zusammenhang seines ideologischen Rangierbahnhofs kannte und sich in dessen Grenzen präzis, behende und kompetent hin und her bewegte.

Will ich wirklich den Widerstand wieder zu Ehren bringen, der in der Rede liegt? Es fehlen die Voraussetzungen für die öffentliche Wirkung öffentlicher Rede: Respekt und Toleranz; die Gabe, Freude zu empfinden; Aufmerksamkeit für das Leiden, Beobachtungsgabe überhaupt; ein paar Begriffe, die noch Vorstellungen auslösen. Die herrschende Art des Gesprächs kann diese Voraussetzungen nicht mehr selbst schaffen, die Lehrer in den Schulen können es auch nicht, und das alte Theaterstück »Rede«, das, immer fader inszeniert, in den Parlamenten aufgeführt wird, animiert eher zum Davonlaufen. – Es muß etwas geben, das all diesen Bereichen gleichermaßen fehlt und, würde es zugeführt, allen wieder aufhilft. Gibt es so etwas wie »rote Blutkörperchen der Rede«?

Das war mein Blick vom Vogelsberg, genauer, vom Taufstein.

Jetzt stecke ich das Diktaphon weg und sehe zu, daß ich den Berliner Ring nicht verpasse.

24. April 1982

Besuch bei Selim. Er zeigt mir eine türkische Zeitung: Ayşe, Zekis Tochter, hat sich in Frankfurt auf dem Dach eines Hochhauses mit einer Pistole verschanzt!

»Mit meinem Revolver vermutlich!« sagt Selim.

Zwei Tage geht es nun schon. Ayşe droht, sich hinunterzustürzen, und will ein Fernsehinterview erzwingen. Einem Bankbeamten, der sie bereden wollte, ist bereits eine Kugel am Ohr vorbeigepfiffen.

»Ich könnte mit ihr sprechen und sie zum Aufgeben bringen. Aber ich weiß nicht, ob es richtig wäre – ich habe ihr in diesen Kampf nicht hineinzureden. Und ich könnte nicht von heute auf morgen ausbrechen.«

Die türkische Zeitung scheint noch nicht alle Informationen zu haben. Auf jeden Fall handelt es sich um einen Protest gegen die Situation der in der Bundesrepublik lebenden Türken. Genaueres will Ayşe nur direkt in die Kamera sagen. Sie fordert ein tragbares Fernsehgerät, damit sie verfolgen kann, ob ihre Rede wirklich live ausgestrahlt wird.

»Darüber solltest du schreiben!« sagt Selim.

»Ich fliege hin!« sage ich, bereue es sofort, tue es aber.

27. April 1982

Die Tragödie ist vorüber, der Leichnam wird morgen freigegeben und nach Hamburg transportiert. Ayşes Onkel will keine Demonstrationsbeerdigung mit Tausenden von Menschen, er sagt, das heize nur alles noch mehr an. Er will auch nicht, daß ich über Ayşe schreibe. Ich sage ihm am Telephon, ich sei nicht von der Zeitung, sondern ein Freund von Selim. Er will trotzdem nicht.

Mir fällt ein, wo ich mir das Entsetzen über das Geschehene von der Seele reden kann: dafür ist Gisela die einzig Richtige – weil sie sachlich bleibt. Auch sagt sie nie »Ich verstehe dich«, sondern ist neugierig auf das, was sie nicht verstanden hat. Ich fahre nach Bonn.

Strenge Kontrollen am Eingang des »Langen Eugen«, des Abgeordneten-Hochhauses. Anmeldung. Vorzimmer. Ein Sachbearbeiter. Haben Sie einen Termin? Im Moment Besprechung, bitte warten. Nein, sie ist gar nicht im Haus. Tut mir leid, hier können Sie nicht warten.

Ich warte doch. Gisela ist natürlich da, sie sieht mich, als sie aus ihrem Zimmer kommt, begrüßt mich so fröhlich wie lange nicht mehr.

Ich sage, ich müsse mit ihr über die Frankfurter Sache sprechen, aber nicht hier. Wir machen uns auf zum Bundestagsrestaurant. Auf dem Weg erzähle ich zunächst nur von meinem redepolitischen Streit mit Pressel. Sie bleibt stehen und lacht. »›Reden ist Widerstand‹? Alexander, das ist ein Rückfall in APO-Zeiten! Es klingt nach Berlin, ich seh' dich vor mir...« Sie wird ernst: »Übrigens, der ›Panther von Bebra‹ ist gestorben. Vor zwei Monaten.«

Wir gehen weiter. »Meine Idee ist aussichtslos«, sage ich, »aber ich finde, berechtigt. Man muß sich doch überlegen, warum der verbale Protest einer Inflation unterliegt...«

»Ja, es scheint da eine Ökonomie zu geben.«

»...und gerade die Geschichte in Frankfurt hat mir gezeigt...«

»Das mußt du mir dann ganz genau erzählen!« Sie begrüßt Kollegen.

Ich liebe sie und sage es ihr, als wir wieder allein sind. Sie schüttelt den Kopf und weiß keine Antwort. Natürlich tritt genau in diesem Moment ein Bote auf sie zu und übergibt ihr einen Brief mit »Eilt«-Stempel. Sie liest ihn und sagt: »Aus der Traum, das Essen ist gestrichen! Ich muß sofort in die Fraktion! Entschuldige! Laß uns am Wochenende telephonieren...«

Am Flughafen Köln-Bonn sehe ich von ferne jemanden, der wie Mesut aussieht. Ist er's? Unwichtig – seine Hilfe will ich nicht. Wenn übrigens stimmt, was ich gehört habe, ist er fromm geworden, sogar Mekkapilger.

Ich halte mich nicht auf, löse ein Ticket nach Hamburg:

ich möchte von Ayşes Onkel mehr über ihr Leben in den letzten Jahren hören. Sicher ist, daß sie ihren türkischen Freund geheiratet hatte und zu ihm nach Frankfurt gezogen war. Er ist schon sehr bald an Krebs gestorben, ein Mann von sechsundzwanzig Jahren. Sie hatte sich dann um Landsleute gekümmert, ihnen bei Behördengängen geholfen, sie wurde so etwas wie eine Expertin für Ausländerrecht. Außerdem schrieb sie Gedichte und längere Betrachtungen. Auch darauf wäre ich neugierig.

Ayşes Verwandte sind noch nicht aus Frankfurt zurück, sie werden den Leichnam ihrer Nichte begleiten. Ich fahre nach Kiel, um die Zeit zu nutzen und nach Selims Sohn zu suchen. Mich hat ein Eifer gepackt. Ich möchte alles lieber tun als mich um meine Redekurse in Berlin kümmern.

Als ich aus dem Hotel »Kieler Kaufmann« meine Sekretärin anrufe, sagt sie: »Ihr türkischer Freund scheint weg zu sein, abgeschoben. Er hat es nachts auf den Anrufbeantworter gesprochen!« Ich erinnere mich: irgendwann war die Abschiebung für den gestrigen Termin schriftlich angekündigt, dann aber mündlich »mindestens« auf den nächsten Monat verschoben worden, weil noch diverse Stempel fehlten. Selim hatte gesagt: »Ich kann sowieso noch nicht weg – mein Trainer Ali hat noch keine Schuhe geschickt!« Den Termin hatten wir nicht mehr weiter ernst genommen.

Ich bin so in Gedanken, daß ich den Hörer auflege, ohne nach dem Geschäftsgang im Büro zu fragen. Es gibt Dringenderes: den Sohn suchen, Geneviève suchen, mit Selim Verbindung aufnehmen.

28. April 1982

Ich werde den Roman logischerweise nicht zu Ende schreiben, ehe ich weiß, wie es mit Selim weitergeht. Das geplante Redebuch vertage ich ebenfalls. Die Schule wird weitergeführt, weil ich das Haus in Bayern behalten will. Jetzt veranstalte ich vielleicht Sommerkurse, und ab und zu eine Wanderung auf den Heuberg.

Die Kathedrale einer neuen, moralischeren Rhetorik bleibt unvollendet.

Wenn irgendwo, dann wohnt der Widerstand im Erzählen, listig, schwer erkennbar, erst nach längerer Zeit wirksam. Erzählen widersteht der Eile, es verfügt über ein unangefochtenes Volumen an Zeit und Bewegungsfreiheit.

Wenn noch irgendwas, dann Erzählen! Die Rede wird mir helfen, meinen Lebensunterhalt zu verdienen, aber sie ist nicht mehr mein Fall. Mein Element war sie nie.

Dritter Teil

Elftes Kapitel
Ayşes Tod

129.

Ayşe ist rasch im Denken, aber in der Schule unkonzentriert, dazu das eigensinnigste Mädchen von ganz Mersin, manche sagen auch: »Schwierig, sehr schwierig!« Ihr Vater muß in Deutschland Geld verdienen. Er heißt Zeki und arbeitet in einer Schiffswerft, es gibt ein Photo von ihm, wie er lachend mit einer großen Zange einem Schiff den Schornstein aufsetzt. Er kommt jedes Jahr einmal zu Besuch, und jedesmal ist sein Gesicht anders, als sie es in Erinnerung hat. Ayşe hat noch einen zehn Jahre älteren Bruder, der beim Vater in Kiel ist, und eine jüngere Schwester, die mit ihr in dieselbe Schule geht. Zum siebten Geburtstag bekommt sie aus Deutschland ein Paket mit einem Kleid, und wunderschöne Buntstifte, wie es sie nur dort gibt. Sie möchte auch gerne einmal nach Kiel mitfahren. Den Brief, den ihr Vater geschrieben hat, kann sie schon selbst lesen und beantworten. Wenige Wochen darauf zieht die Mutter zum Vater nach Deutschland, aber ohne die Töchter. Sie bleiben bei der Großmutter und verwildern, wie der Lehrer behauptet. Er sagt das, weil er vor Ayşe Angst hat. Einmal erzählt sie den Mitschülern vor dem Unterricht, als der Lehrer sich verspätet, ihm seien über Nacht sämtliche Haare ausgefallen, die Mäuse bauten sich weiche Nester daraus, und sein Kopf sehe aus wie eine Zukkermelone. Und er komme heute nicht, weil er sich geniere. Als er dann doch kommt, schweigen alle und sind erstaunt, und der Jüngste ruft: »Wieso haben Sie denn plötzlich wieder Haare auf dem Kopf?«

Verwildert ist sie nicht, aber sie erzählt gern und denkt sich Geschichten aus, die geglaubt werden sollen. Eigensinn hat sie wirklich, und in ihm sieht jeder richtige Lehrer eine Gefahr, die schlimmer ist als Unglaube oder Kommunismus. Eine Mitschülerin, die immer zu den Lehrern hält, sagt sogar einmal: »Du bist gar kein türkisches Mädchen, deine Eltern sind ja nach Deutschland gegangen.«

1967 nehmen die Eltern die Töchter tatsächlich mit, weil die Großmutter mit ihnen nicht fertig wird. Zeki ist aber noch unentschlossen, ob er sie »türkisch« oder »deutsch« erziehen soll – er weiß nicht, wie lange er bleiben wird.

Die Deutschen haben, wie Ayşe nach einiger Zeit merkt, sehr verschiedene Meinungen und Haltungen. Es gibt hilfsbereite und gute Menschen, die immer wieder fragen, wie es geht und ob sie helfen können. Andere sind wie tot, sie wollen nichts wissen und nichts tun, haben keinen Blick und geben sich Mühe, so auszusehen, daß niemand mit ihnen sprechen mag. Viele sind ziemlich dick, die meisten nicht ganz froh. Es wird wenig gelacht, auch unter Frauen. Manchmal hat ein Lehrer einen Wutanfall, oder ein Busfahrer oder einer vom Gartenbauamt, wenn Kinder auf dem Rasen spielen. Es ist eine große, angestaute, vernichtende Wut, aber danach sind sie wieder still und ärgern sich so leise weiter wie vorher. Tiere liebt man hier offenbar sehr, das findet Ayşe schön. Mit Tieren sprechen die Deutschen ganz unbefangen und zärtlich und sind überzeugt, daß jedes Wort verstanden wird.

Ayşe geht in eine Kieler Schule und lernt rasch Deutsch. Sie ist mit zehn sogar schon eine der besten der Klasse und liest schneller als alle anderen. Es gehören ihr bereits zwanzig Bücher, dazu kommen die ausgeliehenen – die Wohnung fängt an, eng zu werden.

Mit zwölf lernt Ayşe den zwei Jahre älteren Erden kennen, einen zarten, etwas kränklichen, aber immer neugierigen und lustigen Jungen aus Hamburg, der ebenfalls gern liest. Er ist ein Neffe von Zekis Schwager, der im Hafen arbeitet. Sie besuchen sich hin und wieder, tauschen Bücher und erzählen sich dort weiter, wo die Bücher zu Ende sind.

Vater Zeki verbietet es schließlich. Ihre Bitten und Argumente erreichen ihn nur schwer, denn er ist fast ganz taub geworden.

1972 geschieht das schreckliche Autounglück in Jugoslawien: Vater, Mutter und Schwester sind tot. Die vierzehnjährige Ayşe bleibt zunächst bei ihrem Bruder, der als Fahrer arbeitet. Als der heiratet, nimmt Zekis Schwager sie in Hamburg auf, er ist ihr Vormund. Sie geht in Hamburg zur Schule. Ayşe sieht Erden jetzt sehr oft, die beiden sind auf Leben und Tod ineinander verliebt. Sie wissen das, seit andere es ihnen gesagt haben, aber sie wehren sich gegen das Etikett »Liebende«, es klingt nach Extremismus und Unglück, Romeo und Julia.

Ayşe mag die Hamburger Schule nicht, sie hat wieder ähnlichen Ärger wie in Mersin, nur auf deutsch. Sie fängt an, Menschen zu kritisieren. Diesmal beginnt es bei den Mitschülerinnen, die nicht bedenken, wie gut sie es haben und wie schnell es damit vorbei sein kann. Dieses ewige »Ich, ich, ich!« – die wissen ja rein gar nichts. Als eine allen Ernstes sagt: »Eltern sind von vornherein nichts als Zeitverlust!«, weint Ayşe vor Zorn und spricht mit ihr kein Wort mehr. Auch mit den Lehrern ist sie nicht einverstanden. Für einen Erzieher ist es, so findet sie, immer irgendwie in Ordnung, wenn ein Kind weint: dann verliert es seiner Meinung nach Illusionen und lernt irgendwas für das böse Leben. Jetzt überlegt Ayşe, ob das in der Türkei nicht vielleicht doch besser war. Die Deutschen achten ohnehin immer darauf, ob einer einen Fehler macht. Wenn, dann strafen sie ihn, um ihm zu beweisen, daß es einer war. Zum Beispiel, als der Bruder aus Versehen verkehrt in eine Einbahnstraße gefahren ist: sie lassen ihn kaum wenden. Er soll merken, wie sehr er den Verkehr aufhält – dafür halten sie sich gern mal selber auf.

Früher, als die Urgroßväter noch lebten, sollen die Deutschen mit den Türken gut ausgekommen sein. Damals waren sie ihnen auch ähnlicher. Heute steht fest, daß viele

Deutsche etwas gegen die Türken haben. Sie sagen es aber nicht direkt. Ayşe hört manchmal Gespräche wie das im Buch- und Papiergeschäft:

»Bücher verkaufen Sie hier sicher nicht viel.«

»Na ja, nur so ganz bestimmte Sachen, die immer wieder verlangt werden.«

»Viele Türken hier, nicht?«

»Also ich sage Ihnen – schlimm ist das, ganz schlimm!«

»Wieso? Ich habe nichts gegen Türken...«

»Nein, das ist richtig, das ist klar! Ich persönlich kann mich auch nicht beklagen. Von denen kommt ja hier kaum mal einer rein.«

Die Deutschen sind aber mehr hilflos als böse, sie können sich nicht auf jemand zubewegen, mit dem sie nicht schon lange Umgang haben. Im Schenken sind sie nicht sehr begabt, obwohl sie dafür sogar ein besonderes Fest haben.

Als nach Neujahr 1974 die Schule wieder anfängt, gerät Ayşe abends nach dem Zeichenunterricht in eine Diskussion zwischen Abiturienten. Die einen sind »Linke« oder »Rote«, die anderen sind Anhänger der NPD oder werden jedenfalls von den Roten so genannt, wehren sich aber dagegen. Sie wollen auch nicht »Faschisten« genannt werden, aber es geschieht trotzdem dauernd. Die Diskussion ist für Ayşe schwer verständlich. Drei, vier Schüler sind sehr wütend über jeweils die, die nicht zu ihnen gehören, sie reden schnell und sind sehr blaß. Keiner erklärt genau, was er meint oder warum er wütend ist. Es geht um Fehler, die in der Vergangenheit gemacht worden sind. Alle anderen sind wütend, weil nur diese vier reden. Als aber auch sie zum Reden aufgefordert werden, sagt niemand etwas. Es liegt daran, daß das Fernsehen dabei ist. Auf jeden, der den Mund öffnet, richtet sich sofort eine Kamera. Dadurch hat jeder die Sorge, sich zu blamieren, aber über diese Tatsache herrscht Stillschweigen. Die Fernsehleute merken es nicht oder wollen es nicht wissen, weil sie möglichst viele Aufnahmen machen wollen. Ayşe geht mittendrin wieder weg. Sie wird dabei gefilmt, hält sich aber schnell die Tasche vors Gesicht: ihr Onkel sieht viel fern, und er könnte sie fragen, was sie in so einer Veranstaltung zu suchen hatte.

Draußen steht Erden, um sie abzuholen. Sie gehen spazieren, Erden erzählt von seiner Arbeit im Lager, die sehr schwer ist, er ist noch blasser als die diskutierenden Schüler und fühlt sich, so sagt er, wie ein Achtzigjähriger. »Du bist eben müde. Dadurch kriegst du aber immer mehr Kraft«, sagt Ayşe. Sie gehen auf die Brücke über der Stadtbahn und studieren von dort die Spuren vieler Tiere im Schnee, die im Licht der Brückenlampen gut sichtbar sind.

»Das ist eine Katze.«

»Und das ein Fuchs.«

»Quatsch, das ist ein Hund! Was soll denn ein Fuchs in der Stadt?«

»Füchse sind erfinderisch«, sagt Ayşe, »sie wissen in Städten besser Bescheid als die Menschen. Und da drüben...«

»Ein Grizzlybär?«

»Sieh doch genauer hin, das ist ein Elefant! Er geht auf zwei Beinen, weil er kalte Füße hat.«

Die Spuren des Streckenwärters sehen wirklich so aus: er tritt immer in dieselben Fußstapfen, beim Hin- und beim Rückweg.

130.

1976 heiraten Ayşe und Erden. Es ist keine große Hochzeit, schon weil ein Fest ohne die Eltern zu traurig werden würde. Einige von Zekis alten Freunden geben oder schicken Geld, Niyazi zum Beispiel, oder Selim aus Berlin, der ein Restaurant hat, sogar Herbert aus Kiel, der Warmverformer, obwohl er seit langem arbeitslos ist und für sich und seine Familie vergebens nach einer billigeren Wohnung sucht.

Auch Erden ist arbeitslos: er ist zu oft krank gewesen, da haben sie ihm gekündigt. Jetzt macht er den Führerschein. Ayşes Bruder hat angedeutet, bei seiner Firma in Kiel würden Fahrer fast nur auf Empfehlung von Fahrern eingestellt, und er werde sich dafür einsetzen.

Erden schafft den Führerschein, aber aus der Kieler Stellung wird dann doch nichts. Vielleicht ist der Bruder noch nicht lange genug bei der Firma. Ayşe geht zum Arbeitsamt und sucht für sich selbst etwas. Fast bekommt sie eine Lehrstelle bei einem Friseur. Sie lernt Maschineschreiben und bewirbt sich als Sekretärin, aber ihr Deutsch scheint den Firmen nicht ausreichend, weil es einen kleinen Akzent hat. Daß Ayşe grammatikalisch und orthographisch perfekt ist, fällt offenbar weniger ins Gewicht. Sie fängt an, sich für die bürokratischen und psychologischen Hürden zu interessieren, mit denen ihre Landsleute zu kämpfen haben.

Manche Türken sind stark, weil sie sich stark fühlen. Sie denken gar nicht daran, sich an deutsche Korrektheits- und Pünktlichkeitsvorstellungen anzupassen, die sie als unwürdig oder unmännlich empfinden. Sie nehmen dafür Nachteile und Gemeinheiten in Kauf und lassen sich nie entmutigen, sie siegen durch Kraft oder gar nicht. Selim, der Gastwirt in Berlin, ist so. Ab und zu sagt einer seiner ehemaligen Kollegen: »Der hat es richtig gemacht, der wußte, worauf es ankommt. Aber jeder kann das nicht!« Andere versuchen, schlau zu sein, können aber damit schlimm hereinfallen. Ein Arbeiter in Erdens erster Firma hat einer Deutschen achttausend Mark für eine Scheinheirat gegeben, um so eine unbefristete Aufenthaltserlaubnis zu erhalten. Dann läßt er seine richtige Frau aus der Türkei nachkommen und ebenfalls pro forma heiraten. Aber der Deutsche will sie behalten und lieber das Geld zurückgeben. Und die deutsche Frau verlangt zusätzliche Zahlungen. Alles kommt durcheinander, und es endet mit einem blutigen Eifersuchtsstreit zwischen den beiden türkischen Eheleuten, der Mann kommt erst in die Zeitung und dann ins Gefängnis.

Ferner die Probleme für die schulpflichtigen türkischen Kinder. Viele Mädchen gehen morgens mit dem Kopftuch aus dem Haus, ziehen es in der Schule ab, um nicht verspottet zu werden, und legen es vor der eigenen Haustür wieder an, um den Vater nicht zu kränken. Sie können es aber nicht lassen, sein schlechtes Deutsch zu verbessern, und sie selbst sprechen schlechtes Türkisch. Das kränkt auch.

Ein Kollege von Ayşes Bruder hat die Vorstellung, die Deutschen hätten speziell etwas gegen Türken. Er lernt in der Volkshochschule Italienisch und versucht, als Italiener in die Diskos zu kommen. Gelingt es nicht, schimpft er, gelingt es doch, schämt er sich.

Ayşe hilft hin und wieder Landsleuten, die die deutschen Formulare und Büros nicht so rasch begreifen wie sie. Zum Beispiel, daß man besser anruft als persönlich vorspricht: Wenn das Telephon klingelt, hebt der Beamte ab und gibt Auskunft, auch wenn zwanzig andere, die ebenfalls Auskunft wollen, vor seinem Schreibtisch warten.

Türken wollen sehen, mit wem sie sprechen, ihn vielleicht sogar anfassen. Das Telephon ist ihnen unangenehm. Die Deutschen dagegen scheinen oft sogar mit denen zu telephonieren, die direkt vor ihnen stehen.

Die Türken sind vor Jahren von zu Hause weggegangen, ohne zu wissen, worauf sie sich einließen. Sie glaubten alles aushalten zu können. Schließlich, so dachten sie, sei man auch in Deutschland unter Menschen. Sie haben zu essen, zu arbeiten, können Geld sparen – aber zufrieden sind sie selten. Es scheint Ayşe fast, als ob der Wohlstand griesgrämiger macht als die Armut. Und darüber nachzudenken, wo der Kern eines Kummers steckt, das liegt den Türken nicht, sie sind lieber tapfer.

Zurückgehen wollen nicht einmal die Älteren ohne weiteres. Sie kennen das Land, sie sind hier gestandene Menschen mittleren Alters geworden und können mit vielem umgehen. Außerdem will die Türkei sie nicht – weder der Staat noch die eigenen Landsleute stehen mit offenen Armen da –, und man kann es sogar verstehen.

Selim zum Beispiel, der 1978 einmal zu Besuch kommt, hat einen Sohn mit einer verheirateten deutschen Frau, den sie vor ihm versteckt. Juristisch ist er machtlos, aber er will ihn wenigstens einmal sehen. Außerdem so viel Geld zusammenbringen, daß es bis zum Ende reicht. In die Türkei gehen? Was soll er dort? Er sagt: »Ich bin zu deutsch geworden, mir würden sie in der Türkei alles klauen, zuerst die Armbanduhr, zuletzt die Unterhosen.« Selim scheint von der Türkei nicht viel zu halten, obwohl er sie kaum mehr kennt. Ayşe setzt sich über die Regeln ihres Onkels hinweg und mischt sich ins Gespräch, um die Türkei gegen Selim und seine unsichtbar anwesenden deutschen Freunde zu verteidigen.

»Du machst unser Land schlecht, weil du hier bleiben und reich werden willst!«

»Nein. Gerade weil ich von hier weg muß!« entgegnet Selim. Sie merkt, daß er offene Worte mag, auch wenn sie ihn selbst betreffen. »Wegen Haluk muß ich zurück. Macht nichts – ich ziehe eben mehrere Unterhosen übereinander an!«

Ayşe lernt ihn ein wenig genauer kennen. Er drückt sich derb aus, weil das bei Ringern so üblich ist, im übrigen ist er lustig und spitzt die Dinge zu, damit man lachen kann. Er ist sehr stark, kränkt manchmal andere aus Versehen, ist aber selbst nie gekränkt. Der kleine Haluk ist ebenfalls ein Sohn von einer Deutschen, die aber jetzt Terroristin ist. Der Junge ist niedlich und gescheit, Ayşe möchte ihn am liebsten dabehalten und versorgen. Es ist inzwischen abzusehen, daß ihre Ehe mit Erden kinderlos bleiben wird.

Selim überlegt einen Moment und sagt: »Am Geld liegt es nicht. Aber der Junge muß wieder in die Türkei, er mag es hier nicht.«

Erden liebt Ayşe zärtlich und läßt ihr alle Freiheit, zu arbeiten oder für Landsleute zu kämpfen oder zu Versamm-

lungen zu gehen. Ihm selbst geht es schlecht, er hat Kopfschmerzen.

Im Herbst 1979 kommt Selim noch einmal in großer Eile
und ohne Haluk, der längst wieder in der Türkei ist. Selim hat
wenige Minuten zuvor zusammen mit einem Deutschen ein
Hamburger Mädchen aus der Hand von Verbrechern befreit
und erzählt ganz rasch. Erden lacht, als er das hört, er mag
Geschichten von Befreiungen. Und einen Revolver hat Selim
erbeutet, den er aber dem Onkel gibt, damit er ihn ins Hafen-
wasser wirft: Spuren verwischen! Der Onkel bittet Ayşe, das
für ihn zu tun, da er mit Grippe im Bett liegt. Sie behält
heimlich die Waffe, weil sie entschlossen ist, sich zu töten,
falls Erden stirbt. Dieser hat jetzt Sehstörungen und kann
keine Arbeit lange aushalten. Die Ärzte geben ihm Untersu-
chungstermine, Labortermine, Tabletten. Er hat Schwäche-
anfälle und bricht einige Male bewußtlos zusammen.

Selim schickt aus Berlin ein paar tausend Mark und
schlägt vor, daß sie zu ihm kommen und in seinem Restaurant helfen. Aber plötzlich ist alles anders: Selim hat jemanden erschossen und muß untertauchen, das Restaurant wird
verkauft.

Im Winter sitzt Erden in der Küche der kleinen Wohnung
und sieht durchs Fenster auf den Balkon hinaus. Seine rechte
Hand ist kraftlos. Er kann nichts mehr tun, auch nicht mehr
heizen oder lesen. Trotz der Kopfschmerzen beklagt er sich
nicht. Er sammelt Brotreste und legt sie für die Vögel auf
den Balkon, aber die bleiben vorsichtig, trotz Schnee und
Frost. Vielleicht sehen sie Erden hinter der Scheibe? Auch als
er ins Zimmer geht und lange wartet, rühren sie das Futter
nicht an. Oder haben sie einen Instinkt für Sterbende und
nehmen von ihm nichts an? Ayşe lacht und versucht, ihm
das auszureden. Sie kommt soeben vom Putzen, sie hat jetzt
drei Stellen und verdient immerhin so viel, daß sie nicht
hungern müssen. Sie fühlt sich tüchtig und hofft, daß sich
ihre Kraft auf Erden übertragen wird.

Einen Tag später fällt er ohnmächtig um und wird in die

Neurochirurgische Klinik eingeliefert. Er hat einen großen Tumor im Kopf, soviel ist jetzt sicher, und er wird operiert. Am nächsten Tag will Ayşe ihn besuchen, aber er liegt auf der Intensivstation, sie darf nicht zu ihm. Sie bittet die Schwester, ihm wenigstens einen Zettel von ihr zu geben. Darauf steht in türkischer Sprache: »Heute fraßen die Vögel dein Futter.«

Es ist Erdens letzter Tag, er stirbt, ohne den Zettel gelesen zu haben.

Der Arzt spricht sein Beileid aus, indem er sagt: »Ich spreche Ihnen mein Beileid aus.« Dann überlegt er einen Moment und fährt fort: »Sie müssen wissen, es gab niemals eine Chance. Wir haben praktisch nur wieder zumachen können, der Tumor war inoperabel – mit dem Gehirn zu sehr verwachsen. Verstehen Sie?«

»Niemals eine Chance, ja, das muß ich natürlich wissen. Aber warum muß ich das wissen?« schwatzt Ayşe und hört, daß ihre Stimme seltsam klingt, viel zu hell. »Na, ich weiß es ja jetzt, vielen Dank!« Wie eine Wespe an der Fensterscheibe klingt meine Stimme, denkt sie, aber vielleicht nur für mich selbst. Der Arzt hat nichts gemerkt.

Den Revolver hat sie in der Handtasche. Sie verläßt rasch das Krankenhaus und geht zur Stadtbahnbrücke, denn dort will sie sterben.

131.

Ayşe tritt eine Stelle bei einem Lebensmittelhändler an. Bei einem türkischen, obwohl die sonst meist nur die eigene Familie beschäftigen. Manchmal überfällt sie ein seltsames Zittern, das stört etwas. Wenn der Chef nicht da ist, dreht sie die Heizung ab, damit die Kunden Kälte für den Grund ihres Zitterns halten. Wenn niemand da ist, weint sie in die Tiefkühlkost hinein, ihre Tränen frieren in Sekunden zu Kristallen, das beruhigt ein wenig. Sie schämt sich, weil sie immer noch lebt, und sie ist manchmal nah daran, sich doch noch zu erschießen.

Aber sie darf nicht sterben. Auf der Stadtbahnbrücke hat sie den Satz gehört: »Die Wahrheit ist nur durch Krankheit heilbar.« Erden muß ihn geschickt haben, wer sonst? Zu verstehen ist daran nur, daß sie sich nicht töten soll. Und die Krankheit: ihr Körper scheint besser verstanden zu haben. Sie magert auf unbegreifliche Weise immer mehr ab, wird hin und wieder bewußtlos und – zittert. Wenn ihr Leben also andauern soll – was kann sie in Erdens Sinne damit anfangen? Sie muß etwas bessern, sonst ist es umsonst.

Der Chef ist etwa vierzig, ein dick gewordener, jovialer Mann aus Trabzon. Er sagt: »Du bist zu sensibel, zu verletzlich für diese Arbeit!« Sie antwortet: »Verletzliche leben mit der Gefahr, sie werden von ihr weniger leicht überrascht als die Sicheren!«

Er sagt: »Du bist eine Dichterin, du solltest nicht Oliven und Fladenbrot verkaufen, sondern schreiben!« Damit kündigt er ihr, gibt ihr aber ab und zu Geld, Oliven und Brot. Dafür will er erfahren, was sie denkt und was sie geschrieben hat.

Jetzt ist sie also Dichterin. Sie weiß aber, daß sie zu direkt denkt, um seinen Vorstellungen von Dichtern und Dichtkunst zu entsprechen. Sie will wissen, wo die Gefahren für das Leben liegen, und ihnen begegnen. Wenn sie ihre Gedanken etwas verrätselt, merkt ihr Mäzen es nicht und gibt ihr weiter zu essen. Wie erreicht man nun mehr – wenn man schön und rätselhaft oder wenn man trotzig und einfach ist?

Sie besucht Selim im Untersuchungsgefängnis. Er ist im Januar verhaftet worden, seine Gerichtsverhandlung wird in Hamburg sein. Er hat einen kahlgeschorenen Kopf und ist sehr grüblerisch, fast pessimistisch. »Wenn wir in diesem Land weiter nur an das verdammte Geld denken, sind wir verloren«, sagt er.

Sie legt ein Heft an und schreibt auf, was sie bewegt. Es

sind keine Gedichte, aber Dinge, die sie festhalten will. Sie ist jetzt fast täglich bei der Ausländerbehörde, auf dem Arbeitsamt oder auf irgendwelchen Polizeirevieren, um Landsleuten zu helfen, die eingeschüchtert sind oder sich betrogen fühlen. Die Beamten verweisen immer wieder auf irgend etwas Schriftliches, das man längst gelesen haben müßte. Ständig sind Termine abgelaufen, und das hat irgendwo gestanden, »groß und breit«. Die verspäteten Antragsteller passen nicht in dieses Land, das lernen sie dabei immer gleich mit, weil sie nicht einmal Großes und Breites lesen können. Ayşe dagegen hat sich vorgenommen, alles zu lesen, auch das Kleinste, und wenn sie eine Lupe nehmen muß.

Sie kennt bald auch die seelischen Probleme, alle. Deutschland ist für Ausländer erträglich, solange sie noch meinen, kein Zuhause zu brauchen – oder solange sie glauben, daß sie es in der Türkei noch hätten. So sind sie ein paar Jahre lang zufrieden und stellen sich vor, Stereo- und Videoanlagen wären das Höchste, was der Mensch erreichen könne, neben einem Ford Transit natürlich. Irgendwann löst sich diese Zufriedenheit auf.

Die Deutschen gehen nicht auf die Türken zu, vielleicht, weil sie denken, daß es sich nicht lohne: die gehören für sie zur türkischen Geschichte, nicht zur deutschen. Es geht nur selten weiter in Richtung Freundschaft, man verliert sich aus den Augen. Ayşe schreibt am 22. März 1980 in ihr Heft:

»Daß die Deutschen die Türken hassen, kann man eigentlich nicht sagen. Es ist schlimmer: sie wollen mit uns nichts zu tun haben. Das heißt, ihnen ist egal, was mit uns passiert – Hauptsache, sie haben keine allzu deutliche Schuld daran – die scheuen sie.« Und: »Haß kann man abbauen, sogar ins Gegenteil verwandeln durch Wärme und Humor. Aber Gleichgültigkeit, egal, ob die nette oder die feindselige, ist wie eine Glasscheibe, alles tropft ab. Dahinter verändert sich nichts.«

132

Als sie wegen der Aufenthaltserlaubnis für einen Familien-
vater aus Kayseri auf dem Ausländeramt ist, hat sie wieder
Anlaß zum Zorn. Es werden nur zweihundert Nummern
ausgegeben, wer in der Schlange weiter hinten steht, muß
nach Hause gehen. Statt daß wenigstens die Namen für
morgen notiert werden. Viele haben sich für diesen Termin
eigens freigenommen.

Der Mann aus Kayseri hat den Termin übersehen oder
sich nicht rechtzeitig zur Behörde getraut. Ayşe sagt ihm,
daß er gegen den Ausweisungsbeschluß beim Verwaltungs-
gericht etwas erreichen könne. Aber er nimmt es hin: »Vielleicht ist es gut so. Ich nehme es als den Willen Allahs, und
mit seiner Hilfe werde ich in die Türkei zurückkehren und
meine Familie auch dort ernähren.« Ayşe nimmt es nicht als
den Willen Allahs, sondern als ihre eigene Niederlage – gegen die Behörde, und auch gegen die Apathie dieses Mannes,
der nicht kämpfen will. Sie nimmt alle abschlägigen Beschei-
de, Zurückweisungen, Ausweisungen als eigene Niederlagen.

Viele der Wartenden könnten eine unbefristete Aufent-
haltserlaubnis bekommen, weil sie länger als fünf Jahre in
Deutschland arbeiten. Aber hier sagt ihnen kaum jemand,
daß sie sie beantragen können. Sie kriegen eine für zwei
Jahre und geben sich zufrieden. Ein Einspruch würde die
Sache klären, aber sie erheben ihn nicht, und der gemütliche
Beamte, der so bieder und beruhigend mit ihnen redet –
»Nun machen Sie sich mal keine Sorgen, Herr Ötztürk!«, er
sagt ihnen dazu kein klares, faires Wort. Er – vergißt es
irgendwie.

Die deutschen Behörden planen noch mehr Beschränkun-
gen für eine Familienzusammenführung: nur noch Kinder
bis sechzehn, und selbst die Ehefrauen nur, wenn der Mann
über acht Jahre im Land ist und unbefristet bleiben darf. Es
gibt Tricks mit Touristen- und Durchreisevisa, aber wer sie

anwendet, vermehrt die heimliche oder offene Angst der Deutschen vor den Ausländern.

Am 7. Mai 1980 ist Selims Gerichtsverhandlung. Seine Haare sind wieder gewachsen, und er sieht auch wieder mutiger und trotziger aus. Das Gericht mag ihn nicht, Ayşe merkt, daß der Staatsanwalt niedrige Motive wie Gewinnsucht vermutet. Aber dagegen steht die Aussage eines deutschen Freundes, der schon mal im Fernsehen war und eine eigene Schule hat. Er beteuert, daß Selim nur das junge Mädchen retten wollte und den Revolver nur zufällig dabei hatte. Trotzdem: Totschlag, fünf Jahre. Leider war das Mädchen auf die Dauer nicht mehr zu retten. Ihre Mutter ist auch als Zeugin geladen, sie spricht wie eine trauernde Königin. Sie sagt ebenfalls für Selim aus.

Nach der Verhandlung kommt auf Ayşe eine Frau zu, deren Mann bei einem Streit mit Deutschen getötet worden ist – sie kennen sich vom Sehen.

»Da ist eine Fernsehsendung, für die sie irgendwelche betroffenen Türken suchen. Ich habe gesagt, ich überlege es mir, aber ich traue mich nicht hinzugehen. Du weißt so gut Bescheid, fahr du hin!«

Ayşe will keine Vorzeige-, Presse- oder Fernsehtürkin sein. Andererseits hat sie etwas begriffen und sucht nach einer Möglichkeit, es bekannt zu machen. Erden würde bestimmt zuraten: »Wenn du es nicht probierst, kannst du nicht wissen, wo die Gefahren liegen.« Sie gibt sich einen Ruck: sie muß ins Fernsehen! Die Frau gibt ihr die Telephonnummer. Am gleichen Nachmittag stellt sie sich einem Redakteur in einem Hotel an der Alster vor. Die Veranstaltung wird übermorgen abend im »Begegnungszentrum« einer kleinen Stadt bei Karlsruhe stattfinden, vor etwa hundert Zuhörern. Das Gespräch wird um die sogenannte »Überfremdung« gehen, um die türkische »zweite Generation« und das Thema Integration. Es wird nicht live ausgestrahlt, sondern aufgezeichnet und für die Sendung gekürzt. Fahrt und Unterbringung werden bezahlt. Ayşe sagt zu.

In der Nacht vor der Abreise schreckt Ayşe hoch und ist überzeugt, daß sie nichts zu sagen hat. Sie steht auf und geht auf und ab, versucht, sich alles neu zurechtzulegen. Sie läßt die Wohnung dunkel, schaltet nur hin und wieder die Taschenlampe ein, um nicht gegen Möbel zu stoßen.

Also: kein Haß, sondern Gleichgültigkeit. Die Europäer – sie will nicht ständig nur von »Deutschen« reden – haben sich steinerne Herzen zugelegt und werden sich eines Tages selbst dafür hassen. Sie hassen sich heute schon, und dadurch werden sie immer nur noch gleichgültiger. Sie sind gepanzert. Sie tun so, als ginge es ständig ums nackte Leben. Sie übertreiben oder verharmlosen, wie es ihnen hineinpaßt, aber wohl fühlen sie sich dabei selber nicht.

Ayşe geht und geht, zittert, flüstert und blitzt ab und zu mit der Taschenlampe, wie um die Sätze deutlicher zu betrachten, die sie im Dunklen zuwege gebracht hat: ja, und darum müssen wir in den richtigen Worten miteinander sprechen, sehr ernst, aber nicht in Übertreibungen. Gerade die Freunde der Türken müssen das wissen. Was soll ständig die Gleichsetzung von Juden und Türken, der Hinweis auf den Rassismus der Nazis? Ihr wollt die Türkenfeinde erschrecken. Aber wer Angst bekommt, sind doch nur die Türken selbst! Erklärt uns nicht zu Verlierern, bevor wir verloren haben – denn wir haben noch nicht verloren! Auf Zuspruch und nette Sonntagsreden können wir auch verzichten. Helft uns lieber wirklich! Oder bleibt weg, dann siegen wir mit Gottes Hilfe allein.

Oder ist das zu heftig? Sie weiß, wie leicht sie sich in den Zorn redet. Anders also! Es muß keine Besiegten geben – ja, das ist gut! –, wir können alle Gewinner sein. Wir müssen nur endlich etwas miteinander zu tun haben wollen. Wir können doch all diesen Unsinn immer noch ändern, wenn wir mehr voneinander hören, von unseren Gedanken, und wo wir herkommen. Dann wird jeder wissen wollen, wie es mit dem anderen persönlich weitergeht. Ich sage das auch zu meinen eigenen Landsleuten: sie sollen sich nicht unwürdig anpassen oder etwa noch dafür entschuldigen, daß sie hier sind und die Dreckarbeit machen. Aber sie sollen sich ein bißchen interessieren für dieses Land hier, begreifen, wie es den Menschen ergangen ist und was sie für Lehrer hatten.

Ja, das will sie sagen im Fernsehen. Es ist eine Meinung, oder mehr noch: ein Glauben, den sie mit Erden geteilt hat, und vielleicht kann niemand außer ihr ihn vorbringen. Sie ist wieder froh und mutig.

Es klingelt an der Tür. Sie öffnet im Morgenmantel. Ein Türke, der im gleichen Haus wohnt und gerade von der Nachtschicht kommt.

»Entschuldige, Schwester, ich dachte, bei dir wird eingebrochen, ich sah das Gefunkel einer Taschenlampe. Brauchst du eine elektrische Birne? Oder eine Sicherung?«

Das ist ein Nachbar! Der Tag beginnt gut. Sie lacht und erklärt. Dann macht sie sich reisefertig, es lohnt nicht mehr, schlafen zu gehen.

133.

»›Begegnungszentrum‹ nannte sich das! Die Menschen taten zwar so, als ob sie fragten oder antworteten, aber sie hatten so wenig miteinander zu tun, als wenn sie in verschiedenen Jahrhunderten auf verschiedenen Erdteilen gesessen hätten!«

»Wieso?« fragt der Lebensmittelhändler, als Ayşe eine Pause macht. »Ich fand, daß sie dir zugehört haben, und sie sind auch auf dich eingegangen. Du hast schön gesprochen, schön und rätselhaft, jedenfalls anders als die Politiker und der Ausländerreferent, und immer noch klarer als der Grenzbeamte!«

»Du verstehst nicht«, sagt Ayşe verzweifelt, »es war schlimmer als nichts – es war nur Unterhaltung! Alle können dann sagen: bitte, solche Gespräche finden ja statt, es ist doch alles in Ordnung.«

»Es wurde doch über alles gesprochen: über den Familiennachzug und die neuen Verbote, über Ausländeranteil, Asyl und Abschiebung. Oder über den Widerspruch zwischen dem Ausländergesetz und dem Sozialhilfegesetz: Wir haben ein Recht auf Sozialhilfe, aber wenn wir sie in Anspruch nehmen, schiebt man uns ab. Das wußten viele Deutsche doch noch gar nicht. Gut war auch die Sache mit der betriebsbedingten Kündigung, gegen die man geschützt ist, wenn man viele Kinder hat, weil man dann aus sozialen Gründen...«

»Aber wie da gesprochen wird! Einerseits: Begegnung der Kulturen. Unsere Türken sind eine Bereicherung für uns und so weiter. Wenig später: ›Ausländeranteil‹, ›Überfremdung‹ – als ginge es um chemische Mischungen oder einen See, der am Umkippen ist, weil zu viel in ihn eingeleitet wurde. Das hat mit den lieben, bereichernden Türken plötzlich nichts mehr zu tun, es wird davon – abgetrennt! Ich saß da, mein Gehirn war erschrocken und ausgeschaltet.«

»Fand ich nicht, du hast eine Menge gesagt.«

»Nein, ich war nicht fähig, meine eigenen Gedanken zu sagen. Das einzige war, daß wir jetzt schon anfangen, uns als Araber oder Italiener auszugeben, nur um nicht diese Mischung aus Verachtung und Mitleid spüren zu müssen.«

»Wann hast du das gesagt? Ich habe es nicht gehört.«

»Natürlich nicht, das haben sie ja rausgeschnitten: es war ihnen zu lang.«

»Die haben ihre Vorschriften beim Fernsehen, man muß das respektieren. Guck mal, wenn schon wir uns nicht an die Regeln halten, dann tun die es auch nicht. Wir müssen uns anpassen, nur so werden Zuspitzungen vermieden.«

»Zuspitzungen werden nur durch ehrliche Worte vermieden, nicht durch Unterwürfigkeit!«

»Wir sind hier nicht zu Hause, wir müssen uns zurückhalten. Wir dürfen nicht ständig Rechte fordern. Das tun wir doch in der Heimat auch nicht.«

»Für mich ist das Feigheit, hier wie dort. Wir werden uns dafür noch hassen.«

»Du rufst ja geradezu zur Feindschaft auf!«

»Im Gegenteil! Ich möchte, daß wirklich miteinander geredet wird. Warum verstehst du das denn nicht? Das Leben ist zu kostbar, um es mit Anpassung zu verschwenden.«

Jetzt hat sie wirklich, findet sie, wie eine Dichterin gesprochen. Es fällt ihr auch auf, daß sie kein einziges Mal gezittert hat, nicht in der Sendung und nicht hier. Aber der Händler ist beleidigt. Schon die Worte »Unterwürfigkeit« und »Feigheit« haben seinen Mannesstolz verletzt, er fühlte sich persönlich gemeint. Er verbittet sich Ayşes Ton und weist sie hinaus. Er habe sich, sagt er, die guten Sitten des Vaterlandes bewahrt, sie aber sei wohl schon völlig verdeutscht, da sie keinen Respekt vor dem Älteren und vor dem Mann mehr kenne.

Auf Wiedersehen, Oliven, Fladenbrot und Schafskäse gratis! Aber jetzt wird sie es mit den Medien erneut versuchen, und zwar in einer Livesendung! Und dort wird sie so reden, daß auch Menschen wie dieser Lebensmittelhändler sie verstehen, sie will sich das gut zurechtlegen.

Draußen herrscht Sommer, heiß und bunt. Ist seit Erdens Tod wirklich schon ein halbes Jahr vergangen?

134.

Selim schreibt ihr aus dem Gefängnis – er ist inzwischen nach Berlin verlegt worden. Er will wissen, wie sie zurechtkommt und bietet Hilfe an: er habe draußen immer noch Freunde und Geld. Sie zögert mit der Antwort. Menschen im Gefängnis haben eine große Phantasie. Sie will ihm respektvoll schreiben, aber ihn zu nichts ermutigen. Er ist ihr zu verwandt: sehr ehrlich, sehr gefährlich. Das ginge nicht gut.

Ayşe will mit Intellektuellen und Fernsehleuten sprechen. Es gibt eine Kneipe, in der hauptsächlich solche Leute verkehren sollen, »Lawrence«, benannt nach dem Engländer,

der vor über siebzig Jahren die Araber gegen die Türken angeführt hat. Das stört Ayşe nicht, sie geht hin, sieht aber zunächst keinen der Gesuchten. Weil sie schon da ist, fragt sie nach einem Job: »Ich putze oder wasche ab, serviere...« Der Typ hinterm Tresen, eine etwas schwammige Humphrey-Bogart-Nachahmung inklusive des nervösen Zuckens um den Mund – er will es immerhin mal mit ihr probieren. Was, läßt er noch offen.

Woran erkennt man einen Intellektuellen, woran einen Fernsehmenschen? Es gibt unter den Stammgästen einen Mann mit rötlichem Backenbart, laut und fröhlich – ist er vom Fernsehen? Oder der Dicke, der immerzu Essen in sich hineinschaufelt und dabei die »Frankfurter Rundschau« neben den Teller legt – das sieht doch sehr nach einem Intellektuellen aus. Nach zwei Tagen weiß sie: der eine ist Abbruchunternehmer, der andere fährt Geldtransporte – das sagt er jedenfalls. Eigenes Geld transportiert er kaum, die Rechnung läßt er anschreiben.

Fernsehleute kämen nur noch selten her, sagt der Wirt, die blieben in der eigenen Kantine kleben. Aber der da drüben, der mit dem zu weiten Hemdkragen, sei Philosoph oder Theoretiker, ein kluges Haus ursprünglich, schade um ihn. Und jeden Donnerstag käme eine Feministin, um die »ZEIT« zu lesen und möglichst viele Sätze wegen frauenfeindlichen Sprachgebrauchs anzustreichen. Sie trinke dazu Amaretto.

Nach einem Monat kennt Ayşe ein halbes Dutzend Intellektuelle, es sind Journalisten oder Professoren. Es gibt hier nur Linke, von Rechten ist nichts Näheres bekannt. Falls sie existieren, besuchen sie andere Kneipen.

Sie äußern sich meist angeekelt über andere Intellektuelle, die sich ins Fernsehen drängten, um sich darzustellen. Aber wenn es um das Recht auf freie Meinung geht, sind sie sich einig.

Grundsätzlich leiden sie darunter, daß die Mächtigen sich nicht nach ihnen richten – sie müssen also etwas gesagt oder geschrieben haben, wonach diese sich richten könnten. Sie übertreiben manchmal, ihre Worte sind dann sehr zugespitzt und machen alles nur schlimmer. Fast alle haben große Angst davor, mißverstanden und allein zu sein.

Mit dem Fernsehen hatten viele von ihnen schon einmal zu tun. Nur einer macht ein Glaubensbekenntnis daraus, dort nie hingehen zu wollen. Früher haben sie viele Bücher gelesen, davon zehren sie immer noch. Die neueren Bücher kennen sie nach eigenem Eingeständnis weniger gut, außer sie haben sie geschrieben oder besprochen. Ayşe hat das Gefühl, daß einige von ihnen nur dadurch Intellektuelle bleiben, daß sie wenig sagen und viel trinken. Der Wirt bestätigt das: »So etwas geht. Und eine Krähe hackt der anderen kein Auge aus.«

Wahrscheinlicher ist aber, denkt Ayşe, daß die wirklichen Intellektuellen überhaupt nicht in Kneipen sitzen.

Der eine, der nicht ins Fernsehen will, ist vielleicht doch ein Rechter. Oder es wird von ihm nur behauptet, weil er eine Weste trägt und in teuren Zeitschriften veröffentlicht. Oder weil er einen Diesel fährt. Immerhin schimpft er auf den »Niedergang der Deutschen«. Die Revolutionäre hätten Ziele und Inhalte vergessen, übriggeblieben sei nur die Schlamperei und die Hochnäsigkeit. Und der Mangel an Augenmaß, und das ständige Kokettieren mit den Opfern in aller Welt. »Das Urteil von Opfern ist nicht notwendigerweise richtiger als das Urteil von Tätern«, sagt der Mann mit der Weste.

Er erzählt, daß er 1968 Studentenführer gewesen sei, allerdings nur an einer kleineren Universität. Jetzt mache er »PR«, er organisiere Werbekampagnen. Seine Frau gehe im Moment eigene Wege. Bei diesem Thema bleibt er.

Ayşe beantwortet endlich Selims Brief. Es gehe ihr gut, sie habe Arbeit. Sie legt eine Art Aufsatz über das Zusammenleben von Türken und Deutschen bei, den sie deutsch geschrieben und ins Türkische übersetzt hat. Darüber wolle sie demnächst in einer Livesendung sprechen, wo man nichts von ihrer Rede hinterher wegschneiden könne. Selims Antwort kommt rasch: er empfiehlt, sie möge seinen Freund in Berlin anrufen, der wisse mit dem Fernsehen Bescheid.

Sie meldet sich bei diesem Alexander, er ruft gleich zurück und ist sehr freundlich. Auf die Frage, wie man das Fernsehen verbessern könne, damit über Deutsche und Türken einmal ohne Übertreibungen und falsche Argumente geredet würde, lacht er herzlich.

»Am besten einen ARD-Sender besetzen und vor laufender Kamera reden, bis die Polizei den Senderaum gefunden hat und Sie wegträgt. Darauf sind die Leute gespannt, dafür bleiben sie am Bildschirm. Im normalen Programm etwas zu machen ist zwecklos. Es bleibt eben immer – Programm!«

Aber was man wirklich machen könnte, weiß Alexander auch nicht. Er hat wenig Zeit, besucht aber häufig Selim. Sie trägt ihm Grüße auf.

Ayşe fängt an, sich mit dem Fernsehen zu beschäftigen: Organisation, Finanzierung, Einfluß der Parteien, Entscheidungsspielraum von Redakteuren. Sie arbeitet weiter in der Kneipe, jeden Dienstag und Mittwoch, und dazwischen geht sie hin und wieder putzen und hilft ihren Landsleuten bei allem möglichen Behördenkram. So geht das Jahr hin. Gegen Ende 1981 treten die befürchteten Einschränkungen des Familienzusammenzugs in Kraft. Das Gerede über »Ausländerprobleme« und »Überfremdung Deutschlands« hat zugenommen. Die grobe Gleichgültigkeit der einen Deutschen, von anderen Deutschen fleißig als »Haß« oder »Rassismus« bezeichnet, beginnt in wirkliche Gereiztheit und Feindseligkeit umzuschlagen. Die Bürger werden aus der Reserve gelockt, aber in die verkehrte Richtung: sie ziehen sich die häßlichen Stiefel an, die ihnen jeden Tag neu hingestellt werden.

Ayşes Zittern fängt wieder an, schlimmer als je zuvor. Die Neurologen und Psychiater finden den Grund nicht heraus. Sie kann nicht mehr in der Kneipe arbeiten, verliert auch die Putzstellen. Sie beantragt Sozialhilfe und bekommt sie. Gleichzeitig meldet sie sich zu einem Kurs an, um das Abitur nachzuholen.

Sie zittert, aber sie fühlt gleichzeitig viel Kraft. Irgendwann wird eine Livesendung kommen, in der sie den Mund
aufmachen kann.

135.

Im Frühjahr 1982 spricht Ayşe wirklich mit einem Redakteur, der für eine Talkshow zuständig ist. Sie hat inzwischen
fleißig gelernt, vor allem Rechtliches und das Grundgesetz
der Bundesrepublik, die Entstehung der Menschenrechte, sie
schwärmt von der Meinungs-, Rede- und Versammlungs-
freiheit, die ihr zuvor nicht wichtig waren, weil sie so oft
und immer nur so nebenbei erwähnt worden sind.

Die Fernsehsendung soll eine von vielen Antworten auf
das »Heidelberger Manifest« sein, die Schrift einiger hinter-
wäldlerischer Professoren, die jetzt auch die angeblich le-
bensgefährliche »Überfremdung« entdeckt und sich schutz-
suchend an die Öffentlichkeit gewandt haben.

Ayşe erklärt dem Redakteur, was sie in der Talkshow
sagen will: Haß und Wut seien noch menschlich gegen die
Gleichgültigkeit, und diese sei am schlimmsten, wenn sie im
Gewand des Engagements auftrete, in diesen ölig-engagier-
ten Kommentaren von Fernsehleuten, bei denen es zum Job
gehört, die Dinge aufzubauschen. Zum Beispiel dieses idiotische Manifest, das kein Mensch ernst nehmen könne.

»Nun, das ist nicht neu«, sagt der Redakteur bedächtig
und besorgt und greift zum Tabaksbeutel.

Gut, auf jeden Fall gebe es doch Wichtigeres als diese
immer wiederkehrenden feierlichen Sorgensätze und war-
nenden Zeigefinger. Sie jedenfalls würde zeigen, daß sie sich
nicht bedroht fühle, sondern über so etwas nur lache. Und
denjenigen Deutschen, mit denen sich reden lasse, wolle sie
sagen, daß auch die Türken selber keineswegs gleichgültige
oder gar feindselige Eindringlinge seien, die sich im Leben

nur für Geld interessierten. Viele fänden Deutschland schön, vor allem in ihrer, Ayşes, Generation, und sie kannten die Deutschen viel zu gut, um ihnen pauschal zu mißtrauen.

»Das ist schön. Wenn es aber niemand glaubt?«

Ferner müsse davon berichtet werden, meint Ayşe, wie es bei den Türken zu Hause sei, und warum sie zum Beispiel manche Ängste von dort mitbrächten.

»Soll ich dir eine Liste machen lassen, wie viele Sendungen es über Türken und die Türkei gegeben hat?«

»Ich weiß«, antwortet Ayşe, »ich sehe seit Monaten sehr viel fern und versäume keine dieser Sendungen. Nur: es wird in ihnen nicht geredet, immer nur gezeigt. Man kann schöne Bilder sehen und kalt bleiben.«

»Ja, wie würdest du es denn machen?«

»Zu den Zuschauern sprechen.«

Der Redakteur lacht müde. Sie ahnt: auch das hat er schon hundertmal gehört. Ob sie ihn langweilt? Er zündet sich die Pfeife an, bevor er antwortet.

»Das gab's am Anfang noch, in den ersten Tagen des Fernsehens. Heute würden alle sofort abschalten oder umschalten. Sie brauchen dazu ja nicht einmal aus dem Sessel aufzustehen. Wenn du länger sprechen willst, hm –« er nimmt ein paar Züge und stopft dabei noch einmal den Tabak zurecht – »man müßte dich irgendwie durch Musik oder Tanz unterteilen... oder eben sehr viel auf die Gesichter der Zuhörer gehen...« Erneut die Pfeife. Er schüttelt den Kopf. »Sehr fernsehgerecht wäre es in keinem Fall. Mehr als vier Minuten sind sowieso nicht drin, das ist hausinternes Limit.«

Ayşe versteht nicht alles, aber sie versteht bald, daß sie als Teilnehmerin an der geplanten »interkulturellen Talkshow« nicht mehr in Frage kommt.

Sie sieht diese Talkshow dann zu Hause. Enttäuschung und Zorn lassen sie noch deutlicher erkennen, wogegen sie kämpfen muß: gegen den leichtfertigen Umgang mit alarmierenden Wörtern, der dadurch entsteht, daß Gleichgültigkeit und Sensationsgeschrei Zwillinge sind. Da spricht ein Ausländer, vielleicht Araber oder Perser, den sie schon einmal im Programm gesehen hat, mit wildem Augenrollen von einem drohenden »neuen Holocaust«. Ein deutscher Schriftsteller sitzt dabei und nickt und nickt, um schließlich zu sagen, er schätze diese Gefahr zwar nicht ganz so hoch ein, aber erstens sei er Optimist, und zweitens müsse man doch die Angst der ausländischen Mitbürger sehr, sehr ernst nehmen. Er selbst könne die Zukunft nicht voraussagen, und daher wolle er dem Ahnungsvermögen der Gäste aus den fremden Ländern unbedingt auch Realitätsgehalt zubilligen und so weiter. Anstatt kerzengerade aufzustehen, daß der Stuhl umfiele, und zu erklären, daß sein Beruf ihm einen angemessenen Sprachgebrauch vorschreibe und daß er sich daher diese hysterischen und wichtigtuerischen Benennungen nicht länger anhöre. Das wäre überzeugender und sehr viel wirksamer als das feig-zustimmende Geschwätz. Leider wäre auch das folgenlos: die Zuschauer würden es für den originellen Einfall eines Unterhaltungskünstlers halten, der für diesen Auftritt immerhin Geld bekomme. Eines Empörungsunterhalters.

In der auf die Sendung folgenden Nacht wandert Ayşe wieder im Dunklen zwischen Zimmer und Küche hin und her und funkelt mit der Stablampe. Bevor sie einen Satz im Fernsehen sagen kann, wird sie das Grundrecht der Redefreiheit irgendwie herstellen müssen. Die Glasscheibe muß zerbrochen werden, die alles, auch das Wichtigste, zum Inhalt eines Guckkastens macht.

Nur wenn kein Moderator die Minutenzahl begrenzt, herrscht Redefreiheit. Wie bei einer Versammlung, wo die Menschen selbst entscheiden, ob sie einem länger zuhören wollen oder nicht. Aber es gibt keine Versammlungen mehr, die nicht schon längst dem Fernsehprogramm ähnlich sehen.

Ayşe schreibt in ihr Heft:

»ICH KOMME AUS EINEM LAND, WO DEN MENSCHEN DIE GRUNDRECHTE ENTZOGEN WERDEN.

ICH WOHNE IN EINEM LAND, WO DEN GRUNDRECHTEN DIE MENSCHEN ENTZOGEN WERDEN.«

Ayşe weiß jetzt, sie muß mit Sprache gegen das Fernsehen kämpfen und im Fernsehen damit gesehen werden. Wie kann sie aber innerhalb und außerhalb des Fernsehens zugleich sein?

136.

Ab jetzt entwickelt sich Ayşes Vorhaben wie von selbst, alles wird ihm dienstbar. Sie spricht noch einmal mit dem Redakteur, tut so, als wolle sie ihn für eine Programmidee erwärmen: sie, Ayşe, auf dem Dach eines Frankfurter Bankhochhauses, über sich und das Leben in einer deutschen Großstadt redend. Er ist angetan und sagt: »Vier, fünf Minuten wären denkbar. Wir können von da oben schöne Totalen machen, mit Zoomfahrten auf Abbruchhäuser und so. Es kommt darauf an, ob die Bank uns hinaufläßt.«

Sie sagt, sie werde selber danach fragen, wenn sie in Frankfurt sei, sie habe dort zu tun. Längst hat sie dort die Hochhäuser studiert, erst auf Postkarten, dann jedes einzelne von unten. Sie hat ein einziges gefunden, bei dem sie bestimmt bis an die Dachkante kommen wird. Es ist eher ein hohes Haus als ein Hochhaus, aber es beherbergt die Verwaltung einer Bank.

So ist der Plan: sie wird morgens das Hochhaus betreten, dem Pförtner sagen, sie käme vom Fernsehen, es sei schon angerufen worden, sie wolle das Dach wegen eventueller Aufnahmen besichtigen. Währenddessen liegen ihre Briefe an die Presseagentur, die türkische Vereinigung und die aktuelle Redaktion des Fernsehens schon in deren Briefkästen.

Sie verweisen auf ein jeweils für sie auf der Post lagerndes Schreiben, und erst in ihm stellt Ayşe ihre Forderungen. So hat sie genug Zeit, um ungehindert aufs Dach zu kommen, mit oder ohne Geisel. Wahrscheinlich wird die für das Dach zuständige Person nur bei dem Redakteur anrufen und ihn fragen, ob es mit der geplanten Sendung seine Richtigkeit habe – er wird es bejahen, weil er völlig ahnungslos ist.

Die Forderungen sind klar: keine Polizei, keine Versuche, sie zum Aufgeben zu bewegen, ein tragbares, batteriebetriebenes Fernsehgerät, mit dem sie das Programm empfangen und also kontrollieren kann, ob und wie ihre Wünsche erfüllt werden.

Spätestens um siebzehn Uhr muß eine Kamera auf dem Dach sein, nur zwei Personen dürfen sie bedienen und Scheinwerfer aufstellen. Ab achtzehn Uhr läuft die Kamera: Was Ayşe zu sagen hat, wird live übertragen, so lange, bis sie es für beendet erklärt. Sie hat nach einigem Überlegen tröstend dazugeschrieben: »Kann sein, daß es gar nicht so lange dauert.« Von einer eventuellen Geisel hat sie nichts gesagt – vielleicht kommt sie wirklich ohne solche Druckmittel nach oben. Aber der Revolver muß dabeisein, durchgeladen und mit geübtem Griff zu entsichern.

Die Hauptforderung ist: Livesendung noch heute, in Bild und Sprache, durch sie selbst kontrollierbar. Sollte ihr diese nicht gewährt werden, hinterläßt sie ein Schreiben für die Presse, in welchem ihre Gründe dargelegt sind, und stürzt sich vom Hochhaus.

Was sie sagen will, hat sie sich nur in groben Zügen zurechtgelegt, sie will nichts Auswendiggelerntes herunterleiern, sondern frei reden und erzählen.

Ihr Plan hat einen heimlichen zweiten Teil: sie will mit ihrem Tod drohen, aber keinesfalls wirklich sterben, denn das wäre die falsche Botschaft. Sie will nicht einschüchtern und Schuldgefühle erzeugen, sondern gewinnen. Wenn die Verantwortlichen ihr sagen: wir tun nicht, was du sagst, komm wieder herunter! – dann wird sie aufgeben und hinuntergehen. Durch diese Niederlage würde sie immer noch etwas Schöneres erzählen als durch ihren Tod. Denn wenn die Schlußfolgerung auf den Satz hinausliefe: »Die Deutschen sollen sich schämen«, dann würde das den Türken mehr schaden als nützen.

Um sieben Uhr früh verläßt sie die kleine Pension, geht bis zum Hochhaus und prüft noch einmal, wo sie sich hinunterstürzen könnte, wenn sie das wirklich beabsichtigte. Es ist ein windiger, aber warmer Apriltag. Sie zittert, ihr ist kalt. Es ist, als ginge bereits jetzt die Wärme aus ihrem Körper, um heute abend in ihrer Rede zu wohnen.

»Sie machen so einen gutgelaunten Eindruck, junge Frau«, sagt ein Passant, den sie, ohne es zu wissen, angelächelt hat. »Und Sie schauen dauernd nach oben. Jetzt darf ich mal raten: Sie sind bestimmt religiös, nicht? Irgend etwas Indisches?«

137.

»Das war kein normaler Selbstmord! Er muß Nachdenken auslösen!« erklärt ein türkischer Botschaftssprecher und läßt vorsichtigerweise offen, wie er das meint. Schließlich hat diese junge Frau einmal bei einer Fernsehsendung erklärt, für sie sei der türkische Staat mitschuldig am Unglück der Arbeitsemigranten.

Bei den Deutschen sprechen die bürgerlichen Parteien der Mitte von der »Verzweiflungstat einer aus persönlichen Gründen psychisch gefährdeten Person« und machen das Gesundheitswesen des SPD-regierten Hamburg dafür verantwortlich. Ein SPD-Sprecher, der noch nicht sicher ist, wieviel und welche Munition in dem Vorfall steckt, beschränkt sich darauf, »den Tod der Türkin scharf zu verurteilen« und das türkische Regime zu kritisieren. Dies veranlaßt die türkische Vertretung zu einem scharfen Protest:

Man verbitte sich jeden Versuch, von dem für die Deutschen beschämenden Vorgang abzulenken und sich statt dessen in innere türkische Angelegenheiten einzumischen: »Unsere Schwester Ayşe hat vor allem deshalb den Tod gesucht, weil sie die permanente Verleumdung ihres Heimatlandes und seiner Regierung nicht mehr ertragen konnte.«

In türkischen Zeitungen erscheinen bittere Anklagen gegen die Bundesrepublik, in den deutschen, besonders den linken, wird der Spieß umgedreht und die Junta in Ankara beschuldigt, sie benutze den Tod der jungen Frau, um von ihrem unmenschlichen Umgang mit politischen Gefangenen abzulenken. Ein Sprecher einer rechtsradikalen Gruppe meldet sich mit einem Leserbrief zu Wort: die junge Frau sei von der vorherrschenden, durch die deutschen Medien begierig verbreiteten Greuelpropaganda über angebliche Ausländerverfolgungen verwirrt und verängstigt gewesen.

In einer linken Randzeitung erscheint eine politische Traueranzeige: die ausländische Mitbürgerin Ayşe habe sich in den Tod gestürzt, weil sie die Nadelstiche und Demütigungen nicht weiter habe ertragen können. Im redaktionellen Teil wird vor allem die Arbeitslosigkeit der Türkin als Grund hervorgehoben.

In den beiden großen Fernsehprogrammen gibt es Berichte und Kommentare. In den dritten Programmen Hessens und Hamburgs diskutieren Expertenrunden. Hier wird vor allem die »tragische Verwirrung der Frau nach dem Tod ihrer männlichen Bezugsperson« beleuchtet, ihr Wahnzustand. Denn anders könne man es nicht nennen, wenn ausgerechnet das Fernsehen als der Haupturheber des Übels angesehen und zu einer Art Wiedergutmachung gezwungen werde. Schließlich sei das Fernsehen niemals und nirgends der Verursacher der Probleme, sondern berichte allenfalls darüber. Aber es gehöre eben, man müsse auch das offen aussprechen, zur Kulturfremdheit und Rückständigkeit der Türken, daß sie zwischen Tatsachen und Berichten über Tatsachen noch nicht unterscheiden könnten. Selbstverständlich wolle man aber die Tote nicht nachträglich tadeln, es gehe jetzt darum, die tragische Verkettung von persönlicher Gestörtheit und neonazistischer Propaganda zu betrauern, die diesen jungen Menschen so jäh ... und so weiter.

In der Kneipe »Lawrence« sitzen einige flüchtige Bekannte Ayşes, die nicht fröhlich aussehen. Sie haben dem Wirt ihr Beileid ausgesprochen, so mehr auf Verdacht, denn sie wissen nicht genau, ob er ihr nahestand. Er kann nicht umhin, sich mit einer Runde Korn und einem einsamen Amaretto zu revanchieren und auf Ayşes Andenken zu trinken.

»Warum hat sie denn dann nicht wirklich ein Schreiben hinterlassen?« fragt der Redakteur. Er hat unter den Anwesenden den stärksten Mitteilungsdrang, weil die Türkin ihn gewissermaßen benutzt hat. »Ich bin sicher: sie wollte sich zunächst nicht umbringen, hat sich dann doch dazu entschlossen. Aber warum? Zumal sie ja kaum mit einer nennenswerten Bestrafung rechnen mußte. Nötigung, Waffenbesitz, gut, das gibt Bewährung. Der Bankbeamte hat ja dementiert, daß sie auf ihn geschossen habe. Nur in die Luft, sagt er.«

»Sie war mit den Nerven fertig«, vermutet der Mann mit der Weste, »diese ganzen Reporter, dieses Blitzlichtgefackel, der Hubschrauber. Alle warteten doch darauf, daß sie endlich springt und fliegt, und wollten die Aufnahme ihres Lebens machen. Deshalb waren ja hauptsächlich Sportreporter da. Sie hat das gemerkt. Dumm war sie nicht.«

»Mit den Nerven war sie schon deshalb fertig, weil so schrecklich lang Katz und Maus mit ihr gespielt wurde, ohne daß die verlangte Kamera kam. Halte du mal tagelang auf so einem Dach aus!«

»Sie war wohlmeinend und naiv. Eine gute Haut. Sogar den Mantel hat sie zurückgelassen, den ihr die Dame von der Hausverwaltung aus Mitleid geliehen hatte, weil sie so

zitterte. Sorgfältig hinterm Lüftungskamin hat sie ihn verstaut, damit er keinen Schaden nehme, und das eine Minute
vor ihrem Tod. Ihr könnt es sehen, wie ihr wollt, aber mir
persönlich sagt das was. Rein menschlich!«

Alle nicken. Schade um das Mädchen!

»Zu der Frage, warum sie es getan hat«, wirft der Geld-
transporteur ein, »möchte ich vermuten, daß sie das Verwerf-
liche eingesehen hat. Sie kriegte Gewissensbisse, weil so etwas ja wirklich nicht geht. Wo kämen wir hin, wenn jeder
schnell mal eine Fernsehanstalt nötigt!«

Die Feministin lacht trocken auf. »Jeder? Es geht ja nun
nicht jedem so wie Ayşe, oder?« Alle sehen nun den Trans-
portfahrer scharf an, er trinkt verlegen an seinem Bier weiter.

Die Dame fährt fort: »Sie hat ja immerhin das Programm
auf ihrem Gerät verfolgen können. Und ich sage: sie hat sich
aus reinem Ekel in die Tiefe gestürzt!«

»Ich fand es auch zynisch«, sagt der Wirt mit seinem
Zucken um den Mundwinkel, »wie der Justitiar des Fernse-
hens sich allen Ernstes hinstellte und tönte, es herrsche das
Recht der freien Meinungsäußerung und man dürfe nicht die
Sportreporter und die Werbekunden der lang geplanten
Nachmittagssendungen wegen einer einzigen Person um ihre
Auftritte bringen. Ich fand, darum ging es nun wirklich
nicht!«

»Genau! Der typische juristische Fachidiot!«

So sagt jeder, wie schon in den Tagen zuvor, worum es
seiner Meinung nach ging oder geht. Und jeder sieht in Ayşes
Tod eine Bestätigung dessen, was er schon immer gesagt hat.
Aus dem Innenministerium hat man sogar gehört, dies sei die
erneute Mahnung, daß übermäßiger Zuzug von Ausländern
zu tragischen Verwicklungen führen müsse. Man müsse endlich klare Verhältnisse schaffen, die Verwirrungen und Ent-
täuschungen dieses Ausmaßes nicht mehr zuließen. Aber da
die Bundesländer nur zum Teil mitzögen, treffe den Innenmi-
nister die geringste Schuld. Vielmehr habe gerade er wiederholt darauf hingewiesen...

Aus Berlin hat sich ein bekümmerter Rhetoriklehrer gemeldet und behauptet, mit der jungen Türkin über ihre Ansichten gesprochen zu haben. Er bestätigt, daß sie im Fernsehen gegen das Fernsehen habe protestieren wollen, da dieses nach ihrer Meinung keine natürliche Austragung von Meinungsgegensätzen zulasse und der Gleichgültigkeit Vorschub leiste. Was sie genau erzählen wollte, habe er allerdings auch nicht erfahren. Selbstmordabsichten seien ihm nicht bekannt gewesen, er wisse letztlich nicht, warum sie gesprungen sei. Vermutlich habe sie gemerkt, daß sie auch in dieser von ihr selbst geschaffenen Situation nur als Fernseh-Konsumware behandelt würde und daß ihre Thesen von niemandem verstanden werden würden.

»Was dieser Berliner sagte, war typisch rhetorisch. Geht hin und benutzt frech den Vorfall für seine Zwecke«, schimpft der Redakteur. »Der Mann will sich als Medienkritiker profilieren – aber natürlich im Fernsehen!«

»Zum Kotzen, diese ganze Gesellschaft«, fügt der Abbruchunternehmer hinzu, » – wenn es nach mir ginge...«

In diesem Moment meldet sich der Theoretiker mit dem weiten Kragen aus dem Hintergrund: »Es gibt keine Volksvertreter mehr, nur noch Fernseh-Auftreter!«

Die Köpfe fahren herum und beginnen zu nicken. So ermutigt, trägt der Analytiker seine Hauptthese vor und stößt im Takt dazu seinen Finger in die Luft: »Und diese Auftreter haben desto weniger die Kompetenz, deren Darstellung sie, und zwar je professioneller sie sie betreiben!«

»Wie war das jetzt...?« murmelt der Geldfahrer. Dann schweigen alle einige Sekunden.

»So habe ich das noch nie gehört!« flüstert der Wirt. »Und vielleicht hat die Ayşe das ja unbewußt auch so gemeint.«

31. Dezember 1983

Was an ihrem letzten Tag in Ayşe vorging, weiß niemand. Sicher scheint mir, daß sie gegen den Haß reden wollte: sie hielt ihn für künstlich erzeugt oder sogar herbeigeredet und wollte das rückgängig machen, indem sie die Gleichgültigkeit zum Hauptfeind erklärte. Inzwischen fällt es manchmal schwer, ihr zu folgen: es gibt Leute mit alltäglichen Jobs, Gewohnheiten und Intelligenzquotienten, die sich öffentlich hinstellen und verkünden: »Jawohl, ich hasse Ausländer!« Das läßt sich nicht mehr verständnisvoll interpretieren, es sei denn mit einer saftigen Ohrfeige im Namen der menschlichen Gattung. Selim hatte recht: man muß, um peinliche Verzögerungen zu vermeiden, rechtzeitig wissen, wie es jenseits gewisser Sätze weiterzugehen hat.

Mir kam das vor fünf Monaten gründlich in Erinnerung, als in einer Schöneberger Kneipe fünf bierselige Gestalten gegen meinen Protest Nazilieder sangen. Ich kriegte eins neben das Auge, war einige Tage bedrückt und machte mindestens zwei Wochen lang auf meine Freunde einen unsymmetrischen Eindruck. Selim hätte mich am schnellsten trösten können: mit einer taktischen Analyse. »Das nächste Mal«, hätte er vielleicht gesagt, »mußt du nicht auf den achten, der redet, sondern darauf, wo die anderen stehen« – und dann hätte er mir etwas Unterricht im Kräfteschätzen und Raufen gegeben. Nichts tröstet mehr als der Gedanke, beim nächsten Mal gescheiter zu sein.

Trotzdem hatte Ayşe recht: »Haß« ist das Schild, das schließlich auf die Leiche des Erzählens geklebt wird. Man muß aber erst einmal gegen dessen Tod kämpfen.

Ich lege die Seiten über Ayşes Leben zum unfertigen Roman. Vielleicht schreibe ich ihn 1984 weiter. Nach dem großen Streit mit Selim in der Julihitze von Muğla ist es nicht mehr wahrscheinlich, daß ich sein weiteres Leben werde verfolgen können.

Das kam so:

Zwei Tage lang vertrugen wir uns gut und machten Ausflü-

ge. Wir hatten vereinbart, daß ich ein paar alte Freunde in Kiel von ihm grüßen sollte, er gab mir ihre Adressen, erwähnte aber Dörte nicht mehr. Und ich setzte durch, daß ich ihm Geld schicken durfte. Nur leihweise, darauf bestand er.

Aber dann kamen wir auf die türkische Politik. Ich fand in ihm einen kompromißlosen Befürworter der Militärdiktatur, einen Anhänger von »Ruhe und Ordnung«, wie er sich in der Bundesrepublik kaum ans Tageslicht wagen würde. Ich dachte: das also ist der wahre Selim. Und: ich hätte es wissen müssen.

Selim sagte: »Du hast keine Ahnung – tut mir leid. Um die Probleme der Türkei zu lösen, muß die Regierung hart sein. Wir haben zu viele Feinde: Terroristen, Separatisten, gotteslästerliche Fanatiker als Nachbarn im Osten. Nur ein Atatürk kann mit alldem fertig werden, oder einer, der in seinem Sinn handelt.«

»Aber Foltern, Parteien unterdrücken, ganze Dörfer dem Erdboden gleichmachen?«

Er wurde wütend und verteidigte sowohl Atatürk als auch die jetzige Regierung. Ich rief, er falle auf Propaganda herein, Atatürk wäre sicherlich gegen den jetzigen Zustand eingetreten. Darauf nannte er mich ein Opfer von Propagandisten und Wichtigtuern im Westen; ich glaubte offenbar jedem hysterischen Schwätzer, ich sei wie ein unwissendes Kind. Ich wußte aber, oder meinte zu wissen, daß man die Nachrichten aus der Türkei damit nicht abtun konnte, und hielt Selim einen Vortrag über Demokratie und Meinungsfreiheit. Damit ging alles von vorne los.

»Ich kenne euer System, und ich kenne unseres«, sagte Selim, »ich habe unter beiden gelebt. Wieso glaubst du mir nicht, kannst du einem Freund nicht glauben? Freut euch doch an eurer Demokratie und an den Zeitungen, die alles schreiben, und entfaltet eure Persönlichkeit und so weiter! Ihr habt andere Sorgen als wir. Reiche Leute haben andere Sorgen als arme. Nur: Sagt uns nicht, was wir tun sollen, laßt die Besserwisserei bleiben!«

So ging es weiter. Wir tranken Rakı, der dafür bekannt ist, daß er den Diskussionen etwas zu viel Biß gibt. Ich fühlte mich von Selim enttäuscht. Was mich in Wut stürzte, war aber noch etwas anderes: er gab Beispiele für die, wie er es darstellte, »Greuelpropaganda« der politisch und militärisch Unterlegenen: »Natürlich behaupten kurdische Terroristen über die Türken furchtbare Dinge, sie wollen sie als Menschenfresser darstellen. Gut, würde ich auch machen, wenn ich kämpfe und das Ausland brauche. Aber es sind schlimme Erfindungen, giftige.« Beispiel: Ein türkischer Offizier habe einem kleinen Mädchen durch die Füße geschossen, weil es die Aufständischen aufgesucht und ihnen das Lager der Regierungstruppen verraten habe. Das sei reine Lüge. Es habe eine Untersuchung gegeben: Dieses Mädchen sei frei erfunden.

In meinen Ohren dröhnte es, ich fühlte mich persönlich gemeint, verspottet – schließlich kannte er meine Geschichte aus dem Warschauer Ghetto! Ich stand auf, packte meinen Koffer und verließ das Haus. Er rief mir nach: »Dein Geld brauche ich nicht! Geld nehme ich nur von Freunden!« Ich erinnere mich noch, daß ich im Garten stolperte, weil mir eines seiner Hühner vor die Beine lief. Er hatte eine Zwerghuhnzucht begonnen, liebte Hühner über alles. Ich hasse das Federvieh mit derselben Gründlichkeit – sogar das schien mir in jenem Moment einen Schlußstrich nahezulegen. Ich nahm mir ein Taxi nach Izmir.

Mein Verhalten war kindisch und übertrieben, aber Selim war in derselben Stimmung und machte keinen Versuch, mich aufzuhalten – auch er war enttäuscht. Jeder von uns hatte das Gefühl, der andere habe sich nun als das demaskiert, was er war. Gut, dann eben so! Ohne Sentimentalität die Konsequenz ziehen!

Und danach? Ich gestand mir einige Tage später ein, daß ich meiner eigenen Maxime untreu geworden war. Ich hatte mich vor dem Kampf der Argumente gedrückt, bei dem jeder akzeptiert, daß der Bessere siegen kann. Ich hatte Selim

402

nicht als Freund respektiert, sondern mich für einige ver-
hängnisvolle Minuten aufs Ignorieren, Erledigen, Ausschalten verlegt. Und hatte damit bewiesen, wie wenig bei mir
vom Geist des Ringens hängengeblieben war.

Ich schrieb ihm zwei Wochen später einen Brief, erklärte
noch einmal meinen Standpunkt, räumte ein, daß ich mich
unfreundschaftlich benommen hätte. Dafür bäte ich um
Entschuldigung.

Keine Antwort. Ich versuchte ihn telephonisch über seinen
Nachbarn zu erreichen – erfolglos, denn dieser war umgezo-
gen, es meldete sich ein Unbekannter in einem anderen Teil
der Stadt.

Er hätte die Größe haben müssen, auf mein Versöhnungsan-
gebot zu antworten. Freundschaft? Ich weiß es jetzt nicht
mehr. Natürlich würde ich gern wissen, wie es mit ihm weitergeht.

Was habe ich nicht alles über Selim geschrieben – und doch
nichts begriffen! Nein, Schluß mit dem Wahn, ich verstünde
ihn oder irgend jemand anders oder sonst etwas! Ab jetzt
nur noch Geschichten, die sich nicht als die Wahrheit ausgeben.

Rückblick auf 1983: ein Jahr der Veränderungen, nicht nur
in puncto Selim. Nach Degerndorf gezogen; die Redeschule
im Haus am Hang weiterbetrieben, weniger engagiert, aber
ziemlich erfolgreich; seltsamerweise mit der Industrie ins
Geschäft gekommen, was Pressel nie geschafft hat. Nach
seinem Verfahren wegen Steuerhinterziehung hat er sich in
den Stillen Ozean abgesetzt – gut, soll er den zum Reden
bringen!

Seit Gisela und ich wieder zusammen sind, betreibe ich die
Schule nur noch als guten Job: mit Zufriedenheit, aber nicht
länger als vier Stunden täglich. Was mich stört, ist allenfalls
die dauernde Fliegerei nach Bonn. Nicht mehr lange, und
ich werde zum Ehrenpiloten ernannt, weil ich die Strecke so
gut im Kopf habe. Ich beneide meine Mutter, die pro Jahr
ebenso viele Flugstunden absolviert, aber sehr viel weiter

herumkommt. Sie genießt, photographiert, macht Skizzen,
schreibt Ansichtskarten. Silvester feiert sie mit Freundinnen
auf den Seychellen.

In den Firmen, die ich beraten habe, werden nur noch Reden
gehalten, die etwas erzählen. Man traut mir inzwischen so-
gar theoretische Ausführungen über das Erzählen zu und
verlangt, daß ich sie zu Papier bringe. Ich habe aber nur
Gesichtspunkte und ein paar Behauptungen zu bieten, die
ich wohlweislich nicht zu beweisen versuche. Vor Weihnach-
ten kam das Angebot eines Wirtschaftsinstituts, ich solle
einen Vortrag über »Narrative Ökonomie« halten. Natür-
lich nur, wenn es so etwas gäbe. Vielleicht muß ich im neuen
Jahr einige Wochen in Klausur und mir etwas Vernünftiges
dazu ausdenken.

Neujahrsgrüße von überall. Seit man mich aus dem Fernse-
hen kennt, tun sich Verbindungen zu längst verschollenen
Bekannten wieder auf. Nagel ist Metallunternehmer und zu-
gleich Sympathisant der Friedensbewegung, Jessen Frak-
tionskollege von Gisela, Robitsch ist Institutsdirektor, hat
sechs Kinder und singt mit ihnen auf sudetendeutschen Hei-
matabenden. Seine Frau macht nur die Ansagen und das
Geschäftliche, sie ist unmusikalisch.

Aus Südfrankreich kommt eine Kunstkarte des ehemaligen
Gefreiten Sieglreitmayer, mit einem von ihm selbst gemalten
Bild, das ich scheußlich finde. Er hat es mit einer riesig
langen Schriftschlange signiert, die den gesamten unteren
Bildrand einnimmt: »Josef Anton Sieglreitmayer-Nîmes.«
An zu geringem Selbstbewußtsein scheint er nicht mehr zu
kranken.

1. Januar 1984

Vielversprechender Jahresbeginn: Den ganzen Morgen an
meinem Diktiergerät gebastelt, damit ich es auf Autofahrten
benutzen kann. Jetzt hat es ein externes Mikrophon, das ich
mir ans Revers stecke wie im Fernsehstudio, und eine draht-
lose Fernbedienung, dank derer ich keine Hand mehr vom

Lenkrad nehmen muß. Sehr sinnig, denn ich habe mir gleichzeitig vorgenommen, im neuen Jahr dem Fahrrad und der Bahn den Vorzug zu geben.
Immerhin, die Sache funktioniert.

Nachtrag am 4. Januar 1984
In der Münchner Kunstszene ist Sieglreitmayer offenbar bestens bekannt. Wie ich höre, sind im Moment besonders seine »Apokalyptischen Zyklen« gefragt. Er verdient ausgezeichnet, da er, die Katastrophe immer vor Augen, wie ein Rasender arbeitet.

Zwölftes Kapitel
Leichtes und schweres Erzählen

21. Februar 1986
*Berliner Filmfestspiele. Neun-Stunden-Film »Shoah« von
Claude Lanzmann: die Erinnerung von Juden, die die Ver-
nichtungslager überlebt haben, daneben die von anderen
Zeugen und einigen der damaligen Täter. Keine Dokumentaraufnahmen im herkömmlichen Sinn, sondern Orte und
Menschen heute – und was sie erzählen. Ungeschützte Gesichter, zunächst beherrscht, dann erschüttert, spiegeln
Erinnerung. Andere Gesichter, in biedermännischer Maske
gefroren, innerlich zerfahren, mit einem Reden, das sich
selbst nicht glauben kann. Es gibt nichts Überzeugenderes
als diese Gesichter, die einen und die anderen.
Kein niederdrückendes, einschnürendes, die Nachdenklichkeit lähmendes Erlebnis wie so oft, sondern etwas wie ein
Geschenk, eine Befreiung.
Gisela erzählt, daß sie als Schülerin in Frechen, bei der Vorführung eines Dokumentarfilms über die Konzentrationsla-
ger, als einzige wie in Panik hinausgerannt und dann eine
Stunde in der Stadt hin- und hergegangen sei; sie habe die
Situation – Schüler starren aus dem Kinosessel auf Bilder
von ausgemergelten nackten Leichnamen – plötzlich wie
eine weitere Demütigung der Opfer empfunden und sich
von diesem Gedanken nicht mehr lösen können.
Warum meine wichtigste Verbindung zum Thema Shoah die
Geschichte von dem kleinen Mädchen im Warschauer Ghetto war: sie war mir erzählt worden, mündlich, von einer
Stimme im Radio, der ich glaubte. Ich stellte mir das Gesicht
vor, und das Erzählte mit ihm, und so war es für mich*

bewegender und bestimmender als alle Dokumentarphotos
und rechnerischen Fakten der Vernichtung. Unmenschlich-
keit ist weder durch grausige Beweise noch durch Zahlen
schon fühlbar. Sie wird es nur als Geschichte.

138.

20. März 1986
Stichworte für den Vortrag in Kiel. Wie soll ich anfangen?
Am besten mit einer »Es-war-einmal«-Geschichte. Und
dann:

»...damit, meine sehr verehrten Damen und Herren vom
Institut für Weltwirtschaft, sind wir beim Erzählen angelangt...«

Gefällt mir nicht.
»Über das Erzählen«. Was könnten sie erwarten, die Welt-
wirtschaftler? Die Frage nach der Objektivität: jedesmal
wird ein Teil Wahrheit mitgeschmuggelt, aber jedesmal auch
ein Teil Erfindung. Beides untrennbar. Wahrheitsgemäßes
Erfinden, phantasievolles Bekennen? Entsprechend wider-
sprüchlich die Empfehlungen: »Man soll eine gut erzählte
Geschichte nicht durch die Wahrheit verderben« (keltisches
Sprichwort) – »Mit Lügen kommt man durch die ganze
Welt, aber nicht mehr zurück« (polnisches Sprichwort).
Dann: es wird nicht nur mit Worten erzählt. Manche tun es
durch ihr Handeln und Leben und durch den Tod. Selbst-
mord ist eine Art, eine Geschichte zu Ende zu erzählen, und
das Riskieren des Lebens ebenfalls. Es gibt da Berührungs-
punkte zwischen Erzählen und Bezahlen, sie könnten die
Wirtschaftler interessieren. Wer entschieden hat, welche Ge-
schichte er mit seinem Leben erzählen will, lebt möglicher-
weise folgerichtiger, aber wenn er sich irrt, tut er auch das

gründlicher, und je allgemeiner die Geschichte, desto schlimmer für alle: das Lebensgarn einzelner wird Weltkatastrophe.

Es gibt kein pures Erzählen »des« Allgemeinen, schon weil es Individuen sind, die das versuchen, und sie müssen immer miterzählen, warum sie dazu angeblich als einzige fähig sind.

Es gibt auch nicht die »allgemeine Rede«, an die ich früher einmal glaubte. Lag's an Plato oder an dem, was die Schule aus ihm machte? Ich versuchte, den Einzelheiten ihre mich irritierende Wirkung zu nehmen, indem ich sie wahllos sammelte wie Zigarettenbildchen: ein wandelndes Lexikon wollte ich werden, in dem alles Einzigartige auf gleiche Weise geringgeachtet wurde, nämlich als Beispiel für das (noch zu ermittelnde) Allgemeine. Die »Wissenskartei«, dieses private Bildungswesen meiner Jugend: lauter braune DIN-A5-Couverts mit Aufschriften wie »USA, westlicher Teil« oder »Außergewöhnliche Ereignisse ab 1950« oder »Biologie II: Andere Säugetiere«. Da strandet nun Mitte der fünfziger Jahre ein Wal in Kalifornien. Wohin mit ihm, in welches Couvert? Und so ähnlich redete ich auch: panoramatische Gleichzeitigkeit der vielen Einzelteile eines Ganzen, das, so glaubte ich, mein Thema wäre. Ich war damit, auch ohne die Schwierigkeiten des verprügelten Linkshänders, fürs Steckenbleiben programmiert.

»Wie Sie wissen, meine sehr verehrten ...«

»Vom Kieler Institut für Weltwirtschaft ging seinerzeit der gute Vorschlag aus, türkische Arbeiter zur Weiterbildung nach Deutschland zu holen. Diese sollten später als Facharbeiter zur Verfügung stehen, wenn deutsches Kapital in die Türkei ...«

Vielleicht könnte ich mit dem Buch »Welternährungswirtschaft« von Fritz Baade anfangen, dem vormaligen Direktor des Instituts. Damit, daß ich seine Thesen über Welternäh-

rungswirtschaft in meiner Soldatenzeit zur Offenbarung er-
klärt habe. So änderten sich die Zeiten, werde ich sagen –
und damit seien wir schon beim Grundstoff des Erzäh-
lens... nein, auch nicht.

»Wie bekannt, wird die rechte Körperseite von der linken
Hemisphäre des Gehirns gesteuert, die linke Seite von der
rechten Hemisphäre.«

Schon höre ich wieder das höhnische »Bravo«, ich vergesse
nie etwas.

»Von Wirtschaft verstehe ich gar nichts, da ich mein Studium noch rechtzeitig abgebrochen habe. Ich kann Ihnen
daher nur...«
    Und dann muß es kommen.

139.

(Tonbandnotizen auf der Autofahrt nach Kiel)

Die Sprache begann mit Warnrufen, Drohungen und Wünschen: »Da!«, »Hinter dir!«, »Nimm dich vor mir in acht,
du!« »Ich will dich!« »Gib mir was ab!« Wie der Neander-
taler das genau sagte, wissen wir nicht, aber auf diese Inhalte kam es ihm zunächst einmal an. Und so begann er gewiß
auch zu erzählen: Ich hier, ich esse, er dort, er will was. Er
kommt, wir kämpfen.
    Und jetzt ein Erzähler unserer Tage: er wirkt unkonzen-
triert, räuspert sich ständig, raucht, fragt: Wo war ich stehengeblieben? Sein Wortschatz ist nicht groß, seine Grammatik hat Mängel. Sein Gesichtsausdruck ist meist eher un-
belebt, gleichgültig wie der eines Pokerspielers. Er hält sich
mit Details auf, überlegt des längeren, ob das wirklich an

einem Donnerstag war und ob der Mann, von dem er spricht, aus dem Norden oder aus dem Süden kam. Er verliert den Faden, weil ihm etwas einfällt, lacht schon im voraus, falls es ihm lustig vorkommt. Wenn die Zuhörer auf eine Pointe warten, gibt er diesem Wunsch nicht ohne weiteres nach, er kann da verdammt hart sein. Jedem Versuch der Beschleunigung begegnet er mit: »Moment, das kommt doch erst!« Er selbst scheint zeitweise die meiste Freude daran zu haben, daß die Geschichte immer noch nicht zu Ende ist. Nicht einmal übersichtlich sind seine Geschichten: er scheint magisch angezogen von seltsamen, gänzlich unwichtigen Einzelheiten am Rande, zum Beispiel, daß sein Kampfgegner ständig ein Surfbrett auf dem Wagendach hatte, ohne je damit aufs Wasser zu gehen. Oder daß es an jenem Abend war, an dem die elektrische Birne in der Küche durchbrannte, er wisse das, weil er gerade unterwegs gewesen sei, um bei X, einem Freund aus der Schulzeit – bißchen komisch sei der seitdem geworden, aber immer hilfsbereit (»davon später«) –, eine Ersatzbirne zu leihen, eine Sechziger, denn von den Hundertern würde die Lampe zu heiß. Auch Fragen können ihn nicht hetzen. Genießerisch verrät er: »Warte, davon erzähle ich doch gerade!«

Sie denken, ich beschriebe einen schlechten Erzähler? So etwas, sagen Sie, könne man sich vielleicht in der Literatur gefallen lassen, aber nicht im Gespräch? Dann wissen Sie noch nicht, wodurch Spannung entsteht: jedenfalls nicht durch Geschwindigkeit. Nein, eben der Beschriebene ist ein geborener Erzähler, der beste, den ich je kennengelernt habe. Er schafft seinen eigenen Raum, seine eigene Zeit. Verkürzung ist der Tod des Erzählens, und davon überzeugt er früher oder später jeden. Die Ungeduldigen macht er geduldig, Fragestellern zeigt er heiter, was ihn selbst interessiert und was nicht – und lehrt sie zuhören. Wer bei ihm Kunst und Brillanz vermißt, der begreift nach einiger Zeit, daß es um die Sache geht, um die eine Sache, die immer der Gegenstand des Erzählens ist: das krause Detail, das scheinbar

Unwichtige, Unvorhergesehene, das sich aus kleinsten Zufällen summiert und dann über alles entscheidet: Herrschaft der paradoxen Wendungen, des Humors also, und oft eines tragikomischen. Äußerlich scheint er darauf auszusein, Geschichten vom Gelingen zu liefern, er fängt auch so an. Aber was entsteht daraus unter seinen Händen? Die Story von der immerwährenden Pleite aller menschlichen Pläne, vom weltweiten Fiasko des Linkshirns. Und immer auch von der Niederlage derer, die glauben, Geschichten müßten mit befriedigenden Erklärungen enden. Er erzählt die Geschichte der jungen Drogenabhängigen, die er mit Gewalt aus den Fängen von Menschenhändlern befreit hat, »toll«, sagt der Zuhörer, »Moment, hör mal weiter!«, erwidert er und endet mit der eigenen Unfähigkeit, die Rettung zu vollenden, und mit dem Herointod des Mädchens. Oder er beschreibt den Kampf einer anderen Frau gegen die Gleichgültigkeit der Fernsehbürger, und wie recht sie damit hatte, und wieder landet er bei einem unbegreiflichen, unsinnigen Ende. Er will es sich leicht machen, so leicht wie möglich, jedesmal, aber er kommt zuverlässig ins Schwere hinein, auch im eigenen Alltag. Denn das ist sowohl sein Thema als auch sein Leben.

Wie man im Auto nachdenken und ins Diktaphon sprechen kann. Erstens: kleiner Hebel zum Ein- und Ausschalten hinterm Lenkrad. Zweitens: nicht über hundertzehn Stundenkilometer fahren, zwischen den Lastwagen bleiben und reichlich Abstand halten. Auf Schlauheit verzichten, fahren wie ein Möbeltransport mit Glasschrank! Die Geschwindigkeit der Gedanken steht zu der des Autos in umgekehrt proportionalem Verhältnis. Raststätte Würzburg scheint mir zu voll, ich trinke meinen Kaffee lieber im Spessart.

Selim ist wie ein Berg, von dem aus sich in die Ferne blicken läßt. Er richtet sich nach niemandem, sondern steht da und sammelt die Geschichten, die ihm der Wind zuweht oder die auf der eigenen Riesenfläche wachsen, er sammelt sie und zeigt sie. Zwischen Anfang und Ende des Erzählens kann ihn nichts beirren – Unterbrechungen machen ihn nicht nervös, und nichts tut ihm weh.

Seine Unbewegtheit, sein Pokergesicht? Nichts als das Spiegelbild seines Zuhörers, und dazu die beste Ausgangsstellung, um irgendwann, von einem Moment auf den anderen, ins Leuchten zu kommen, ins Lachen oder zur Explosion eines Zorns oder einer barbarischen Verschlagenheit – wenn es das ist, was er erzählen will.

Sein Umgang mit der Sprache? Man unterschätze ihn nicht! Die Unbeholfenheit seiner Grammatik, sein Radebrechen, sein Dialekt womöglich – auch diese setzen Zeichen gegen die Glätte, er pflegt das geradezu. Sein Wortschatz? Mit dreihundert Vokabeln bildet er mehr Analogien, Wortspiele, Winkelzüge als andere mit sechstausend. Er hält sich an die Bilder, die kostbaren Bilder, die durch seine Wörter im Zuhörer entstehen – was er sehr gut weiß. Mit ihnen kann er alles.

Ich spreche, wenn ich den Erzähler schildere, immer noch von diesem einen. Er kam von weit her, sein Deutsch war fehlerhaft. Aber er erzählte. Verzweigte Geschichten mit vielen Menschen liebte er, aber auch schnelle Sprüche. »Ihr Angeber«, sagte er einmal, »bei euch hat die Hand fünf Finger. Das können wir auch, wenn wir den Daumen mitzählen.«

Pure Erfindung, minimaler Wortschatz, sicheres Gelächter. Oder: »Hier hat der Tisch vier Beine, das bin ich noch nicht gewohnt.« Erstaunte Reaktion: fallen in der Türkei die Tische um? »Nein, aber bei uns haben sie zwei Beine und zwei Arme.« Wie bitte? »Früher, als wir noch reisten, hatten nicht mal die Reichen Tische, sie aßen vom Rücken anderer. Später, wir hatten schon feste Dörfer, da bauten wir die Sklaven aus Holz nach – glaubst du wieder nicht, was? Wir haben den Tisch erfunden, da habt ihr noch nicht gewußt, was man mit den Händen macht.«

Er braucht auch fürs längere Erzählen nicht den Wortschatz eines Dichters, und kein kunstvolles Lyrisieren ist nötig. Sein Himmel muß nicht blauseiden schimmern, und im Blick eines Helden müssen sich nicht Reste von Stolz und Kraft mit dem müden Fatalismus des Erfolglosen mischen. Er sagt: »Das Wetter war gut« und: »Der Typ war aus Aschaffenburg, Berufsringer, irgendwie kaputt.« Er malt keine Bilder, sondern nennt die Namen derer, die längst da sind: im Zuhörer. Zauber entsteht durch etwas anderes: durch den seltsamen, verzögerten, aber ganz und gar sicheren Rhythmus seiner Fortbewegung – drei vor, eins zurück, entsprechend der Marschmusik der osmanischen Janitscharen.

Seine Sturheit? Sie ist ebendafür nötig. Es ist die aufmerksamste, beweglichste Sturheit, die es überhaupt gibt. Er nimmt wahr, wie es den Zuhörern geht, er lernt über sie immer mehr, je länger er zu ihnen spricht. Aber er weiß, wo er hinwill: er will sie nicht nach ihren Wünschen bedienen, sondern in jene Lähmung ihres Freiheits- und Zeitsinns versetzen, mittels derer er sie bewegen kann. So wie es bei Tierkindern die Natur vorsieht: wenn die Mutter sie am Nackenfell greift, verfallen sie in die Tragstarre. Erzählen hebt auf und trägt, es übt zu diesem Zweck so etwas wie Gewalt aus, und also gibt es kein Erzählen ohne Verantwortung. Der Erzähler, den ich hier beschreibe, wußte es, er lebte mit seiner Gabe schon eine Weile. Er hatte viel ausprobiert, von der Lüge bis zur Wahrheit, und er kannte die Wirkungen. Er ist es auch, von dem die Idee stammt, man müsse zwischen leichtem und schwerem Erzählen unterscheiden. Er hat es nicht mehr erklärt, er ist mir leider abhanden gekommen.

Ich muß bald die Kassette umdrehen.

Hinter Fulda zog sich der Himmel zu, jetzt prasselt der Platzregen.

140

(Fortsetzung der Tonbandnotizen)

Selim war der Überzeugung, daß auf deutschen Bahnhöfen beim Abschied mehr geweint würde als auf türkischen. Das hinge wahrscheinlich mit Erinnerungen an den Krieg zusammen. Es seien damals viele in Züge eingestiegen und nicht wiedergekommen. Ich antwortete: »Aber jeder weiß doch, daß wir heute keinen Krieg mehr haben.« Er räumte selbst ein, er habe vielleicht zufällig an einem Tag besonders viele Abschiedstränen gesehen. Wichtig war daran, daß er überhaupt auf so eine Erklärung kam. Sie enthielt eine Wahrheit, für die er als Erzähler einen Blick hatte.

Eine ältere Dame sprach gestern über eine bestimmte Passage des Films »Shoah«, der inzwischen im Fernsehen gekommen ist. Sie erwähnte die Erzählung einer Jüdin, die den Transporten entgangen war und in einem Berliner Versteck überlebt hatte.

»Ich habe«, sagte diese Dame, die bis 1942 in einer Münchener Klinik Krankenschwester war, »die damalige Atmosphäre von zermürbender Angst und Feigheit noch in den Knochen.«

Nicht hingucken, nichts sagen – so habe man versucht, sich von der Tatsache der Abtransporte möglichst wenig berühren zu lassen. Aber es sei nun einmal so: Man könne zwar die Augen abwenden oder von anderen Dingen reden, aber niemand könne vermeiden, daß seine Ohren etwas hörten: Schreie, Befehle, oder auch nur Vermutungen.

Es »sitzt in den Knochen«, es wird wieder fühlbar. Weniger durch Berge von Geschriebenem, nicht einmal durch Dokumentaraufnahmen, sondern vor allem durch Worte, die aus menschlichen Gesichtern kommen.

In »Shoah« stehen Menschen da und wollen erzählen, sie kämpfen darum, es herauszubringen; es ist, weil es von der eigenen Niederlage und von der Auslöschung des eigenen

Glaubens an das Leben handelt, das schwerste Erzählen überhaupt.

Immer wieder Wiesen, Wälder, Ruhe in diesem Film, unbeteiligte Natur dort, wo die Lager waren, schwer erkennbare Spuren. Ich sehe durch Regenschleier ins Niedersächsische und denke, alle Landschaft ist etwas Ruhiges, aber irgend etwas Jähes und Schlimmes verbirgt sich in ihr immer – entweder ist es schon passiert, vielleicht vor langer Zeit, oder es kommt noch.

Der Film setzt Selbsterkenntnis in Gang, ich weiß immer noch nicht genau, wie er es schafft.

Ich »beschäftigte« mich immer wieder einmal mit der Vergangenheit, aber es war eher ein Versuch, mich durch dieses Beschäftigtsein loszukaufen von der Arbeit der Erkenntnis. Sie unterblieb, und so kam ich von dem Thema nie frei.

Ich nehme jetzt gelassener wahr, wo ich herkomme, wofür ich Verantwortung zu übernehmen habe, ohne eine mystische Mitschuld wie einen Religionsersatz zu pflegen. Ich nehme wahr, worauf ich, ohne aufdringliches Theater, in aller Ruhe werde achtgeben müssen, bei mir selbst mehr als bei anderen.

Ziemlich lange Abschweifung. Hannover liegt hinter mir, und der Vortrag steht immer noch nicht. Soll ich über »Shoah« berichten? Was ergibt sich daraus für das Erzählen?

Nichts! Keine Nutzanwendung etwa, wie zu reden sei, Himmel nein! Soll jeder froh sein, der nicht über so Entsetzliches zu sprechen hat, jeder, der Schöneres erzählen kann und dem dabei auch ein wenig Spielraum bleibt, weil er sich keiner furchtbaren Wahrheit unterordnen muß!

Dennoch: in einer grundlegenden Weise ermutigt mich dieser Film in meiner Verehrung der menschlichen Rede, denn er ist ein leuchtendes Denkmal für das, was ihr möglich ist, ihr allein: sie ist ein Geschenk an die Menschheit. Ich freue mich, wenn sie etwas bewirkt, denn ich bin und bleibe einer ihrer Fans. Ich wäre es sicher auch als Stummer oder Stotterer.

Etwas in dieser Richtung könnte ich sagen, und schlicht dazu auffordern, für diesen Film alles andere abzublasen, selbst Teile der Weltwirtschaft.

141.

(Zweite Kassette. Fortsetzung der Tonbandnotizen)

Selim mag bei einem, der ihn nicht kennt, den Anschein der Leichtigkeit erwecken, schon weil er eben gern erzählt. Er mag Späße machen oder jemandem einen Bären aufbinden – eins gibt es immer, das ihn zuverlässig dazu bringt, es sich nicht allzu leicht zu machen: sein Interesse am Zuhörer. Denn den braucht er.

Es ist zum Beispiel nicht leicht, einem Verrückten von Vernunft zu erzählen, oder einem Größenwahnsinnigen von Freundschaft, oder einem Hassenden von Liebe – der Erzähler wird trotzdem die Gelegenheit nutzen, es zu versuchen. So etwas wie sportlicher Ehrgeiz überkommt ihn: er will packen, überraschen, bewegen, ändern! Dem Übermütigen von Gefahr und Ernst zu erzählen, dem Furchtsamen vom Abenteuer, dem Skeptiker vom Glauben oder dem Verzweifelten überhaupt von irgend etwas – er wird es probieren. Selim hat sogar einmal eine Nacht lang versucht, einem Homosexuellen zu schildern, wie schön es mit Frauen sein könne – es fehlte ihm dafür nicht an Geschichten. Er wurde zornig, als der andere ihm irgendwann sagte, das bedeute ihm nichts. Eine Niederlage, aber Selim selbst erzählte davon. Er nannte nie den Namen des nächtlichen Zuhörers, obwohl er ihn seit der gemeinsamen Zeit auf einem Fischdampfer nicht mehr sehr schätzte.

Oder dieser sechzehnjährige Junge, der letzte Überlebende seiner Familie aus einem kurdischen Dorf nach Kämpfen mit Regierungstruppen – er wohnte bei einem Mann, der ihn nach Berlin mitgenommen hatte und als seinen Sohn ausgab. Automechaniker wollte er werden, nur dieses Wort brachte er heraus, sonst war er stumm – er mußte Schreckliches gesehen haben. Man kannte nicht einmal seinen genauen Namen, Selim nannte ihn »Keko« und erzählte ihm hin und wieder etwas, meist technische Einzelheiten aus Bauschlosserei und Schiffbau, es ging etwa um Tricks beim Schweißen. Er wollte, daß Keko überhaupt zu reden begann, und irgendwann tat der es wirklich: Selim hatte über Karosseriebau mit Absicht leichten Unsinn geredet. Er durfte dem Jungen nicht des Mitleids verdächtig werden – der wäre weggeblieben. Er wollte für voll genommen werden, das allein war sein Trost.

Dem Erzähler Selim war vielleicht nicht einmal klar, daß ein allgemeines »Kopf hoch«-Geschwätz nicht weiterhalf – was er wußte, war: so etwas war ihm langweilig, und deshalb unterließ er es. Er wandte seine erzählerische List nicht aus Güte an, sondern weil ihn interessierte, ob sie Erfolg hatte, und weil er gespannt darauf war, wie Keko sich verhalten würde. Er tat das Schwierige, weil er auch von ihm – später – erzählen wollte.

Es gibt ein zu Unrecht so genanntes Erzählen, das nichts mit den Menschen zu tun hat, die zuhören müssen. Da sind die manisch getriebenen Witzeerzähler, die unermüdlichen Lieferanten von Gehörtem und Erlauschtem, die Musterschüler, die ihre ganze Klugheit auf einmal hersagen müssen, ferner Exhibitionisten, die gerade dem völlig Unbekannten ihr Intimstes auftun, weil sie ihn nie wiedersehen werden – sie mißbrauchen ihn, wenn er genügend in Höflichkeit befangen ist, für eine Art Entsorgung. All das ist viel weniger als leichtes Erzählen: es ist Müll.

Erst durch den Respekt vor dem Zuhörer verdient Kommunikation – selten genug! – den Namen Erzählen. Respekt ist nichts Lebloses oder nur Regelhaftes, er verlangt Beobachtung und Gedächtnis.

Einem wie Selim (es ist unwichtig, ob er gerade wahr spricht oder etwas erfindet) fällt beim Erzählen leicht, es sich schwerzumachen. Er liebt das, und dadurch ist es ihm unmöglich, gleichgültig oder hartherzig zu bleiben, selbst wenn er größten Wert darauf legt, ein zweiter Al Capone zu sein. Hartherzigkeit ist eine Mangelkrankheit der Phantasie. Bei einem Erzähler wie Selim kann sich dieser Mangel nicht halten.

Wenn es nur genügend Menschen möglich wäre, zu erzählen und dabei die eigenen Schwächen, die Lebensniederlagen, Erniedrigungen und Selbsterniedrigungen, das Unwissen, Unvermögen und Versagen mitzuerzählen! Es würde dazu beitragen, die Gleichgültigkeit hinwegzufegen.

Allerdings ist nichts schon dadurch wahrhaftig erzählt, daß es sich aus Beweisbarem und Zutreffendem zusammensetzt. Es gibt Tatsachen, die der verlogenen Selbstdarstellung dienen, es gibt aufdringliches, eitles Bekennen.

Auch Selim liebt die Wahrheit, aber er begegnet ihr als freier Mann. Wer der Wahrheit sklavisch dient, liebt sie nicht. Selim weiß, daß sie ungern persönlich in Erscheinung tritt, sondern es vorzieht, sich von Abertausenden von Geschichten annäherungsweise nachbilden zu lassen. Sie selbst steht amüsiert daneben und sieht zu. Ihre Liebhaber wissen das.

Manchmal denke ich, daß die Geschichten einander besser kennen als die Erzähler: Texte rufen und antworten, Figuren sind miteinander im Gespräch, es gibt ein riesiges Beziehungsgeflecht von unerhörten Begebenheiten, Happy-Ends, Anekdoten, Krankengeschichten, Romanen, ohne daß ihre Wege genau zu verfolgen sind. In diesem Geflecht sind wir mehr zu Hause als im eigenen Garten. Erzählen ist innerer Wohnungs- und Städtebau. Es ist ins Zeitliche gewendete Architektur, schafft Grundlagen für alle Fragen und Entscheidungen, heilt von Demütigungen, macht sogar hin und wieder augenzwinkernd Fehlschläge zu Erfolgen. Vor allem ist es das große, das überragende Mittel gegen Einsamkeit.

Wer eine Geschichte zu erzählen hat, ist ebenso wenig einsam wie der, der einer Geschichte zuhört. Und solange es noch irgend jemand gibt, der Geschichten hören will, hat es Sinn, so zu leben, daß man eine zu erzählen hat. Man könnte das eine »Geschichten-Währung« nennen. Das Gold bekam im Mittelalter nur deshalb als allgemeines Zahlungsmittel wieder Bedeutung, weil es jemanden gab, der etwas damit anfangen konnte: die Kirche beim Bau neuer Gotteshäuser. Die Zigarettenwährung nach dem Krieg funktionierte auch für Nichtraucher, aber nur weil es Raucher gab. Und auch Geschichten hört man oft allein mit dem Interesse derjenigen Menschen, an die man sie besonders gern weitergeben wird.

Das Erzählen trägt uns wie die See den Seemann: nichts wird durch sie sicherer, nur er selbst.

23. März 1986 (Palmsonntag)

Das Hotelfrühstück natürlich wieder vom Buffett — man kann so teuer wohnen wie nur möglich, morgens muß man schlaftrunken herumstehen und studieren, wo es Besteck, Wurst, Käse oder Saft gibt, und sich um jede lumpige Semmel selbst kümmern! Wie zum Hohn wandert im Hintergrund ein einsamer Angestellter mit den Händen auf dem Rücken hin und her und nickt mir ermunternd zu — ich nehme an, in einer Aufwallung von Arbeitsfreude.

Erst allmählich finde ich nach diesem schlechten Start — dank Kaffee — wieder zu meinen besseren Fähigkeiten. Und zum Nachdenken über den Vortragsabend, der seltsam verlief.

Daß die Leute im Institut meine Ideen ganz abgelehnt hätten, kann ich eigentlich nicht sagen. Nur als ich Begriffe wie »Geschichtenwährung« und »Welterzählungswirtschaft« entwickelte, bekamen sie etwas Überkonzentriertes und legten die Köpfe schief — ein sicheres Zeichen dafür, daß sie das

Gesagte für kompletten Blödsinn hielten. Daß sie recht hatten, kann ich nicht ausschließen. Die Diskussion war spaßig. Über die ökonomischen Probleme der Dritten Welt wußten sie natürlich alles, über die »terms of tales« und den Story-Imperialismus glücklicherweise weniger. Weil das meine Erfindungen sind.

Ein Fundstück: der Statistiker, der einst Freistilringer gewesen ist, Bundesliga! Kurze, aber pfiffige Ausführungen über Griffe und Begriffe, Erzählen und Packen. Danach (bei dem bekannten »Glase Wein«) höfliche bis freundliche Stimmen. Einer, ein Fachmann für östliche Planwirtschaften, übernahm sogar eine meiner wichtigsten Ideen: »Nach dem, was ich heute von Ihnen gehört habe, schien mir Ihr Vortrag ausgesprochen linkshemisphärisch.« Ich reagierte wie Old Shatterhand, wenn die Indianer ihn fangen: »Das war es, was ich beabsichtigte!«

Ich merke, daß ich noch einmal losziehen muß, um das vergessene Frühstücksei zu holen. In diesem Moment nähert sich meinem Tisch ein junger Mann auf Turnschuhen, nicht groß, ziemlich hübsch, ein sportlicher Pykniker mit Energiebeulen auf der Stirn. Jetzt erkenne ich ihn: er war gestern bei meinem Vortrag.

»Guten Morgen, ich heiße Dirk Widuwilt...«

Damit weiß ich bereits fast alles, die Frage ist nur noch, was er selber weiß.

»Ich habe«, sagt er, »vor einigen Jahren erfahren, daß mein leiblicher Vater Türke ist, und zwar Ringer. Und da Sie so einen erwähnten, der sogar in Kiel war – es gibt ja verrückte Zufälle.«

»Das kann man sagen! Haben Ihre Eltern eine Bäckerei?«

»Ja. Das heißt, sie hatten eine.«

Das ist er, hundertprozentig, er sieht seinem Vater so ähnlich, daß man lachen könnte. Dazu aber der langsame Waterkantdialekt, man lacht noch mehr. Ich hatte, weil Selim bei unserem letzten Treffen den Kieler Sohn nicht mehr erwähnte, keine weitere Suche mehr vorgehabt. Vorher war ich zwar einmal zu Dörte, der Mutter, gegangen – es gab die Bäckerei noch –, war aber hochkant bei ihr abgeblitzt: sie wollte mir nicht einmal den Namen des Sohnes sagen. Ich hatte dann zu viel anderes zu tun, um das Einwohnermeldeamt oder gar Detektive zu bemühen. Und jetzt steht er vor mir!

Ich stelle erstaunt fest, daß ich völlig sachlich bleibe. Vielleicht werde ich abends dieses Treffen sentimentaler betrachten. Ich bestätige ihm, daß der erwähnte Selim wirklich sein Vater sei, und nenne die – vermutlich leider überholte – Adresse in Muğla. Über das Gefängnis, meine Romanversuche und den Streit schweige ich. Ich lade ihn ein, mit mir zu frühstücken. Er dankt mir und holt sich ohne langes Hin und Her auf einem einzigen Gang zum Buffett ein gewaltiges Frühstück zusammen.

»Sind Sie Sportler?« frage ich.

»Ich segle Regatten, wir haben einen Tornado. Also wir, das sind fünf Leute. Und dann fechte ich noch im Verein.«

»Was machen Sie beruflich?«

»Ich studiere noch. Informatik. – Könnten Sie mir von meinem Vater mehr erzählen?«

Ich weiß gar nicht, wo ich anfangen soll, und mache zunächst einen Vorschlag.

»Ich habe immer noch die Adressen von einigen alten Freunden Selims in Kiel, er hat sie mir vor drei Jahren in Muğla gegeben, bevor wir uns – verabschiedeten. Wir könnten zusammen hingehen…?« Er überlegt kurz und stimmt zu. Die Sache hat den Vorteil, daß ich jetzt einen Stadtkundigen dabeihabe.

Mevlut und Ömer sind nicht mehr in Kiel, Zeki ist tot, Ismet soll in der Türkei auch gestorben sein. Aber Niyazi ist noch da, und er wohnt in Gaarden. Sein jüngerer Sohn macht uns die Tür auf, grüßt höflich.

Niyazi ist ein magenkranker, faltenreicher Mann mit eisgrauen Haaren, der sich leicht ärgert. Seine stille, freundliche Frau dürfte es mit ihm schwer haben. Der ältere Sohn ist sofort nach dem achtzehnten Geburtstag aus dem Haus gegangen, der jüngere heißt Yurt und macht eine Friseurlehre. Er ist sichtlich stolz, daß er es geschafft hat, da heranzukommen.

Niyazi sagt: »Mit dem Schiffbau ist nicht mehr viel los. Jetzt hat der Staat viele Milliarden Mark reingepumpt, für neue Maschinen und so weiter. Aber mehr Aufträge kommen deswegen auch noch nicht. Und ich bin arbeitslos. Ich lese viel.« Er deutet mit verborgenem Stolz auf ein dickes türkisches Buch auf dem Tisch.

»Woher kommt das, ich meine, mit den Aufträgen?« frage ich. Es ist deutlich, daß er noch nicht von Selim sprechen will. Er ist vorsichtig.

»Bis Anfang der siebziger Jahre wurden wie verrückt Schiffe gebaut, und dann – dann waren eben zu viele da!« Er grinst mühsam. »Ich kann einem Schiff nicht sagen: Geh bitte nach vier Jahren unter, damit ein neues gebaut werden kann. 1975, glaube ich, da sagte zum ersten Mal der Vorarbeiter: ›Schluß, den Kram kannst du liegenlassen, der Dampfer ist zurückgenommen!‹ Abbestellt heißt das. Und so ging es dann weiter.«

Ich frage nach Ömer.

»Der hat seinen Friseurladen in Bursa. Yurt geht vielleicht zu ihm, wenn er hier ausgelernt hat. Da wird er mal bißchen mehr arbeiten, in der Türkei müssen die Haare kurz sein!« Yurt sagt zu diesem Scherz gar nichts. Ihm ist deutlich anzumerken, daß er von der Idee nichts hält, aber er bleibt respektvoll. Währenddessen schafft Zeynep, Niyazis Frau, Obst, Kekse und Getränke herbei und bietet uns immer wieder an.

»Der hier ist Selims Sohn, er heißt Dirk«, sage ich.

»Ich weiß. Ich habe ihn immer wieder mal in der Bäckerei gesehen. Ich dachte, er weiß nichts, also sage ich auch nichts.«

Erst als ich ihm die Geschichte erzähle, wie er, Niyazi, nach dem Abschied seiner Mutter vor Verzweiflung ein Hühnchen mitsamt den Knochen gegessen habe, glaubt er mir, daß ich Selim wirklich näher kenne. »Wie ist es ihm gegangen in Berlin?«

Jetzt erst kommen wir wirklich ins Gespräch. Er erinnert sich an die Anfangszeit, 1965 und 1966; ich spreche über Selims Erfolg als Wirt, komme dann auch auf die Hamburger Geschichte und das Gefängnis. Niyazi, der offenbar die ganze Zeit den Tränen nahe war, weint plötzlich. Schniefend fragt er nach Selims Adresse und will ihn in Muğla besuchen, wenn er – nun, wahrscheinlich wird er ja bald auch in die Türkei zurückgehen. Er hat sich ein Grundstück in der Nähe von Bolu gekauft, sehnt sich nach Berglandschaft. Dann reden wir noch von Ayşe, Zekis Tochter. Vielleicht um diese ganze Traurigkeit besser zu beherrschen, spricht er unvermittelt von Zekis Karussellldrehbank, die vor acht Jahren durch eine elektronisch gesteuerte Maschine ersetzt worden ist. Auf ihr klettere niemand mehr herum, alles werde vom Pult aus eingestellt. »Sehr viel leiser ist sie auch nicht«, sagt Niyazi.

Beim Abschied umarmt er Dirk, der es willig, aber etwas verblüfft hinnimmt, und küßt ihn auf beide Wangen. »Dein Vater, das ist ein Mann – als Ringer war er ein Genie!« Er wendet sich zu mir: »Ist er immer noch so gesund?«

»Im Moment? Ich weiß nicht...« antworte ich verlegen, dann gehen wir. Niyazi begleitet uns bis zur Haustür...

»Was ist denn ein ›Tornado‹?« frage ich im Auto.

»Ein Katamaran. – Doppelrumpfboot.«

Er redet nicht viel, aber ich erinnere mich, daß auch Selim nie zuviel antwortete, wenn er gefragt wurde. Weil er Fragen nicht mochte. – Mir geht gleichzeitig auf, daß ich Unsinn denke. Warum sollte Selims Sohn, als Kieler Bäckerskind aufgewachsen, ähnliche Verhaltensweisen haben wie er? Ich bin eben doch sentimental.

Von den vier Männern, deren Adressen Selim mir gab, ist nur noch Herbert erreichbar, der ehemalige Warmverformer. Er wohnt in einem ziemlich ärmlichen alten Haus in

Neumühlen. Als wir ankommen, wird vor dem Haus gerade ein Kleinbus mit einer unübersehbaren Menge Gepäck beladen, und die türkische Familie, die um den Wagen versammelt ist, soll auch noch mit hinein. Als ich stehenbleibe, weil ich denke, einer der Männer könnte Herbert sein, lacht mich ein rundlicher Türke an: »Ab in die Heimat, ruck zuck! Wieder sieben Stück weniger – gut, was?« *Ich murmle etwas von* »Gute Reise« *und daß er das richtige Auto dazu habe. Alles, was mir sonst noch einfällt, wäre gutgemeintes, aber in seinen Ohren sicherlich unglaubwürdiges Geschwätz. Ich lasse es bleiben und frage nach Herbert.* »Der sitzt oben, dritter Stock. Bist du sein Freund?«

»Ich kenne ihn nicht.«

»Der haßt die Ausländer. Kaputt vom Saufen.«

»Wirklich? Ich habe gehört, der war mal anders.«

»Ja, ja. Vielleicht.«

Ich gehe mit Dirk ins Haus, wir steigen hinauf. Herbert lebt allein, ein blasser, aufgeschwemmter Mann. Er trinkt innerhalb einer halben Stunde die halbe Flasche Wodka, die er für uns geholt hat, fast allein aus. Er wirkt dabei aber ziemlich nüchtern, lallt kein bißchen und redet in ordentlichen Sätzen. Es fällt nur zweierlei auf: daß er sich wirklich, ganz demonstrativ als »Rassist« *bekennt und daß er so gut wie kein Gedächtnis mehr hat. Selim, Ismet, Zeki – diese Namen lösen erst nach einiger Zeit schwache Erinnerungen aus.*

»Sie müssen mit Sülo sprechen, der kennt Selim am besten. Ich habe genug von der Bande. Um mich hat sich keiner gekümmert, keiner! Nicht wenn's mir dreckig ging. Die Orientalen gehen immer mit den Starken, wenn einer daliegt, geben sie ihm noch einen Tritt!«

»Blödsinn«, *sage ich traurig. Aber ich hätte lieber schweigen sollen, denn jetzt hält er, gestärkt durch weitere Schnapszufuhr, einen Vortrag über Rasse und Mentalität und wird dabei laut.*

»Ich weiß Bescheid, ich habe türkische Freunde! Meine besten Freunde waren Türken. Aber nur wenn sie dort bleiben, wo sie hergekommen sind. Ich habe Respekt, aber ich bin Rassist. Radikal! Unser Land muß uns gehören, in ihrem eigenen Land sollen die machen, was sie wollen!«

»Wie soll das dann gehen mit der Freundschaft, vielleicht per Telephon?«

Aber ich weiß, daß wir zwei verschiedene Sprachen sprechen. Ich verstehe seinen Kummer und sein Lebensunglück nicht, ich weiß nicht, was hinter seinem Geschrei wirklich steckt. Ich weiß nur, daß Selim ihn für einen guten Kerl hielt. Jetzt ist er ein schiefgegangener guter Kerl, ich habe Mitleid. Dirk überhaupt nicht, er sagt zu dem Mann: »Gehen Sie zu den Anonymen Alkoholikern, bevor es zu spät ist.« Wir werden rasch verabschiedet.

Dirk ist froh, daß die Unternehmung vorbei ist. Ich gebe zu: sie war keine ganz glückliche Idee. Wir gehen in der Innenstadt in ein Restaurant und sprechen über andere Dinge.

»Wann segeln Sie die nächste Regatta?«

»In drei Wochen.«

»Segeln Sie sonst auch, nur so, zum Spaß?«

»Wir trainieren natürlich. Mich reizt nur das Kompetitive.«

»Wie bitte?«

»Der Sieg!«

»Aha.«

»Es ist einfach etwas ganz anderes.«

»Informatik mögen Sie nicht so?«

»Aber ich hab' da Chancen. Ich jobbe ja auch in einer Firma für Software.«

»Hacker sind Sie nicht?«

Er lacht. »Wäre mir echt zu langweilig!«

Ich erzähle von der Gefängniszeit, und auch von meinem Streit mit Selim. Ich versuche, dem jungen Mann zu schildern, was sein Vater, ganz unabhängig vom Erzählen, für ein Mensch sei: »Er ist zuversichtlich, rechnet mit dem Sieg, solange er nicht verloren hat. Er kämpft gern und mit jedem, aber er paßt auf, daß dem anderen nichts passiert. Schuldgefühle hat er nicht und braucht sie auch nicht zu haben. Zu seinem Land hat er ein völlig selbstverständliches Verhältnis...«

Ich fühle wieder die alte Sehnsucht, einige seiner Eigenschaften zu haben: Selim ist mit seinem Land eins, also braucht er darüber weder zu reden noch zu schreiben. Von ebenda kommt auch das selbstverständliche Nacheinander seiner Worte.

»Ich habe ihn manchmal beneidet bis zur Gehässigkeit. Daß er Türke ist, war dafür unwichtig. Er hätte auch ein Engländer sein können, nehmen wir an, ein englischer Seemann.«

Dirk hat trotzdem gewisse Zweifel, ob er sich mit seinem Vater gut verstehen wird, aber er will ihn irgendwann einmal besuchen. Schon um die Türkei kennenzulernen. »Wenn ich Geld verdiene.« Mir kommt die Idee, mit ihm zusammen hinzufahren, aber ich behalte sie für mich: jetzt soll sich in ihm erst alles etwas klären. Wir tauschen unsere Adressen aus, ich gebe ihm nochmals die alte von Selim. Dann verabschiedet er sich. Er ist schwarzhaarig, seine Augen sind lustig und leicht stechend. Er hat eine verblüffende Ähnlichkeit mit einem bestimmten Bild des ganz jungen Balzac. Wenn man immer wüßte, was aus Zwanzigjährigen wird.

»Halt«, rufe ich, »eines möchte ich noch wissen: wie haben Sie erfahren, daß der Mann Ihrer Mutter nicht Ihr Vater ist?«

»Von ihm selber. Er trinkt zuviel und redet dann Sachen, an die er sich am nächsten Tag nicht erinnern kann. Er weiß nicht, daß er's mir gesagt hat...«

Ich suche noch diesen Sülo auf, einen prächtigen Schnauzbart, der, wie erwartet, einen völlig anderen Selim kennt. Er wundert sich, wieso Herbert überhaupt auf seinen Namen gekommen sei. Vielleicht, so vermutet er, weil der gegen ihn, Sülo, einmal ausfallend geworden sei. »Dafür hat er eins auf die Nase gekriegt, und dadurch«, grinst Sülo, »kann man sich Namen viel besser merken.« Mit der Ausländerfeindlichkeit sei es 1982 bis 1984 am schlimmsten gewesen. Jetzt sei sie auch noch da, aber eher schweigend.

»Mir ist es lieber«, sagt Sülo, »wenn einer den Mut hat, zu sagen, was er denkt.«

Spätnachmittag. Noch eine Nacht in Kiel?

Nein. Ich will jetzt in eine Stadt, die einmal nicht nach Vergangenheit riecht, vor allem nicht meiner eigenen. Könnte ich bloß das Auto loswerden, mir ist nach Bahnfahren, Aus-dem-Fenster-Gucken und Nachdenken. Zu Hause liegt der unfertige Roman, der eine optimistische Freundschaftsgeschichte werden sollte und den ich beinahe nicht zu Ende geschrieben hätte. Aber jetzt, trotz eines eher traurigen Tages, möchte ich das: ich werde Selim besuchen und ihn akzeptieren, wie er ist – ob ich nun mit ihm streite oder nicht. Er wird mir meinen »kritischen« Anfall verzeihen. Ich bringe ihn mit seinem Sohn Dirk zusammen. Und ich schreibe, wie es mit ihm in der Türkei weitergegangen ist. Dazu muß ich es von ihm erzählt bekommen. Wann kann ich in die Türkei reisen?

Ich muß mir alles an einem neutralen Ort durch den Kopf gehen lassen. Hildesheim zum Beispiel kenne ich noch überhaupt nicht.

Dreizehntes Kapitel
In der Türkei

11. August 1988
Erst jetzt, nach Jahren, entschließe ich mich, in die Türkei zu fahren und Selim zu suchen. Immer wieder hielt mich irgend etwas ab, und manchmal drückte ich mich auch nur. Gut, ein halbes Jahr war ich durch den Bandscheibenvorfall invalide. Und im Juni, der Flug war schon gebucht, mußte ich mir einen Weisheitszahn ziehen lassen. Es war der letzte, und ein ausgesprochen schwieriger Fall. Der alte Zahnarzt sagte: »Gewachsen wie Bruyère-Holz. So was hatte ich zuletzt 1945, bei einem russischen Soldaten. Aber damals war Krieg!«
Inzwischen fing sogar Dirk an, mich zu bearbeiten: er habe Selim in Muğla nicht finden können, deshalb müsse ich es jetzt selbst noch einmal versuchen. Er mahnt mich sogar, ja, dieser Jung-Informatiker mahnt mich, ich solle doch meinen Roman zu Ende schreiben. Warum hatte ich ihm auch davon erzählt! Aber so ist das auf einem Katamaran mit dem hoffnungsvollen Namen »Tornado«, wenn Flaute herrscht: man erzählt sich alles. Schon um sich von der Art des Sitzens abzulenken.
Seltsam: als ich ihm von meiner Bandscheibenoperation erzählte und er sich das anhörte wie eine unbegreifliche Geschichte aus dem Greisenalter, sah er Selim am ähnlichsten. Und als er sagte: »Ich möchte sowieso nicht alt werden«, wußte ich, daß Selim das auch gesagt hatte, damals nach dem Ringen in Neukölln.
Am letzten Nachmittag vor der Abreise noch ein Fernschreiber-Geplänkel. Es gibt jetzt eine neue Partei, die sich formel-

haft liberal und demokratisch gibt, aber mit deutlichem Au-
gurenlächeln. In ihren Darstellungen und Beispielen, also in
allem, was anschaulich ist und Wirkung hat, setzt sie auf die
Angst vor »Überfremdung«. Das Parteibüro fragt bei mir
an, ob ich einige ihrer Kandidaten »rhetorisch schulen« wol-
le. Meine Antwort: »Unterricht ausgeschlossen. Werde ge-
gen Sie kämpfen.« Kurz darauf tickert der Apparat schon
wieder: »Gut. Hilft uns auch.« Ein Mißverständnis. Richtig
ist, daß es dieser Partei nützt, wenn andere sie ohne sachli-
che Argumente »erledigen« wollen. Aber ich sprach vom
Kämpfen.
In der Türkei werde ich zweierlei zur gleichen Zeit tun:
erstens reisen und Selim finden, zweitens ebendies beschrei-
ben und mit dem Wiederfinden des Gesuchten den Roman
beenden.

142.

Am 12. August 1988 flog Alexander nach Istanbul, um die
Verbindung mit Selim wiederherzustellen. In Muğla hatte er
ihn nicht mehr erreicht, die Post war meist zurückgekommen, und auch Mesut wußte nicht, wo Selim sich befand.
Alexander trug ein jahrzehntealtes abgegriffenes Adreßbuch
von Selim bei sich, das dieser einst bei ihm vergessen hatte.
Es standen zwar nur Vornamen drin – darunter auch einige
andere Selims –, aber Alexander war sicher, den Gesuchten
über einen dieser Freunde zu erreichen.

Alexander stand in Tegel in der Warteschlange des Frei-
tagabend-Fluges nach Istanbul, leckte mit der Zunge in der
Höhle, die sein letzter Weisheitszahn hinterlassen hatte, und
schob ab und zu mit dem Fuß seinen Koffer voran. Wie
würde Selim aussehen? Er blickte prüfend in die vielen türkischen Gesichter. Vielleicht war Selim inzwischen so grau wie
der Mann da drüben, der im schwarzen Anzug? Sicher war

die Falte unter dem Mund schärfer geworden. Alexander sah ältere Männer mit müdem Gang und lückenhaftem Gebiß. War Selim im Wesen gealtert? Hatte er resigniert, saß er apathisch im Männercafé? Alexander war dreiundvierzig, Selim zwei Jahre älter.

In der Schlange gab es eine Szene: die verschleierte Frau, die vor ihm stand und einen mit Babywindel-Packungen hoch beladenen Wagen schob, fühlte sich von ihrem Mann gekränkt, schimpfte, weinte und wollte sich von ihm nicht trösten lassen. Dies tat eine Freundin – oder war sie nur eine zufällig Vorbeigekommene? Der Mann und einige andere standen um die beiden Frauen herum und grinsten verlegen bis schuldbewußt. Jetzt kam der etwa zehnjährige Sohn wieder, der an dem Probiercomputer in der Halle gespielt hatte, umarmte sofort die Mutter und redete tröstend auf sie ein, bis der Vater den nächsten Versuch machte – da fing sie immerhin wieder an, ihn anzusehen. Er sprach, den Gesten und Pausen nach zu urteilen, freundlich und geschickt, und irgendwann lachte sie, obwohl sie das hatte hinausschieben wollen.

Gern hätte Alexander gewußt, worum es gegangen war. Schon um die Zeit zu schätzen, die bei ihm und Gisela nötig war, um vergleichbare Verstimmungen aus der Welt zu schaffen. Unsinn, dachte er, Verstimmungen sind nicht vergleichbar.

Das Handgepäck zum Röntgen, dann die ritualhafte Betastung des Leibes, schließlich der Blick in die Runde: welcher war der Flugzeugentführer?

Wenn das Flugzeug abstürzte – was hatte er bis jetzt erreicht?

Redekurse für den Fern- und Selbstunterricht, die Alexander insgeheim als logischen Unsinn bezeichnete, hatten ihn binnen zwei Jahren zum Millionär gemacht. Der Fernkursbetrieb lief, einmal organisiert, ohne sein Zutun. Alexander hielt nur noch selten und für sehr ausgesuchte Teilnehmer Seminare ab. In ein Gästebuch schrieb er unterhalb von

Giselas Namen: »Alexander, Ghostwriter, Hausmann«. Er meinte das fröhlich, sogar stolz. Die Gastgeber empfanden es als bittere Selbstironie. Ihr Problem.

Endlich in der Maschine. Jeder Platz war besetzt. Ein scharfnasiger Mann im Wortwechsel mit der Stewardeß: warum er nicht neben seiner Frau sitzen könne. Aber der dort saß, wollte nicht für ihn in die Nichtraucherzone wechseln. Mindestens fünf Männer mischten sich ein, es kam ein Ringtausch zustande.

Nach dem üblichen Geduldspiel mit dem rattensicher verpackten Abendessen wurde es draußen rasch Nacht. Alexander döste über einer Bordzeitschrift ein.

Er erwachte nur selten und fand dann schnell wieder in den Schlaf zurück, angesteckt von den Umsitzenden. Er wurde erst vom lauten Klatschen der türkischen Passagiere wieder wirklich wach, als die Maschine in Istanbul aufsetzte. Wie sie strahlten! In die Türkei zurückzukommen, das war ihnen die größte Freude und Erleichterung, in tiefer Bewegung sahen sie auf die nicht gerade heimatlich wirkenden Flughafengebäude. Die Türken liebten ihr Land abgöttisch, soviel war sicher.

Die Türkei dachte gar nicht daran, sich bei Neuankömmlingen erst allmählich und in schonenden Dosen einzuführen. Als er im bläulichen Licht der Halle durch den Zoll war, griff sich ein Mann mit dem Ruf »Taxi, yes Sir!« alle drei Koffer und rannte davon. Alexander verfolgte ihn bis zu einem Privatwagen ohne Taxischild auf dem nahegelegenen Parkplatz; schon war man auf dem Weg in die Stadt – und Alexander vermutlich unversichert, wenn ein Unfall passierte. Der Fahrer konnte etwas Deutsch und war in aufgeräumtester Stimmung, vielleicht weil sein Kunde für die Fahrt ins Hotel nach Pera keinen festen Preis vereinbart hatte. Alexander überwand seine hunderterlei Befürchtungen schließlich nur deshalb, weil ihn der Fahrer an Selim erinnerte: frech, unternehmerisch, lebendig, fest an sich und seinen Stern glaubend. Alexander beschloß, mit der Suche gerade bei diesem Mann zu beginnen. Vielleicht war er Ringer?

»Kennen Sie Selim aus Muğla? Er hat früher gerungen, Bantamgewicht, nordwesttürkischer Meister von 1963, und soll jetzt in Istanbul sein.« Er nannte Selims komplizierten Nachnamen.

»Doch, ich glaube, ich weiß, wer das ist. Ich müßte einen Freund fragen, der in einem Restaurant in Beşiktaş arbeitet. Der hat als Aktiver mit sehr vielen gekämpft. Haben Sie Zeit?«

»Aber jetzt ist Nacht!«

»Das macht nichts. Sie könnten dort auch eine Suppe essen, wenn Sie wollen. Selim aus Muğla – ist das vielleicht der, der sich jetzt im Bazar eingekauft hat? Der wohnt auf der asiatischen Seite, das weiß ich.«

So fing eine Suche an, die eine Kette immer neuen Findens war und zunächst zu allem möglichen zu führen schien, nur nicht zu Selim. Jetzt führte sie zu einer Suppe und einem dicken Mann namens Selim, der englisch sprach und von dem Gesuchten immerhin gehört hatte: der sei aber nicht aus Muğla gewesen, sondern aus Samsun an der Schwarzmeerküste. Morgen würde man im Männercafé Näheres erfahren. Ob Alexander sich nicht zunächst in seiner neuen Wohnung in Bostancı ausschlafen wolle – sie könnten in zehn Minuten dort sein? Alexander tat es, er mußte es, denn er war nicht nur todmüde, sondern hatte zu seinem Ärger auch noch Fieber.

Die Zimmer waren noch nicht eingerichtet, aber es gab Matratze, Decke und Bettwäsche. Als er niedersank, ertönte gerade vielstimmig, in hellen und in krächzenden Tönen, der Gesang der Imame von den Moscheen.

Alexander erwachte am späten Vormittag in einem Dschungel von Geräuschen: überanstrengte Autos, die die Steilgasse heraufkamen, Lautsprecher von Straßenverkäufern, Hähne krähten, Hundegebell, fröhlich schreiende Kinder. Durch die vorhanglosen Fenster beschien die Sonne seit Stunden sein Gesicht, wahrscheinlich hatte er bereits einen Sonnenbrand.

Noch war der »neue«, der dicke Selim nicht in Sicht. Alexander setzte sich an den Tisch und brachte sein Tagebuch auf den neuesten Stand, bis sein Gastgeber mit einer Einkaufstüte kam und ihn lebhaft begrüßte. Aber irgend etwas bedrückte ihn, womit er nicht herausrückte. Er wollte nicht über den Gesuchten, seinen Namensvetter, sprechen, sondern schlug vor, nach dem Frühstück mit dem Dampfer auf die Insel Heybeli hinüberzufahren, sie sei gar nicht weit weg – da befinde sich ein Freund dieses Selim, und mit dem könnten sie dann alles besprechen.

13. August 1988
Auf dem Balkon der Wohnung in Bostancı, nach dem Tag auf den Inseln Heybeli und Büyük Ada.

Schlechte Nachrichten, sehr schlecht! Wie soll ich sie wieder vergraben? Ich muß es – oder ich begrabe auch den Roman. Ich weine (und habe natürlich kein Taschentuch eingepackt). Das Fieber ist noch nicht weg. Tagsüber merkte ich es nicht. Ich habe Schüttelfrost.
Ich schreibe das um! Diese Möglichkeit bleibt. Ich bin hierhergekommen, um Selim zu finden und den Roman zu beenden. Gut. Ich habe es mir nur falsch vorgestellt. Die hübsche Geschichte von dem Millionär, der in die Türkei fährt, einen Freund wiederfindet und ihm hilft, ein Haus zu bauen, oder so ähnlich – wie ist die Wirklichkeit? Ich bin wie vor den Kopf geschlagen. Ja, Millionär: ein Mann mit Fieber, und einen Selim gibt es nicht mehr!
Ich schreibe das um! Schreibend werde ich ihn finden, und dafür werde ich reisen, und so, nur so wird eine Geschichte daraus, die gut endet. Das Leben steckt in den Geschichten, also kann man jemanden durch sie am Leben erhalten. Jedenfalls ist Erfinden besser als Nicht-mehr-Finden! Oder? Ich trinke Rakı.

*Ich werde auch diesen Tag anders erzählen, als er war. Und
so wird es weitergehen. Lüge? Nur die Konsequenz des Er-
zählers!*
Leben umdichten und Leben erhalten sind ein und dasselbe!
*So beschlossen am 13. August 1988 von einem fiebernden,
angetrunkenen Alexander in Bostancı am Marmarameer.*
*Kein Schlaf? Dann fange ich mit dem Schreiben, dem Um-
Schreiben, gleich an:*

143.

Der ehemalige Schwergewichtsringer Erol auf Heybeli kannte Alexanders Selim leider doch nicht, aber an dessen ehemaligen Trainer Ali konnte er sich erinnern, nachdem Alexander diesen als Rechts-Linkshänder und Theoretiker beschrieben hatte. Ja, den gab es, er wohnte in Adana, war
aber nicht mehr Trainer. Alexander erhielt seine Adresse.
Wahrscheinlich war es aber besser, zunächst einmal Selims
ehemalige Nachbarn in Muğla zu befragen.

Die Insel bot ein Bild melancholischen Friedens, trotz der
Touristenscharen. Zwischen Holzhäusern wurde ohne Eile
an Booten gewerkelt. Zahllose Katzen warteten auf ihren
Anteil an etwaigen Fischfängen, und einige von ihnen schienen sich zeitweise in Albatrosse zu verwandeln, um die Ver-
sorgungslage von oben zu erkunden. Nach einem reichlichen Mittagessen, das Alexander trotz heftiger Gegenwehr
der anderen bezahlte, fuhr Erol ihn und Selim im Motorboot
nach Büyük Ada, der größten der Inseln, wo ein Mann aus
Datça wohnen sollte. Der war noch nicht da, sollte aber mit
dem nächsten Dampfer kommen. Weil Alexander unbedingt
wollte, lieh Selim zwei Fahrräder, und sie fuhren durch lich-
te Pinienwäldchen bergauf bis zum alten Griechenkloster,
um nach einigem Verschnaufen zur Küste und in die Gassen
des Städtchens hinabzurollen. Die Bremsen waren dem

kaum gewachsen, sie machten Geräusche, die den heiseren Schreien der Albatrosse glichen. Dann mußte Alexander, obwohl er fast nicht mehr konnte, gebackene Muscheln am Spieß probieren. Sie fanden den Mann aus Datça, und Alexander fragte nach dem kleinen Selim, der dort als Sohn des Lehrers aufgewachsen war. Von dem wußte der Mann nichts, sah aber eine Möglichkeit, für Alexander zweihundert Mark äußerst günstig einzutauschen, was auch sofort geschah. Sie saßen ein Stündchen auf den wackligen Holzbänken eines Kaffeegartens unter Glyzinienranken und erzählten – notwendigerweise einfache – Geschichten, die Selim noch einfacher vom Englischen ins Türkische übersetzte oder umgekehrt.

Auf dem Abenddampfer nach Bostancı lieferten sich zwei ausgelassene Gruppen junger Leute einen Sängerwettstreit. Alexander saß mit Selim dem Dicken auf dem Vordeck, trank Tee und beobachtete, wie in den grauvioletten Farben des näherkommenden Bostancı immer wieder neue einzelne Fenster im Abendlicht aufblitzten. Er war zum ersten Mal sicher, in Selims Land angekommen zu sein, und auch, daß er hier leben könnte, stünde nicht in Degerndorf das Haus am Hang.

Der Dicke bot Alexander an, in der Wohnung in Bostancı zu wohnen, so lange er wolle, auch, wenn er aus Muğla zurückkäme. Dann stieg er in den »Dolmuş«, das Sammeltaxi nach Kadıköy – einen riesigen Dodge von 1946 –, und fuhr zu seiner Familie.

Alexander setzte sich auf den noch geländerlosen Balkon, lauschte den Geräuschen Bostancıs im Dämmerlicht und wußte, daß er noch nie von einem Land so begeistert gewesen war. Die Poesie der alten Ausflugsorte und Inselstädtchen, vor allem die Menschen, die sich mit großer Selbstverständlichkeit Zeit nahmen, um einem Fremden bei der Suche nach seinem Freund zu helfen, all das hatte ihn gewonnen.

Es kam Wind auf. Die Lautsprecherstimmen der Imame klangen verweht. Ob sie Kassettengeräte benutzten, wenn sie einmal schwer erkältet waren? Alexander packte seinen kleineren Koffer für die Reise nach Muğla. Morgen früh mußte er ein Taxi zum Flughafen für Inlandsflüge nehmen – »iç hatlar« hatte der Ringer ihm aufgeschrieben – und die Maschine nach Dalaman bekommen.

Zu einer Besichtigung Istanbuls fehlte ihm die Ruhe, solange er Selim nicht gefunden hatte.

144.

Schade, daß Selim nicht mehr in Muğla lebte: es gab hier wenig Touristen und einige hübsche Winkel, und das Meer in Marmaris oder Datça war nicht allzu weit entfernt.

Im Augenblick war Alexander aber nicht in der Stimmung, Muğla zu lieben: in Selims ehemaliger Straße wußte niemand, wohin er gezogen war. Nur ein junger Mann, der vor vier Jahren mit seinen Eltern aus Deutschland zurückgekommen war, konnte sich an Selims Sohn Haluk erinnern, und dann auch an den Vater: »Der wurde manchmal sehr wütend, er hatte unheimlich Power. Ist er nicht nach Adana gegangen? Haluk hat das wohl mal gesagt, glaub' ich.«

Alexander hatte fürchterlichen Hunger, denn er war um vier Uhr aufgestanden und ohne Frühstück zum Flughafen gefahren. Dort, wo er war, sah er weit und breit kein Restaurant. Er ging und ging, kam schon fast an den Stadtrand, wo die Hügel anfingen. Auf ihnen waren stattliche Häuser zu sehen – vielleicht gab es dort schöne Lokale mit einem Ausblick auf Muğla? Er ging also bergauf, vorbei an Haufen von Plastikflaschen, dann durch einen Pinienhain. Nur noch zweihundert Meter trennten ihn von einem sehr vertrauenerweckenden Haus mit Terrasse, da war der Weg zu Ende. Sollte er über den Zaun klettern und die Karststrecke wie ein Bergsteiger überwinden? Auf der Terrasse standen einige Gestalten. Was hieß »essen«? Er nahm sich ein Herz und rief hinauf: »Hallo? Yemek?« Aber aus den Worten und Gesten der Herren wurde er nicht recht schlau, er mußte den Berg in Angriff nehmen. Der war steiler, als er gedacht hatte, daher hielt er lieber noch einmal inne und wiederholte: »Yemek?« Die Herren hoben alle ruckartig die Köpfe wie zu einem besonders kraftvollen Nicken. Das konnte »ja« heißen. Was sie sagten, war nicht deutbar. Seltsam, die türkische Sprache schien Wörter zu haben, die deutsch klangen: Alexander meinte ein Wort wie »unten« zu hören. Er kletterte weiter, riß sich einen Knopf ab und schürfte sich das Handgelenk, aber dann war er oben. Wohlwollend, und ohne sich im geringsten über ihn lustig zu machen, blickten die Herren ihn an. Der älteste und würdigste von ihnen ging ihm sogar feierlich ein paar Schritte entgegen. Er trug einen dunklen Nadelstreifenanzug und hatte einen weißen Schnurrbart wie Toscanini. Alexander klopfte sich Jacke und Hose ab und fragte dann, auf Mund, Bauch und das Haus zeigend, ein weiteres Mal »yemek?« Der alte Herr blieb stehen und deutete eine kleine Verbeugung an. Dann antwortete er in dem liebenswürdigsten Deutsch, das Alexander je gehört hatte: »Gott zum Gruß, verehrter Herr! Ich bin der ehemalige Landrat der hiesigen Gegend. Wir haben deutlich vernommen, daß Sie zu speisen wünschen, und es wird mir ein Vergnügen sein, Ihnen Auskunft zu erteilen!«

Alexander brachte nur »Oh, wie schön« heraus.

»Zu meinem Bedauern befindet sich hier oben kein Restaurant. Folgen Sie indessen dem Pfad dort zur Linken, so treffen Sie nach zweihundertundsiebenzig Metern auf eine kleine, aber reinliche Gastwirtschaft, die Ihren ärgsten Hunger lindern mag.«

Alexander schämte sich gründlich, wie ein Barbar ins Anwesen des Landrats eingefallen zu sein, entschuldigte sich und hatte gleich darauf den Gedanken, ihn nach Selim zu fragen. Der alte Herr wußte nichts über ihn, schrieb sich aber den Namen auf und wollte sehen, was er tun konnte. Er notierte sich Alexanders Adresse in Bostancı, um ihm dann brieflich Bescheid zu geben.

145.

Es war einmal ein großes Land namens Türkei. Wie eine riesige Halbinsel ragte es ins Mittelmeer, und im Osten gehörte ihm noch einmal die gleiche Landfläche ohne Meeresumrandung. Spät, sehr spät wurde die feudale Türkei zu einem Industriestaat. Nun zogen Beamte durchs Land und wiesen jedem, ohne Ansehen seines Berufs oder seiner Vorlieben, einen Arbeitsplatz zu. Erst wenn er einige Zeit dort ausgehalten hatte, wurde ihm der Wechsel erlaubt. Seitdem waren die Türken ununterbrochen auf Reisen: Fischer verließen das Gebirge, um endlich wieder ans Meer zu kommen, Gärtner gingen von den Schiffen an Land und fanden neu heraus, wo etwas wachsen könnte. Intellektuelle kehrten dem Fließband den Rücken, suchten nach Bewunderung und Verlagen, Gerber zogen Stricke zwischen den Büros und hängten ihre Häute darauf, bis auch sie vertrieben wurden und über Land zogen. Es gab schließlich niemand mehr, der nicht unterwegs war, zu Fuß, mit dem Esel, einige sogar per Eisenbahn. Die meisten durchfuhren das Land in mühsam immer wieder zusammengeflickten Autos, auf jahrzehntealten, wunderbaren Motorrädern der Marke »Jawa«, oder in den Bussen, die schneller waren als jedes Privatauto, gesteuert von einem militärisch aussehenden »Kaptan« mit weißem Hemd, Krawatte und Sonnenbrille. Irgendwann würden alle dort angekommen sein, wo sie ihr Können entfalten und ihre Familien mit dem ernähren konnten, was sie gelernt hatten – aber wann war das?

Das war die Geschichte, die Alexander sich ausdachte, während er im Bus saß und unter den klagenden Gesängen aus dem Lautsprecher durch die riesige, staubige Türkei fuhr. Oft kämpfte sich der Bus weit hinauf in die Berge, zu den Bienenkästen und den Ziegenherden, er schien dann über dem Meer zu schweben wie ein Flugzeug. Dann wieder schwang er sich hinunter bis knapp zwei Meter über die Wasserfläche, verscheuchte den Anglern die Beute, hupte die Mädchen an. Unglaublich, diese Hupe! Das war kein Klang, sondern die Fratze eines Klangs und schien direkt aus der Unterwelt zu kommen, um jeden mit einem gräßlichen Tod zu bedrohen, der nicht schleunigst auswich. Aber auch Busse blieben hin und wieder auf der Strecke. Alexander sah einen, der in einem brütendheißen Hochtal liegengeblieben war, im Staub zwischen mehreren Haufen leerer Plastikflaschen. Die Passagiere waren wohl mit anderen Wagen weitergekommen, nur die beiden Fahrer mußten ausharren. Sie hielten im schattigen Kofferraum unter den Sitzreihen eine lange Siesta.

Der Busfahrer fuhr schnell, aber er bewies bei Überholmanövern Augenmaß und tat nichts Unvernünftiges. Das war bei anderen Fahrern anders. Mehr als einmal war eine Vollbremsung nötig, weil Entgegenkommende an unübersichtlicher Stelle zum Überholen angesetzt hatten: hochbepackte Lastwagen mit Gitterpritschen und vielfach verschnürten Planen, ramponierte Personenautos mit gesplitterten Scheiben, dröhnende Straßenkreuzer ohne Auspuff, mit den hohen Heckflossen der fünfziger Jahre. Und viele bogen abrupt aus ihrer Bahn, wagten jählings zuviel, zwangen andere zur Rettung. Hinter dem Steuer dann oft ein fröhlich lachendes Gesicht.

»Wir Türken überlassen viel dem Zufall«, sagte Alexanders Sitznachbar, ein Ingenieur aus Izmir, der in Mannheim studiert hatte. »Aber es gibt ja auch gute Zufälle.«

Trotzdem – warum gingen sie denn so mutwillig Risiken ein? Beim Tee auf dem Busbahnhof von Antalya fragte er den Ingenieur. Der wußte eine Antwort – Alexander hatte längst bemerkt, daß es keinen einzigen türkischen Mann gab, der nicht auf jede Frage eine Antwort wußte. Er sagte:

»Wir haben eine gute Reaktionsfähigkeit.« Aber das war es nicht. Kurz vor Side hatte Alexander sich seine eigene Theorie gezimmert: die Türken versuchten nah am Risiko zu leben, damit die Gefahr, die Allah etwa für sie bereithielt, keinen zu langen Anlauf nehmen konnte. Es war, als wollten sie ihr tägliches Quantum an Gefahr selbst erzeugen, damit sich höheren Orts kein tödlicher Schlag anbahnte.

Dem Ingenieur teilte Alexander das lieber nicht mit: es hätte zu lange gedauert und vielleicht Unmut ausgelöst. Außerdem stieg der Mann schon in Manavgat aus. Er machte einem mit etwa dreißig Goldzähnen lachenden bäuerlichen Kraftmenschen Platz, der bald einschlief.

146.

Wenn man das Wort »Autogarage« französisch aussprach, war es zugleich das türkische Wort »otogaraj« und hieß soviel wie »Busbahnhof«. Am späten Abend des 16. August 1988 kam Alexander am otogaraj von Adana an und schleppte seine Koffer durch das Gewirr von Bussen, Menschen, Autos und Eselskarren. Er registrierte mit seinen fiebrigen Augen noch, daß die Autokennzeichen von Adana mit »01« anfingen. Dann nahm er ein Taxi und mietete sich in einem der größeren Hotels ein, wo er sofort aufs Zimmer ging und wie tot zusammenbrach. Das Fieber mußte sehr hoch sein.

Als er nach neun Stunden Schlaf erwachte, fühlte er sich gesund und tatenfreudig. Heute, in Adana, wollte er einen großen Schritt weiterkommen.

Der Frühstückskellner empfahl das archäologische Museum am Busbahnhof, ferner die römische Brücke über den Fluß Seyhan und die »Ulu Cami« – die alte Moschee. Nirgends gab es einen Stadtplan zu kaufen, aber Alexander machte sich nach den englischen Angaben des Kellners eine grobe Skizze und ging los. Zunächst geriet er ins Zentrum zwischen die Bankpaläste. Wieso gab es davon so viele? Irgendein Gesetz schien ihnen zu gestatten, ihre toten Glasfronten in den Herzen der Städte zu errichten, damit diese so häßlich wie möglich wurden. Alexander hatte den Zettel mit der Adresse von Selims Trainer in der Tasche. Jeder Mensch hier kannte die Straße »Manisalı Ali Bey caddesi« und deutete in irgendeine Richtung – es war nur immer die verkehrte. Sprach er vielleicht den Namen falsch aus?

Was er zunächst nur fand, war die Europastraße 5, hier eine durch die Stadt geschlagene Autobahn mit mörderisch dichtem Fernverkehr, der hauptsächlich aus den hochbeladenen, mit Planen verschnürten Lastwagen bestand. Nach langem Marsch kam Alexander wieder zum Busbahnhof und kaufte ein Eintrittsbillett für das archäologische Museum. Er war mit dem Zahlen noch etwas langsam, weil er die Scheine nicht kannte. Der Mann an der Kasse war daran gewöhnt, das Problem zu lösen, er wies den Zehntausender zurück, schaute ins geöffnete Portemonnaie und zog mit spitzen Fingern einen Fünfhunderter heraus. Um diesen Preis gab es Statuen, Gefäße und Münzen zu sehen und im menschenleeren Garten des Museums das Schönste: griechische, byzantinische, türkische Grabmäler. Auf einem der ältesten hielt ein Vater mit rührend tröstender Gebärde seine Hände um den Kopf seines Kindes.

Keine Ulu Cami, kein Manisalı Ali Bey! Dafür stieß Alexander jetzt auf ein wirklich orientalisches Viertel. Es war vom Zentrum aus Richtung Flughafen gelegen und bestand aus engen Gassen mit niedrigen Häusern. Die Kopfbedeckungen mancher Männer ähnelten dem aus alten Büchern bekannten Fez, und die Beinkleidung sah so aus, als wären sie aus Versehen mit den Füßen in eine Jacke gefahren. Fußballspielende Jungen überall, dröhnende alte Motorräder mit Anhängern, und fast in jedem Haus gab es eine kleine Werkstatt, in der fleißig gearbeitet wurde: Bettfedernreinigung, Motorradwerkstatt, Schreinerei, Bohrmaschinenbesitzer, ein Laden für Holzkohle, die aus Ästen gebrannt war, ein Laden für gebrauchte Wasserarmaturen, Getreidemühle, Fahrradreparatur, immer mit uralten Maschinen, die gut in Schuß zu sein schienen. In den Gassen fuhren Fahrräder – in den verkehrsreicheren Hauptstraßen hatte Alexander kein einziges bemerkt. Ob Selim hier mit seiner Familie wohnte – vielleicht schon um die nächste Ecke? Hatte er Adana aber nicht damals abgelehnt, weil die Bewohner angeblich zu oft fluchten und sich auf die Brust schlugen? Alexander konnte zumindest vom letzteren nichts bemerken.

Das Viertel war schmucklos und staubig, aber kein Bild des Elends. Im Gegensatz zu den großen Geschäftsstraßen gab es hier keine Bettler, wohl aber Behinderte, sie saßen in alten Wunderwerken von Rollstühlen, die mit Handkurbeln in Brusthöhe versehen waren und bei denen jedes drehbare Teil zum Erbarmen quietschte. Es fiel auf, daß diese Gelähmten oder Amputierten fast immer mit Gesunden im Gespräch waren; einer spielte temperamentvoll Tavla mit einem Halbwüchsigen, der sich dazu einen Stuhl herangeholt hatte, das Spielbrett lag auf den Schenkelstümpfen des Rollstuhlfahrers. Und immer war jemand mit Tee unterwegs, die schlanken Gläser im Hängetablett. Alexander fühlte sich wohl hier. Niemand starrte ihn an, aber es starrte auch niemand absichtlich an ihm vorbei. Es schien ihm die richtige Mischung von Beachtung und Unaufdringlichkeit zu sein, er kannte sie bisher weder aus Deutschland noch aus der Türkei.

Manisalı Ali Bey caddesi? Der befragte alte Mann in der Pluderhose lachte mit seinen Zahnlücken und deutete an: weit weg, sehr weit – in dieser Richtung! Damit war Alexander wieder im Geschäftsviertel; die Straße lag jenseits der Bankenwüste.

Es war ein kochend heißer Nachmittag. Er trank einen türkischen Kaffee, der ihm sofort, ohne Umweg, auf die Stirn zu treten schien, und versuchte nebenbei das System zu enträtseln, nach dem hier Telephonleitungen repariert wurden – vergebens! Die Knäuel von abgerissenen Drähten, die an den Häusern herabhingen, verrieten das Geheimnis ihrer Notwendigkeit nicht jedem.

Adana erinnerte Alexander an die irische Stadt Athlone: die Kinder, die Hunde, die Katzen, der bröckelige Beton der Straßen und Fußgängerwege. Zweifellos war hier mehr Geld versammelt, aber es war nicht so gleichmäßig verteilt wie in Athlone die Armut. Er wurde müde und machte eine Pause an dem klobigen Brunnen, dessen Figuren von den Siegen der Republik erzählten. Ihn krönte das Standbild Atatürks, des hageren Mannes mit dem kalten, unbeirrbaren Gesicht eines englischen Gentleman und mit der stolzen Haltung eines Pascha. Wo Atatürk stand, gab es Bänke zum Sitzen, soviel hatte Alexander bereits gelernt.

An der gegenüberliegenden Mauer wurden bedruckte Tücher mit christlichen Motiven feilgeboten: Maria mit Kind, segnender Jesus mit Heiligenschein. Ob vielleicht eine Hongkonger Herstellerfirma sich in der Adresse geirrt und die Südtürkei mit Süditalien verwechselt hatte?

Jetzt hatte er sie endlich, die »Ulu Cami«: sie war ein niedriges Gebäude und schien mehr eine Erinnerung an frühere Zeiten als ein Mittelpunkt des religiösen Lebens. Alexander wollte jetzt nicht hineingehen. Erst galt es Ali und mit ihm Selim zu finden. Ein Postkartenverkäufer wußte auf englisch zu sagen, daß die gesuchte Straße am Fluß Seyhan entlangführe und etwa bei der alten Steinbrücke beginne – doch, er wisse das, er selbst wohne ganz in der Nähe. Das war doch ein Wort.

Die Brücke war ein ehrwürdiges Denkmal römischer Sklavenarbeit mit herrlich unregelmäßigen Bögen, sie führte über ein bräunlich-milchiges Rinnsal von Fluß, dem man besser nicht zu nahe trat. Dahinter: einige Fabrikbauten und Siedlungen, und dann nur noch das weite Schwemmland zwischen den Flüssen Seyhan und Ceyhan, in der Hitze glosend, aus dem der Wind ab und zu Staubwirbel hob. Am Ufer vor der Brücke wurden Taschenspiegel und Süßigkeiten verkauft, und sogar lebende Küken, die jede Gelegenheit wahrnahmen, ihren Pappkarton zu verlassen und zielsicher dem nächsten Passanten unter die Füße zu laufen. Am Einfangen beteiligten sich immer neue Kinder, es waren nie weniger als fünf.

Manisalı Ali Bey caddesi: die längste Straße, die Alexander je entlanggegangen war, und ganz sicher die heißeste. Die Hausnummer lag am andern Ende – wenn es vor dem Mittelmeer ein Ende gab. Früher war dies gewiß eine schöne Uferpromenade gewesen, jetzt litt der Spaziergang unter dem Gestank des Flusses. Sein Ufer bestand aus Geröll und den unvermeidlichen Plastikabfällen. Nur manchmal gab es Wiesengrundstücke und Obstgärten zu sehen, mit goldgelben Mandarinen in dem dunklen Laub der runden Bäumchen. Auch hier schien jeder etwas herzustellen oder wenigstens zu stapeln, und wenn es alte Plastikkanister waren. Überall, so schloß Alexander, waren die Türken fleißig und hegten die große Hoffnung, schon morgen alles zu verkaufen, was sie bereithielten. Um die Schönheit ihrer Stadt schienen sie sich weniger zu sorgen: die Häuser zeigten Außenwände aus unverputzten Betonziegeln, Staub war der Herrscher über alles, und Alexander stellte sich wider Willen vor, in was sich diese Gegend verwandelte, wenn es einmal regnete. Aber auch Schönheit war schließlich eine Geldfrage. – Zwischen vollgehängten Wäscheleinen spielten Kinder, immer fröhlich, mit ungeheurem Eifer bei der Sache. Was kümmerte sie, ob ihr Zuhause unverputzter Beton, ob ihre Heimat staubig war – sie hatten eine, das war sicher.

An Alexander glitt ein Eselskarren auf Gummirädern vorbei – fast lautlos, wären nicht die Hufe des Tieres gewesen –, und auf der Pritsche saß eine achtköpfige Familie. Der Vater hielt die Zügel; hinter ihm: Großmutter, Frau, Brüder, Kinder, alle mit müden, ernsten Gesichtern, auch die Kleinsten, und niemand sprach ein Wort. Vielleicht lag ein Markttag hinter ihnen, vielleicht ein Geschäft mit gebrauchten Plastikkanistern, jedenfalls – Arbeit.

Dahinter kam ein uralter Buick gefahren, dem man wohl eine Art Traktormotor eingebaut hatte. Er hupte fünfmal zuviel, bevor er an dem Eselskarren vorbeizog. Sonst war die Straße ruhig. Eine zierliche junge Frau schritt Alexander auf der anderen Seite entgegen, mit einem großen Sack auf dem Kopf und unverschleiert, weshalb er sie neugierig betrachtete: es war die erste rothaarige und sommersprossige Türkin, der er begegnete. Als er sich nach ihr umdrehte, sah er jenseits der Stadt das Gebirgsmassiv liegen, scharf konturiert von der Nachmittagssonne, eine Kette von rötlichen, kahlen Ungetümen mit ewigem Schnee auf den Gipfeln.

Jetzt stand er vor dem Haus, das er suchte. Es hatte einen Balkon ohne Geländer, auf dem aus alten Farbeimern Rosen blühten. Die Fenster waren im Parterre vergittert wie überall hier. Und in diesem Haus wohnte er nun wirklich: Ali der Rechts-Linkshänder, der alte Trainer von Selim, dem Bantamgewicht.

147.

Ali war ein kahlköpfiger, ernster, großgewachsener Mann. Sie saßen im Vorgärtchen des Hauses – zur Straße hin, nicht zum Fluß gelegen – und tranken Tee. Vier Kinder von drei bis fünfzehn spielten oder stritten, ab und zu griff Ali ein, ermahnte oder tröstete. Seine Frau war noch nicht da: sie arbeitete in einer Lagerfirma als Sekretärin. Ali war Rentner, aber die Rente reichte schon lange nicht mehr. So war er der erste türkische »Hausmann«, den Alexander zu Gesicht bekam.

Ali sprach vorzügliches Englisch und war ein sensibler Beobachter, sehr ruhig, lächelte gern, machte aber nie den geringsten Hehl aus seinen Überzeugungen – schon nach kurzer Zeit wußte Alexander, daß er ein idealer Trainer und zugleich ein idealer Vater sein mußte.

Aber Selim hatte er vor vier Jahren zuletzt gesehen – in Muğla! Er wollte demnächst wieder hinfahren, um zu hören, was aus ihm geworden sei. Alexander klärte ihn über die neue Lage auf.

»Wegen eines Streits? Das glaube ich nicht«, sagte Ali. »Selim hat höchstens zum Spaß gestritten. Selbst wenn er wütend war, hat er das nach einer Stunde vergessen. Vielleicht war es ein Fehler, daß Sie ihm Geld angeboten haben.«

Alexander ging mit ihm Selims altes Adreßbuch durch. Nein, er kannte fast niemanden, der dort verzeichnet war. Als es Abend geworden war, brach Alexander wieder auf und ging die lange Uferstraße zurück zur Taş Köprüsü – der großen Römerbrücke – und weiter. Er hatte nicht zum Essen bleiben wollen und behauptet, er sei verabredet. In Wahrheit war er todmüde, er wollte ins Hotel.

An den Kreuzungen standen jetzt zahlreiche kleine Jungen, die sich auf die an der Ampel haltenden Autos stürzten und unaufgefordert deren Frontscheiben abwischten, bis sie, mit oder ohne Trinkgeld, verscheucht wurden. Andere saßen hinter einer gebrechlichen Waage und forderten jeden, insbesondere aber Alexander auf, sein Gewicht zu überprüfen. Als er es tat, waren im Nu auch seine Schuhe geputzt, er reichte zwei Fünfhunderter hinab (»Viel zuviel«, sagte ihm später ein Vielgereister) und floh.

Er hoffte seine Mattigkeit durch eine Mahlzeit zu vertreiben und ging ins Restaurant, aber nichts wollte schmecken, auch nicht der dicke rote Rübensaft, den man hier trank – »Şalgam, une specialité of the town of Adana!« – zu schweigen von den eigentümlich pappigen Pommes frites. Die Kellner standen da und beobachteten ihn wie Hirten ein krankes Schaf. Bemerkenswert war, daß sie dennoch nie sahen, was ihm fehlte: eine Gabel, das Salz – er stand jedesmal auf und bediente sich selbst. Als er dann aber essen wollte, rückten sie ihm in Dreierformation zu Leibe, bewegten jeden Gegenstand auf dem Tisch ordnend hin und her und fragten auf das höflichste nach seinen Wünschen.

446

Hinter der Kasse saß der Chef, ein Greis mit dicken Augengläsern, der einen westlich-sportlichen Anorak trug. Der Stolz auf das teure Kleidungsstück half ihm offenbar, die darunter entstandene Hitze zu ertragen. Im übrigen schien er seine Kellner am liebsten beim Kassieren zu sehen: jedesmal, wenn sein kurzsichtiger Blick sie traf, zogen sie Block und Stift und begannen angestrengt zu rechnen.

In der Ecke saß ein ältlicher Mann, vielleicht nicht einmal älter als Alexander selbst, und erzählte den Jüngeren von Deutschland – das Wort »Almanyada«, »in Deutschland«, fiel einige Male. Da berichtete ein Pionier von seinen Erfahrungen mit der Außenwelt. Sein Wissen stand offenbar in hohem Ansehen, denn zwei Männer betraten das Lokal, gingen direkt zu ihm hin und zeigten ihm einige Radiobatterien, um seine Meinung zu hören. Vielleicht hatte er in einer Batteriefabrik gearbeitet, galt als Experte und hieß längst Pertrix Ali oder Varta Memet?

Als Alexander die Gewißheit hatte, daß sich bei ihm eine Magen-Darm-Verstimmung anbahnte, zahlte er und nahm ein Taxi zum Hotel, um dort eine unruhige Nacht zu verbringen.

Dieses Hotel hatte in irgendeinem Prospekt vier Sterne. Es konnte vielleicht wirklich schnell auf dieses Niveau gebracht werden, wenn ein Prüfer sich angesagt hatte: rasch die Teppiche gereinigt, die trüben Bierflaschen ausgemustert, den Kurzschluß im Fahrstuhl beseitigt – und bei genügender Vorwarnzeit tauchten bestimmt auch passende Stöpsel für Badewanne und Waschtisch auf. Nein, die vier Sterne dieses Hotels waren keine Zauberei.

Beschämt hielt Alexander inne: er war nur viel zu verwöhnt, das war es. Und jetzt war er als Tourist so recht komplett: er hatte Geld, Durchfall, schlechte Laune und von nichts eine Ahnung.

23. August 1988
Herumzureisen, die Türkei zu besichtigen und eine Ge-
schichte vom Wiedersehen mit Selim zu erfinden ist schwe-
rer, als ich dachte. Da bin ich nun so fürchterlich frei und
kann es trotzdem nicht. Ich lasse Alexander suchen, aber
nicht fündig werden.
Selim in der Türkei, ein glücklicher, erfolgreicher, geachteter
Selim – warum kann ich ihn mir nicht vorstellen? Gönne ich
es ihm nicht? Glaube ich nicht mehr an den, den ich kannte,
und an die Zukunft, die er hatte?

148.

Nach einer weiteren Woche erfolglosen Suchens – in Izmir
und einem Fischerdorf – flüchtete Alexander am 23. August
1988 in ein Luxushotel an der ägäischen Küste, um eine
Weile nur zu lesen, nachzudenken und nach Muscheln zu
tauchen. Das Hotel wählte er allerdings aus, weil Ömer, der
Friseur, ihm in Izmir erzählt hatte, Selim sei dort einige Zeit
als Kellner oder Hilfskoch beschäftigt gewesen. Das schien
sogar zu stimmen: nach der Überzeugung eines Sonderlings,
der neben dem Hotel in einem Zelt wohnte und Steine be-
malte, hatte Selim sich ganz in der Nähe hinter dem großen
Berg niedergelassen und das Geld für eine Seilbahn zusam-
menzubringen versucht – direkt vom Hotel zur Bergspitze.
Alle anderen bestritten das: der Alte sei etwas durcheinander, er träume den ganzen Tag, und dann die Hitze in seinem
Zelt, und dann die Dämpfe seiner Ölfarben...

Das Hotel war im osmanischen Landhausstil gebaut, mit
vielen Türmchen und fischschwänzigen Zinnen, viel Holz
und hübschen Dächern aus Rundziegeln. Der Wind flirrte
durch Palmenwedel und Rhododendron. Zum Strand zu
ließ sich ein schmiedeeisernes Gitter öffnen, und dort standen auf Stelzen kleine Sonnendächer aus Schilf, unter denen

448

der Sand nicht so schmerzhaft heiß war. Alexander umschwamm eine nahegelegene Insel und entdeckte ein Boot, aus dem ihm ein Mann freundlich zuwinkte. Abends auf der Terrasse sah er ihn wieder: da saß er stumm am Nebentisch und wollte nur noch den »Spiegel« auslesen.

Es herrschte ein seltsamer Gegensatz zwischen der lebendigen, geistvollen Architektur des Hauses und den westlichen, entweder hochnäsig-stummen oder lauthals sich aufdrängenden Urlaubern. Alexander entschied sich dafür, war längst entschieden, zu den ersteren zu gehören. Er ließ seine Augen wandern, studierte Fischerboote und gierige Katzen. Eine von ihnen hatte nur ein Auge. Sie war nur halb so dick wie die anderen, weil sie nicht viel sah und also wenig abbekam. Vor dem Hotel wehte die türkische Fahne. Die Dohlen machten einen Sport daraus, auf dem flatternden Tuch zu landen und sich mindestens drei Sekunden daran festzuhalten.

Am Strand spielte Alexander Tavla gegen sich selbst. Hüseyin, der Sonderling, hatte es ihm beigebracht. Es hatte wenig Sinn, das Spiel mit Türken zu spielen: sie kannten es seit ihrer Kindheit, und selbst Greise konnten es nicht lassen, dem Gegner vor lauter Temperament die Steine um die Ohren zu hauen. Schnelligkeit war das A und O – wer erst jeden Zug errechnete, war als Gegner für Einheimische langweilig.

Am dritten Tag beschloß Alexander, allen Warnungen zum Trotz mit den mitgebrachten Kletterstiefeln auf den Berg zu steigen und nach dem Mann zu sehen, der dort eine Seilbahnstation hatte bauen wollen. Der Hotelier warnte ihn vor Schlangen und gab ihm eine kleine Flasche Rakı mit – als erstes Gegenmittel, wenn er gebissen würde.

»Haben Sie eine Landkarte?« fragte er.

»Nein. Sie?«

»Ich? O nein, bestimmt nicht! Wenn jemand eine Landkarte hat, dann die Deutschen. Deshalb kaufen sie überall die besten Grundstücke. Sie haben immer bessere Karten als alle anderen.«

Der Anstieg war kürzer, der Berg weniger hoch, als er von

unten vermutet hatte – was Alexander zu schaffen machte, war die Hitze. Und das lag vielleicht doch am fortgeschrittenen Alter. Und verdammt, er hatte eben seinen Herzfehler, keinen schlimmen zwar, aber es war idiotisch, bei solcher Hitze allein auf einen unbekannten türkischen Berg zu gehen. Er wurde müde und ängstlich, ruhte aus, wo auch nur eine Andeutung von Schatten war, und döste in wirren Gedanken vor sich hin.

Die letzten Stationen seiner Suche tauchten wieder auf: das Gespräch mit Ömer in Izmir, der von Deutschland genug hatte und möglichst wenig daran erinnert werden wollte. Ein Mann mit einem harten, verschlossenen Mund, aus dem ab und zu Kurzes, meist Bitteres oder Spöttisches, zu hören war.

»Die Menschen lernen doch«, hatte Alexander gesagt, »sie können lernen, und sie werden es!«

Ömers Antwort: »Na gut, dann lern doch mal Türkisch!« Er lachte nicht einmal, wenn er so etwas sagte. Er hatte es schwer gehabt mit dem Frisiersalon. Seine Frau war ihm gestorben, und er fühlte sich alt. Ob er noch ringe, hatte Alexander gefragt. Nein, kaum. Er sei unter den Ringern der beste Friseur, das genüge.

Fort aus Izmir, der Industriestadt, die Alexander eine einzige Baustelle zu sein schien, allerdings mit einem schönen Bazar und einer Reede voller Schiffe aus der ganzen Welt.

Danach: das aus den Nähten geplatzte Fischerdörfchen, in dem er nach Selims altem Bekannten Hassan suchte. Wieder wußte jeder, wo Hassan war, aber jeder wußte es anders. Solange man in der Türkei jemanden nicht angefaßt hatte und festhielt, war man nicht sicher, ob er nicht nur ein Gerücht war.

Durch den Ort wälzten sich Touristenströme. Aus jedem Restaurant dröhnte westliche Schlagermusik, die so klang wie im Kalten Krieg der fünfziger Jahre die Störsender des Ostblocks. Auf Schildern wurde auf deutsch und englisch geworben: »Wie bey Mutter!«, »Ser gemütlih!«, »WELCOME, hier is noch Freundschaft«, »Erstklass. Würstel und Efes Pils!«

Die Fischer, die hier einst durch harte Arbeit ihr Brot verdient hatten, schienen jetzt durch Herumlungern mehr zu verdienen. Sie saßen auf ihren Kähnen, tranken Bier und boten den vorübergehenden Touristen Badetouren an. Ihre Lebensweise war der ihrer Katzen ähnlich geworden: auch sie verstanden zu schmusen und im richtigen Moment die Krallen zu zeigen.

Aber es war für den Besucher keineswegs angenehm, ununterbrochen angeredet und mit Vorschlägen behelligt zu werden. Konnte man sich fröhlich erholen in einer Landschaft, in der alle anderen Menschen ebensowenig zu arbeiten schienen wie man selbst? Wem sollte man zusehen, wobei?

Dann fand er endlich Hassan, den Wirt, einen ehemaligen Mitgefangenen Selims in Berlin – es war der, der sich unter Mithilfe eines Gefängnisbeamten in der Zellentür die Finger gebrochen hatte. Hier hieß er »Kaptan«, Kapitän, vielleicht weil er nach seiner Abschiebung als Busfahrer gearbeitet, vielleicht aber auch, weil er sich ein Seefahrerleben erfunden hatte. Er war ein jovialer Mann mit Bauch und imponierendem Schnauzbart, lachte gern und laut. Direkt vor seinem Lokal stand Atatürk in Lebensgröße und blickte auf die See hinaus, ein vergoldeter Trevor Howard, nur noch edler. Hundert Meter entfernt lag die Moschee. Wenn der Imam zum Gebet rief, mußte Hassan seine Stereoanlage leise drehen, das gebot der Respekt.

Alexanders Magen war noch nicht in Ordnung gewesen, er hatte nur Cacık (Joghurt mit Gurken und Knoblauch) und einen eigentümlichen Salat zu sich genommen, der ihm schmeckte: mit einem Aroma zwischen Sauerampfer und Löwenzahn, Kohl und Kopfsalat. Mit leichter Übertreibung ließ sich sagen: frische grüne Blätter mit dem Geschmack von gekochtem Rindfleisch.

»Das ist Roka«, sagte Hassan. »Gibt es das bei euch nicht?«
»Nein.«

»Dann baue es an, und du kannst Millionär werden. Hast du ein Grundstück mit einem Hang nach Süden?«

»Nach Südosten.«

»Ideal. Du wirst Millionär. – Hier, trinke Rakı, das ist Medizin für dich! Moment – reklamlar!«

Er stand auf, und als er Alexanders erstaunten Blick sah, fügte er hinzu: »Das sagen wir so. Kommt vom Fernsehen: Reklame heißt pinkeln gehen.«

Als er zurückkam, redete er sofort weiter: »Siehst du das Haus da drüben auf dem Berg? Da wohnt auch ein Millionär, ein verrückter Deutscher und sein Sohn. – Der Sohn ist ein Tier.«

»Wieso?«

»Er ist im Sturm von Anamur nach Kıbrıs gesurft – auf einem Brett mit Segel, verstehst du, gesurft – an einem einzigen Tag.«

»Aha, ein Tier. Und inwiefern ist der Vater verrückt?«

»Weil er nicht investiert! Er will Ruhe haben und nicht an Geld denken. – Er spinnt!«

Von den Millionen, die Alexander mit den Roka-Stauden verdienen würde, wollte Hassan schon jetzt etwas abzweigen: Alexander sollte ein Feriendorf finanzieren. »Wir können uns hier vor Touristen kaum retten; was uns fehlt, ist Kapital!« Die Zukunftspläne nahmen immer mehr Umfang an, erhellt vom lichten Grau gefüllter Rakıgläser, und als die beiden Männer einmal zur selben Zeit hinaus mußten und in der deftig riechenden Toilette nebeneinander standen, wies das Feriendorf bereits eine Pier für fünfzig Jachten und einen ausgedehnten Golfplatz auf. Jetzt ahnte Alexander: wenn man zwischen Hassan und sich eine Tür schließen wollte, mußte man ihm wohl wirklich die Finger brechen.

»Wir besprechen das am besten gleich mit dem Bürgermeister, ich lade ihn zum Rakı ein«, sagte Hassan wenig später und winkte mit herrischer Gebärde einen älteren Mann ins Lokal. »Kannst du das so einfach mit ihm machen?« fragte Alexander zweifelnd.

»Aber natürlich, mit Gewalt!« antwortete Hassan, nötigte den Volksvertreter zum Sitzen und schenkte ihm ein. Was er ihm sagte, übersetzte er hin und wieder für Alexander ins Deutsche – vermutlich falsch, denn das Türkische war jedesmal länger. Als Alexander merkte, daß Hassan ihn als Milliardär, großen Förderer der Türkei und Investor darstellte, zog er sich wegen Magengrimmens zu einer langen Reklamesendung zurück und überlegte angestrengt, wie er entkommen könnte. Die Spülung trug den zuversichtlichen Namen »Ege Niyagara« – so etwas wie: »Ägäischer Niagara«, versagte aber dann schmählich ihren Dienst. Als er wieder zurück war, wünschte er ein paar Schritte allein zu tun: er wolle eine Kalkulation entwerfen, und er könne nun einmal nicht rechnen, wenn ihm jemand dabei zusehe.

Sofort anschließend hatte Alexander seinen Koffer aus dem Büro der Busgesellschaft geholt, ein Taxi bestiegen und war davongefahren, um den Abendbus nach Kaş einzuholen.

.

149.

Alexanders Kräfte schienen zurückgekehrt, mühsam stand er auf und stieg weiter bergan. In diesem Land herrschte die Sonne, und was hatte man davon: Staub, Staub, und jedes Blatt war ein Stachel.

Die Zunge klebte am Gaumen. Wasser, wußte Alexander plötzlich, war wichtiger als Musik.

Ob Selim ein Verschwundener war, wie die Verhafteten und Getöteten in Argentinien? Kommt darauf an. Kommt an – worauf? Er war wieder sehr schwach.

Wer ist dieser Selim, dachte Alexander, und vor allem: wo? Wo treibt er sich herum, statt mir zu erzählen?

Die Beine brannten, denn trotz der dicken Jeanshose hatten die Stacheln zahlloser Sträucher hindurchgestochen. Ob vielleicht längst eine Schlange ihn gebissen hatte, nebenbei und unbemerkt?

Jetzt war er oben. Er trank aus der Rakıflasche einen Schluck zur Vorbeugung, der wegen des Durstes etwas groß ausfiel. Leicht schwankend blickte er zur anderen Seite hinunter und sah da wirklich ein kleines Haus. Kein Mensch weit und breit, kein Laut. Unglaublich, wie lange an den meisten Orten dieser Welt nichts passierte – in mindestens neunzig Prozent der Zeit. Die Menschen redeten nur von den restlichen zehn Prozent und glaubten, sie begriffen das Ganze. Blödsinn! Alexander nahm einen zweiten Schluck.

Da trat ein Mann mit einem Jungen aus dem Haus. Das konnte Selim sein! Alexander stellte die Flasche weg, hielt die Hände an den Mund und rief: »Selim? Se – lim!«

Der Mann drehte sich zur Bergspitze um.

»Ich bin's, A-le-xan-der! Selim, du Arschloch, wir sind reich! Reich, hast du verstanden?«

Der Mann wandte sich um und ging wieder ins Haus, der Junge verschwand in der Macchia.

Alexander wurde wütend. Er stieg mühsam zu dem Haus hinunter und klopfte, rief laut, ging schließlich durch die offene Tür hinein: ein unbewohntes Haus, niemand zu sehen. Eine Verwechslung. Eine Idee. Schluß damit!

Er stieg wieder hinauf, und dann auf der anderen Seite des Berges hinunter, schwankend, sehr vorsichtig. Die Sonne hatte an Kraft verloren, es mußte zu schaffen sein.

Am Fuß des Berges begegnete er einem Deutschen aus dem Hotel, der eine antike Zisterne suchte.

»Die ist auf dem Berg da drüben, nicht hier«, antwortete Alexander. Statt zu danken, begann der Landsmann ihm zu erklären, wieso er trotz guter Landkarte und hoher Intelligenz zu einer solchen Fehleinschätzung gekommen sei – er habe nämlich gedacht, daß dieser Weg, im Gegensatz zu jenem Weg... Alexander ließ ihn stehen und schritt hoheitsvoll davon, wie Lawrence von Arabien nach der Durchquerung des Sinai.

Abends bekam er abermals hohes Fieber und lag auf dem Bett wie tot. Ob das ein Ort zum Sterben war? Das Hotel erinnerte an den »Zauberberg«. Aber so wollte Alexander nicht sterben, so bestimmt nicht.

150.

Am nächsten Morgen war das Fieber verschwunden, nur die Schwäche war noch da. Alexander saß auf der Terrasse unter dem Blätterdach und schrieb Tagebuch.

27. August 1988
Ich sitze unter dem Blätterdach und weiß nicht weiter. Diese Bergtour hätte es doch sein können! Stachelgewächse, Schlangengefahr, Hitze – und dann ein Häuschen, und Haluk, und Selim, und die Freude, und dazu der Blick über die Küste hin. Ich habe es nicht geschafft. Gut, ich schaffe es das nächste Mal, irgendwann wird er lebendig dastehen und lachen. Ich schreibe ihn heraus und herauf von dort unten: er wird seine Kämpfe gewinnen wie im Leben.
Alexanders verdammtes Fieber lasse ich ab sofort nicht mehr in den Roman! Ich habe keine Verwendung dafür. Was für einen dramaturgischen Sinn soll diese abendliche Fieberei haben?
Natürlich hat hier kein Mensch ein Thermometer, und ich will keinen Arzt aus zwanzig Kilometer Entfernung kommen lassen. Womöglich passiert ihm etwas, und ich überlebe ihn um Jahre.
Aufhören mit dem Tagebuchschreiben, das kostet nur Energie! Weiter mit dem Roman, mag er noch so auf der Stelle treten:

Der Mann, der ihm aus dem Boot zugewinkt und dann nur noch geschwiegen hatte, sprach ihn an. Er hatte sich einen

Satz ausgedacht, den er unbedingt mitteilen mußte: »Früher leistete man sich für eine Politik, die man für richtig hielt, auch mal eine Gemeinheit. Heute leistet man sich für seine Gemeinheit eine Politik – gut, nicht?«

»Sie sind politisch interessiert?« fragte Alexander und merkte, daß seine Kopfschmerzen erneut einsetzten. In wenigen Stunden würde das Fieber wiederkommen und seine Knochen mit Blei ausgießen. –

Gestrichen! Kein Fieber mehr in diesem Roman! Ein für allemal!

Der Mann hatte ihn vor zwei Jahren in einer Sendung gesehen, und jetzt war es ihm leider wieder eingefallen.

In der Nacht vom 27. zum 28. August 1988
Fieber, Fieber. Der ganze Körper ein wehes Drahtgeflecht, und ich spüre meine Augenhöhlen.
Ich soll also über diesem Roman sterben?
Woran eigentlich, bitte?

Fort aus dem Zauberberg-Hotel, nur weg! Hier fand er weder Selim noch irgendeine Erholung. Er wollte nach Ankara, um Mesut zu besuchen, der hatte Verbindungen nach überall hin. Und er mußte nach Istanbul zurück, um in die Zeitung setzen zu lassen, daß er da sei. Rhetorik: er konnte Vorträge halten. Oder ins Fernsehen gehen, ins türkische, das war überhaupt die Lösung! Irgendwo würde Selim von ihm hören oder ihn sehen, und dann würde er kommen!

28. August 1988
Morgens vor der Abfahrt mit Gisela telephoniert. Sie kommt mit ihrer Kommission nach Ankara. Hermine ist auch gerade dort, sie erforscht für ihr Matriarchatsbuch die Statuen der dicken Frauen von Çatal Hüyük, zehntausend Jahre alt! Ich sitze, dies schreibend, im Bus und fühle mich seltsamerweise aufgekratzt und gesund. Aber eines möchte ich wissen: wieso müssen mir in diesem Land auch noch die Haare ausgehen?

151

Am 29. August traf Alexander in Ankara ein. Im Hilton kam ihm Gisela zufällig schon in der Halle entgegen. Sie sagte: »Bist du aber braun geworden! Und gesund siehst du aus!«

29. August 1988
Gisela sagt nur: »Um Gottes willen, was ist mit dir los?«
Ich bin schwindlig und muß mich hinlegen. Ein Arzt kommt. Mein linker Fuß ist dick und tut weh, aber da hat mich vielleicht nur auf der Bergtour etwas gestochen. Malaria ist es nicht, aber die Blutsenkung wird fündig: irgendeine Entzündung! Ich nehme in rauhen Mengen Antibiotika, was vielleicht falsch ist.
Ich werde mit Mesut nach Yazıköy fahren, wo Selims Frau wohnen soll. Wenn ich mich etwas ermanne, dann drehe ich es im Roman so, daß ich ihn dort finde, einen zufriedenen Selim mit – Haluk, weiteren Kindern. Der Teufel soll mich holen.

Abends sagte Hermine: »Wir sind alle auf der Suche. Du suchst nach Selim, Gisela nach Verletzungen der Menschenrechte, ich nach der vergessenen Herrschaft der Mütter. Und auch die meisten anderen...«

»Die anderen suchen nach Möglichkeiten, ihre Familien zu ernähren«, antwortete Gisela streng.

Am nächsten Tag besuchte Alexander Mesut. Er wohnte mit seiner Frau, einer Tochter und einem kleinen Sohn in einem eigenen Haus im Stadtteil Çelebi. Als Alexander ankam, spielte er mit einem schwarzgefleckten, tapsigen jungen Hund im Vorgarten. »Das ist Karabaş«, sagte er. »Als ich nach Deutschland ging, war sein Großvater so alt, wie er jetzt ist.«

Über Selims Verbleib wußte er wenig. Es ging das Gerücht, er habe sich in einem anatolischen Dorf namens Yazıköy niedergelassen und züchte Hühner. Sie fuhren in Mesuts altem Cadillac hin, drei Stunden Fahrt auf steiniger Straße. Yazıköy bestand aus einigen Flachbauten mit Lehmdächern, darum herum Weizenfelder, Hitze, Staub und dürre Sträucher. Hühner gab es hier genug, also vielleicht auch Selim? Noch war nichts von ihm zu sehen.

Bald standen einige Männer bei ihnen und sahen sich abwechselnd den Deutschen und den Wagen an. Ein älterer Mann mit Schirmmütze lud sie in sein Haus ein: er war der größte Grundbesitzer hier, der »Ağa«.

»Schuhe ausziehen!« zischelte Mesut an der Haustür. Die beiden verschleierten jungen Frauen des Ağas erschienen, machten Knickse, nahmen dann die Hand des Gastes und berührten sie mit der Stirn. Sofort eilten sie wieder davon, um Tee und einen Imbiß herbeizuschaffen. Die Unterhaltung fand nur zwischen den Männern statt. Alexander erklärte, wo er herkam. »Rosenheim!« rief der Ağa. »Eishockey!« Er zeigte auf einen blitzenden neuen Fernsehapparat neben dem Fenster, der inmitten des ältlichen und kargen Mobiliars etwas Bedrohliches hatte. Er wurde sofort eingeschaltet und lieferte Reklamespots. Warum waren Türkinnen in der Wirklichkeit schwarzhaarig, im Fernsehen aber blond?

Dann fragte Mesut noch einmal nach Selim. Aber von dem hatte hier wirklich noch nie jemand gehört.

1. September 1988, Bostancı

Wie ich's mir gedacht habe. Ich schaffe es nicht, ich kriege ihn nicht ins Bild. Vielleicht muß ich erst auf den Tod liegen, bevor er gesund dasteht.

Auf dem Rückweg war Mesut gesprächig und erklärte voll Begeisterung den Islam. Er war wirklich fromm geworden, betete zu den vorgeschriebenen Zeiten und trank keinen Alkohol. Sein Wesen wirkte freundlicher und nachdenklicher als früher. Nur von seiner Frau sprach er in einem bitteren Ton: sie sei nicht bereit, sein religiöses Leben zu teilen, und sie erziehe auch die Kinder nicht in seinem Sinn. Alexander sagte lieber nichts dazu. Er hatte bereits geahnt, daß Mesut zwar fähig war, eine Ehe zu führen, aber es schwer hatte, seine Abneigung gegen Frauen zu überwinden.

1. September 1988, Fortsetzung

Ich bin wieder in Bostancı und wohne beim dicken Selim, bis Mesuts Wohnung auf der europäischen Seite des Bosporus frei wird. Im Augenblick wohnen dort noch Bekannte von ihm, die wegen einer religiösen Versammlung hier sind. Ich habe das Angebot angenommen. Warum soll ich Mesut weiter verübeln, daß er früher Fehler gemacht hat? Oder gar, daß er ohne Strafe davongekommen ist – ich bin nicht sein Richter. Er ist jetzt, weil er Glück gehabt hat, ein gemachter Mann. Sein Geld steckt in der Immobilienbranche, und niemand weiß von dessen weniger ehrenhaften Ursprüngen.

Er wollte auch zusammen mit mir etwas für Selims Frau tun, falls wir sie in Yazıköy fänden. Aber niemand wußte etwas. Das alte, traurige Bild: Frauen ändern ihre Namen und sind nicht mehr auffindbar. Vielleicht ist sie dort nie gewesen, vielleicht doch, hat aber geleugnet, daß sie schon einmal verheiratet war? Vermutlich gibt es einen neuen Mann, und der ist dagegen, daß von Selim die Rede ist.

Den Fernsehtermin habe ich abgesagt, und aus dem Vortrag über die Wiederentdeckung der antiken Rhetorik wird auch nichts. Morgen kommt die Untersuchung beim Internisten, einem Bekannten von Mesut. Bin stark abgemagert, habe kahle Stellen am Kopf und weiterhin abends Fieber bis über vierzig, einmal sogar einundvierzig Grad.

Im Fernsehen sagte Alexander nach der letzten Frage des Interviewers kurzentschlossen, was ihm in der Türkei persönlich wichtig war: er wolle wissen, wie es mit seinem Freund Selim weitergegangen sei. Leider sei dieser nicht aufzufinden, und deshalb bitte er ihn von hier aus, sich zu melden, damit die Mißverständnisse ausgeräumt werden könnten. Ja, er sprach sogar über diese und gab zu, sie durch die Überheblichkeit des Unwissenden verursacht zu haben. Er bitte um Verzeihung und um die Wiederaufnahme der Gespräche an einem besseren, früheren Punkt.

Es riefen daraufhin etwa hundert Personen an, die von Selim gehört haben wollten, und sogar einer, der es selbst zu sein behauptete. Alexander wußte nun nicht mehr weiter, nur noch ein Wunder konnte helfen.

5. September 1988
In Mesuts Wohnung, die mir nicht sehr behagt, weil sie zu ebener Erde liegt und daher ständig Vorübergehende durch die Fenster hereinsehen. Trotz des von hier aus sichtbaren Bosporus werde ich nicht lange bleiben.
Ich brauche ja nur das Wunder zu erfinden, und das Buch ist fertig. Und ich weigere mich, nach Hause zu fliegen, bevor diese Arbeit getan ist. Die Idee mit dem Fernsehen wäre nicht schlecht gewesen: Anruf gleich im Studio, er meldet sich aus Erzurum oder Diyarbakır oder Hakkari — ja, gut, er hätte auch im Gefängnis sitzen können, das wäre vielleicht nicht der schlechteste Schluß gewesen. Realistisch.
Auf dem europäischen Ufer des Bosporus bin ich ungern. Die gesamte Türkei, und vor allem Bostancı im asiatischen Teil Istanbuls hatten mehr Reiz und Überzeugungskraft als der Ort, an dem ich mich befinde: Mesuts Wohnung liegt in Cihangir, einem vormals schönen, heute nur noch teuren Viertel am Nordufer des Bosporus. Ich sitze im Sessel und starre aus meinen hohlen Augen auf die Schiffe: kleine, emsige Stadtdampfer, griechische und sowjetische Tanker, Seeomnibusse, die auf Luftkissen mit Motorradgeschwindigkeit dahinfegen. Immer noch besser als das Fernsehen, in dem nur ständig anzutragende Herren mit dem Charme eines Erich Honecker auftreten und klagende arabeske Gesänge tremolieren. Der Musiker aus der vierten Etage, selbst Komponist solcher Lieder, über-

setzte mir einen Text: »Wenn ich tot bin, komm nicht zu meinem Grabe« – und so weiter in dieser Art. Für mich im Moment nicht das Richtige.

In der Gasse unter mir kommt ein Auto an, hält, und zwei Männer steigen aus. Wer einen Freund nach Hause bringt, steigt in jedem Falle aus – die unerläßlichen Umarmungen und Küßchen brauchen viel Raum. Währenddessen drückt der Fahrer durchs offene Wagenfenster immer wieder auf die Hupe, damit die Familie seines Freundes endlich zur Begrüßung herbeikommt.

Zwischen mir und dem Steilhang zum Bosporus liegt ein altes Holzhaus, etwas verfault schon und mit zerzaustem Dach, einst gewiß ein entzückender Anblick, eine Villa mit gesunden Menschen, Tee und Gedichten. Heute wohnen griesgrämige, stumpfgesichtige, zweifellos notleidende Leute dort, und an der Hausmauer steht in großen Buchstaben: »ŞÖFÖR DİKKAT!« – »Chauffeur, paß auf!«, denn gerade hier macht die Straße einen engen, steilen Knick; schon mehrmals sind Autos in die Wand gefahren. Je öfter ich das Schild betrachte, desto mehr Mitleid habe ich mit dem alten Haus: was hilft schon »ŞÖFÖR DİKKAT« gegen defekte Bremsen, zuviel Rakı oder – was hier immer im Verein mit diesen Ärgernissen auftritt – gegen den blindwütigen Männlichkeitswahn, der sich ununterbrochen beweisen muß. Das scheint geradezu der heimliche Leitspruch der gesamten Türkei zu sein: »Der Mann muß sich beweisen!« So formulierte es gestern der Musiker. Als ich entgegnete: »Ich finde, ein erwachsener Mann muß überhaupt nichts beweisen«, erkundigte er sich nach meinem Gesundheitszustand.

152

Wenn er nicht an seinem Vortrag über die »Wiederentdek-
kung der antiken Rhetorik« arbeitete oder Hinweisen nach-
ging, die ihn zu Selim führen konnten, versuchte Alexander,
Türkisch zu lernen. Er wollte darin rasch über die Anfänge
hinauskommen, denn solange er nur so wenige türkische
Wörter herzusagen wußte, überfiel man ihn mit einem
Wortschwall, den er nicht verstand. Die ersten mühsam vor-
bereiteten Versuche, beim Einkaufen türkisch zu sprechen,
waren nicht ermutigend. Als er eine Dose Bohnen verlangte,
glaubte der Händler, er suche nach einer Schallplatte mit
klassischer Musik. Als er nach einer Zeitschrift mit Fernsehprogramm fragte, war die Verkäuferin geschmeichelt und
dachte, er wolle sie für Dreharbeiten engagieren. Gewiß, er
konnte nicht Türkisch, aber die umweghafte, erfindungsrei-
che Art, wie sie ihn mißverstanden, erstaunte ihn doch.

Jedenfalls ging es so nicht weiter. Verbissen arbeitete er
eine Woche lang ein ältliches Übungsbuch durch und ärgerte
sich über Sätze wie: »Die Mutter gart den Kaffee. Hat sie
den Kaffee gegart? Wann gart die Mutter ... «

Irgendwann gab er das wieder auf, weil er zuwenig Zeit
übrig hatte und weil er merkte, daß sein Gedächtnis sich
gegen die fremde Sprache wehrte: nur wenige Wörter erinnerten an westliche Sprachen, und es fiel ihm erstaunlich
schwer, sich etwas völlig Neues einzuprägen. Damit war ein
weiterer Versuch beendet, sich diesem Land zu nähern.

Hatte er wirklich einmal vor Wochen behauptet, in der
Türkei leben zu wollen? Wie war er nur darauf gekommen?
Je länger er hier blieb, desto fremder, hoffnungsloser und
unglückseliger erschien ihm die Umgebung. Dieser Eindruck
begann sogar auf das Bild zurückzuschlagen, das er sich in
zwanzig Jahren von Selim gemacht hatte. War es nicht
ebenso ein Irrtum gewesen wie seine anfängliche Sicht der
Türkei? Nachdem er eines Abends einem verzweifelten sieb-
zehnjährigen Rückkehrer aus der Bundesrepublik begegnet

war, entdeckte Alexander, daß auch in ihm eine große Portion Abneigung wohnte – genau wie in diesem Jungen, der zwar einen türkischen Paß hatte, dem aber die Türken fremd waren. »Zu Hause mußte ich den Ausländer spielen, ich mußte künstlich schlechtes Deutsch sprechen, sonst hielt man mich für arrogant. Hier ist es noch schlimmer: man haßt mich in jedem Fall, ob ich den Türken spiele oder den Deutschen, ganz egal! Und dazu noch die Probleme, die es überall gibt, ohne daß ich einsehen kann, warum.«

Ja, Problememacher waren sie! Alexander merkte es, als er zwei volle Tage brauchte, um seine dreißig Jahre alte Schreibmaschine aus der Zollverwaltung in Yeşilköy zu holen – er hatte sie sich per Luftfracht schicken lassen. Für jeden Stempel, für jeden Vermerk stand er an einem neuen Pult neu an, die Beamten waren zunächst lebendig, höflich, runzelten dann die Stirn und schritten mit der Würde von Königen zu ihrer liebsten Beschäftigung: der Erfindung schwerwiegender bürokratischer Probleme. Sehr wirksam beharrten sie etwa auf einer Bestätigung seines Istanbuler Arbeitgebers, daß er die Maschine dienstlich brauche. Daß er keinen Arbeitgeber hatte, war nicht vorgesehen und schon daher bedenklich, ja verdächtig. Ali Bey schickte ihn zu Memet Bey, dieser zu Turgut Bey, dieser wieder in den Keller zu Ismet Bey, und der empfahl ihm, sich zuerst die Bestätigung von Osman Bey im Frachtlager zu holen – dazu mußte Alexander gebückt durch ein Loch im Maschenzaun kriechen. Beim sechsten Mal konnte er es, ohne mit der Jacke hängenzubleiben, denn Osman Bey schickte ihn selbstverständlich jedesmal mit einer überzeugenden Begründung wieder ins Bürogebäude. Wieviel Intelligenz war hierzulande ausschließlich mit der Verhinderung des Einfachen, Vernünftigen beschäftigt! Alexander hegte die Vermutung, daß die Sache mit einigen Geldscheinen zu beschleunigen war, aber dazu hätte zweifellos die Fähigkeit gehört, sich vorsichtig und zugleich deutlich auszudrücken – in der Bundesrepublik hätte er sich so einen Vorstoß zugetraut, aber nicht hier: Bestechungsversuche waren sicher strafbar, auch wußte er noch nicht, welches Bakschisch zu hoch und welches zu niedrig war, ferner, ob hier einer für alle kassierte oder jeder für sich, oder alle für einen – oder ob sie nicht eben doch fanatisch korrekt waren –, sie sahen jedenfalls so aus. Nein, er blieb lieber sauber, hoffte, wartete, staunte. Zwei volle Tage verbrachte er in der demütigen Position des Bittstellers, nur um seine schrottreife, aber geliebte Triumph herauszubekommen, immerhin sein Eigentum. Sie wurde dann im übrigen nicht einmal geprüft, niemand wollte sie sich ansehen. So unwichtig war die Sache selbst.

Jetzt wußte er zwar immer noch nicht, wie man so etwas richtig handhabe, hatte aber doch einen beträchtlichen Einblick in die Verfassung dieses Staates genommen. In die ungeschriebene.

»Das einzige, was die herstellen können, sind Probleme«, sagte der junge Rückkehrer wider Willen. »Ich fahre nach Hause, sobald ich irgendwie kann!« Mit »zu Hause« meinte er Schwäbisch Gmünd, wo er bereits auf die Oberstufe gegangen war.

Alexander konnte im Gegensatz zu dem jungen Mann sofort abreisen. Wenn er es schaffte, sich von diesem Selim zu befreien, dann hielt ihn hier nichts. Und mehr und mehr schien die Türkei selbst ihn von Selim zu befreien; es war, als wollte sie ihm zumindest dabei helfen.

In jedem Detail meinte Alexander plötzlich Selims Geist wiederzuerkennen: seinen Leichtsinn, seine Fähigkeit, sich und anderen etwas vorzumachen, seine Neigung, alles nur für den Moment zu erledigen, riskant zu leben und die Zukunft Allah zu überlassen.

Selims Technik: zugige Fenster, tropfende Hähne, gesprungene und durchgerostete Abflußrohre. Nichts schien hier dicht. Irgendwann kam Selim, der Handwerker, und machte sich zu schaffen. Aber wenn ein Installateur hier »tamam« (fertig) sagte und freundlich grüßend das Haus verließ, hatte er den Fehler nicht nur nicht abgestellt, sondern weitere hinterlassen. Mit boshafter Genauigkeit hatte Alexander festgestellt, daß in Mesuts Wohnung tatsächlich keine einzige Steckdose mit Dübeln befestigt war: alle waren auf den Putz genagelt und blieben daher am Stecker haften, wenn man diesen zum ersten Mal herauszog. Was geschah, wenn es regnete? Auf welchen Bahnen floß das Wasser vom Hügel Cihangirs in den Bosporus? Jedenfalls fand es diesen Weg von selbst, die Selims hatten sich der Frage noch nicht zugewandt. Dafür drehte man den Wasserhahn nur allzuoft vergebens auf, und trinken konnte man das, was er freigab, in keinem Fall. Eine Stadt von über sieben Millionen Einwohnern deckte ihren Trinkwasserbedarf in der Hauptsache aus Plastikflaschen. Wer das Geld dazu nicht hatte, wurde vermutlich früher oder später krank. Und wohin kam der Plastikschrott? Irgendwann würde die weite Türkei eine Müllhalde sein. Landschafts- und Umweltschutz? Das waren die Wehwehchen, mit denen sich reiche Leute im Westen beschäftigten, ein Selim hatte für solche Luxussorgen keine Zeit. Erstaunlich bei Menschen, die Kinder nicht nur in die Welt setzten, sondern auch liebten: deren Zukunft war offenbar nicht ihre Sache.

Und wie stolz hier die Männer waren! Worauf, war leicht festzustellen: ging eine unverschleierte oder gar westlich-ausländische Frau vorbei, so ließen sie die Augen heraushängen und stöhnten »Allahallah!«, um der Umgebung zu beweisen, daß ihre schier gigantische Potenz sie da immer gleich in Nöte brachte. Am befremdlichsten aber war der muffige, herrische Stolz, den sie sich und ihren Bewunderern vermutlich nur erhalten konnten, indem sie niemals auch nur eine Sekunde über sich selbst nachdachten. Das war gewiß nicht leicht, aber es gab genügend andere Männer, die ihnen halfen, solches Unglück abzuwehren, und der Ort dafür war das Männercafé. Gutgelaunte Männer sah Alexander, von einigen Betrunkenen abgesehen, so gut wie nie. Wenn hier irgendwo Organisation, Nachdenklichkeit und sogar Humor zu Hause waren, dann wohl eher bei den Frauen.

Aber war es nicht in Adana, in Bostancı anders gewesen? Es mußte an diesem Stadtteil liegen, an Cihangir, an diesem Gemisch aus Tourismus, Bettelei, Bauspekulation, Zynismus, in dem alles nebeneinanderher lebte, ohne voneinander Notiz zu nehmen: da waren die Jugendträume bejahrter Damen, die das alte Istanbul noch erlebt hatten, in welchem sie als Mädchen leicht bekleidet und allein zum Baden an den Bosporus hatten gehen können. Da war der verzweifelte, melancholische Grimm der Anatolier, die ihre Wurzeln gekappt hatten und in die Stadt gekommen waren, um hier erst recht in Elend und Unsicherheit zu leben, was sie schließlich einer fanatischen Ideologie der Sittenstrenge in die Arme trieb – zu Lasten ihrer Frauen und Töchter. Westliche Lebensweise war ihnen ein Greuel, und damit hatten sie sogar recht, wenn sie so war, wie sie hier vorgeführt wurde: sichtbare, protzige Herrschaft der Banken, infantile Fernsehreklame, Allgegenwart des Automobils und einer Presse, die, von wenigen Ausnahmen abgesehen, mehr Sorgfalt auf Pornographie zu legen schien als auf korrekte Nachrichtenübermittlung. Woher sollte man denn hier wissen, daß das allenfalls die Kehrseite des Westens war, und bestimmt nicht das Beste, was er zu bieten hatte?

Bostancı, Muğla, Adana, die hatten Alexander an das Bayern in der Nachkriegszeit erinnert: bäurisch bis kleinbürgerlich, arbeitsam, rechnerisch, zuversichtlich, freundlich. Aber das europäische Istanbul war nur noch das Bild einer gnadenlos heruntergekommenen Großstadt der dritten Welt, und nichts fehlte dazu: nicht die aberwitzige Verkehrssituation, nicht der Smog, nicht die gleichgültige Mordlust der Autofahrer, nicht die Hungernden und Bettelnden, nicht die einschüchternde Gegenwart von Uniformierten, die mit Holzgesichtern ihre Maschinenpistolen in die Gegend hielten, und auch nicht die Geschwader der Besichtigungstouristen, die nur wahrnahmen, was in ihren Prospekten stand.

Daß diese Stadt einmal anders gewesen war, auch weil Griechen, Armenier und Juden sie belebt hatten, wen kümmerte das noch, außer jenen ältlichen Damen. Daß hier nach dem Zeugnis alter Reiseberichte und Lebenserinnerungen Freude, Geist und Toleranz geherrscht hatten – man las es in der Bibliothek.

Intellektuelle gab es hier auch, oder jedenfalls teuer gekleidete Menschen, die sich selbst so nannten. Sie trugen linke Überzeugungen wie andere Heilige einen Heiligenschein und bezogen ihre hohe Selbsteinschätzung vor allem daraus, daß sie, falls sie Mut bewiesen und Mißstände anprangerten, noch immer von Gefängnis bedroht waren. Wo sie es wirklich taten, war das zweifellos ehrenwert. Aber Alexander begann die naive Selbstgefälligkeit dieser wirklichen oder potentiellen Helden zu scheuen. Er fühlte sich in seine Studentenzeit zurückversetzt, wenn er dem ungebrochenen Begriffsglauben türkischer Linker lauschte. In den westlichen Metropolen nahm man in diesem Punkt längst eine nachdenklichere Haltung oder wenigstens Pose ein – hier nicht. Aber wie überall in der Welt gab es hier jene selbstzufriedene Faulheit, die sich als Engagement ausgab. Ihre Informationen waren seltsam begrenzt und an Personen gebunden: der und der kam nächstes Jahr nach Istanbul, dieser und jener war letztes Jahr dagewesen, dieser kannte jenen, jene eine war jetzt Vorsitzende, und so weiter. Sie waren Experten für den Klatsch einer Provinzstadt und lobten sich gegenseitig zu Bedeutung und Berühmtheit hoch. Es hatte aber auch etwas Verzweifeltes. Wenn sich genügend Menschen an einen Strohhalm klammerten, begannen sie einander zu versichern, sie seien eine Insel. Alexander erinnerte sich, daß Selim hin und wieder auf diese Art von Einbildung geschimpft hatte – aber es gab zwischen ihm und diesem Typus etwas Gemeinsames: die Wohnung im Reich der Illusionen.

Vielleicht waren das doch noch nicht die echten Intellektuellen. Nein, das konnten sie gar nicht sein! Diese hier verdienten nur mehr oder weniger gut beim Fernsehen und schützten ihre Träume durch den exklusiven Umgang mit ihresgleichen und dem Alkohol. Eine gewisse Ähnlichkeit mit der Kulturszene westlicher Hauptstädte war kaum zu leugnen, beruhte vielleicht sogar auf direkter Imitation. Über die Anatolier und andere ungeliebte Realitäten äußerten sie sich hin und wieder so abfällig, daß Alexander seinen Ohren nicht traute.

Am eindrucksvollsten war aber doch immer wieder die Rolle des Staates, vor allem in den Köpfen: jeder Telephonhandwerker, jeder Bankangestellte fühlte sich als staatliches Organ, gefiel sich in einem kontrollierenden Gebaren. Alexander verstand jetzt, warum die Türken mit deutschen Beamten nicht zurechtkamen: diese vertraten, hin und wieder sehr pedantisch, die Belange der Allgemeinheit – für viele Menschen aus der Türkei noch ein unverständliches, nur als Schikane erklärbares Verhalten. Der türkische Hoheitsträger – und das war jeder, der auch nur ein Sprechfunkgerät in der Hand oder eine Trillerpfeife im Mund hatte – war nicht Vertreter jener notorisch unordentlichen und verdächtigen Allgemeinheit, sondern des sie in Schach haltenden Staatswesens. Er hatte die Macht, und vor ihm mußte gezittert werden: so, und nur so repräsentierte er diesen Staat richtig und trug dazu bei, ihm Achtung zu verschaffen.

Warum gab es hier weiterhin Fälle von Folter, dieser entsetzlichen Krankheit des Gehirns, resistent gegen fast alle Mittel?

Aus diesem Land also kam Selim. Erst jetzt verstand Alexander dessen Lust, Beamte zu ärgern und ihnen zu zeigen, daß er sie nicht fürchtete. Er verstand sogar den merkwürdig aufsässigen Türken vor dem Polizeirevier in Charlottenburg. Sie taten nur, was sie in der Türkei nicht konnten, und weiß Gott, sie hatten Nachholbedarf! Wie viele intelligente Menschen waren an diesem Staat schon verzweifelt oder seinetwegen zu Vabanque-Spielern geworden? Riskant leben, Handstreiche gegen die Obrigkeit, gegen Paragraphenfuchser und Problememacher führen – das war schon die ganze Selim-Formel. So waren hier viele, deren Geist etwas lebhafter arbeitete, und daran war nichts Besonderes. Hatte Selim nicht für die Efe-Krieger geschwärmt, Räuber in kurzen Hosen, die vormals in den Bergen gewohnt und von dort aus sture osmanische Unterdrücker überfallen hatten?

Nein, er war nicht untypisch, von seiner Sorte gab es Millionen. War es für Alexander wirklich so wichtig, wie es mit diesem Selim weitergegangen war? Mochte er doch in seinem Versteck bleiben und wieder ganz der Türke werden, der er schon immer gewesen war! Wenn er sich nicht gemeldet hatte und auch jetzt nicht auftauchen wollte – gut! Viel Glück, Selim, lebe in Frieden, ich werde dich nicht stören!

Er saß auf dem Balkon und sah über den Bosporus zum asiatischen Ufer hinüber, wo nur noch die Straßenbeleuchtung brannte. Es war drei Uhr nachts. Er war vor einer Stunde wegen zweier in der Gasse steckengebliebener Autos aufgewacht, die sich ausgiebig anhupten: die Gasse war Einbahnstraße, aber wer hielt sich daran? Passanten und Fahrgäste versuchten die Vehikel aneinander im Millimeterabstand vorbeizulotsen, da keiner zurückfahren wollte. Eine Viertelstunde lang hatte Alexander dem »Gel gel gel!« gelauscht – »Komm, komm!« oder »Weiter, weiter!«, der alltägliche Ruf in dieser autobesessenen, ewig verstopften Stadt. Als er dann gerade einschlafen wollte, fingen die Hunde an, die Hunde von Cihangir! Überall gab es sie, zahm oder verwildert, und immer wieder wachte nachts einer auf, ließ ein zwitscherndes Jaulen hören, weckte damit andere, bis endlich eine wütende, garstige Hundedebatte aufgeflammt war, die nichts, aber auch gar nichts ungesagt ließ. Hoffentlich hörten sie rechtzeitig wieder auf. Alexander wußte, daß er tief schlafen mußte, um beim Gebetsruf der Imame, gegen sechs, nicht erneut aufzuwachen.

Sein Blick fiel auf die Schrift an der Wand: »ŞÖFÖR DİKKAT!« Wie zur Antwort sagte er laut: »Ja, weg hier! Es ist genug!«

Es war in ihm heraufgewachsen wie ein Gewitter: erst hier und dort ein Wölkchen, dann die Sonne etwas verschleiert, aufkommender Wind – und plötzlich, fast von einer Sekunde zur anderen, vereinigte sich alles zu einer einzigen, undurchdringlichen Front, einer alles vernichtenden Wut. Als ihm das zu Bewußtsein kam, wurde er trotzig und fuhr fort, seinen Haß zu rechtfertigen. Dann merkte er, daß ihn das noch zuverlässiger um den Schlaf brachte, weil er sich zu schämen begann.

Er starrte doch vor lauter Überheblichkeit, Verachtung und Feindseligkeit! Hinter seiner Kritik an Rückständigkeit, an Not und Organisationsmängeln steckte nichts als sein selbstgefälliger Dünkel, ein höherer Mensch zu sein. Bei einem Alexander mit geringerem Bildungsstand und schlechteren Chancen, bei einem abgebrochenen Studenten etwa, der noch immer in der Putzkolonne arbeitete, da wäre der Haß nur früher und heftiger ausgebrochen, und die Rhetorik wäre eine andere gewesen – sicherlich aufrichtiger, weniger hinter sachlichen Argumenten verschanzt. Wie konnte er sich anmaßen, zu wissen, was in diesem Land falsch war! Die wirtschaftliche Not war das Übel, nicht die Art, wie Menschen mit ihr zu leben versuchten.

Irgendwann vor Jahren hatte er beschlossen, die ihm drohende moralische Gefahr heiße »Mitläufertum«, nicht »Rassismus«. Er hatte sich damit einer bewährten Methode bedient, die Dinge wegzuschieben, indem man sie aus ihrem Extrem definierte: wenn Rassismus darin bestand, Rassen auszurotten, dann konnte sich Alexander in dem Gefühl sonnen, zu den Anständigen zu gehören. Aber Rassismus war eben nicht nur das Schreckliche, was Alexander für sich selbst ausschließen konnte, sondern etwas recht Alltägliches, wenig Spektakuläres, und kaum jemand auf der ganzen Welt war zuverlässig davon frei.

Nach dieser Entdeckung schaltete er um, denn er wollte sich selbst annehmbar finden und endlich einschlafen können: die Türken lebten nur anders, fühlten sich auf andere Weise wohl, gingen mit der Zerbrechlichkeit und ständigen Gefährdung des Lebens anders um. Und man konnte sehr wohl von ihnen lernen, sogar von den Männern...

Die Übung in Verständnis und Toleranz dauerte zu lang, die Mühe war umsonst! Gerade als er Türken und Türkei wieder recht passabel, ja bewundernswert fand und mit freundschaftlichen Gefühlen einschlafen wollte, begannen die Imame ihren schartigen Gesang.

Mitte November 1988
Istanbul, Deutsches Krankenhaus.
Ich hänge immer noch am Tropf, schreibe jeweils mit der Hand, die frei ist. Wochen- und monatelang nicht schreiben zu können, wenn man sich das zuvor angewöhnt hat, bedrückt zusätzlich. Aber daß ich nicht schrieb, hatte seinen Grund nicht nur in der Krankheit. Mein Versuch, Selim schreibend zu finden, kenterte zuletzt wie ein Boot, endete in dem Versuch, ihn schreibend loszuwerden – mit ebensowenig Erfolg. Ich hörte auf.
Meine Krankheit ist objektiv nachweisbar und imponierend gefährlich. Die Krankenversicherung muß also zahlen, was zweifellos zur Genesung beiträgt. »Endokarditis lenta« – Herzinnenhautentzündung –, eine schleichende, bei Leuten mit Herzfehler besonders gefährliche Krankheit, wurde ziemlich sicher durch die Extraktion meines Weisheitszahns ausgelöst: der Arzt hätte Antibiotika verabreichen müssen. Alle Symptome sind – für Ärzte, die von dieser Krankheit schon einmal gehört haben – sonnenklar: die kleinen, roten Schmerzpunkte an den Zehen- und Fingerkuppen, der Haarausfall, die rasenden Fieberattacken am Abend. Ich verdanke mein Leben dem Arzt, weil er so rasch die Medikamente fand, die den Streptokokken in meinem Herzen wirklich zusetzen können.
Gisela ließ Bonn Bonn sein und kam sofort. Sie schlief bei mir im Zimmer in dem zweiten Krankenbett, was in der

Türkei erlaubt und üblich ist: ein menschenfreundlicher, sicher oft lebensrettender Brauch. Gisela arbeitete in aller Stille einige Aktenordner durch, lernte innerhalb von vierzehn Tagen mehr Türkisch als ich in zwei Monaten und füllte einen weiteren Ordner mit Überlegungen über türkische Politik, Arbeitsemigration und türkischen EG-Beitritt. Ab und zu blickte sie mit mir zusammen in den Garten des Krankenhauses, wo sich in und unter den alten Bäumen mindestens zwanzig verschiedene Vogelarten tummeln. Ferner gibt es zwei Katzen, eine weiße und eine gefleckte. Zwischen ihnen und den Vögeln herrscht, hinter einer Maske von Ruhe und Gleichmut, ein gewisser Erfahrungspessimismus. Jenseits des Gartens ragen in respektvoller Entfernung die Hochbauten um den Taksim-Platz, häßliche Denkmäler eines gnadenlosen Kampfes um den Bosporusblick. Gestern flog Gisela für einige Zeit zurück in die Politik. Es gibt ein paar wichtige Abstimmungen, außerdem einen Gedenktag, zu dem sie sprechen soll.

Mesut kam mich besuchen, und Selim der Dicke, und für heute hat sich noch einmal Ömer Bey angesagt, der ehemalige Landrat von Muğla mit dem weißen Schnurrbart. Zunächst nahm ich ihn als Helfer nicht ernst, weil er so gewählt spricht und weil er aus der Literatur lebt. Er erweist sich aber als der einzige, der mein Problem versteht.

»Sie haben über diesen Selim einen Roman schreiben wollen, und dann verunglückte er nach einem Streit mit Ihnen und starb. Sie fühlen sich schuldig, und ich weiß nicht, wie ich helfen könnte.« Als er beim letzten Mal ging, nahm er mein dreizehntes Kapitel mit, das »türkische«. Ich hatte ihm schon in Muğla versprochen, daß er es werde lesen dürfen. Wenn ich wieder gesünder bin, werde ich anders weiterschreiben, oder besser, ich werde etwas anderes schreiben: die einfachen Fakten, sonst nichts. Wie ich bereits auf Heybeli von Selims Tod erfahren habe. Von seinem Autounfall zusammen mit dem zehnjährigen Haluk, der unbedingt hatte mitfahren wollen, als Selim nach dem Streit versuchte, mein Taxi Richtung Izmir einzuholen. Fünf Jahre später, bereits am ersten Tag meiner Türkeireise, habe ich alles darüber gehört! Hier hört man von jedem Gesuchten sofort. In diesem Volk mögen viele untergehen, aber keiner unbemerkt. Die traurigen Erinnerungsgespräche mit Ali werde ich schildern, und die mit Ömer in Izmir, und mit Mesut in Ankara. Nur Hassan hatte noch nichts gewußt, er erfuhr es von mir. Ohne die genauen Umstände – ich brachte es nicht fertig. Selims Frau: unbekannt verzogen, eventuell nach Yazıköy, Mittelanatolien – was aber von Anfang an unwahrscheinlich war und sich als falsch herausstellte. Das ist die ganze Geschichte.

Ich werde das türkische Kapitel neu schreiben, und es wird kürzer werden.

Als Ömer Bey kommt, bringt er mir in einem Korb frischen, wohlzubereiteten Salat und Weißwein aus der Gegend von Ankara. Der Salat enthält vor allem Roka-Blätter: das hat er sich also gemerkt! Ich danke ihm und bin etwas bang, was er zum Gelesenen sagen wird.

»Der Sohn eines Freundes von mir ist Koch in einem Restaurant hier, in Beyoğlu. Er versteht sich auf Salate.«

»O ja! Ein Künstler. – Haben Sie in das Manuskript hineingesehen?«

»Natürlich, ich habe es vollständig gelesen. Ich habe Sie dabei näher kennengelernt und – Sie sehen ja, ich komme und trinke mit Ihnen.« Er spricht dann eine Weile über die Merkwürdigkeit, daß ich über mich selbst in der dritten Person schreibe, aber er hat eine Erklärung gefunden, die mit Einsamkeit und mit der Sehnsucht nach gemeinsamen Unternehmungen zusammenhängt.

»Und was ich über die Türkei schreibe – ?«

Er zögert. Dann beginnt er mit launigen Randbemerkungen – wie Redner, wenn sie eine schier unlösbare Aufgabe vor sich sehen.

»Türkische Intellektuelle scheinen Sie wirklich noch nicht getroffen zu haben!« Wir lachen.

»*Dieses Land kann niemand ohne Leidenschaft betrachten*«, sagt Ömer Bey, »*nicht der Wissende und nicht der Unwissende. Auch wenn Sie eines Tages alles kennen, die Leidenschaft wird geblieben sein. Sie wird sich allerdings nicht mehr mit – Unbequemlichkeiten abgeben.*«

Das habe ich verdient. Konnte ich die Mäkeleien nicht rechtzeitig herausnehmen? – Dann sprechen wir über das Wichtigste: über Selim und mich. Er faßt mich ins Auge, schiebt sogar das Tropfgestell weg, um näherrücken zu können, denn das, was er mir jetzt sagen will, soll ich möglichst nicht überhören oder vergessen.

»*Daß Selim Ihnen nachfuhr und dabei mit seinem Sohn verunglückte, ist nicht Ihr Werk, sondern allein die Sache Allahs! Er beendet das Leben, nicht wir.*« *Er lächelt dabei freundlich und mit einem kleinen Stolz – wie einer, der ausnahmsweise einmal über die besseren Informationen verfügt.*

Ein nicht unerwarteter, sehr orientalischer Satz. Aber ich stelle im selben Moment fest, daß er für dieses Mal etwas in Ordnung bringen und mir zeigen könnte, wie es weitergeht. Schuld habe ich, ja: am Schreiben! Ich habe aus einem lebenden Menschen, der mir fast ein Bruder war, eine Romanfigur gemacht. Aber getötet habe ich ihn ebensowenig wie meinen eigenen Bruder vor vierzig Jahren (den ich, weil er mir das Reden voraus hatte, zur Hölle wünschte, ja, zur Hölle!). Was dem Leben meines Bruders ein Ende setzte, war aber nicht mein böser Gedanke, und was Selim tötete, kein falsches Bild, kein Manuskript.

Ich sollte ihn weiterhin Romanfigur sein lassen, ihn lieben, wie ich diesen neuen, von mir gemachten Bruder eben liebte. Ich sollte ihn den Weg gehen lassen, den ich ihm gewünscht habe – Allah wird da vielleicht einen Moment weghören –, und so meine Zuneigung zu dem von mir erträumten Selim bewahren – einen anderen habe ich nie gekannt. Das sollte ich tun, um meiner selbst willen. Und schließlich: was immer ich tue, er wird davon nicht lebendig, aber auch nicht

474

noch mehr tot. – Der Liebe leben, nicht den Schuldgefühlen! Hoffnungsvolle Gedanken. Sie werden zu meiner Verblüffung, fast Befremdung, ausgelöst durch nichts weiter als das Stichwort »Sache Allahs« aus dem Munde eines ehemaligen Landrats von Muğla.

Schon erhebt er sich wieder, umarmt und küßt mich und verläßt das Krankenzimmer.

Vierzehntes Kapitel

Selim siegt

153.

Die alte Jawa blieb ein paar Kilometer vor Selims Dorf plötzlich stehen. Alexander stieg steifbeinig ab, massierte seine Rheumaschulter und versuchte den Defekt zu finden. Da Häuser in der Nähe waren, eilten sofort fünf Männer herbei, die alles konnten und wußten und sich vergnügt auf die Eingeweide des Motorrads stürzten. »No problem!« riefen sie abwechselnd mit »Problem yok!«. Der jüngste Türke war etwa fünfzehn, mit wilder schwarzer Mähne, und er sprach blitzenden Auges: »Kennick die Scherze, liecht am Tank, wej'n de Ablajerung'n – Vajasa durchpust'n, volltank'n, fertich!«

Alexander sah sich um. »Hier wird gut bewässert. Wem gehört das Land hier?«

»Kel-Selim. Dem ›kahlen Selim‹.«

Als es doch nicht am Tank und Vergaser lag, fragte Alexander nach einem Telephon. Die Männer schüttelten die Köpfe: wozu denn ein Telephon? Sie würden die Maschine reparieren, und dann könne er zu denen hinfahren, die er jetzt anrufen wolle. Wozu denn Geld ausgeben? Ob es weit sei? Nein, ganz in der Nähe, antwortete Alexander, einen gewissen Selim wolle er anrufen.

»Den kahlen Selim??«

»Den Ringer. Ist der kahl?«

Sofort merkte Alexander, daß ihr Respekt vor ihm wuchs: ein Freund des kahlen Selim! – Ein Telephon habe Selim bestimmt nicht. Vielleicht einer seiner Verwalter...

»Güney wird dich mit dem Auto hinfahren. Wir bringen dir dein Motorrad, sobald es fertig ist!«

»Ich warte lieber. Ich habe mir vorgenommen, mit der Jawa auf seinen Hof zu fahren!«

Sie schienen dies zu respektieren. Güney wollte trotzdem Selim Bescheid sagen. Alexander geriet in helle Aufregung: »Auf keinen Fall! Er soll nicht hierher kommen! Ich verliere sonst – eine Wette!« Güney verstand nicht richtig und fuhr los.

Die anderen standen um den nervösen Alexander herum. Jetzt war er ihnen erst wirklich interessant geworden: ein älterer Herr, der von Izmir bis hierher mit dem Motorrad fuhr, obwohl er ein Freund von Selim war! O ja, Selim! Der hatte alles in Gang gebracht, vorher hatte man hier kaum leben können. Er hatte das Wasser gefunden, die Brücke gebaut, die Fabrik und das Dorf angelegt... »Aber das ist nur, weil er hier wohnt!« sagte der Jüngste wichtig. »In Berlin hat er sogar die Stahlwerke gekauft, und außerdem hat er die Queen Elizabeth repariert – durch'n Schornstein!«

»And he has plants and animals and fish«, sagte ein anderer, »he himself makes – all new, first in the world!«

»Wußt'n Se det nich?« fragte der Jüngste zweifelnd, weil Alexander so nachdenklich zuhörte. Vielleicht war der Fremde nur ein Hochstapler, der von Selim allenfalls in der Zeitung gelesen hatte? Der junge Mann sagte etwas zu den anderen, und die Arbeiten am Motorrad drohten zu stokken. Da aber näherte sich, vor dem Hintergrund einer wuchernden Staubwolke und mit triumphierendem Hupen, eine amerikanische Limousine, ein heftig schaukelnder Dodge von 1946. Alexander hatte Angst, ihm blieb fast das Herz stehen. Das Auto wurde abgebremst, aber im Geröll faßten die Reifen nicht. Der Koloß raste weiter auf die Gruppe zu, kam dann von der Straße ab, drehte sich auf der Kieshalde einmal um sich selbst und kam genau neben den Männern zum Stehen. Heraus sprang lachend ein untersetzter, kahlköpfiger, sehr braungebrannter Mann von etwa sechzig Jahren in einem verschlissenen Jeansanzug und rief mit Löwenstimme: »Alexander, warum kommst du nicht – wir sitzen schon eine Ewigkeit und haben Sehnsucht!«

Nach der Umarmung hatten beide Tränen in den Augen. Um sich wieder zu fassen, hieb Selim mit der Faust aufs Wagendach und sagte: »Das ist noch Blech, was?«

»Ein wahres Gangsterauto!« Alexander erholte sich wieder. »Hier, sind das nicht Schußlöcher?«

Selim lachte. »Quatsch! Wenn, dann schieß ich durchs Fenster!«

Selim begrüßte jetzt die Männer, die, so schien es, ein Gemisch aus Sprüchen und Anweisungen zu hören bekamen. Dann wollte er wieder losfahren, aber Alexander hielt ihn fest: »Darf ich fahren? Ich liebe solche Autos!«

»Du kennst die Tricks nicht, Alexander.«

»Willst du mich beleidigen? Ich fahre diese Kiste auf den Ararat und wieder hinunter!«

Sie fuhren los. Der Staub von Selims Herfahrt hatte sich wieder gelegt. Alexander suchte vorsichtig nach den richtigen Gängen und gab auf Verdacht Zwischengas. Er überspielte seine Unsicherheit, indem er von daheim erzählte: »Ich wohne im Haus meines Großvaters, ich habe es gekauft. Es fehlte eine vernünftige Heizung. Die Fenster waren undicht, die Abflüsse verstopft, und die Steckdosen mußten gedübelt werden. Von außen sieht alles so aus wie früher: Holzschindeln, Veranda, Dachgauben... Wolltest du nicht auch das Haus deiner Eltern wiederbekommen?«

»Will ich immer noch. Leider ist eine Behörde drin, es gehört dem Staat. In der Türkei muß man lange leben, um die Dinge zu ändern.«

»Eine andere Frage – Bremsflüssigkeit kriegt man hier wohl nicht?«

Selim grinste nur und winkte ab. Dann zeigte er durchs Fenster: »Siehst du das Weiße da oben, wo eben das Fenster in der Sonne geblitzt hat? Drumherum lauter Silber. – Da wohne ich. Das Silberne sind meine Ölbäume!«

154

»Wirklich, haben sie das gesagt?« fragte Selim, als sie die steinige Straße zu seinem Anwesen hinauffuhren. »Mann, ich habe kein Stahlwerk gekauft, ich habe nur ein paar Freunde auf der Welt, und da habe ich das Geschäft vermittelt. Und als ich in England war und hörte, daß dieses alte Riesenschiff entschrottet werden soll, habe ich mich an den Bäderdampfer erinnert, und an einen von der alten Kieler Clique, der zu der Zeit in Bremen im Büro saß. Aber so wachsen die Geschichten. Über zehn Jahre ist das her. – Kannst du inzwischen Tavla spielen? Ich meine, bißchen schneller?«

»Ich kann, aber ich verliere dann.«

»Das ist unwichtig. Wir werden spielen. Wenn du erst schnell spielst, lernst du auch den Rest.«

Alexander hatte die Steilstraße geschafft und bog nun durch ein steinernes Tor in einen weiten Hof ein. In der Tür des einstöckigen weißen Hauses stand eine grauhaarige, schlanke Frau.

»Das ist Fatma. Wir sind jetzt fünfzehn Jahre zusammen, und du kennst sie immer noch nicht!«

Alexander stieg aus, begrüßte Fatma, und dann eine herbeidrängende, ziemlich unübersichtliche Schar von Frauen, Männern und Kindern, die ihm Selim als seine Familie vorstellte: ein Gewirr von Namen. Dann sagte er etwas auf türkisch zu ihnen und übersetzte es: »Ich habe ihnen gesagt, daß du jetzt auch alles geschafft hast und daß du sogar das Buch zu Ende schreiben wirst, in dem ich vorkomme. Hast du nicht vorher schon eines geschrieben?«

»Ja. ›Verliere den Faden und gewinne die Welt‹.«

»Muß sofort ins Türkische übersetzt werden! Obwohl wir wahrscheinlich längst danach leben!«

Alexander versuchte sich in Selims Nachkommenschaft etwas zurechtzufinden. Der lange Mann mit der leichten Sattelnase konnte der Sohn von Doris sein.

»Richtig, das ist er«, sagte Selim, »Haluk. Wenn Doris sich nicht im Gefängnis umgebracht hätte, wäre sie längst begnadigt und könnte mit uns sein. Sie hätte noch viel tun können, das Leben ist lang.«

»Sag mal, ist das da drüben über dem Fernseher nicht...?«

»Dein Großvater, ja! Fatma hat das Bild auf einem Speicher in Ankara gefunden. Und weil hinten der Name draufstand, wußten wir Bescheid. Ich bin gespannt, was deine Mutter sagen wird. Kommt sie?«

»Meine Mutter läßt seit dreiundachtzig Jahren keine Reise ausfallen.«

Sie gingen hinein und setzten sich. Fatma sprach Englisch. Sie fragte nach Gisela, die erst für morgen angesagt war. Selim ermahnte einen seiner Enkel, der irgend etwas holen sollte und sich nur mühsam entschließen konnte, den Fernseher auszuschalten. Als er draußen war, sagte Selim: »Meine Kinder und Enkel sind alle sportlich, ohne daß ich sie dazu angetrieben habe. Sie reiten, surfen, klettern, einige ringen sogar...«

»Bloß«, ergänzte Alexander, »– sie laufen nicht gern.«

»Manchmal bist du Hellseher!«

Von draußen kam Dirk herein, der den Tag über am Meer gewesen war, um zusammen mit Frau und Kind einen alten Motorsegler flottzumachen. Er stellte Alexander seine Frau vor. Sein dreizehnjähriger Sohn entzog sich der Begrüßung, um sich im oberen Stockwerk ein paar Videoclips »reinzuziehen«, die er sich bei Freunden im Dorf ausgeliehen hatte.

»Komm!« sagte Selim. »Jetzt zeige ich dir, was ich hier so treibe. Ich wollte immer Al Capone oder Onassis werden, statt dessen bin ich Gillitzer! Im Prinzip war es das gleiche: die richtigen Tüben sammeln und dafür sorgen, daß sie nicht ganz so faul sind wie sonst.«

Selim züchtete Kangals, das waren anatolische Hirtenhunde. Es gab auch Hühner, die in großen Gehegen herumliefen, etwa zehn verschiedene Sorten. Dann eine Obstplantage mit Mandarinen, Feigen, Äpfeln. Und riesige Gemüse-beete. Alexander entdeckte ein ausgedehntes Roka-Feld. »Siehst du, das mache ich auch«, sagte Alexander, »ich liefe-re aus Degerndorf bis in die Oberpfalz, ach, was sage ich, nach Düsseldorf!«

Selim spielte mit den Hunden und zeigte Alexander deren Spezialität: »Sie haben alle eine Zehe zuviel. Daran erkennt man die Echtheit! Das da drüben ist die Brücke, die ich über die Schlucht gebaut habe. Die Leute haben mich gefragt, wieso ich das kann. Ich habe ihnen natürlich nicht gesagt, daß ich nur die Brücke am Kwai nachgebaut habe.« Dann erzählte er von seinem Anfang in dieser Gegend.

»Es waren noch kaum Menschen hier, wegen des Wasser-mangels. Und die hielten nichts von mir, weil ich ein ›Al-mance‹ war. Immer wenn ich eine Idee hatte, sagten sie: ›Bei uns in der Türkei ist das anders!‹ Ich konnte es bald nicht mehr hören, jeder Satz fing an mit ›Türkiyede...‹ Aber das ist fünfzehn Jahre her! Mein Zorn hat mir geholfen, er hilft mir immer.«

Sie überlegten, ob sie noch ins Dorf fahren sollten, um Olaf bei der Arbeit zuzusehen, aber es war schon spät.

»Bei denen ist längst Drehschluß, und er sitzt mit seinem Kameramann über den Plänen. Außerdem will ich ihn nicht stören, sonst fühlt er sich verpflichtet, mir den Film zu erklä-ren. Er ist ja doch ein richtiger Professor. – Wann kommt Giselas Flugzeug?«

»Morgen vierzehn Uhr dreißig.«

»Dann kommt sie mit derselben Maschine wie Gene-viève! Wir holen sie mit dem Gangsterauto!«

»Nur wenn ich fahre!« sagte Alexander.

155

Er hatte gewußt, daß er Olaf hier wiedertreffen würde, denn von ihm selbst stammte die Idee, zu Selims sechzigstem Geburtstag einen Film über sein Leben zu drehen. Selim hatte aber dann folgenden Entschluß mitgeteilt: da er sein Leben lang entschieden abgelehnt habe, das sechzigste Jahr zu erreichen, könne es ja sein, daß man sich diesen Wunsch höheren Orts gemerkt habe. Daher feiere er schon den neunundfünfzigsten. So kam es, daß Olaf mitten während der Festvorbereitungen noch an Selims Jugend drehte. Im Augenblick war das Fährunglück dran, bei dem Selims Vater ertrank. Es gab einen lebhaften zehnjährigen Selim-Darsteller und eine entzückende, sehr vornehme alte Dame, die als Großmutter auftrat. Sie spielten Versteck im Garten, während sie auf Selims Eltern warteten, die mit der Vier-Uhr-Fähre ankommen sollten. Zu weinen brauchte der Junge nicht: der kleine Selim sollte in dem Film auf die Todesnachricht erst mit neugierigen Fragen und dann mit Lügengeschichten reagieren. Nach der Einweisung seiner Mutter in eine Nervenheilanstalt sollte er ein geradezu besessener Lügner werden, der Unwahrheit anhängen wie andere Kinder der heiligen Religion.

»Das ging so lange«, sagte Olaf, »bis er das Ringen und den Schweißgeruch der Sporthallen entdeckt hatte und in seinen Griffen und Finten alles unterbringen konnte: die Angst, den Zorn, die Verzweiflung, den Erfindungsgeist. Selim wurde also nicht einfach nur ein großer Ringer. Er wurde ein Experte im Umgang mit Angst, Zorn, Verzweiflung und Erfindung, und also ging er dorthin, wo solche Menschen sich bewähren können. In die Fremde.«

»Ich habe dir gesagt, er erklärt uns den Film«, kicherte Selim. »Dabei möchte ich mich überraschen lassen. Übrigens: Angst habe ich wirklich nur vor Schiffsunglücken!«

Im Sommer sollte ein berühmter türkischer Schauspieler den zurückgekehrten Selim, den »Almance« spielen, seine

Kämpfe und Erfolge erst beim Rechnenlernen, dann als Unternehmer. Für den Herbst war die Kieler Zeit eingeplant – ein museumsreifer Fischdampfer mußte noch gefunden werden.

Olafs Sohn war sechsundzwanzig und Produktionsleiter. »Fast wäre er auf die schiefe Bahn gekommen«, sagte sein Vater. »Erst Animateur bei der Ferienjachtflotte, dann Nachrichtendramaturg beim Privatfernsehen! Jetzt lernt er endlich arbeiten.«

Olafs Haar war ganz weiß geworden, nur der graue Fleck über seiner Schläfe, der so lange als einsamer Vorbote fungiert hatte, blieb, was er war: grau.

»Bringst du Hamburg hinein? Die tote Anna, die Sache mit Ayşe?« fragte Alexander.

»Nicht im Bild. Die schlimmsten Dinge müssen erzählt, aber nicht gezeigt werden. Oder es ist kein Film über Selim.«

Alexander verabschiedete sich, weil er fürchtete, der ungeduldige Selim könnte sonst allein zum Flugplatz fahren. Als sie jenseits des Hafens zum Filmteam hinüberblickten, winkte Olaf noch einmal kurz und ging zur Kamera.

»Er ist lieb«, sagte Selim, »man kann wunderbar mit ihm streiten. Er will zwar recht behalten, aber er kann auch zuhören.«

Alexander räusperte sich. »Selim, du hast versprochen, daß ich fahre! Bitte halt an und rutsch rüber!«

Der Dodge kochte nach der letzten Steigung und mußte erst abkühlen. Als sie am Flugplatz ankamen, standen die beiden Damen schon da und warteten auf ein und denselben Selim, ohne einander zu kennen. »Zwei Frauen, die mal denselben Paß benutzt haben, müßten das doch irgendwie spüren«, überlegte Selim. Gisela fand das irrational: »So was sagt Olaf seinen Schauspielern, wenn sie krank aussehen sollen! Wo ist er überhaupt? Wenn der nicht dreht, lebt er nicht. Dabei fällt mir ein, ich muß Bonn anrufen – gibt es im Dorf ein Telephon?«

»Mal sehen«, antwortete Alexander listig, um sie anzustacheln – Gisela würde auch mitten in der Wüste ein Telephon finden, es ging ihr damit wie Selim mit dem Wasser.

Auf dem Rückweg hatte er Zeit, Geneviève im Rückspiegel zu betrachten. Typisch, dachte er. Typisch für die ganze Geschichte, daß die schönste Frau erst jetzt auftaucht.

156.

Während sich Haus und Dorf mit Gästen füllten, gingen Selim, Geneviève und Alexander auf einen Berg, an dessen Fuß ein griechisches Amphitheater lag. In ihm sollte morgen, nach Alexanders Rede, türkische und deutsche Musik gespielt werden. Alexander versuchte sich das alles schon ein wenig vorzustellen. Nur kein Ernst – es war ja kein Abschied. Warum sollte in einem Amphitheater nicht gelacht werden?

Sie gingen auf einem Pfad, neben dem der Oleander blühte, dann durch eine sonnendurchglühte Steinhalde mit duftenden Macchiasträuchern. Geneviève stieg nicht gerade langsam, schonte aber deutlich ihr rechtes Bein. »Genagelt sind die Knochen in beiden«, sagte sie, »indes, das rechte macht davon mehr Aufhebens.« Geneviève hatte in ihrem Leben mehr Deutsch gelesen als gesprochen, man hörte es. Nach dem Jahr in Deutschland und der Geburt ihrer Tochter hatte sie wieder mit dem Hochleistungssport angefangen.

»Eine typische Ersatzreligion!« befand Alexander schnaufend, sah sie scharf an und blieb stehen, damit sie es auch tat. Er wollte Luft holen, vor allem aber ihr Gesicht betrachten, das schwarze Haar, die große Nase. Hoffentlich lachte sie und zeigte die schönen Zähne. Sie tat ihm den Gefallen.

»Ich habe keines Ersatzes bedurft«, antwortete Geneviève und stieg weiter, »ich hielt mich an das Original. Es hat aber Freude gemacht, Ski zu fahren. Leider kamen ein paar Stürze. Aufgehört habe ich wegen der Bandscheibe. Was haben Sie so unternommen?«

»Herumstudiert, dann Taxifahrer, dann ebenfalls Bandscheibe. – Außerdem habe ich mich so lange ums Reden gekümmert, bis ich, auf dem Umweg über das Erzählen – ich fing mit einem Roman an –, die Liebe kapierte!«

Damit war er völlig außer Atem: seine Kondition ließ zu wünschen übrig, und solche Sätze waren einfach zu lang. Hoffentlich fiel ihre Antwort nicht zu knapp aus. Aber sie fragte: »Woran glauben Sie?«

»Ich glaube daran«, keuchte er, »daß das Leben länger dauert als alle Strategien, Theorien und Irrtümer! Ich glaube an die Biographie!«

»Warum nicht an den Biographen selbst – oder mögen Sie es nicht, wenn jemand über Ihnen ist?«

»An sich sind wir – mein Bruder und ich – am Hang aufgewachsen. – Können Sie mir sagen, warum Selim so rennt? Er hat vom Berggehen keine Ahnung, aber leider ist er stark wie ein Büffel!«

»Wenn Sie vom Erzählen sprechen – es muß sich doch mehr nach der Wahrheit richten als nach der Liebe. Zum Beispiel, wenn Gott einen zu sich genommen hat, können Sie nicht so tun... «

»Ich denke doch. Ich glaube da an einen gewissen Verhandlungsspielraum. Zumindest in der Frage des Zeitpunkts. Oder halten Sie ihn für einen Spielverderber?«

»Nein.«

Selim war an einer korsischen Kiefer stehengeblieben, die mit ihren Wurzeln den Felsen festzuhalten schien, auf dem sie wuchs.

»Habt ihr die Eidechsen gesehen? Hier sind Tausende, aber sie können ganz still bleiben, auch an einer senkrechten Wand.«

Ab jetzt mußten sie auf die Tritte achten, der Weg wurde steil. Die Macchia hörte auf, aber alle waagrechten Felsflächen waren von runden, stacheligen Polstern bedeckt – als ob eine Herde Igel Platz genommen hätte und den Besuchern zusähe. Alexander hielt sich mit der Hand an einer Steinnase fest und schaute in die Ferne. Ein Berg sah aus wie das Kranzhorn bei Brannenburg.

Als sie auf dem Gipfel standen, sahen sie auf der einen Seite drei große Meeresbuchten und auf der anderen ferne, schneebedeckte Berge, mindestens Viertausender. »Und meine Brücke, die ist auch von hier zu erkennen!« sagte Selim. »Immer habe ich Brücken für andere Leute gebaut, aber die ist für mich!«

Bergab sprang er behende von Fels zu Fels. »Er wäre ein guter Skifahrer geworden«, meinte Geneviève. Sie und Alexander sprangen nicht, obgleich er versicherte, daß er als Kind, in den sommerlich trockenen Betten des Förchen- und des Kirchbachs, wie eine Gazelle herabgehüpft sei, ohne die geringste Angst, sich etwas zu brechen...

Nach der Rückkehr ruhte Alexander seine müden Beine im Schatten der Ölbäume aus. Seine Mutter war inzwischen angekommen und hatte die reparierte Jawa ausprobiert, ohne Unfall, und jedermann begegnete ihr mit großem Respekt. Sie ließ sich einen Liegestuhl bringen, um mit Selim und Alexander Wein zu trinken: »Darauf, daß ihr nie in einen Krieg habt ziehen müssen und nicht verwundet oder tot seid!« Sie sagten »stimmt« und leerten nachdenklich die Gläser.

»In der Nähe wohnt eine Dame aus Europa«, sagte Selim, »sieben Jahre älter als ich, sie pflanzt Blumen und malt Bilder. Hermine kennt sie gut — wenn sie nicht bei ihren Ausgrabungen in Çatal Hüyük ist, sitzt sie bei dieser Frau, Anna heißt sie. Die ist im Krieg, als kleines Mädchen, verwundet worden und geht an Krücken. Sie erzählt lustige Sachen, ich habe neulich vor Lachen das Gleichgewicht verloren und mir eine Beule geholt. Hier, fühl mal, immer noch geschwollen. Wir müssen Anna morgen besuchen und zum Fest mitnehmen!«

In der Nähe saßen Gisela, Geneviève und Haluk und

unterhielten sich auf deutsch, französisch und türkisch über Politik. Alexander hätte sich gern angeschlossen, aber im Augenblick erklärte seine Mutter Selim die riesigen Möglichkeiten des Schaumstoffgeschäfts in der Türkei, und der war so sehr Ohr, daß Alexander lieber in der Nähe blieb, um Schlimmeres zu verhüten. Wenn zwei Projektemacher dieses Ranges zusammenkamen, brauchten sie einen Schutzengel.

Währenddessen waren die türkischen Musiker angekommen, auf der Terrasse hatte man zu tanzen begonnen, und wenig später fuhr ein Omnibus auf den Hof und brachte das Blasorchester der Brannenburger Pioniere, stämmige Lederhosengestalten, und die hatten gerade Lust, den bayerischen Defiliermarsch zu spielen. »Mir spuin oiwei, wanns uns freit!« sagte der Kapellmeister. »Und iatzt freit's uns!« Auch Ali, der Trainer, war eingetroffen, und Niyazi, der ziemlich taub geworden war. Wenn etwas wichtig war, schrieb man es ihm auf. Gegen Abend kam Olaf aus dem Dorf herauf und setzte sich zu Geneviève – sie war ja eben doch diejenige gewesen, mit der er sich auf dem Kilimandscharo befreundet hatte! Alexander hatte daran nie gezweifelt.

Die Tochter von Geneviève und Selim war inzwischen sechsunddreißig Jahre alt und hatte selbst Kinder. Sie besaß ein Radiogeschäft in Martigny und hatte, weil ihr Mann krank geworden war, nicht hierher reisen können.

»Lucienne ist meine einzige Tochter«, sagte Selim, »es gibt sonst nur Söhne. Glücklicherweise sind es nicht solche, wie ich einer gewesen bin, also geht es.«

Man saß noch lang auf der Terrasse, besprach alles für den morgigen Tag, vor allem die Speisen: Düğün Çorbası würde es geben, Hochzeitssuppe, Cacık, Midiye Dolması – gefüllte Muscheln, schon die Liste der Vorspeisen war fast beängstigend, dann kamen die Hauptgerichte von Şiş Köfte über Hünkar Beğendi bis zu Patlıcan Çöp Kebab, Pirzola, diversen Fischen. Besondere Anweisungen erteilte Selim zu Çerkez Tavuğu – Huhn nach tscherkessischer Art – und Tavuk Yahısı: Hühnern gehörte nun einmal sein Herz, egal ob sie noch gackerten oder schon gekocht oder gebraten waren.

»Mein Vater schenkte mir, als ich fünf war, einen Hahn. Ein Prachthahn war das, Minorca, ich habe jetzt von dieser Rasse sechzehn Stück...«

Vom Berg herab kam ein Windstoß. Olaf schaute besorgt zum Hafen hinunter: »Ich hoffe, die haben die Fähre richtig festgemacht! Das halbe Team schläft an Bord.« Von der Felszinne hinter Selims Haus schmetterte eine bayerische Trompete den Zapfenstreich, der Mann übte schon für morgen. »Erinnert mich leider an ›Verdammt in alle Ewigkeit‹«, meinte Gisela und suchte nach Watte, um sie sich in die Ohren zu stopfen. Das ließ sie dann bleiben, weil Selim weiter erzählte, wie er als Kind seinen Hahn geliebt und sogar am Kropf operiert und damit am Leben erhalten hatte. Dann kam der Kampf des stolzen Tieres gegen den gelernten Turnierhahn vom Stamm der Madraskämpfer. Selim stand auf und wurde zum Minorcahahn, stolz und wütend, und machte dann vor, wie eiskalt und berechnend der Profi reagiert habe, und dann den Angriff, und den kurzen Schnabelhieb, der der Aufgeblasenheit des Kleineren ein Ende gesetzt habe. Alles konnten sie sehen und hören: wie Selims Hahn torkelte und angstkrähend flüchtete, wie seine Federn noch lange in der Luft schwebten, sogar wie der Kampfhahn sacht den Kopf schüttelte und sagte: »Das hätte er sich denken können – hat er denn noch nie von mir gehört?«

Alexander fiel das Märchen ein, »Sechse kommen durch die ganze Welt«. Hier waren sie versammelt, die Freunde des Matrosen, und jeder konnte ihm auf irgendeine besondere Weise helfen: Fatma, Gisela, Alexander, Geneviève, Olaf, nur Mesut nicht. Der war verbannt und fehlte dennoch. So ging es mit den in langer Zeit gewachsenen Meinungsverschiedenheiten.

Selim beschrieb gerade die Beamten im Münchner Hauptbahnhof, aus deren Diensttoilette er im Januar 1965 Wasser geholt hatte. Er stand auf, wurde zum Diensthabenden und

Toilettenverwalter, und niemandem blieb dessen Ähnlichkeit mit einem seine Kräfte weit überschätzenden Minorcahahn verborgen, der noch nicht wußte, was ein Madraskämpfer war. Laut scholl das Gelächter in den Abend, es schien die Meeresbucht zu füllen bis zu den Felsen am anderen Ufer.

Alexander zog sich ins Haus zurück, um sich ein paar Gedanken für die Geburtstagsrede zu machen. Noch lang hörte er auf der Terrasse Selims Stimme und das große Lachen: es gab nichts Ergötzlicheres, als wenn ein Siegreicher erzählte, den man noch dazu gern hatte. Vor allem wenn Niederlagen und Siege gut gemischt waren. Viele der Geschichten waren aus Deutschland, und Alexander bemerkte, daß Selim dort immer noch ein wenig zu Hause war: auf den Mainkähnen, in Sachsenhausens Tanzlokalen, im Nord-Ostsee-Kanal, an der Kantstraße Ecke Leibniz. Die »Luna-Lichtspiele« in Enkheim hatte auch Geneviève noch gut in Erinnerung, freilich nicht die Filme – aber das war ihr schon damals während der Vorstellung so gegangen.

Der Wind nahm zu, er fegte vom Berg herunter zu Tal, ließ die Wände vibrieren und scheuchte die Menschen ins Haus. Alexander setzte sich die Kopfhörer auf, hörte Musik und notierte: »Ein großer, aber verbreiteter Irrtum: daß wir uns unsere Freunde selbst aussuchen. Einige vielleicht, aber nicht die besten – dazu wären wir nie fähig.«

Er meinte das Geräusch eines Automotors zu hören. Selim? Der setzte sich grundsätzlich nicht angesäuselt hinters Steuer! Nein, es waren noch immer nicht alle Gäste gekommen. Vielleicht war einer der Politiker eingetroffen, oder der Ringerkollege aus Istanbul. Alexander überlegte weiter. »Ein mütterlicher Mann«, formulierte er und dachte nach, ob sich das sagen ließ, ohne daß alles lachte. Dann döste er unter seinen Kopfhörern ein.

Im Traum hielt er die Rede. Rundum das Amphitheater, und da oben saß auch sein Vater, ein junger, etwas angeberischer Bursche mit glattgebürsteten Haaren – aber schließlich sprach gegen junge Leute nur ihre Jugend, alles andere sah man noch nicht. Selim saß in der ersten Reihe, hörte aufmerksam zu.

Die Zuhörerschaft bildeten vor allem Menschen und Hühner. Alexander war beim Sprechen traurig, aber alle anderen wurden immer heiterer. Um den Tod ging es, er hatte es etwas komisch herausgebracht, war damit aber offensichtlich erfolgreich. Als er sagte: »Wir sterben, aber unser Wissen bleibt. Und manchmal umgekehrt«, da gab es erneut fröhliches Gelächter von Menschen und Hühnern. Direkt vor ihm, zwischen den Sitzreihen, begann ein trockenes Bach- oder Flußbett, es wurde im Hintergrund, jenseits der Sitzreihen, durch die man seltsamerweise hindurchsehen konnte, breiter und flimmerte in der Sommerhitze. In ihm entfernte sich langsam eine Gestalt, unklar ob Mann oder Frau, drehte sich dann lächelnd um, hob zum Abschied die Hand, zuckte die Achseln und wies nach oben, was soviel heißen konnte wie: »Tut mir leid, ich habe meinen Termin.« Richtig, über dem Stadion ragte die türkische Uhr des Großvaters, die Zeiger zeigten irgend etwas, und das Pendel stand.

»Viel Glück!« sagte Alexander. »Wasser wirst du immer finden. Vergiß uns nicht!« »Bravo! Das ist es!« rief eine Frau ganz deutlich und dann »Alexander!«, als wollte sie ihm noch einiges mehr sagen. Er hörte ihr längst gespannt zu, aber sie rief weiter seinen Namen. Es begann zu stören.

Er kam zu sich, hob den Kopf vom Schreibtisch und nahm die Hörer ab. Gisela stand in der Tür. Es war mitten in der Nacht, aber die Lampe brannte noch. Gisela sah aufgeregt aus, sprach aber sehr ruhig. Alexander kannte diese Mischung, er war sofort wach.

»Es ist etwas Trauriges passiert. Die Fähre hat sich losgerissen...«

»Wer war drauf?«

»Denen auf der Fähre ist nichts passiert, sie haben rechtzeitig den Motor angekriegt, aber Selim – «

490

»Wo ist er?«

»Er und Haluk wollten im Auto über die Brücke, ihnen zu Hilfe kommen. Er hatte wohl für einen Moment nur das Boot im Blick...«

Letzte Notiz: Januar 1989

11. Januar 1989
Ich habe den Flug nach München gebucht und meine Sachen gepackt. Gisela wollte nach Istanbul kommen, um mich abzuholen, aber ich wehrte mich: fliegen könne ich allein, sie solle mich nur abholen. Ich sei wieder bei Kräften.

13. Januar 1989
Am Abreisetag stehe ich um sechs Uhr früh am Fenster und sehe ein letztes Mal – nein, der Bosporus liegt im Nebel. In der Gasse unter mir ruft es vielstimmig »Gel gel gel!«. Diesmal wird ein Auto an einem zwei Meter hohen Haufen schierer Flözkohle vorbeirangiert, der zwei Drittel der Straße ausfüllt. Eine Großfamilie, Großvater und Enkel inklusive, ist beim Zerhacken und Abtransportieren der großen schwarzen Platten und Brocken. Es ist kalt gewesen, die Vorräte sind schneller zu Ende gegangen als erwartet.
Ich bestelle das Taxi. »Araba var mı?« – »Haben Sie einen Wagen da?« bringe ich gut heraus, das bayrische »r« ist dem türkischen gleich. Schwierig wird es für mich nur, wenn die Antwort nicht »var« lautet. Der kapıcı (Pförtner) hilft mir, Koffer und Schreibmaschine zum Eingang zu tragen.
Als das Taxi kommt, taucht hinter ihm ein blitzender und grinsender alter Cadillac auf. Im Fenster ein Gesicht mit langer Wolfsnase: Mesut! Er will mich zum Flughafen bringen, zahlt dem Taxi die Anfahrt, lädt meine Sachen ein. Von Ankara bis hierher ist er die ganze Nacht durchgefahren, nur um mich zu verabschieden. Doch, doch, er habe hier

auch Geschäfte zu erledigen. Später. Bis zum Abflug sei noch so viel Zeit, wir könnten in Beyoğlu eine Işkembe Çorbası, eine Flecksuppe essen, oder? Aber in diesem Moment bekomme ich, wie immer vor oder bei längeren Reisen, Nasenbluten. Mesut trinkt Tee in der Küche, ich sitze im Bad und tropfe, die Zeit verstreicht. Eine halbe Stunde später weiß ich: ich werde ein anderes Flugzeug nehmen müssen. Aber Mesut ist dagegen: »Jetzt wirst du mal sehen, wie man in der Türkei Auto fährt!« Das weiß ich schon, und mir wird bang. Die Nase hört auf: mit diesem neuen Unglück kann sie nicht konkurrieren.

Während der Fahrt halte ich mich verbissen fest und starre in die dunkelbraune Smogsuppe, durch die Mesut sich mit viel Gehupe vorwärtskämpft – für einen Blinden sehr geschickt. Dabei spricht er fortwährend: über Istanbul und die Anatolier. In zwanzig Jahren werde Istanbul eine ganz andere Stadt sein, aber auch in ihr werde man leben können. Die anatolischen Bauern, jetzt noch von vielen verächtlich angesehen, würden dann schon ein Mythos sein, wie in Amerika die erste Einwanderergeneration.

Ab und zu tut es unter den Rädern einen dumpfen Schlag: man legt hier oft Teppiche zusammengerollt auf die Straße, damit sie von den darüberfahrenden Autos »geklopft« werden. Ich antworte, ich wolle vor dem Mythos noch ein wenig leben.

Als wir in Yeşilköy ankommen, bin ich ein halbes Dutzend Tode gestorben, schnelle und langsame (die letzteren vorwiegend im Deutschen Krankenhaus, mit einem letzten Blick auf Katzen und Vögel). Ich habe daran gedacht, daß ich immer noch kein Testament gemacht habe. Sogar, daß und warum ich lieber zu Hause sterben würde. Weil es dort mehr Menschen auffiele? Weil ich Abschied nehmen könnte? Weil mir das Kranzhorn oder der Riesenkopf als letztes Bild lieber wären? Weil ich dann noch etwas sagen könnte?

Reden konnte ich nie. Im Schriftlichen war ich besser. Ich

nannte es in den letzten Jahren »Roman«, damit meine Freunde verstanden, warum ich nie Zeit hatte.

Wir erreichen den Flughafen rechtzeitig, aber es gibt Schwierigkeiten, weil ich länger im Lande gewesen bin, als ohne Visum erlaubt ist. Mesut redet im Schnellgang und offenbar überzeugend. Was er außer Charme und Logik sonst noch einsetzt, um die Sache zu »regeln«, bleibt mir verborgen. Als ich frage, grinst er und schreibt mir einen türkischen Spruch auf, den ich bestimmt einmal verstehen könne, wenn ich fleißig weiterlernte. Jedenfalls könne ich ihn hin und wieder brauchen. Ins Deutsche zu übersetzen sei er nicht. Er zündet sich eine Zigarette an. Mit einem Feuerzeug, die Zündholz-Attentate liegen hinter ihm.

Der Spruch lautet: »TAKMA KAFANA TOKADAN BAŞKA BİR-ŞEY«.

Ich umarme Mesut sehr vorsichtig, wegen der Nase.

Dann sitze ich an der Backbordseite, auf einem Platz am Gang, und schreibe ins Tagebuch. Draußen sehe ich Tragfläche und Triebwerk, und dahinter, für lange Zeit zum letzten Mal, den Flughafen Yeşilköy.

Als die Maschine über dem Marmarameer ist, versteckt sich Istanbul unter einer dicken Smogwolke. Darum herum helle, klare Luft, sonnenbeschienene Hügel. Ein wunderbares Land! Ich habe wahrscheinlich mein Leben lang den Türken übelgenommen, daß sie im Lande Homers und Hesiods sitzen. Ich tue es nicht mehr.

Fast wäre ich noch einmal nach Muğla geflogen und zu Selims Grab auf dem Friedhof über der Stadt gegangen, ganz in der Nähe der Landratsvilla. »Ölmek?« hatte ich damals gerufen, als ich den steilen Hügel hinaufkletterte. Ich wußte das Wort für Friedhof nicht. »Ölmek«, »Sterben« — als Frage schwer verständlich. Nicht zum Gasthaus, sondern zum Friedhof hatte mir der Landrat dann in seinem gewählten Deutsch den Weg gewiesen, und er war gleich selbst mitgekommen.

Bulgarien in Wolken. Ob es dort unten schneit? Es gibt

Kaffee. Ich sehe in eine strahlende Landschaft wie aus sonnigen Eisfeldern. Vor fast acht Jahren traf ich im Flugzeug Robitsch, wir blickten in die Wolken und verhielten uns diplomatisch. Säße er jetzt neben mir, ich würde ihm die Geschichte von dem Mädchen erzählen und in aller Ruhe ertragen, wenn er nach der Quelle fragen würde – ich glaube an die Wahrheit der Geschichte, und ich werde eben darum niemandem mehr verbieten zu zweifeln.

Mein jetziger Nachbar ist ein zwanzigjähriger »Almance« aus Ingolstadt. Ich möchte von ihm wissen, was Mesuts Spruch auf deutsch heißt. Er gibt sich Mühe, aber sein Deutsch ist nicht brillant, sein Türkisch wohl auch nicht. »Es ist wie – ›never mind‹, glaub' ich«, sagt er, »aber das ist es auch nicht genau – im Deutschen macht es irgendwie keinen Sinn.«

Was wird mich zu Hause erwarten? Ich habe Sehnsucht nach dem Haus, den Menschen, nach Ironie. Die Redekurse müssen revidiert werden, außerdem liegen Spezialaufträge vor. Dirks Software-Firma will irgendwelche rhetorischen Raster programmieren. Ferner soll ich Steffi Graf trainieren. Pressel fällt dafür aus, er ist Gründer und Guru der Bewegung »Dynamische Innenschau« und bezeichnet sich als den größten Gustav seit Mahler.

Ich leihe mir eine Zeitung von der Deutschen jenseits des Gangs. Ja, Sehnsucht nach der Bundesrepublik! Die Sprache muß ich erst wieder lernen: die »Angebotspalette« eines Hotels, »Whirlpool«, »Busshuttle«, »Telefax« – was war das denn noch alles? Eine Anlage zur Giftmüllbeseitigung wird als »Schritt zu einer neuen Abfallphilosophie« bezeichnet. Das Asylrecht und das Versammlungsrecht werden »verschärft« – wenn wir Pech haben, kriegen wir verschärfte Grundrechte. Gisela mußte, wegen einer angeblich »den Faschismus verherrlichenden« Rede, ihr Amt verlassen. Nachträglich versicherten ihr Vertreter aller Parteien, ihre Rede sei nur mißverstanden worden. Man bot ihr ein anderes Amt an, aber sie erklärte, ihr Bedarf an Hysterie sei vorerst gedeckt. Sie ist viel auf Reisen und sammelt Geld für ihre vernünftigen Stiftungen.

Und ich, ich werde weitermachen, nicht mehr und nicht weniger. Die Freunde sind auseinandergelaufen, die Zahl der Geschäftskontakte wächst. Selim ist tot, Mesut war nie mehr als ein alter Bekannter. Die für mich wichtigsten Menschen sind Gisela, meine Mutter und Olaf. Um diese drei herum: ein Meer von Aufgeregtheit und Gleichgültigkeit. Aber ich habe dafür etwas Humor gesammelt.

Ich bin ein Mann in den mittleren Jahren, skeptisch, entschieden, längst ärgerlich über jeden Tag, den ich nicht zu Hause verbringen kann. Ich habe nichts Wichtiges zu sagen. Ich sehe, hier wie überall, in ragende Wolkentürme, die Gestalten und zugleich gar nichts sind. Kann es sein, daß das linke Triebwerk brennt?

Das linke Triebwerk brennt!

So sieht das also aus! Katastrophen haben mich schon immer... So also endet meine Geschichte, jetzt schon. Idiotisch früh. Wenn ich einen einzigen Tag mehr hätte, könnte ich wenigstens noch... Unsinn, das schaffen die! Irgendwelche Löschautomaten...

Immer mehr Leute sehen es. Der Zwanzigjährige sagt: »Mit dem anderen Triebwerk kann er landen!« Die Frau am Gang sagt: »Diese Gesellschaft hat mich zum letzten Mal gesehen!« Einer betet bereits. Ich versuche mich auf irgend etwas zu konzentrieren. Wie hieß der Spruch? TAKMA KAFANA – nein, ich nehme lieber MAN MUS MUTICH SEIN UND GLEICHZEITICH...

Aus dem Bordlautsprecher kommt die Stimme des Kapitäns: Kein Grund zur Beunruhigung, ein Triebwerk mache Probleme. Das andere reiche aber völlig, um sicher zu landen. »Ich schalte das rechte Triebwerk jetzt aus.«

Andächtiges Lauschen der Passagiere. »Wieso denn das rechte?« frage ich laut. »Ja, ja, da hat er sich versprochen«, meint der Ingolstädter.

»Das ist nicht sicher!« rufe ich lauter. »Er kann sich auch

geirrt haben und das falsche Triebwerk ... « Ein älterer Türke vor mir dreht sich um: »Entschuldigen Sie, aber der Kaptan Bey wird wissen, bitte! Deutsche immer hektisch, immer hektisch!« Ich habe den Rufknopf gedrückt. Die Stewardeß sagt mir etwa das gleiche wie der Türke. Ich stehe auf und sage: »Sie müssen es ihm sagen, Sie müssen. Oder wollen Sie, daß wir alle...?« Nun werden alle wieder unruhig. Einige schreien mich an. Plötzlich steht ein trainiert aussehender Mann mit Anzug und Krawatte vor mir: »Sie machen jetzt bitte keine Panik, ja! Es ist alles in Ordnung!«

»Woher wissen Sie das?«

»Ich weiß es, beruhigen Sie sich. Möchten Sie etwas trinken?«

Ich war einmal von dem Satz überzeugt: »Wir müssen nicht wissen, was wahr ist, wir müssen nur glaubwürdig sein.« Was fange ich jetzt damit an? Alle Glaubwürdigkeit ist bei dem Mann der Fluggesellschaft versammelt. Nichts kann ich tun! Ich habe keine Autorität, kann ihm nicht drohen, mir kein wichtiges Gepräge geben – ich stehe mit nichts da als einer Sorge, und die wirkt störend. Wie kann ich den Mann am schnellsten überzeugen? Blödsinniger Gedanke! Die Frage ist allein: wie kann ich ihn überhaupt überzeugen? Wie schnell das geht, und ob es dann zu spät ist, weiß höchstens Allah.

Was würde Selim tun? Er würde – ja, ich weiß es! Ich gebe mir einen Ruck: »Entschuldigen Sie bitte, aber es gibt etwas, was Sie nicht wissen. Es war einmal, es gab mal – während der Berliner Luftbrücke einen Piloten namens Kramer, aus Minnesota, Sohn einer einarmigen Sängerin. Also, der war als Linkshänder geboren, man hatte ihm aber als Kind eingebleut, daß die rechte Hand die gute sei. Ich weiß es, weil ich seine Witwe noch kannte, die arme Frau, sie hat nicht wieder geheiratet. Gut, dieser Kramer also befindet sich bei gutem Wetter im Landeanflug nach Tempelhof...«

Die anderen hören auch zu. Der Sicherheitstyp lächelt und nickt in einem fort. Irgendwann nickt er nicht mehr, schließ-

*lich verschwindet das Lächeln, dann zuckt er nur noch mit
den Schultern. Aber jetzt ist er in der Minderzahl, denn die
anderen reden auf ihn ein: »Fragen werden Sie ihn doch
können! Von einer Frage fällt kein Flugzeug runter. Was
heißt hier ›Anschiß riskieren‹?« Und der ältere Türke fragt:
»Was sind Sie denn eigentlich für ein Mann?!«*

*Als wir mit dem wiedereingeschalteten rechten Triebwerk
– jetzt ist wirklich das brennende, das linke, ausgeschaltet
worden – in Belgrad notgelandet sind und dreihundert Passagiere zum Aussteigen im Gang stehen, haben alle nur einen Gedanken: wo ist das Telephon? Gisela würde es sofort
finden. Ich sehe die Stewardeß neben dem Eingang zum
Cockpit stehen. Suchend blickt sie die Reihe der Passagiere
entlang, während sie nickt oder Fragen beantwortet. Ich bin
noch gut zehn Meter von ihr entfernt. Jetzt tritt der Pilot
neben sie, ein jovialer Mann von etwas über fünfzig, und
fragt sie etwas. Sie hat mich erspäht, spricht zu ihm. Er
beantwortet einer Dame lächelnd eine Frage, dann faßt er
mich über ein Dutzend Menschen hinweg prüfend ins Auge.
Was wird er wohl sehen? Er kennt mich nicht, aber oft ist
das Sehen dem Kennen überlegen. Was sieht er, jetzt, während er mich anblickt?
Ich weiß über mich nicht alles, das ist eine meiner Chancen.*

Zur Aussprache türkischer Namen und Begriffe

Selim	das S stimmlos, das e offen, also fast wie »ßällim«
Mesut	s und e wie bei Selim, also fast wie »Mässut«
Ömer	Betonung auf 1. Silbe, r wird gerollt: »Ŏmärr«
Niyazi	das z ist ein stimmhaftes s wie in »Rasen« (und »Izmir«), Betonung auf dem a
Mevlut	v wird wie w gesprochen
Ismet	stimmloses s, Betonung 1. Sillbe
Zeki	z=stimmhaftes s, Betonung 1. Silbe
Ayşe	wie »Eische«

Sonstige Namen und Wörter in alphabetischer Reihenfolge (Auswahl):
Vorbemerkung: Im Roman sind einige bei uns *sehr* gebräuchliche, fast eingedeutschte Wörter wie Pascha, Istanbul oder Bakschisch in dieser Schreibweise belassen worden (eigentlich paşa, İstanbul, bakşiş).

Adana	sprich »Áddana«
ağa	(Herr, Landbesitzer); das ğ wird nur als Dehnung gesprochen, also »aa«
Ahmed	Betonung 1. Silbe, h ist gehaucht
Allah	gehauchtes h, Betonung eher 2. Silbe
Almance	(»Deutschler«, Deutsch-Türken); Betonung 2. Silbe, c wie dsch in »James«
Almanyada	(in Deutschland); wie »Almánnjada«

anne	(Mutter); gesprochen wie Vorname »Anne«
araba var mı?	(einen Wagen gibt es?); gerolltes r, erstes a betont, ı siehe unter Atlı
Atlı	wie »Attle«; dabei ist das ı ein dumpfer e-Laut wie in »Thule« oder »Buhle«
baba	(Vater); Betonung auf 1. Silbe, außer wenn der Vater dringend verlangt wird
Beyoğlu	»Beïjolu«, Betonung 2. Silbe, das ğ wird nicht gesprochen
biber	(Pfefferschote); wie »bíbärr«
Bostancı	Betonung 2. Silbe, c wie dsch, ı siehe unter Atlı
bulgur	(Weizen, Weizengrütze); Betonung 1. Silbe
Bursa	wie »Burßa«, Betonung auf 1. Silbe
Büyük Ada	(Die größte der Prinzeninseln im Marmarameer); wird zusammen gesprochen, wie »Büjükada«, Betonung auf dem zweiten ü
cacık	(Joghurt-Knoblauch-Gurken-Speise); die c sind stimmhafte dsch, das ı siehe unter Atlı, Betonung auf der 1. Silbe
ceviz	Walnuß (-nüsse); sprich »dschéwis« mit stimmhaftem s am Ende
Ceyhan	(Flußname); »Dschejhan«, Dsch wie in »James«
Cihangir	stimmhaftes Dsch, Betonung auf der 2. Silbe
Çatal Hüyük	(uralter Stadthügel in der Südtürkei); wie »Tschátal Hüjük«
çekirdek	(Kern, z. B. Kürbis-); ç ist tsch, Betonung auf 1. Silbe
Çelebi	wie »Tschäläbi«, Betonung auf 1. Silbe
Çukurova	(Ebene bei Adana); Ç wie Tsch, Betonung auf dem o
Datça	wie »Dátscha«

dede	(Großvater mütterlicherseits); e offen, Betonung auf 2. Silbe
dikkat	(soviel wie Achtung!, merke!); Betonung 1. Silbe
Diyarbakır	Betonung etwas schwebend auf den beiden a, ı wie in Atlı
dolmuş	wie »dóllmusch«
düğün çorbası	wie »dü'ün tschorbası«, wie in Atlı, Betonung 1. Silbe
Ege	(Ägäis); Betonung 2. Silbe
Erden	gerolltes r, e sehr offen, fast wie »Ärrden«
Erdoğan	das ğ wird nicht gesprochen, Betonung auf der 1. Silbe
gazi	(Ehrentitel, soviel wie »Held«); Betonung auf der 1. Silbe; stimmhaftes s
Heybeli	(eine der Prinzeninseln); »Hejbeli«, Betonung auf der 1. Silbe
Hüseyin	wie »Hüssejin«
iç hatlar	(Binnen-Fluglinien); ç wie tsch
işkembe çorbası	(Flecksuppe); das ş wird als sch, das ç als tsch gesprochen, das ı wie in Atlı
Jawa	kein türkisches Wort, tschechische Motorradmarke, in der Türkei oft zu sehen
kapıcı	die ı wie in Atlı, das c wie dsch
kaptan bey	(Herr Kapitän); »kaptan bej«, Betonung auf 1. Silbe
Karabaş	(Schwarzkopf); »Kárabasch«; das r ist ein Zungen-r.
Karaca, Cem	(türkischer Komponist und Rocksänger); alle c stimmhaftes dsch, Betonung des Nachnamens auf der 2. Silbe
karın	(der Bauch); das ı spricht sich wie in Atlı
Kaş	wie »Kasch«
Kibris	(Zypern); Betonung 1. Silbe
kuruş	»kúrusch« (kleinste Münzeinheit, heute

	durch Inflation praktisch nicht mehr existent)
Manisalı Ali Bey caddesi	(Manisalı-Ali-Bey-Straße); das ı wie in Atlı, Bey vgl. Beyoğlu, caddesi wie »dschádessi«
Mersin	wie »Märßin«, Betonung auf 1. Silbe
Minorcahuhn	kein türkisches Wort; meint die Baleareninsel
Muğla	das ğ wird nur als Dehnung des vorhergehenden Vokals gesprochen: wie »Muhla«
nohut	(Kichererbse); Betonung 1. Silbe
okra	kleine Schotenpflanze
otogaraj	(Busbahnhof); das j ist stimmhaftes sch wie in »Jeanne«
patlıcan	(Aubergine); ı wie in Atlı, c ist stimmhaftes »dsch«
rakı	(Schnaps); gerolltes r, ı wird gesprochen wie in Atlı
Reşadiye	(Dorfname); »Räschádje«
Rize	wie »Riese«, gerolltes R
Seyhan	(Fluß durch Adana); »Sejhan«, stimmloses s
sigara böreği	(gefüllte Gebäckröllchen); s stimmhaft, Betonungen auf gar und bör, ğ wird nicht gesprochen
Sülo	gängige Abkürzung für Süleyman
şalgam	(Rübe); wie »schálgam«
şöför	(Chauffeur; orthographisch richtig ist »şoför«); ş wie sch, Betonung 1. Silbe
Tahsin	das h wird gehaucht, fast wie ch, Betonung auf 1. Silbe
Tahti	das h wird gehaucht
takma kafana tokadan başka birşey	sprich: »tákma kafaná tokadán báschka birschéj«; Bedeutung siehe Text
Taş Köprüsü	(Steinbrücke in Adana); wie »Tasch«

tavla	das v wird wie ein angedeutetes u schnell gesprochen, also fast »taula«
ulu cami	(Große Moschee); stimmhaftes dsch, a lang
yaprak	(Weinbeerblatt); Betonung 1. Silbe
Yazıköy	(Dorfname); z wie stimmhaftes s, Betonung 1. Silbe
Yedikule	(»Sieben Türme«, ehemalige Festung in Istanbul); Betonung auf dem i
yemek	(essen); wie »jemék«
Yeşilköy	(Flughafen Istanbuls); Betonung 1. Silbe, ş wie sch
yoksulluk	(Armut); Betonung auf 1. Silbe
Yusuf	wie »Jússuf«
Zeynep	stimmhaftes S, Betonung auf 1. Silbe
Zühtü	das Z ist stimmhaftes S, das h wird gehaucht, fast wie »Süchtü«

Sten Nadolny

Die Entdeckung der Langsamkeit
Roman. 359 Seiten. Leinen
(Auch in der Serie Piper 700 lieferbar)

»Die Entdeckung der Langsamkeit« ist auf den ersten Blick
zugleich ein Seefahrerroman, ein Roman über das Abenteuer
und über die Sehnsucht danach, und ein Entwicklungsroman.
Bei näherer Betrachtung erweist sich, daß dieser scheinbar
unzeitgemäße Ansatz die Handlung nur äußerlich strukturiert,
daß die inneren Abenteuer des Helden fast noch mehr zur
Spannung beitragen.

»Was Nadolnys Schilderung zu einem literarischen Ereignis
macht, ist eine Erzähltechnik, die konsequent aus der Perspektive
verzerrter, das heißt hier: verlangsamter Wahrnehmung
operiert... Diese Technik erzeugt bedrückendere, suggestivere
Wirkungen als jeder erzählerische Illusionismus... Innere und
äußere Vorgänge werden bei Nadolny nicht beredet, nicht
analysierend umkreist und damit um ihre sinnlich-poetische
Existenz gebracht, sondern durch eine genau kalkulierte
Optik anvisiert.«   Süddeutsche Zeitung

»›Die Entdeckung der Langsamkeit‹ ist insofern eine Rarität,
als dies ein freundlicher, geschichtenreicher, unterhaltsamer
Roman ist, fern jener narzißtischen Selbstbespiegelung
und depressiven Psychologie, von der viele Autoren nicht
loskommen.«   Die Zeit

»Dieses Buch kommt, scheint's zur richtigen Zeit. Nadolnys
heute ganz ungewöhnliche ruhige Gegenposition im gehetzten
Betrieb der Politiker und Literaten hat etwas Haltgebendes und
unangestrengt Humanes.«   Der Tagesspiegel

PIPER

Güney Dal

Der enthaarte Affe
Roman. Aus dem Türkischen von Carl Koß.
359 Seiten. Leinen

Auf verblüffende Weise begegnen sich der türkische Arbeiter
Omer Kul, den die täglichen Lügen in den Nachrichten krank
machen, und der Schriftsteller Ibrahim Yaprak, der seit sechs
Jahren vergeblich an seinem großen Roman schreibt. Aus ihren
Geschichten gestaltet Güney Dal kunstvoll und listig ein
Kaleidoskop der Welt, in der sich die in Deutschland arbeitenden
und lebenden Türken zurechtzufinden haben.

»Bei Güney Dal vertragen sich das weit ausholende, behagliche
Erzählen und das spielerische, blitzartige Infragestellen auf
besonders amüsante Weise.«   Sten Nadolny

»Dal ist ein Meister der Situationskomik. Seinen tumben Helden
läßt er die seltsamsten Dialoge führen und abenteuerlich
verstiegene Handlungen begehen. Dabei verblüfft er mit einer
Vielzahl türkisch-deutscher Mißverständnisse.«
                          Frankfurter Allgemeine Zeitung

»So ist ›Der enthaarte Affe‹ voller Witz und Ironie, zugleich aber
auch ein gewandtes Spiel mit der Form. Es ist ein humorvoller
Roman, weil die Helden keine Distanz zum eigenen Handeln
haben, dieses aber ständig behaupten und sich somit entlarven.«
                          Süddeutsche Zeitung

PIPER

Gert Heidenreich

Belial
oder Die Stille
Roman. 381 Seiten. Leinen

Was hier erzählt wird, ist eine neuzeitliche Faustfahrt, eine Suche
quer durch die Welt – bezeichnenderweise nicht nach dem, was sie
»zusammenhält«, sondern nach dem, was sie zerstört.

Vom gleichen Autor sind lieferbar:

Eisenväter
Gedichte. 117 Seiten. Geb.

Füchse jagen
Schauspiel auf das Jahr 1968
101 Seiten. Serie Piper 788

Die Gnade der späten Geburt
Sechs Erzählungen. 146 Seiten. Geb.
(Auch in der Serie Piper 1045 lieferbar)

»Ein lesenswertes, notwendiges Buch.«   Der Tagesspiegel

Die Steinesammlerin
Roman. 175 Seiten. Serie Piper 753

Der Wetterpilot. Strafmündig
Zwei Stücke. 166 Seiten. Serie Piper 745

PIPER

Michael Köhlmeier

Die Musterschüler

Roman. 570 Seiten. Leinen

In einem gnadenlosen Frage- und Antwortspiel wird eine alte Schuld
wieder aufgedeckt: Vor 25 Jahren hat eine Schulklasse einen Mitschüler
grausam zusammengeschlagen. Jetzt muß sie dafür Rechenschaft
ablegen. Eindringlicher als hier ist selten das ebenso alte wie aktuelle
Thema von Schuld und Vergessen beschrieben worden.

Weitere Werke des Autors:

Spielplatz der Helden

Roman. 348 Seiten. Geb.

»Schon das letzte Buch des heute 39jährigen österreichischen Autors
gründete auf historischen Begebenheiten. Es erzählte vom Anarchisten
Gaetano Bresci, der im Jahr 1900 in Monza den italienischen König
Umberto I. erschossen hatte. Was Köhlmeier da gelang, gelingt ihm
auch in seinem neuen Roman: durch literarische Phantasie eine –
quasi dokumentarische – Wahrscheinlichkeit herzustellen.«

Süddeutsche Zeitung

Die Figur

Die Geschichte von Gaetano Bresci, Königsmörder.
135 Seiten. Serie Piper 1042

Der Peverl Toni und seine abenteuerliche Reise durch meinen Kopf

Roman. 341 Seiten. Serie Piper 381

PIPER

Edgar Hilsenrath

Das Märchen vom letzten Gedanken

Roman. 509 Seiten. Leinen

Der letzte Gedanke eines Menschen, so heißt es im Märchen, stehe außerhalb der Zeit. Auf dem Tor der armenischen Stadt Bakir sitzend, erlebt der letzte Gedanke des Thovma Khatisian noch einmal den Leidensweg der Armenier, wie er sich in der Geschichte seiner Familie spiegelt, deren letzter Sproß er ist. Geleitet vom Meddah, dem Märchenerzähler, folgt er den Lebensspuren seines Vaters, die aus einem kleinen, idyllischen Dorf in den Bergen in die Folterkammern der türkischen Machthaber führen. Er wird Augenzeuge des großen Armenierpogroms in den Jahren 1915/16, mit dem die Regierung in Konstantinopel das Armenierproblem ein für alle Mal löste – durch Mord und Verschleppung. Thovma Khatisian erlebt, wie die reiche, blühende Kultur des einstmals ersten christlichen Staatswesens ausgelöscht wird, er muß mit ansehen, wie das armenische Volk im ersten großen Holocaust des 20. Jahrhunderts ausgerottet wird. Neben Szenen voll Grausamkeit und Unmenschlichkeit stehen liebevolle Detailschilderungen des armenischen Volkslebens, der Sagen und Überlieferungen einer Nation, die schon immer schwer um ihr Überleben kämpfen mußte – bis heute.

»Poet und Pierrot des Schreckens . . . Ein Thomas Mannscher Geist der Erzählung bewegt sich mühelos in Raum und Zeit, raunt von Vergangenem und Künftigem, raunt ins Ohr eines Sterbenden, der in der Todessekunde alles erfahren will: wie Vater und Mutter lebten und starben, wie das armenische Volk lebte und starb.«   SPIEGEL

»Hilsenrath ist einer der großen Schriftsteller unserer Zeit. Dies Buch ist sein Meisterwerk. Immer wieder werde ich es lesen.«
Johannes Mario Simmel

PIPER

Hanns-Josef Ortheil

Schwerenöter
Roman. 645 Seiten. Leinen

»Der Roman erzählt vom zwiespältigen Wesen der Deutschen und verwirklicht es zugleich in seiner Erzählweise: ›Schwerenöter‹ enthält beides, ›das melancholisch Tiefsinnige wie das leichtsinnig Schürzenjägerhafte‹, verstiegene Theorie und rauschhaften Erfahrungshunger, und zwar jeweils in Hülle und Fülle. Man kann sich kaum satt lesen an diesem entfesselten Erzählen . . . ›Schwerenöter‹ ist ein großer Wurf.«
Mainzer Allgemeine Zeitung

Ortheil schreibt »in einem südlich heiteren, über den Dingen stehenden Ton . . . So wird aus einem Roman mit sehr deutschem Stoff zugleich ein Schelmenroman.«
Die Welt

»Der ›Schwerenöter‹-Roman ist eine anhaltende Verführung zur Lektüre: zum langen und wiederholten Lesen.«
Rheinischer Merkur

»Der Zeitroman über die Bundesrepublik ist da.«
Lübecker Nachrichten

»Hanns-Josef Ortheil schreibt den lange erwarteten großen Roman unserer Republik.«
Rheinischer Merkur

Das neue Buch des Autors:

Agenten
Roman. 324 Seiten. Leinen

PIPER